AF289846

Dieses Buch ist meiner lieben Frau

Jutta und allen unseren Kindern und

Schwiegerkindern sowie unserer

Enkeltochter Carlotta mit den besten

Wünschen für eine frohe Zukunft gewidmet.

Reiner Lohse

Lichtblicke

… und was sonst noch passierte …

Bibliografische Information der Deutschen Nationalbibliothek:

Die Deutsche Nationalbibliothek verzeichnet diese Publikation in der Deutschen Nationalbibliografie; detaillierte bibliografische Daten sind im Internet über http://dnb.dnb.de abrufbar.

Herstellung und Verlag: BoD – Books on Demand, Norderstedt

ISBN: 9 783759729842

INHALTSVERZEICHNIS

Vorwort

Ganz bestimmt befanden Sie sich in Ihrem Leben manchmal oder sogar oft in fragwürdigen Situationen, woraus Sie zunächst selbst keine Lösung erkennen konnten. Dann begannen Sie, nach Möglichkeiten zu suchen, um einen passenden Weg mit einer Lösung zu finden. So manches Mal halfen der Rat oder die Idee eines Freundes, ein altes Sprichwort oder ein Buch wie dieses. Bald konnten Sie „Lichtblicke" am Horizont Ihres Vorstellungsvermögens erkennen und neue Wege in eine glückliche Zukunft erschließen. Dieses kleine Werk soll dazu beitragen, aus vielen Erlebnissen heraus Anregungen und Hilfen zu geben, die Schlussfolgerungen für die turbulente Gegenwart erlauben. Aber mehr noch: Auch unseren Kindern zu lernen, eigene „Lichtblicke" zu erkennen und zu verwerten, ist ein Anliegen dieses Büchleins.

Dieses Buch, das gerade vor Ihnen liegt, ist in vielerlei Hinsicht etwas ganz Bsonderes: Es erfasst viele Geschehnisse aus unserem privaten Familienleben, aus Kindheitstagen, genauso wie aus Bildung und Beruf. Dabei erblickten zahlreiche „Familiengeheimnisse" sozusagen „das Licht der Welt", denn noch nie haben wir solche Details oder Einzelheiten davon veröffentlicht. Wenn Sie das kleine Kunstwerk lesen, werden Sie recht oft auf Spaß und Humor, aber auch auf fast „Unglaubliches", Mystisches, ja sogar auf „kriminalistische Fälle" stoßen… Sie alle sind wahre Begebenheiten. Nichts wurde frei erfunden und alles hat tiefen wahrheitlichen Charakter und echte, aus dem Leben gegriffene Hintergründe. Sie werden sich an vielen Stellen fragen: „So etwas kann doch niemals so passiert sein!". Und doch entsprechen die einzelnen Familiengeschichten, aus dem Leben gegriffen, tatsächlichen Vorkommnissen.

Wenn auch das Leben in unserer Familie im Mittelpunkt der Geschichten steht, so haben wir den Kreis der Erlebnisse auch auf Eltern, Großeltern und sogar Urgroßeltern ausgeweitet, weil viele Lebenssituationen aus früheren Zeiten heute für uns kaum noch vorstellbar sind. Dies betrifft besonders das Geschehen in Kindheit und Jugend. Vielfach unter ärmlichen Verhältnissen aufgewachsen, haben Kinder damals im 18. und 19. Jahrhundert mit Ideenreichtum und Einfachheit viele Dinge „erfunden", die man durchaus auf die Gegenwart symbolisch oder direkt mit Kreativität und Einfallsreichtum übertragen kann.

Somit ist gewissermaßen eine Sammlung historischer und doch familiärer Ereignisse entstanden. Die ältesten gehen bis auf das Jahr 1835 zurück, dem Geburtsjahr des bekannten und berühmten Professors Heinrich Möller und seiner Kindheit. Sein Sohn Gottfried Möller heiratetete 1941 Ida Handke in erster Ehe. Beide bewirtschafteten gemeinsam das Ausflugslokal „Schröderrmühle" in Oberschöna bei Freiberg in Sachsen. 1948 verstarb Gottfried Möller durch einen tragischen Unfall. Vor der sowjetischen Kommandantur bemerkte er wild gewordene Pferde vor einem Gespann und glaubte, die Tiere mit seinen Erfahrungen beruhigen zu können. Dabei stieß die Deichsel der Kutsche gegen den Kopf, was zu seinem sofortigen Tod führte. Zwei Jahre danach heiratete Ida Möller den Serviermeister Ernst Findewirth. Aus dieser Ehe stammt meine Frau Jutta. So schließt sich der Kreis von Personen aus der Vergangenheit unserer Familiengeschichte. - Nicht unerwähnt soll deshalb der politisch-historische Hintergrund unseres familiären Lebens bleiben. Mit unseren drei Kindern haben wir die Nachkriegszeit, die DDR, die Teilung Deutschlands, den Mauerbau, den Mauerfall und schließlich das geeinte Deutschland erlebt.

Alles in Allem: Sie dürfen gespannt sein auf unterhaltsame und spannende Familiengeschichten, einzigartig und humorvoll. Sie werden begeistert sein.

Herzlichst

Reiner Lohse

1. Kindheit in uralten Zeiten

1.1. Damals in Altona

Um die nachfolgende Kindheitsgeschichte zu verstehen, soll die Entwicklung von Altona historisch kurz dargestellt werden. Das Leben der Menschen dort, insbesondere das der Kinder, war von extremer Armut geprägt. Demgegenüber nahm die industrielle Entwicklung unter kapitalistischen Bedingungen mit stürmischem Tempo zu. Heinrichs Kindheit in dieser Zeit ist ein Beispiel dafür. Seine vielen spannenden Erlebnisse und Entdeckungen waren in ihrer Art einzigartig und sollten noch heute für viele Eltern und Kinder von prinzipieller Bedeutung sein. Sie dürfen gespannt und begeistert sein!

Anfangs war Altona noch ein dänisches Dorf mit einer armseligen Ansammlung von Hütten, Bauernhöfen, Wirtshäusern, Fischerkaten und allerlei handwerklichem Kleingewerbe. Man zählte ungefähr 4000 Einwohner. So sah Altona - ein Dorf vor den Toren Hamburgs – noch um 1830 aus. Als der dänische König Friedrich III. Altona am 23. August 1664 das Stadtrecht verlieh, änderte sich das. Ungewöhnliche Privilegien, wie etwa Zuzugs-, Religions- und Gewerbefreiheit machten Altona in kurzer Zeit zu einer der liberalsten Städte Europas. Das neue Stadtwappen zeigte, anders als das der mächtigen Nachbarin Hamburg, ein weit geöffnetes Tor für weltoffenen freien Handel. Mit königlicher Erlaubnis durften die Kaufleute die im Altonaer Hafen umgeschlagenen Waren unverzollt lagern, umladen oder weiter liefern. Damit entstand einer der ersten Freihäfen Europas. Es zeigte sich ein klarer Wettbewerbsvorteil gegenüber der bislang konkurrenzlosen Nachbarstadt. Die Hamburger Ratsherren waren sehr beunruhigt und mussten enorme Einbußen in Handel und Seewirtschaft befürchten. Zudem war ihnen die kleine Siedlung vor der Stadtmauer Hamburgs schon immer ein Dorn im Auge gewesen. Man sprach seit 1536 von einer Fischerkneipe mit zweifelhaftem Ruf. Die soll der Legende nach dem Ort den Namen gegeben haben. Damit befand sich die Schankwirtschaft für die Hamburger Stadträte "all to nah" (all zu nah) an der Grenze zu der bekannten und weltweit berühmten Hafenstadt Hamburg.

Nachfolgend eine kurze Einleitung zu einer fast unglaublichen Vorgeschichte in der Kindheit einer berühmten Persönlichkeit: Die Mutter meiner Frau, Ida, hatte in ihrer ersten Ehe den Gastwirt Gottfried Möller geheiratet. Gottfried war ein Sohn des berühmten Bildhauers Prof. Heinrich Möller, der im jahre 1835 in Altona geboren wurde. Heinrich war eines von 5 Kindern und es ging damals der Familie wirtschaftlich extrem schlecht.

Der kleine Heinrich war ein lustiger und aufgeweckter Junge, der im Hafenbereich aufwuchs und schon frühzeitig Kinderarbeit leisten musste, um zum Gelderwerb für die armutbetroffene Familie beizutragen. Die Ausbeutung der Kinder in Manufakturen und Fabriken war für die Fabrikanten ein profitables Geschäft, denn die kleinen, flinken Hände konnten einfache Arbeiten, wie das Sortieren oder Einpacken ohne große Vorbereitung und Einarbeitung schnell beherrschen. Der Wochenlohn betrug nur wenige Groschen. Die Beschäftigung der Kinder war für sie eine Tätigkeit mit jämmerlichem Ergebnis.

Wie sich damals sein kindliches Leben abspielte, ist somit ein Teil unserer entfernteren Familiengeschichte geworden, die aus Überlieferungen stammt und am Beispiel von Heinrich die damalige Lebensweise einerseits und die einfallsreiche und talentierte Kindheit in der damaligen Zeit andererseits beweisen. Deshalb wurde seine Geschichte auch aufgeschrieben, um Eltern, Großeltern, und den vielen anderen Menschen Gedanken für eine hoffnungsvolle Zukunft der Kinder zu vermitteln. Die Geschichte bietet unglaublich viele Anregungen, was man – außer zu spielen – tun kann, um seine Talente, Fähigkeiten und Fertigkeiten zu vervollkommnen und zu entwickeln und dabei den Herausforderungen des Lebens zu begegnen.

1.2. Kindheit zwischen Spannung und Armut

Hochsommer in Altona. Man schreibt den 20. August des Jahres 1835. Mitten im Gewühl aufstrebender Industrien, unweit des aufregenden Treibens im Elbhafen, mitten in unvorstellbarer Armut der Arbeiterschaft erblickt ein Knäblein das Licht der Welt. Heinrich ist eines von fünf Kindern, die zur Familie gehören. Trotz höchster Not ist die Freude über den neuen Erdenbürger riesengroß. Doch die Familie fristet ein armseliges Dasein. Vater ist Innungsmeister der Altonaer Fleischerinnung und gibt mit meist 16 Arbeitsstunden täglich sein Bestes, um die Familie am Leben zu halten. Er leistet körperliche Schwerstarbeit in der Schlachterei und bei der Fleisch- und Wurstaufbereitung, bewegt den ganzen Tag zentnerschwere Fleischkörper, und immer mit dem Blick auf augenblicklich Wichtiges. Zudem bildet er noch Gesellen aus, bringt ihnen die Grundlagen des Fleischerhandwerks bei. All das tut er mit meisterlicher Umsicht, auf momentane Anforderungen konzentriert, und vor allem mit Weitsicht, großem handwerklichem Geschick und der besonderen Gabe, vernünftig mit Menschen umzugehen. Kein Wunder also, dass er am späten Abend müde und zermürbt in seine einfach ausgestattete Wohnung zurückkehrte. Die Folgen schwerer körperlicher Arbeit zeichnen ihn. Dennoch findet er für die Kinder immer ein freundliches Wort und ab und zu erzählt er sogar mal eine spannende Hafengeschichte.

Demgegenüber obliegt die Erziehung und Betreuung der Kinder im Großen und Ganzen der Mutter, die sich mit Geduld und Mühe gefühlvoll der Entwicklung ihrer Kinder widmet, immer in Anbetracht dessen, was die allgemeine Armut der Familie an Schicksalsschlägen aufbürdet. Nur zu oft gab es Lebenssituationen, in denen Familie Möller in arge Not geriet und vielfach kein Ausweg in Sicht zu sein schien. So manches Mal konnte Heinrichs Mutter nur eine Wassersuppe mit Kräutern oder

Fleischresten zubereiten. An Brot war an manchen Tagen gar nicht zu denken. Wenn es gut ging, brachte Vater am Abend mal einige Rindfleischknochen mit nach Hause, zum Auskochen für eine Suppe oder ein Eintopfgericht, was allerdings äußerst selten war.

Wohl hatten Vater und Mutter die hochgradige Ausbeutung in allen Bereichen der Wirtschaft beobachtet, die Ursachen dafür aber offensichtlich nicht erkannt. Einerseits schufteten die Arbeiter von früh bis spät für einen äußerst geringen Hungerlohn, andererseits wurden Fabrikanten, Reeder und Kaufleute in Altona und anderswo immer reicher und reicher … Aber noch extremer wurden die Widersprüche zwischen Kapital und Arbeit durch die sprunghafte Zunahme von Kinderarbeit in den Fabriken, Manufakturen und im Hafenbereich und sogar auf Schiffen. Besonders nach 1840 wurden Kinder in Altona in großer Zahl für einfache Tätigkeiten eingesetzt, meist sogar für acht oder zehn Stunden am Tag bei einer miserablen Entlohnung. Die allgemeine Armutslage brachte hervor, die Kinder der Familien mit „zum Broterwerb" heranzuziehen. Ein „gefundenes Fressen" für Kapitalisten jeglicher Art, Kinder für passende Hilfsarbeiten in allen Bereichen von Produktion, Zirkulation und Distribution einzusetzen. Die kleinen, meist flinken Finger konnten Kleinarbeiten besonders gut bewerkstelligen. Andere mussten Transport- oder Verladeleistungen erbringen, vielfach bei körperlicher Überbelastung im Kindesalter durch das Bewegen schwerer Kisten, Säcke, Fässer oder anderer Gegenstände. Nur allzu oft nutzten Reeder, Kaufleute, Fabrikanten und auch die Herren der Altonaer Stadt- und Hafenbürokratie die Schnelligkeit der Kinder für Botengänge aus. Zu Fuß brachten die Kleinen dringende Nachrichten, Rechnungen, Dokumente, kleine Warenpakete oder sonst etwas schneller als die Post mit Postkutsche an die Empfänger. Nicht nur Schnelligkeit, sondern vor allem Zuverlässigkeit waren hier gefragt. Manche Dienstherren in Altona und Hamburg machten es sich zur Regel, von den kleinen Boten eine Art

„Pfand", ein wertvolles Stück etwa, zur Hinterlegung zu verlangen. So glaubte man, sicher zu sein, dass die Kinder ihren Auftrag pünktlich und zufriedenstellend ausführten. Schließlich mussten sie wiederkommen, um ihre Pfandgabe zurück zu erhalten und ihren Lohn zu bekommen.

Wie aus Erzählungen überliefert ist, soll es Heinrich im Alter von 8 Jahren einmal passiert sein, dass er nichts für eine Pfandabgabe besaß. Ein Kaufmann, der ihm Botendienste für ein paar Pfennige anbot, war entsetzt darüber und wollte den kleinen Boten schon weg schicken. Dann aber fiel dem raffinierten Mann ein hinterlistiger Trick ein: Heinrich sollte ihm einfach seine Schuhe da lassen. Schon abgetragen und arg beschädigt, zog er sie wortlos aus und stellte sie in eine Ecke des Kontors. Also musste er jetzt seinen Botenauftrag barfüßig erfüllen, bis in den Stadtteil Ottensen laufen, bei herbstlicher Kälte, durch Altonas Nebel – es war November geworden. Manch einer hätte aufgegeben, doch der Mut des kleinen Jungen schien bewundernswert zu sein, wenngleich ihm „Rachegedanken" durch den Kopf gegangen sein müssen. Seine Wut überwand er mit Schnelligkeit, um bald seine Schuhe wieder zu bekommen. Er hielt es für besser, die Novemberkälte schneller zu überstehen. Aber dann kam alles ganz, ganz anders.

Das Ziel seines Auftrages war ein Kolonialwarenhändler mit einem kleinen, aber mit Waren vollgestopften Ladengeschäft. Heinrich überbrachte dem Ladenbesitzer auftragsgemäß mehrere Briefe und Päckchen. Der ältere Herr musterte den Kleinen, bemerkte aber sofort, dass der Junge barfüßig zu ihm gekommen war. „Wie das, bei dieser Kälte", entgegnete er und zeigte auf Heinrichs nackte Füße. Der Junge senkte verschämt sein Köpfchen und erklärte dann kleinlaut, was sich zugetragen hatte. „Dieser Halsabschneider! Nimmt den Kindern noch das Schuhwerk!" So soll er erzürnt gesagt haben. „Was bekommst Du von ihm?" ging der Mann im Laden fragend auf ihn ein. „6 Pfennige", so Heinrichs Antwort. „Ja, was machen wir da?" fragte er sich selbst hin- und her gerissen. – „Warte einen Augenblick!" Der Mann verschwand zwischen den Regalen und Kisten seines Ladens und brachte ein in Zeitungspapier gewickeltes Päckchen hervor. Heinrich glaubte, er solle dieses Paket dem Kaufmann bringen. Aber nein doch! Der Händler entnahm dem Papier ein Paar Kinderschuhe und Heinrich sollte sie probieren. Der Junge tat, was ihm „befohlen". „Gut sehen sie aus. Nur etwas zu groß für mich", meinte Heinrich erregt. „Das macht nichts", soll der ältere Herr erwidert haben. „Besser mit größeren Schuhen durch den Winter, als mit nackten Füßen bis zum nächsten Sommer. Du wirst noch wachsen. Wenn Du willst, schenke ich sie Dir und würde mich aber freuen, wenn Du mir bei einigen Dingen hilfst." Der Herr meinte Botengänge – und zahlte ihm künftig das Doppelte. … Endlich freudige Lichtblicke! Dann lief das Kind zurück zum Kaufmann im Hafen. Vor Freude spürte er die herbstliche Kälte kaum. Freudestrahlend holte er seine zerschlissenen Schuhe und seinen „Lohn" ab und ging wortlos davon. Heinrich lief nach Hause und lieferte seinen Hungerlohn bei Mutter ab, so, wie er es längst gewohnt war.

Wie Kinderarbeit damals geleistet wurde, zeigt auch die Entwicklung der Zigarrenherstellung in Altona und Ottensen. Die Manufakturbesitzer hatten ein besonders raffiniertes System ausgeklügelt, womit es ziemlich einfach möglich war, Heimarbeit in den engen dunklen Arbeiterwohnungen zu organisieren. Einfach war die Sache deshalb, weil es nur weniger Hilfsmittel und Instrumente bedurfte, die man sich relativ leicht beschaffen oder leihen konnte. Das waren z.B. Messer, Klingen, Wickel- und Schneideinrichtungen.

In Altona gab es aber auch Fabrikanten, die überhaupt keine Arbeitsmittel bereitstellten. Andere verliehen sie gegen eine Gebühr und wenige stellten Werkzeuge und Vorrichtungen unter „Nutzungsabzug" bereit. Auch Vater Möller erkannte die Möglichkeit, auf diese Art die Einkommenslage der Familie verbessern zu können und organisierte zusammen mit einem Handwerker die nötigen Werkzeuge und Vorrichtungen. Dann sollten seine Frau und die Kinder Tag für Tag Zigarren in bester Qualität herstellen, für nur wenige Pfennige.

Als Heinrich 9 Jahre alt war, versuchte er sein Glück in einer Altonaer Seilerei, die Schiffstaue und Seile für die Schifffahrt herstellten. Aber er ging eher lustlos an seine Aufgaben, empfand das Ganze eintönig und langweilig, doch tat er es, um einige Pfennige für die Familienkasse zu erarbeiten.

In dieser Zeit reifte auch die gesetzliche Zulassung zur Produktion von Zündhölzern immer mehr heran. In Altona entstand eine Zündholzfabrik, die anfangs noch die Struktur einer Manufaktur hatte. Flinke, kleine Hände wurden gebraucht und so lag es für den Fabrikanten nahe, Kinder für Produktion und Verpackung in größerer Zahl einzustellen. Die Art der Tätigkeiten und die Fertigungsabläufe boten sich geradezu für Frauen und Kinder an. Ihre niedrige Entlohnung sicherte Höchstprofite für den Fabrikanten. Gerade in den Anfangsjahren nach 1844 schien der Absatz der neuen Zündhölzer überall als gesichert, denn quasi jeder brauchte sie. In Niederschriften zu Heinrichs Leben und Schaffen findet man die Anmerkung, er sei alsbald zum „Zündholz-Assistenten" ernannt worden.

Völlig anders vollzog sich Heinrichs kindliches Dasein in seiner „arbeitsfreien Zeit", also dann, wenn er mal nicht Kinderarbeit in der Zündholzfabrik leisten musste.

In den meisten Arbeiter- oder Fischerfamilien Altonas mit mehreren Kindern war Armut weit verbreitet. So spielte sich der Alltag der Jüngsten fast immer in den dunklen Innen- oder Hinterhöfen ab. Die Sprösslinge versuchten ihre Interessen und Neigungen in einfachen Wettspielen umzusetzen, ohne oder mit nur wenigen primitiven Hilfsmitteln. Oft halfen nur ein kleines Stück Kreide, Glasscherben, einige alte Bretter, Steine, ein paar Meter Strick oder Zweige von Büschen und Bäumen. Die Kleinen waren erfinderisch. Der Einfallsreichtum der Kinder war grenzenlos. Sozusagen aus dem Nichts entstanden spannende Wettspiele.

Ein Ball war ziemlich selten zu sehen, weil viele Familien sich solche Kugeln nicht leisten konnten. Stattdessen waren Wurfspiele und Zielspiele in großer Variabilität sehr beliebt, von Steinwürfen, Rohrblasen mit Vogelbeeren bis zum Bogenschießen mit selbst gefertigten Bogen aus Weidenzweigen. Spielzeug, um sich auch mal selbst oder mit den Geschwistern zu beschäftigen, gab es kaum bzw. nur in besser gestellten bürgerlichen Familien. So blieb für Heinrich nur dieses Milieau, dieses Umfeld. Wenn es ihm danach war, führte sein Weg in den nahe gelegenen Hafen an der Elbe, nach St. Pauli eben. Hier gab es immer etwas zu erleben, Interessantes zu beobachten. Dinge und Abläufe genauestens zu beobachten, war übrigens eine von Heinrichs frühen Gaben, hinzu zu seiner aufblühenden Sehnsucht nach der weiten Welt, nach dem Meer. Was hätte er alles mit einem großen Schiff erleben können!? Wenn es Gelegenheit gab, ließ er sich von den bärtigen Seemännern Erlebnisse und Abenteuer erzählen. Viel „Seemannsgarn" muss auch dabei gewesen sein, denn abends, als er Mutter oder den Geschwistern diese Geschichten aus seiner Sicht wiedererzählte, gab es so manches Gelächter, weil Heinrich völlig fasziniert aber unbemerkt wieder mal auf ein Seemannsmärchen hereingefallen war.

Später wollte er mehr wissen vom Leben auf den Schiffen und wie es beim Fischfang zuging. Bald bat er einen Fischer, ihn mit an Bord zu nehmen und mit zum Fang auszulaufen. Mutter hatte das erlaubt, war er doch 3 oder 4 Tage unterwegs, nur mit dem Nötigsten und einer Flasche ostfriesischen Tee von Mutter und etwas Brot ausgerüstet. Tag und Nacht auf einem Fischerboot zu verbringen, bei beachtlichem Wellengang, war nicht so leicht wegzustecken. Doch Heinrich bewährte sich als „tapferer Seemann" und „Fischer" zugleich. Kleine einfache Tätigkeiten musste er schon selbst verrichten. Die beiden Fischer brachten ihm bei, wie er mit dem Leben auf dem Boot zurecht kommen konnte, zeigten ihm wichtige Handgriffe und Tricks, führten ihn in die Handhabung von Seilen und Tauen ein, brachten ihm bei, wie Fische zu fangen waren. Das alles war für den Kleinen wichtig geworden, um mit den Tücken des Meeres fertig zu werden. Sogar ein kleines Fangnetz soll Heinrich bekommen haben. Doch tatsächlich ein paar Meerestiere ins Netz zu bekommen, war gar nicht so leicht. Heinrich musste sich als kleiner Junge schon etwas Fanggeschick aneignen, sich in Geduld üben, oft auch noch einmal alles von vorn beginnen. Wenn das Netz also leer war, hieß es, das Ganze noch einmal zu wiederholen, bis endlich seine Beute an Bord gezogen werden konnte. Schließlich soll der Junge gegen Ende seiner Fischfangtour doch noch Glück gehabt haben. Sein Fang füllte immerhin 4 Kisten, die er behalten durfte. Den angelandeten Fang trug er sogleich auf den Fischmarkt zum Verkauf. Die Fischer zeigten ihm noch, wie er die Meerestiere ansprechend einsortieren und anbieten sollte. So kam es, dass der kleine Fischer mit einem kleinen Ertrag und einem kleinen Rest Fische, die übrig geblieben waren, nach Hause zurückkehrte.

Diese Fischfangtour sollte für ihn gewissermaßen zu einer Art „Schlüsselerlebnis" werden, denn er hatte inzwischen begriffen, dass ein bestimmtes Ergebnis zu erzielen, eigenen Willen, oft harte Arbeit, Mut und Geduld voraussetzen. So konnte Heinrich wirklich stolz auf sich sein, einen solchen kleinen, für ihn aber „großen Fang" gemacht zu haben. Zudem hatte er vieles von den Fischern gelernt und neue Freunde gewonnen. Gewiss, sie hatten es ihm nicht leicht gemacht, doch sein eigener Erfolg hatte ihn für alles belohnt.

Heinrichs Interessen in gerade diesem Kindheitsalter waren äußerst vielfältig. Dabei war er wissbegierig, immer auf der Suche, Neues und dabei sich selbst neu zu entdecken, furchtlos, fröhlich gestimmt und oft zu Scherzen und Streichen aufgelegt, jedoch kindgemäß immer noch wankelmütig und unentschlossen. Aber da war noch eine andere Sache, die sich bald zu einer Leidernschaft mit Begabung entwickeln sollte, die sogar der Mutter noch verborgen geblieben war: Heinrichs musisches und grafisches Talent, wohl einzigartig für ein Kind seines Alters.

Eines Tages brach er wieder mal auf, um in St. Paulis Hafengebiet etwas zu erleben. An einem Kai nahe dem Fischmarkt sah er einem älteren Maler zu, wie er Hafen- und Fischerszenen zu Papier brachte. Der Mann mit einem Vollbart, dem eines Kapitäns gleich, zog Heinrich in seinen Bann. Heinrich setzte sich auf einen Holzbalken und sah ihm stumm zu, beobachtete messerscharf, wie der Maler emsig an seinem Motiv arbeitete. Bald durchbrach der Maler die stumme Beobachtungsphase:

„Na, Kleiner, was ist denn so interessant für Dich?" sprach er mit der tiefen Stimme eines Bassisten gleich.

„Mir gefällt es, wie Sie das Bild malen", meinte Heinrich etwas verschämt mit gesenktem Kopf.

„Was muss man machen, damit man ein solches Bild herausbekommt?"

„Zuerst must Du Dir mit Geduld einige Kenntnisse aneignen, auch Fertigkeiten, etwas zu gestalten, dann üben und nochmals üben, immer wieder, bis Du es geschafft hast, ohne aufzugeben meisterhaft zu arbeiten." Das war viel.

„Möchtest Du denn vielleicht mal was probieren?"

„Ja, schon. Aber ich habe doch nichts zum Probieren."

Der Maler griff in eine kleine Holzkiste und holte ein paar Blätter von seinem Skizzenpapier hervor, dazu einen kleinen Bleistiftstummel und ein Stück Kohlestift. Mit Papier und Bleistift war Heinrich zu Hause schon umgegangen, ohne Anleitung, nur um sich malend zu beschäftigen.

Dabei zeigte Heinrich schon mit 6 Jahren seine Neigung, wirklich gern zu malen und zu zeichnen. Aber schon bald waren ihm die einfachen primitiven Kinderzeichnungen zu wider und fast hätte er Zeichnungen jeglicher Art für immer beiseite gelegt, wäre nicht seine Mutter auf die Idee gekommen, ihm zu raten, sich doch mal beim Nachzeichnen nach natürlichen Vorlagen zu versuchen. Bäume, Pflanzen, Blüten, Menschen, Tiere gab es schließlich in Hülle und Fülle. Auch Märchengruppen nach seiner Phantasie lagen ihm sehr.

Nun war er an den Maler im Hafen geraten, der ihm einige Aufgaben stellte, um sich üben zu können. Heinrich sollte sich zuerst einfache Motive suchen und Details gut beobachten, auf Feinheiten und Größenverhältnisse achten. Heinrich tat, was ihm geraten. Nach einiger Zeit bereits konnten sich die ersten Ergebnisse durchaus sehen lassen.

Nun ließ sich der Maler auf eine gewagte kindliche Unterhaltung ein, hatte er doch Heinrichs zeichnerische Fähigkeiten schnell erkannt. Er brachte ihm bei, wie er ausdrucksstarke Lebewesen, Menschen und Tiere, darstellen konnte. Jetzt war Heinrichs Beobachtungsgabe besonders gefordert, auch seine Fähigkeit zu phantasievoller Motivgestaltung. Nach einigen Wochen versuchte sich Heinrich sogar an Porträts von Personen, die sich im Hafen aufhielten. Gesichtszüge in ihrer grenzenlosen Vielfalt wirklich treffend zum Ausdruck zu bringen, war eine besondere Herausforderung an den „jungen Künstler". Mit der Zeit kamen Heinrichs Porträts der Wirklichkeit sehr nahe. Auch die Geschwindigkeit, mit der er eine zeichnerische Porträtdarstellung zu Papier zu bringen vermochte, hatte sich beachtlich gesteigert. In nur wenigen Minuten konnte er mit seinen 10 Jahren schon eine fertige Arbeit liefern. Es kam vor, dass er seine „Kunstwerke" für ein paar Münzen gleich an den Mann bringen konnte. Später, besonders an Wochenenden, an denen es Besucher aus Hamburg und dem Umland nach Altona mit St. Pauli zog, da legte ihm der Maler ans Herz, sich mit seinen Porträtzeichnungen einige Groschen zu verdienen. Das tat Heinrich. Und welch ein Wunder: Es funktionierte, nicht immer, aber doch recht oft. Heinrichs schnelle Hände brachten kleine Kunstwerke hervor. Doch kam es auch vor, dass Interessenten davon liefen, ohne seine Arbeit mit zu nehmen und ohne zu bezahlen. Das war hart. Heinrich musste lernen, auch mit solchen Situationen umzugehen. Sein „Malermeister" war es, der ihm immer wieder Mut machte, ihn motivierte, nie aufzugeben. Nie! Heinrich fiel es nicht leicht, sich dazu zu überwinden. Mit der Zeit reifte sein Denken…

Heinrich war überall zur Stelle, wo es etwas zu erleben oder zu entdecken gab. Abenteuer verschiedenster Art waren immer spannend. Zuweilen geriet er in düstere, undurchsichtige Geschehnisse. Auch „Bandenkriege" zwischen Kindergruppen aus den Stadtteilen von Altona und Ottensen waren an der Tagesordnung. Es soll nicht nur einmal passiert sein, dass Heinrich in die Fänge dieser Banden geriet. Die „Großen", d.h. ältere Kinder mit 13 oder 14 Jahren, oder auch Jugendliche im Alter von 16 bis 18, missbrauchten die Kleinen gerne für ihre Zwecke, vor allem, wenn es ihnen um Diebstahl oder die Herbeiführung von kriminellen Anlässen ging. Die Großen hielten sich bedeckt im Hintergrund, die Kleinen taten für sie die „Drecksarbeit". Die Kleinen waren flink und wortgewandt, konnten Erwachsene raffiniert ablenken, während dessen sich irgendeine kleine oder größere kriminelle Handlung vollzog. Beispielsweise wurde eines Tages von Heinrich verlangt, mit gezielten Steinwürfen Fensterscheiben zu zerstören. Diese Aktion sollte ein Ablenkungsmanöver darstellen und den Besitzer eines Warenlagers auf Heinrichs Verfolgung konzentrieren. Indessen aber hatten die Großen vor, das Lager zu plündern und kistenweise Waren zu stehlen. Um nicht so schnell erkannt zu werden, vollzogen sich die kriminellen Handlungen meist in entlegenen Stadtteilen. Es dauerte eine ganze Weile, bis Heinrich begriffen hatte, von anderen schamlos ausgenutzt worden zu sein.

Schließlich finden wir Heinrich mit etwa 9 oder 10 Jahren in einer weiteren Stellung in einer neuen Altonaer Wollgarnfabrik, die der Bruder des berühmten Dresdener Architekten und Baumeisters Gottfried Semper besaß. Semper vertraute ihm Sortier- und Verpackungsarbeiten an und auch in das Haspeln wurde er eingewiesen. Wohl arbeitete Heinrich fleißig, weil er das musste. Immerhin verdiente er jetzt bis zu 16 Groschen die Woche. Doch steigerte sich seine Lustlosigkeit bei der Garnherstellung immer mehr. Fabrikant Semper hatte das Geschehen um den Jungen längst beobachtet. Der sympathische Junge machte ihm durchaus einen guten Eindruck, doch die Tätigkeiten in seinem Betrieb schienen für ihn kaum passend zu sein. Sempers soziale Einstellung, seine menschlichen Grundsätze, hätten ihn durchaus bewogen, den Knaben in seinem Unternehmen zu entwickeln und ihn zu fördern, wären da nicht Heinrichs Missgefallen und Unlust Tag für Tag deutlicher sichtbar geworden. Was blieb dem Fabrikbesitzer also übrig, als ihn nach einem Jahr zu entlassen, wobei sich Semper überhaupt nicht glücklich gefühlt haben soll. Die Entlassung tat ihm leid, was er auch in einem Gespräch mit Heinrichs Mutter ausgedrückt haben soll.

Doch gab Semper dem Jungen wenigstens einige Ratschläge mit auf den Weg und hatte in der Zeit von Heinrichs Tätigkeit einen scharfen Blick auf Neigungen und Stärken entwickelt. Der Junge konnte den Hinweisen Sempers mit seinen 9 Jahren wohl noch nicht recht folgen, sie auch nicht nutzbringend verarbeiten. Dennoch besann er sich darauf, was er besonders gut konnte und wozu er Interesse und Lust verspürte.

Inzwischen hatte er von einer Reitbahn erfahren, an der er als Stallbursche angestellt wurde, also für die Pflege der Pferde, die Reinigung der Ställe und für die Fütterung verantwortlich war. Gelegentlich durfte er auch sich selbst mal als „Reiter" ausprobieren, wenn Trainer oder gütige, reiche Pferdeliebhaber mal einen guten Tag hatten. So machte ihm die Arbeit mit den Tieren viel Spaß und Freude obendrein. Er gewöhnte sich hier auch an, den Pferdebesitzern neben seinen eigentlichen Aufgaben auch ab und zu ein kleines „Extra", eben etwas Zusätzliches, was ihm einfiel, zu bieten. Es sprach sich schnell herum, dass der Stalljunge außerordentlich interessiert bemüht war, immer etwas mehr zu leisten. Wenn die „Pferdenarren" seine Zusatzangebote nicht gleich bemerkten, scheute sich der Kleine auch nicht, mit ein paar netten Worten in seiner schelmischen und humorvollen Art darauf hinzuweisen. Etwa so: „Mein Herr, erlauben Sie mir bitte, Ihnen einen Geheimtipp zu verraten? Sie wollen doch bestimmt, dass Ihr Pferd Ariane das nächste Mal besser abschneidet, oder? Mir fiel auf, dass es dauernd mit dem linken Vorderfuß trampelt. Ich sah mir das genauer an und habe eine Verletzung bemerkt. Dann habe ich einen kleinen kühlenden Verband angelegt. Jetzt ist das Tier ruhig und entspannt. Was sagen Sie dazu?" Auf solche Weise wurde Heinrich immer beliebter und oft lohnte es sich für ihn, immer etwas mehr getan zu haben, als man von ihm erwartete. Oft wurde sein Bemühen mit einigen Münzen extra belohnt.

Parallel zur Arbeit mit den Pferden nahm Heinrich eine Anstellung als Laufbursche in einer Gaststätte nahe dem Hafen an. Auch für andere Hilfstätigkeiten wurde er immer wieder herangezogen. Er musste helfen, Waren zu entladen, Wein und Bier herbeischleppen, Fischkisten mit einem Karren vom Markt holen, Geschirr abwaschen, die Fußböden schruppen, auf oder an den Schiffen Zettel verteilen, um Seeleute bei ihrem Landgang in die Kneipe zu locken.

Das Klima in den Hafenkneipen war dunkel, verraucht und durch raue Umgangsformen charakterisiert, für Burschen in Heinrichs Alter gewiss nicht geeignet. Seine genauen täglichen Beobachtungen setzten sich in ihm fest und hinterließen unauslöschliche Spuren, die sich mit der Zeit auf sein Denken und Verhalten auswirken mussten. Dennoch hinterließ er bei den seemännischen Kneipenbesuchern, bei Hafenarbeitern oder Schiffern, einen kindlich-charmanten, mit List und Tücke gespickten, fröhlich-humorvollen Eindruck. Das unterschied ihn wesentlich von den Anderen seiner Altersgruppe. Und er war schnell, erfüllte (manchmal heimlich) besondere Wünsche der Zecher, so ganz nebenbei, manchmal für ein paar Münzen extra, manchmal ausgenutzt, verraten und „verkohlt", zu Späßen verleitet, die dem Kind oft nicht begreiflich waren. Aber diese Art menschlicher Verhaltensweisen kannte er ja schon und wurde mit unangenehmen Situationen immer besser fertig.

In dieser Zeit kam es auch zu ersten „Auftritten", wo er seine Talente spielen lassen konnte. Alles soll mit der Aufforderung von Matrosen aus Brasilien begonnen haben, er solle doch ein paar deutsche Lieder singen, in der Kneipe. Das fiel Heinrich nicht schwer, denn – obwohl in Armut lebend – Mutter legte viel Wert auf Liedgesang. Zuerst waren es natürlich Kinderlieder aller Art, die Heinrich spielend lernte, später dann waren es einfache Volkslieder. Er sang das „Heidenröslein", „Am Brunnen vor dem Tore", „Ännchen von Tharau", „Ich weiß nicht, was soll es bedeuten" und viele andere. Neben diesen deutschen Volksliedern beherrschte er auch welche in gutem Plattdeutsch und auch dänische, was mit der ursprünglichen Zugehörigkeit Altonas und seiner Bewohner zum Dänischen Königreich zusammenhing und somit traditionell überliefert wurde. Vor dem Kneipenpublikum zu singen, war für ihn dennoch ungewöhnlich, aber er überwand sich schnell und schmetterte mit heller und lauter Stimme seine Lieder in den verqualmten Raum. Was sollte schon passieren, vor den beschwipsten Kneipengästen? Die Art seines Liedgesanges sprach sich schnell herum und war überaus beliebt bei den Seeleuten und Hafenarbeitern. Viele nannten ihn „Heini", mit einem kindlichen Spitznamen. Wenn Schiffe einliefen und die Matrosen befragten die Hafenarbeiter nach guten Kneipen, dann war „Heinrichs Kneipe" sehr oft die beste Empfehlung. Nach einiger Zeit kündigte der Gaststättenbesitzer den kleinen Heinrich sogar auf einem Werbeplakat in Altona und Hamburg an. Inzwischen hatte Heinrich seine „Auftritte" vervollständigt um bekannte Seemannslieder und einige Zauberkunststücke, die er trickreich und mit unglaublicher Zaubergeschwindigkeit vorführte. Niemals war einer der alkoholisierten Mannschaft hinter seine Tricks gekommen. So manchem Seemann blieb nach einigen Bier vor Staunen der Mund offen stehen, sprachlos und fasziniert zugleich.   Ein Beispiel nur, da war die Sache mit der Münze. Heinrich erbat von irgendeinem Schifer eine Münze und versprach im Beisein aller, wenn es dem

Spender gelänge, die Münze unter einem Tuch in ein Schnapsglas zu bringen, dann bekäme er die Münze sofort zurück. Gelänge es ihm aber nicht, dann könne er die Münze behalten. Meistens war die Lage nun so angespannt, dass sich eine Traube von Seemännern um den Tisch bildete. Heinrich zog ein Tuch aus seiner Tasche, verlangte die Münze, steckte sie unter das Tuch, so dass der Spender die Münze mit dem Tuch mühelos fassen konnte. Dann erlaubte Heinrich dem Matrosen sogar, er könne auch das unter dem Tuch befindliche Schnapsglas mit dem Tuch fühlen und wenn er sich sicher sei, so solle er die Münze in das Glas fallen lassen. … Heinrich bat alle, still zu sein, damit jeder das Fallen der Münze in das Glas auch hören konnte. Die Spannung stieg. Jeder hörte die Münze ins Glas fallen. Dann hob Heinrich langsam das Tuch, damit man das Ergebnis auch sehen konnte. Doch was war geschehen? Die Münze lag neben dem Glas, wo doch jeder gehört hatte, sie sei in das Glas gefallen! Fasziniert spendeten die Kneipengänger Beifall und Heinrich durfte die Münze behalten. Einige Betrunkene sprachen Heinrich „außergewöhnliche Kräfte", andere „Hexerei" zu, aber der Effekt war unglaublich faszinierend. Trotz vieler Bitten und Angebote, den Trick noch einmal zu wiederholen, gab Heinrich am selben Abend nie nach, niemals! Vielleicht finden Sie nun selbst heraus, worin das Geheimnis dieses Tricks besteht. Dabei ist alles so herrlich einfach und doch fällt jeder darauf rein!

Noch etwas später spielte Heinrich zu einigen seiner Lieder auf einer Harmonika oder einem Schifferklavier, was ihm ein lustiger Matrose beigebracht haben soll. Heinrich begriff die melodische Spielweise sehr schnell und schon nach einigen Tagen konnte er mit dem neuen Instrument in bescheidener Form umgehen. Wochen später hatte er sich auch mit der Geige befasst und bemühte sich, auch die immer besser zu beherrschen. Musik machte ihm einfach Spaß und verhalf ihm dazu, manchen schweren Tag zu überstehen.

Gerade zu dieser Zeit ergab sich für Heinrich ein Moment persönlichen Glücks: Lichtblicke für sein Leben! Der Altonaer Arzt Dr. Ferdinand Hesse, ein Wohltäter und Menschenfreund allererster Güte, war auf den jungen Burschen aufmerksam geworden. Sein freundliches, helles Wesen und seine kluge Art, aus einfachen Dingen oder Ideen etwas zu Stande zu bringen, war ihm aufgefallen, dazu Heinrichs humorvolle und gewandte Art, die ihm besonders gefiel.

Dr. Hesse beschloss, ihn in seine Dienste zu nehmen und ihn zu fördern. Er sah in dem Jüngling bald großartige Entwicklungschancen, nachdem er seine vielfältigen Begabungen erkannt und „analysiert" hatte. Eines Tages jedoch entdeckte der Wissenschaftler, dass Heinrich bisher nie eine Schule besucht hatte, somit mit 15 Jahren noch nicht richtig schreiben, lesen und rechnen konnte, weil seine Arbeit, zum Broterwerb der Familie beizutragen, lebenswichtig gewesen war. So entschied Dr. Hesse, ihn auf eine Elementarschule zu schicken, die der kluge Knabe nach einem Jahr recht erfolgreich abschloss.

Auch in dieser Zeit ließen ihn Musik und Gesang nicht los. Zufällig erwischte ihn sein Gönner eines Tages beim Musizieren mit der Geige, die nicht ihm, sondern dem Doktor gehörte und die er sich einfach „nur mal zum Üben und Probieren" genommen hatte. Hesse sah Heinrich erstaunt und interessiert zu, um nach einer Weile das Gespräch mit dem Jungen über Musik und Kunst zu suchen. Da er fest an das künstlerisch-musikalische Talent des Jungen glaubte, ließ er ihm privaten Musik- und Geigenunterricht erteilen. Zu seinem vortrefflichen Privatunterricht gehörten auch Zeichnen und die englische Sprache. So hatte Heinrich die Fähigkeit, Versäumtes aus vielen Jahren seiner Kindheit sehr schnell aufzuholen.

Parallel zu seiner Ausbildung erbrachte Heinrich immer noch für seine Eltern und Geschwister ein zusätzliches Einkommen dadurch, dass er in St. Paulis Hafenkneipen zum Tanz aufspielte. Den erzielten Lohn lieferte er an seine Eltern ab, wie er es schon immer gewohnt war. Doch nahm die Sache gerade in seinem Alter immer häufiger dramatische Formen an, die den Jungen von den wichtigen Lebenszielen abzudrängen drohten. Das Kneipenmilieu schien dem Jungen nicht gut zu bekommen, obgleich er mit Musik und Gesang die Matrosen auf lustige und witzige Art zu erfreuen verstand. Die Verwicklung in undurchsichtige Aktionen und „Geschäfte“ mit Fremden und auch die Verführung zum Trinken von Alkohol waren unangebrachte Begleitumstände. Hätte nicht seine Mutter aufmerksam auf ihn geachtet, wäre Heinrich gerade zu dieser Zeit in eine haltlose, unkontrollierbare Lebensführung geraten. Überdies war es vor allem Dr. Hesse zu verdanken, dem Jungen wirkliche Lebensperspektiven und künstlerische Entwicklungsmöglichkeiten aufzuzeigen und zu eröffnen. Er war es wohl, der in Heinrichs kritischer Phase der richtige „Coach“ und Ratgeber, sein Wegbereiter war.

Demgegenüber entwickelte sich Heinrich durch seinen Privatunterricht, den ihm Dr. Hesse angedeihen ließ, recht ordentlich. Interessiert und wissbegierig löste er seine Aufgaben und bald glaubte Dr. Hesse, für ihn die richtige Entwicklungsrichtung gefunden zu haben. Heinrich war begabt und sehr vielseitig interessiert, doch stellte sich heraus, dass seine wirklichen Stärken im Zeichnen und Konstruieren, in Mathematik und Musik lagen. Hieraus leitete der Akademiker offensichtlich seine perspektivische Entwicklung zum Architekten ab und ließ ihn an der Baugewerbeschule zu Nienburg einschreiben.

Zunächst aber musste sich Heinrich einer soliden Handwerksausbildung unterziehen. In einer Tischlerwerkstatt erlernte er das Tischlerhandwerk. Zunächst ging es um Grundlagen der Holzbearbeitung, von der Lagerung und Trocknung des Werkstoffes, exaktem Zuschnitt und Passgenauigkeit bis zu verschiedenen Verfahren der Oberflächenbearbeitung. Bald übertrug ihm sein Meister erste Aufgaben für die selbstständige Herstellung kleinerer Gegenstände, denn Heinrich hatte großes Interesse an dem holzbearbeitenden Handwerk gefunden, legte großen Wert auf Erfahrungen, Tipps und Hinweise seines Lehrmeisters. Richtige Lagerung und Trocknung des Rohholzes soll er anfangs als nicht so wichtig angesehen haben, bis er eines Tages begreifen musste, dass hiervon die Qualität seiner hergestellten Stücke sehr wesentlich abhing. Dagegen zeigte er mehr Aufmerksamkeit und Geschick für die Gestaltung von Schmuckkanten und anderen Elementen für Möbelstücke. Ihm lag es, schnell Entwürfe dafür zu zeichnen und danach schnell das Holz in die entsprechende Form zu bringen, was ihm mit der Hilfe und den Tricks seines Meisters ziemlich schnell gelang. Nach 10 Monaten konnte er einen ausgezeichneten praktischen Abschluss mit einem außergewöhnlichen Gesellenstück nachweisen, war jetzt umfassend mit der Technologie der Holzbearbeitung vertraut und erbrachte sehenswerte handwerkliche Leistungen. Während dieser Zeit lernte Heinrich einen Bildhauer aus Altona kennen, der den jungen stämmigen und muskulösen Burschen gern mal zum Modell nahm. Nach und nach gewann er immer mehr Kenntnisse über die plastische Gestaltung verschiedener Materialien. So muss man zu dem Schluss kommen, dass diese Begegnung für Heinrichs spätere berufliche Entscheidungen bestimmend war.

1.3. Heinrich in Nienburg

Dr. Hesse hatte offenbar gute Kontakte nach Nienburg an der Weser, wo sich eine moderne Baugewerbeschule herausgebildet hatte, die die Weiterbildung talentierter Handwerker vorantrieb, mit dem Ziel eines Meisterabschlusses und handwerklicher Selbstständigkeit. Dann kam die Ausbildung von Architekten hinzu, einen erlernten Handwerksberuf voraussetzend. Die Einrichtung hatte inzwischen einen ausgezeichneten Ruf erlangt. Die Ausbildungsmöglichkeiten hier wurden immer mehr angenommen. So schlug Dr. Hesse vor, auch Heinrich auf die Baugewerbeschule zu schicken. Er war jetzt Tischler und erfüllte damit die Aufnahmebedingungen für eine Ausbildung zum Architekten.

Im ersten Jahr studierte Heinrich Grundlagen der Architektur, musste sich mit der Anfertigung von Bauzeichnungen befassen, die letztlich für die bauausführenden Gewerke und Handwerker von großer Bedeutung sein würden, um ein Bauprojekt praktisch zu verwirklichen. Das übrige Ausbildungsprogramm umfasste Deutsch, Rechnen, handwerkliches Rechnen, Entwurfszeichnen und Bauzeichnen, Geometrie, Baukunst, Naturlehre, Grundlagen des Modellierens, Entwurfsarbeit, Konstruktion sowie Architektur und Formenlehre. Die Lehrgebiete in den einzelnen Fächern beherrschte Heinrich ohne große Mühe und mit geringem Zeitaufwand. Den Lehrern soll jedoch seine besondere Begabung im freien Zeichnen und Modellieren aufgefallen sein. Wenn es um Frei-Hand-Entwürfe für Variationen eines Bauprojektes ging, hatte Heinrich im Handumdrehen und mit unglaublicher Geschwindigkeit quasi sofort einen oder auch mehrere neue Entwürfe parat, die Diskussionsgrundlage für die Vorbereitung der Konstruktions- und Bauzeichnungen gewesen sein sollen.

Der Unterricht selbst, so nach Heinrichs knappen Fragmenten auf Postkarten, soll montags bis sonnabends von 8:00 Uhr bis 20:00 Uhr stattgefunden haben, mit einer täglichen Pause von 2 oder 3 Stunden. Auch sonntags wurde zum Teil Unterricht gehalten, wenn man den lückenhaften Notizen Heinrichs Glauben schenken will. Dem gegenüber wurden die Angaben wenigstens stückweise in einer Dissertation an der Universität Hannover [2] bestätigt.

Dr. Hesse zahlte für Heinrichs Ausbildung wohl ein Schulgeld von 11 Talern und 6 Talern für Unterrichtsmaterial. So mühte sich Heinrich Tag für Tag fleißig, aber mit steigender Unlust, über ein Jahr lang. Danach beherrschte Heinrich das technische Zeichnen für das Baugewerbe trefflich gut, doch fand er für sich heraus, dass Architekturarbeit dieser Art doch nicht seine wirkliche Stärke war, womit er sich hätte profilieren können.

Überhaupt stand er in dieser Zeit voller Zweifel an einem Scheideweg, unschlüssig, in welche Richtung er sich entwickeln sollte. Endlich fasste er den Entschluss, seinem Förderer Dr. Hesse zu eröffnen, dass ihm diese Ausbildung nicht liege und er keine Lust verspüre, Architekt zu werden. Bauzeichnungen waren sicher gut und notwendig, aber lebendige, lebensnahe Zeichnungen von Szenen und Begebenheiten aus dem Leben schienen ihm bei weitem besser zu liegen und er habe den Wunsch und die Absicht, sich ernsthaft der Bildhauerei zu widmen. Weg bestimmend muss wohl das Zusammentreffen mit einem in Altona lebenden Bildhauer gewesen sein, noch zu seiner Ausbildungszeit im Tischlerhandwerk. Aus einem Gewirr von Fragen ergab sich schließlich Heinrichs Entscheidung für seine spätere Leidenschaft zur Bildhauerei. Er empfand es faszinierend, praktisch aus dem Nichts, nur aus einem geeigneten Material etwas für die Menschen Bleibendes zu formen und zu gestalten. So auch seine Begründung, die er Dr. Hesse vortrug. Etwas für die Menschen Einzigartiges zu schaffen, das war sein Ansinnen. Zunächst noch etwas verwundert über Heinrichs plötzlichen Sinneswandel, schätzte der Wissenschaftler die Ehrlichkeit und Aufrichtigkeit seines „Schutzbefohlenen". Nach reiflicher Überlegung entschied er, ihn nun einem Bildschnitzer anzuvertrauen. Die besten Meister auf diesem Gebiet schienen in Südtirol oder in München zu finden zu sein. Da Dr. Hesse aber im Stillen immer noch daran glaubte, Heinrichs Vorstellungen von der Bildhauerei seien Illusionen, legte er Wert darauf, aus ihm doch noch einen Mann der Wissenschaft zu machen, ließ Heinrich zunächst in München Justus von Liebigs Vorlesungen in Chemie besuchen. Parallel dazu, so entschied Hesse, sollte Heinrich eine Ausbildung bei einem Münchener Bildschnitzer absolvieren. Auf diese Weise waren beide Wünsche am besten zu realisieren, meinte Hesse. Es sollte sich während der Ausbildungszeit herausstellen, wo Heinrichs wirkliche Stärken lagen, auf welchen Gebieten seine Begabungen und Fähigkeiten am besten ausgeprägt waren. Dabei gab

Dr. Hesse in seiner Denkweise der wissenschaftlichen Entwicklung Heinrichs immer noch den Vorzug.

1.4. Bildschnitzerei in München

Die Bekanntschaft Dr. Hesses mit Münchner Wissenschaftlern verhalf dazu, dass sich Heinrich intensiver mit der Bildhauerkunst, insbesondere mit der Bildschnitzerei auseinandersetzen konnte. Mit Unterstützung seines Gönners bewarb er sich in der Werkstatt bei Anselm Sickinger (1807-1873). Sickingers Betrieb war seit etwa 1834 in München ein kunsthandwerkliches Unternehmen mit einer Werkstatt in der Kasernstraße 6 (später ab 1862 Gabelsbergerstraße 10). Mit seiner Firma war der Unternehmer und Künstler in zahlreiche Aufträge für Bauprojekte nach den Vorstellungen von König Ludwig I. eingebunden und hatte sich obendrein auf die Fertigung von kirchlichen Einrichtungen, Bau- und Schmuckelementen spezialisiert. Aber auch Einzelanfertigungen in großer Vielfalt waren sehr gefragt. Auch schnitzte Sicklinger selbst Ornamente für königliche Möbel. So galt er in Bayern und darüber hinaus als „universeller Spezialist der Bauplastik". Zudem zeichnete sich das gesamte Unternehmen durch besondere Vielseitigkeit aus.

Die Arbeitsgänge hier waren durch eine gut durchdachte und zweckmäßige Arbeitsteilung gekennzeichnet: Teile der klaren strukturellen Gliederung waren u.a. Entwurfsarbeit und Ausführungszeichnungen, Architekturzeichner für die Risse, Steinmetze und Bildhauer für die Figurenherstellung, Schreiner bzw. Tischler für den Bau von Altären und sonstigen kirchlichen Inneneinrichtungen, Möbelstücken oder hölzernen Schmuckelementen, Kunstschreiner und Kunstschnitzer für besondere architektonische Details, sowie Fassmaler für die Vergoldung von Figuren und Altären. Viele dieser wichtigen Fakten in der Entwicklung der Bildhauerei im Kunsthandwerk werden auch in einer speziellen Dissertation an der LMU München bestätigt [3].

Sickinger selbst war überwiegend als Entwerfer und Unternehmer, zu bestimmten Zeiten auch als Bildschnitzer selbst tätig. Die in seinem Handwerksbetrieb vorgefundene Art der Kombination verschiedener Tätigkeitsfelder war genau passend für Heinrich. Er sollte zunächst über zwei Monate alle Bereiche durchlaufen und begann mit eigenen Entwürfen und der Präzisierung von Entwurfsvorlagen, schrittweise, bis zur Anfertigung von Ausführungszeichnungen, wozu er bereits umfassende Vorkenntnisse mitbrachte. Für die Modellierung von Figuren aus Holz jedoch musste er die Grundlagen der Schnitzkunst erlernen und wurde deshalb verschiedenen Bildschnitzern in der Firma zugeteilt. Er begann mit den Tätigkeiten, ohne regelmäßige kunstgewerbliche Ausbildung erhalten zu haben und bewies beizeiten schon seine Begabung und sein Talent in der Formgestaltung. Die von ihm bereits in seiner Münchner Anfangszeit gefertigten Kopien von Köpfen und anderen Figurenteilen versetzten die Meister der Manufaktur in Erstaunen, konnte er doch recht bald in trefflicher Art und viel Geschick sehr selbstständig gute Ergebnisse vorweisen. Nach einiger Zeit kam es zu ersten eigenen Entwürfen, die Heinrich selbst umsetzen durfte. Dabei handelte es sich meist um Halbplastiken, aber auch vollständige Figuren oder Figurengruppen, wobei er die in Bayern typischen christlich-sakralen Motive durchaus verließ. Heinrichs Arbeitsergebnisse fanden mit der Zeit durchaus Anerkennung bei den Schnitzern der Münchner Schnitzerinnung. Sickingers Firma zählte zeitweise bis zu 35 Mitarbeiter, Gehilfen und Schüler. Wie hier Heinrich Möller eingeordnet war, ist leider nicht überliefert. In Archivlisten war sein Name nicht zu finden. Lediglich über Dr. Hesse ist sein Einsatz in Sickingers Betrieb bekannt. Es ist und bleibt unumstritten, dass die Münchener Bildschnitzerei Heinrichs Begabung für die Bildhauerkunst nachhaltig gefördert hat. Somit trug dieser Zeitabschnitt der plastischen Formgesrtaltung wesentlich zu seiner Entscheidung bei, sich ernsthaft und zielbewusst der Bildhauerei zu widmen.

Das weitere Leben und Schaffen des Künstlers als Bildhauer ist in dem Buch „Prof. Heinrich Möller – ein Meister der plastischen Kunst" [4] ausführlich dargestellt worden.

1.5. Kindheit meines Großvaters

Louis, mein Großvater, mütterlicherseits, wurde 1871 in Clausnitz im Erzgebirge geboren. Die Eltern lebten in sehr ärmlichen Verhältnissen, betrieben eine kleine Landwirtschaft, womit sie die Versorgung der Familie wenigstens einigermaßen sicherstellten. Wenn die Erträge gut waren, brachten sie ihre Erzeugnisse auf die Märkte der umliegenden Dörfer und Städte.

Louis war ein sehr ruhiger und genügsamer Junge. Er spielte gern mit den Kindern der Nachbarhöfe, am liebsten Versteckspiele oder Ratespiele, oft auch Geschicklichkeitswettbewerbe verschiedener Art. Spielzeug im weitesten Sinne war kaum oder selten eine Wahl, weil es sich viele Eltern einfach nicht leisten konnten. Aber Louis war sehr erfinderisch. Wenn es eben keine Bälle gab, mussste man eben selbst welche herstellen, kleine und große, aus Mehl und Gras oder aus Lehm und Stroh und natürlich mit Wasser. Nach dem Trocknen waren sie robust und fest. Nun konnte man die verschiedensten Ballspiele durchführen, wie er mir aus seiner Kindheit erzählte.

Schon als Kind war Louis voller Begeisterung, wenn es um Holz ging. Als er schon etwas größer war, fand er Gefallen am Schnitzen einfacher Figuren und Bäume. Ein Schnitzer und Freund der Familie brachte ihm erste Kenntnisse und Fertigkeiten bei. Erste Figuren entstanden aus Lindenholz und Ahorn. Später entdeckte Louis seine Leidenschaft für Wasser und beschäftigte sich gern an umliegenden Bächen oder an den Ufern der Freiberger Mulde. Er hatte auch riesigen Spaß, wenn es um kleine Schiffchen oder Kähne ging, die er gern und schnell anfertigte. Wettfahrten aller Art, gemeisam mit seinen Freunden, waren eine lustige Angelegenheit, an der alle Spaß und viel

Freude hatten. Neben der spielerischen Beschäftigung aber gab es noch eine andere Seite des kindlichen Daseins, denn Kinder wurden durch Kinderarbeit dazu herangezogen, einen Anteil zum Familieneinkommen zu erbringen. Zunächst ging es bei Louis schon mit 7 Jahren darum, auf den Feldern kräftig mit zuzupacken, über die gesamte Vegetationszeit bis zur Einbringung der Ernte. Kartoffeln legen, mit Pflug anfahren, ernten und fachgerecht einkellern ebenso. Im Herbst war Kinderarbeit auch in der Obsternte gefragt. Im Winter dagegen wurde Louis oft in kleine Manufakturen und Handwerksbetriebe, die mit Holzbearbeitung und Spielzeugproduktion befasst waren, geschickt. Oft für einen Hungerlohn von ein paar Pfennigen oder Groschen musste er mit seinen kleinen geschickten Händen manchmal bis 10 Stunden täglich harte Kinderarbeit leisten, was den Profit der Fabrikbesitzer beachtlich erhöhte. Nicht zu vergessen sei der oft weite und beschwerliche Weg zu seiner Arbeitsstelle, im strengen Winter, tief verschneit und eiskalt. An den Abenden und am Wochenende wurde Louis auch vielfach für Stallarbeiten eingesetzt. Sonntags gingen die gottesfürchtigen Eltern meist zum Gottesdienst in die Kirche, die Kinder dabei zu haben, war eine strenge Regel. Die Kinder selbst trauten sich nicht, den Eltern zu widersprechen.

1.6. Kindheitstage meines Vaters Kurt

Man schrieb das Jahr 1902. Adolf und Selma Lohse bewohnten ihr Mehrfamilienhaus, das um 1880 erbaut worden war. Das Grundstück mit Wohnhaus, großem Lagerhaus und Nebengebäuden befand sich im Zentrum der Bergstadt Brand-Erbisdorf, am Schillerplatz 3. Dazu gehörten auch mehrere Feldflächen zur landwirtschaftlichen Nutzung am Rande der Stadt. Zur Familie gehörte auch Sohn Emil und 1902 wurde Sohn Kurt (mein Vater) geboren. So entstand ein bürgerlicher Hausstand mit landwirtschaftlicher Anbindung und der späteren Gründung eines Milchgeschäftes in der Bergstadt. Die Kindheit der beiden Kinder Emil und Kurt war offensichtlich durch die Strenge und Boshaftigkeit von Mutter Selma einerseits und andererseits durch die frühzeitig geforderte Einbindung in die wirtschaftliche und produktive Phase der Erwirtschaftung des Familieneinkommens gekennzeichnet. Das hieß, die Kinder bei Zeiten an die Arbeit auf Feld und im Geschäft heranzuziehen. Auf spielerische Aktivitäten der Kinder legte Mutter Selma keinen besonderen Wert, Spielsachen gab es kaum, vielleicht mal einen Ball. Ansonsten mussten die Kinder sich selbst was einfallen lassen, vielleicht ein Ballspiel auf dem Schillerplatz oder Springwettbewebe oder Zielwerfen. All dieses kindliche Mileau befriedigte weder Kurt noch Emil, aber sie nahmen es mit Gehorsam „ehrfürchtig" hin und machten, was von ihnen verlangt wurde.

Die Fakten im Einzelnen: Als Kurt so etwa 6 oder 7 Jahre alt war, wurde den Kindern der Umgang mit Pferden in ziemlicher Strenge beigebracht mit dem Ziel und der Absicht, Teile der Feldbestellung sowie das Führen von Kutschen und Gespannen mit Pferd und Wagen zu erlernen. Mit 9 oder 10 Jahren konnte Kurt selbstständig mit Pferdefuhrwerken umgehen. Mutter Selma nötigte ihn immer wieder, selbst Arbeiten zur Feldbestellung und zur Erntezeit mit Pferden durchzuführen. Auch andere Gespannfahrten sollte Kurt erledigen. Für seine Dienstleistungen erhielt er weder einen Pfennig, noch eine Mark. …

So verging die Kinderzeit wie im Fluge und vielmals ohne irgendwelches Spielzeug. Das aber hatte zur Kaiserzeit eine ganz besondere militaristische Prägung mit dem Ziel, alle Bevölkerungsschichten, also auch Kinder, auf kriegerische Auseinandersetzungen vorzubereiten oder einzustellen. Während Kurts Eltern den Kaiser hoch verehrten, konnten Kurt und Emil den militaristischen Tendenzen nichts abgewinnen. Sie waren der Meinung, Kriege könnten der Menschheit nur unsagbares Leid zufügen. Deshalb konnte Kurt einem Sortiment von Kriegssoldaten und imitierten Waffenmodellen für Kinder zu Kriegsspielen nicht gut heißen, ebenso nicht die vielen gedruckten Vorlagen kriegerischen Inhalts speziell für Kinder. Kurt hatte auch ein Herz für Sport, doch war es für ihn schwer, aus den Fängen seiner Mutter für regelmäßigen Sport einschließlich Training zu entkommen. So blieben anfängliche Versuche in Handball und Fußball bald stecken. Aber endlich gab es aus seinem Freundeskreis Lichtblicke für eine ganz andere Sportart. Nach einigen Probeübungen schloss sich Kurt einem Arbeitersportverein an und erlernte das Kunstradfahren auf einem Einzelrad. Neben der Notwendigkeit, sich auf dem Rad selbstständig fort zu bewegen, bestand die sportliche Kunst darin, das ausgewogene Gleichgewicht zu halten. Kurt war mit großer Begeisterung und Spaß dabei. Die Sportfreunde traten auch auf Vereinsveranstaltungen, zu Jahrmärkten oder zu Volksfesten auf. Noch in den 50er Jahren, als ich schon zur Schule ging, nahmen die Kunstradfahrer in einer Gruppe von 6 oder 12 Sportlern auch jedes Jahr an der Maidemonstration in der Bergstadt teil. Auch Kurt war mit sportlicher Begeisterung dabei.

Als Kurt 11 oder 12 Jahre alt war, bestimmte Mutter Selma in herrschsüchtiger Weise, Kurt solle als „Milchjunge" Milch, Butter und Käse an die Kunden mit dem Handwagen ausfahren. Außerdem hatte Mutter Selma die Absicht, an Kurt Teile der geschäftlichen Aufgaben zu übertragen, so Warenbeschaffung und Anlieferung, Sortenzusammenstellung (Milchsorten, Magarine, Butter, Käsesorten, Quark), Hauslieferungen und Lieferungen an Unternehmen, Hotels und Gastwirtschaften. Der zeitliche Aufwand dafür muss beträchtlich gewesen sein, ohne jegliche Vergütung, was zu enormen Spannungen zwischen Mutter und Sohn führte. Mutter Selma ging sogar soweit, an Sohn Kurt Fuhraufträge mit Pferdegespann für andere Personen oder Geschäfte zu vergeben, auch dies ohne jegliche Entlohnung. Bei seinen Tätigkeiten für das Milchgeschäft wurden die Widersprüche zwischen Mutter und Sohn immer schärfer. Mutter wurde

uneinsichtiger und starrsinniger und ließ kaum Vaters Gedanken
für eine Verbesserung der wirtschaftlichen Lage zu. So kam es,
dass Vater in jungen Jahren nach neuen Lösungen Ausschau
hielt. Eine davon war die Möglichkeit, auf Wanderschaft zu gehen, um dabei Tätigkeiten auf den Gebieten Bau, Maurerarbeiten, Betonarbeiten, Zimmermanns- und auch Straßenbauarbeiten
sowie Schlossereiarbeiten bei Handwerkern zu bekommen. Zusammen mit Freunden fassten sie den gemeinsamen Beschluss,
nach Süddeutschland aufzubrechen. Die Wanderschaft erstreck-
te sich über mehr als 3 Jahre und erbrachte den Teilnehmern
enorme Lohneinnahmen. Endlich erhielt auch mein Vater Kurt
für seine gute Arbeit seinen Lohn! Das Milchgeschäft wurde mit
der Zeit beträchtlich erweitert und auch über die Zeit des 2.
Weltkrieges fortgeführt. Dann jedoch verschlechterte sich Sel-
mas Gesundheitszustand so sehr, dass sie das Geschäft aufgeben
musste.

Während der Milchmädchenzeit lernte Kurt auch das Mädchen
Ilse aus der Freimühle kennen. Tag für Tag erledigte sie pünktlich ihre Milchlieferungen an die Kunden, auch ihre Arbeit für
einen Niedriglohn. Schließlich verliebten sie sich mit der Zeit
und 1927 wurden sie ein junges Pärchen. 1928 wurde Töchterchen Marianne geboren und 1931 Gertraute. Nach Mariannes
Geburt machten sich Kurt und Ilse auch mit einer eigenen Wohnung auf dem Kirchweg von Mutter Selma unabhängig, was die
Grundlage für ein harmonisches Familienleben werden sollte.

2. Krieg und Frieden

2.1. Flucht aus der Flammenhölle

Herbert aus Dresden war der Cousin meines Vaters Kurt. Zwischen ihnen gab es viele Gemeinsamkeiten und Unternehmungen in jungen Jahren. Ab und an gab es gegenseiige Besuche. Vater war fasziniert von der Kunststadt Dresden und Herbert war ab und an mal froh, das Großstadtleben zu verlassen und ein paar erholsame Tage auf dem Lande in Brand-Erbisdorf zu verbringen. Wenn mein Vater Kurt in Dresden war, gab es Ausflüge der beiden in die Sächsische Schweiz oder nach Moritzburg, manchmal in die Dresdener Heide oder mal auf eine Tour in eine der vielen Biergärten im Sommer. War Herbert in Brand unterwegs, waren für ihn Freiberg mit seiner bergbaulichen Umgebung und die Holzkunst im Erzgebirge interessant. Als Vater meine Mutter Ilse kennengelernt hatte, nahm er Herbert gern mal mit zu den Großeltern in der idyllisch gelegenen Freimühle im Freiwald, 5 km südlich von Brand- Erbisdorf. Dort konnten beide noch die unberührte, ruhige Natur an Wald, Wiesen und Bächen genießen. Vormittags oder nachmittags wurde von den beiden jungen Männern Holz gesägt und gehackt, was die Großeltern ganz besonders freute. Wenn es sich einrichten ließ, gingen Kurt und Herbert am Wochenende auch mal in die nahe gelegene Gaststätte „Mönchenfrei" zum Frühschoppen mit Blasmusik… Die Besuche in Dresden und Brand waren von Vaters Mutter Selma nicht besonders erwünscht, musste sie doch auf die Arbeitsleistungen des Sohnes zeitweise verzichten. Somit mussten die beiden jungen Herren so manche beabsichtigte Unternehmung „geheim halten".

So durchlebten Herbert und Kurt in den 20er und 30er Jahren eine frohe gemeinsame Zeit, noch ohne Krieg und Waffen.

Aber bereits am 15. August 1939 (!) wurde Herbert, wie viele junge Männer im wehrpflichtigen Alter, zur Wehrmacht eingezogen. Herbert musste in einen sinnlosen und verbrecherischen Krieg ziehen. Er hatte mit meinem Vater vereinbart, falls in Dresden etwas Schlimmes passieren würde, Gertraute unbedingt zu helfen, wenn er nicht vor Ort sei. Er hatte seine Frau im Sachsenwerk Niedersedlitz kennen gelernt, wo beide arbeiteten. Herbert war gelernter Kaufmann und Gertraute fand eine Ausbildung als Stenotypistin.

Dann begann mit dem Überfall auf Polen am 1. September 1939 der 2. Weltrieg, von Deutschland mit verbrecherischer Zielstellung und Gebietsansprüchen verursacht. Jeder weiß von den grausamen Maßnahmen zur Unterdrückung und Ausrottung anderer Länder und Völker.

Dann kehrte 1945 der Krieg mit barbarischer Härte nach Deutschland zurück. Die Alliierten und die Sowjetunion rückten immer mehr auf Deutschland zu. Bombardierungen der großen Städte brachten täglich neue Gefahren für die Bevölkerung …

Dann, am 13. Februar 1945 zwischen 21:00 und 22:00 Uhr begann ein fürchterliches Inferno. Die Sirenen kündigten Luftalarm an. In Brand-Erbisdorf war ein übernatürliches lautes Brummen aus westlicher Richtung zu hören, für jeden unüberhörbar! Minuten später sah man in östlicher Richtung „Christbäume" am Himmel. So nannte man die Markierungen für Bomber für ein bestimmtes Zielgebiet. Vater hatte recht: Es konnte hier nur gegen Dresden gehen. Einige Minuten später hörte man gewaltige Detonationen, schlimmer als Donner bei einem schweren Gewitter. Bald darauf färbte sich der Himmel im Osten glutrot. Ein gespenstisches Bild!

Vater hatte sofort erkannt, dass es um massenhafte und äußerst gefährliche Aktionen gegen Dresden ging und befürchtete das Schlimmste. Noch in der Nacht machte er sein Fahrrad klar, um Gertraute aus der Flammenhölle Dresdens heraus zu holen, denn für ihn war klar, dass es von Dresden nach Freiberg keinerlei Verkehrsverbindungen mehr geben würde, keinen Zug, einfach nichts ging mehr.

Im Morgengrauen des 14. Februar nahm Vater Kurt mit seinem Fahrrad Kurs auf Dresden, vorbei an vielen Flüchtlingen, die Dresden wegen der schweren Bombenangriffe angloamerikanischer Bomber fluchtartig verlassen mussten, vorbei an einer Unmenge von Toten, die den Angriff oder die Flucht nicht überleben konnten. Die fast 50 km müssen für Vater grausam gewesen sein. Unvorstellbar, wie er es trotzdem schaffte, bis in die Innenstadt von Dresden vor zu dringen, denn alles war mit Trümmern übersät, keine Straße mehr normal passierbar. Vater erzählte mir später von der Verbrennung ganzer Berge von Leichen auf dem Altmarkt und einem entsetzlichen Gestank, von der Ohnmacht noch lebender Menschen, die nach Hilfe schrien. Scharfsinnig gedacht, war für ihn sofort klar: Entweder es gab in irgendeiner Form ein Lebenszeichen von Gertraute und ihrem Kind oder aber man musste das Schlimmste befürchten. So blieb ihm zunächst nur der Ausweg, bis in die Neustadt vor zu dringen und seine Tante Anna (Gertrautes Schwiegermutter) in dieser Trümmerwüste zu suchen. Das tat er und fand schließlich Anna unverletzt und einigermaßen beherrscht vor. Glücklicherweise war sie noch von Gertraute informiert worden, dass sie mit ihrem Kind die Stadt über Gönnsdorf verlassen würde, um sich dann nach Brand-Erbisdorf durch zu schlagen. Also wusste Anna über die beiden Bescheid. Vater war nun darüber informiert, was geschehen war und was die beiden zu ihrer Rettung unternommen hatten.

Zwischenzeitlich gab es einen weiteren Bombenagriff, eben am 14. Februar, in den auch Vater verwickelt wurde, konnte ihn aber in einem Neustädter Luftschutzkeller gerade noch überstehen. Nach dem Angriff packte er das Nötigste an Gepäck von Anna auf sein Fahrrad und kämpfte sich wieder zurück bis nach Freiberg durch. Seine Strategie, Mutter und Kind zu retten, musste er nun ändern, in der Hoffnung, dass sich Mutter und Kind bis nach Brand-Erbisdorf irgendwie durchschlagen konnten. Es muss eine äußerst strapaziöse Fahrt mit großer körperlicher Anstrengung gewesen sein.

Erst in der Nacht zum 17. Februar kam Vater abgekämpft aus Dresden mit seinem Fahrrad zurück. Gertraute hatte in aller Not mit Heidi einen anderen Weg nach Brand-Erbisdorf nehmen müssen und somit hatte seine Rettungsaktion zunächst keinen Erfolg. Doch war etwas später die Freude riesengroß, als sich alle in die Arme schließen konnten.

Die Familie rückte zusammen. Vater machte für Mutter und Kind eine Kammer im ersten Stock zurecht, so dass sie beide ungestört über längere Zeit ganz gut untergebracht werden konnten. Oben auf dem Berg, gleich hinter dem Grundstück, besaßen Mutter und Vater noch ein Feld von etwa 1000 Quadratmetern, auf dem Getreide, Rüben und Kartoffeln angebaut wurden. Auch gab es einen kleinen Viehbestand, Hühner, Gänse, Kaninchen und manchmal auch ein Schwein. So halfen sich Mutter und Vater mit Familie über schwere Zeiten. Zudem bot der Garten noch einiges an Obst und Gemüse. Als hätten sie es geahnt, dass sich daraus eine Überlebenschance in Kriegszeiten für notleidende Menschen ergeben könnte.

So war auch für Gertraute und Klein-Heidi zumindest für das Nötigste gesorgt. Gertraute erinnerte sich noch Jahre danach mit Tränen in den Augen daran, als meine Mutter Ilse ein „festliches Mahl" auf den Tisch zauberte: Damals besaß die Familie einen großen Küchentisch, der mit dunkelgrünem, strapazierfähigem Linoleum belegt war. Und darauf wurde ein Berg frischer Pellkartoffeln geschüttet – und alle durften sich endlich mal wieder „satt" essen! Es muss Gertraute wie ein „kleines Paradies" in Kriegszeiten vorgekommen sein.

Die Furcht vor Luftangriffen war bei allen nach wie vor groß. Deshalb hatte mein Vater Kurt auf dem Feld oben, hinter dem Grundstück, einen Unterstand gebaut, in dem etwa 8 Personen unterkamen. Das Objekt war außerordentlich gut mit Bäumen und Sträuchern getarnt, so dass man schon ziemliche Mühe hatte, um es zu entdecken. Wie sich zeigen sollte, war das eine sehr weise Idee meines Vaters, denn selbst bei Angriffen mit Tieffliegern erwies sich das Ganze als perfekte Schutzmaßnahme für die Familie.

Um Frauen und Kinder zu schützen, verwirklichte Vater noch eine andere Idee: Er hatte über Jahre einen großen Vorrat an Wurzelholz aus dem Wald angelegt, da in Kriegszeiten weder Kohle noch andere Brennstoffe zu kriegen waren. Die meterhohen großen Holzhaufen, wir nannten sie „Stöcke", waren gut geeignet, Frauen und Mädchen der Familie vor Übergriffen zu schützen. Deshalb baute er auch in einem der Holzhaufen einen Unterstand aus, in dem die weiblichen Familienmitglieder im Gefahrenfall Unterschlupf finden konnten.

Parallel dazu stellte sich die ganze Lage aus Gertrautes Sicht und aus eigenem Erleben ganz anders dar. Auch sie hatte erfahren müssen, dass es keine Verbindung von Dresden nach Freiberg mehr gab. Auch der Hauptbahnhof und die Bahnstrecke wurden bombardiert. Es blieb nur noch eine Möglichkeit in südlicher Richtung aus der Bombenhölle und dem Feuersturm zu entkommen, und die führte über Niedersedlitz Richtung Heidenau. Genau das tat sie mit ihrem Töchterchen Heidi und einem übervoll bepackten Kinderwagen mit den nötigsten Utensilien. Später schrieb sie dazu folgende Erinnerungen, die ich hier mit tiefem Mitgefühl gern wiedergeben möchte:

„Ich wohnte seit meinem dritten Lebensjahr in Striesen (geboren in Naußlitz) bis zum 1. Schuljahr in der Löscherstraße 24. Das Haus dort wurde 'Bergvilla' genannt und stand erhöht, auf hügelartigem Gelände. Wahrscheinlich war es noch auf einem Hügel rund um den Windmühlenberg gebaut worden. Nach dem ersten Schuljahr in der Volksschule Fiedlerplatz bekamen meine Eltern eine etwas größere Wohnung in der Wormser Straße 70 zugeteilt, dort, wo die Eichen stehen. Ich hatte nun einen kurzen

Schulweg bis zur Markgraf-Heinrich-Straße (jetzt Rosa-Menzer-Straße) und ab 5. Schuljahr ging ich in die Pohland-Schule.

In den letzten Kriegsmonaten war ich zu meiner Schwiegermutter in die Neustadt gezogen. Mein Mann Herbert musste nach kurzem Urlaub wieder fort. Ich hatte immer Sehnsucht nach Striesen. Wenn ich mit meiner Tochter (Heidi d.V.) spazieren ging – sie war 15 Monate alt - zog es mich immer wieder an die Elbe. Ich konnte die Albrecht-Schlösser (wie wir damals sagten) und den Luisenhof sehen, wie von den Fenstern der Elternwohnung. In den Tagen vor dem Angriff hatte meine Heidi sehr hohes Fieber, der Arzt stellte Masern fest.

Meine Eltern hörten durch den Besuch eines Verwandten von Heidis Krankheit und wollten, dass ich mit dem Kind zu ihnen käme. Mein Vater hatte, unter einer dicken Wolldecke sitzend, die deutschen Nachrichten des englischen Senders mit dem Pausenzeichen „Bum Bum Bum Bum“ abgehört und wusste von der Jalta-Konferenz und den Plänen, wie Deutschland unter den Besatzungsmächten aufgeteilt werden sollte. Die Elbe sollte die Grenze sein – und ich wohnte jenseits der Elbe! Und das Kind war krank!

Also holte ich meine Mutter Gretel in der Neustadt ab. Im und unter dem Kinderwagen konnte vieles verpackt werden. Nach Abschied von der Schwiegermutter machten wir uns auf den Weg nach Striesen. Der war lang und dunkel, es war bewölkt, aber nicht kalt. Am Tage hatten noch die Kinder in den Straßen ein bissel Fasching gefeiert. Von der Albertbrücke konnte man alle Türme der Innenstadt sehen. Die Dürer- und die Wormser Straße wollten kein Ende nehmen. Aber dann hatten wir es endlich geschafft. Wir brachten den Kinderwagen in die Wohnung im vierten Stock, ich nahm das Kind aus dem Wagen, dann gingen die Sirenen – Alarm!!! Also Mantel und Stiefel an und wieder hinunter. Mutter kümmerte sich um eine Nachbarin mit deren drei Kindern, die aus dem ersten Schlaf gerissen wurden. Vater ging noch mal in die Wohnung, um das Luftschutzge-

päck, also das Nötigste in einem Köfferchen, zu holen und kam wieder und sagte: 'Heute sind wir dran`. - Die Stadt war taghell erleuchtet von so genannten `Christbäumen´. Dann fielen schon die ersten Bomben... Überall Hilflosigkeit, all diesem Furchtbaren ausgesetzt zu sein, ohne sich wehren zu können.

Jede Minute konnte die letzte sein. Mein Kind schrie, die anderen Hausbewohner saßen geduckt in ihren Ecken, einige beteten. Was man da empfand, kann in Worten nicht ausgedrückt werden. Dann war Ruhe! Vater ging nach oben, um zu sehen, ob es das Haus verschont hatte. Nur die Fenster waren alle kaputt. Aber im Keller war viel Rauch und viel starker Wind, die Kellerdurchbrüche zu den Nachbarhäusern waren aufgebrochen worden. Einwohner aus der Nachbarschaft suchten Zuflucht in unserem Keller und so hörten wir, wo es überall brennt: Mauerwerksteile flogen durch die Luft und es kam zu Verletzungen der schutzsuchenden Bewohner. Ganze Mauerteile flogen wie Pappschachteln hin und her, die Menschen hilflos. Ringsum breitete sich das Feuer durch den Feuersturm immer mehr aus. Es brannte überall: Eilenburger Straße beide Seiten, Markgraf-Heinrich-Straße bis zu den Sorbenhäusern, wie wir die kleinen Häuser auf der rechten Seite nannten, Markgraf-Heinrich-Platz, Schandauer Straße ab Bergmannstraße stadtwärts, Wormser Straße ab Alemannenstraße stadtwärts, Postamt 19 und von dort stadtwärts alles...

Vielleicht war dieses große Feuer auch erst nach dem zweiten Angriff, denn wieder fielen Bomben, die Einschläge kamen immer näher... Ich weiß nicht, ob ich überhaupt noch denken konnte, denn ich saß ja über mein Kind gebeugt und wir hielten uns an den Händen. Ich versuchte, mein Kind zu beruhigen. Um mich herum schrien die Menschen und vor allem die hilflosen Kinder...

Aber auch diesmal blieben unsere Häuser in der Wormser Straße, Bergmannstraße und Markgraf-Heinrich-Straße bis zur Hälfte unversehrt. Mein Vater und der damalige Hausmann,

Herr Pietsch, gingen die Böden entlang. Auch dort waren Durchbrüche von Haus zu Haus. Die Männer konnten einige Stabbrandbomben hinauswerfen, so dass die Ausbreitung des Brandes verhindert werden konnte. Aber gegenüber brannten zwei Häuser vom Dach aus vollständig ab. Feuerwehren und Brandschutzleute waren machtlos gegen die Feuerbrunst.

Der furchtbare Feuersturm wehte in die Wohnungen unseres Hauses und brennende Gardinen und Möbelstücke flogen herum. Wir mussten von Wohnung zu Wohnung gehen, um mit Feuerpat-schen – das waren kleine Säcke um Griffstangen genagelt – die kleinen Brände zu löschen. Fensterscheiben gab es ja nicht mehr. Meine Großmutter kam von der Alemannenstraße. Sie war mit Ach und Weh dem brennenden Phosphor entkommen. Ich wagte mich mal auf die Straße, um das Ausmaß der Brände zu sehen. Es brannte ringsum. Aus dem langen Wohnblock zwischen Alemannen- und Spenerstraße schlugen grüne Flammen bis über die Straße. Dort wohnte auch eine Schulfreundin, die sich schließlich bis Dippoldiswalde durchschlagen konnte.

Mich bemerkte ein Luftschutzmann. Der hatte sich von der Altstadt her bis nach Striesen durchgeschlagen und berichtete abgekämpft und überhastet, die gesamte Altstadt mit Schloss, Altmarkt, Kirchen und Zwinger seien vollständig zerstört. Auch die gesamte Prager Straße würde nicht mehr stehen. Der Zoo war vollständig vernichtet worden und die fliehenden ängstli-chen Tiere irrten in der Flammenwüste herum. Ähnlich sei es den Tieren von Zirkus Sarasani ergangen, der ebenfalls total zerstört worden war. Ich nahm den Bericht des Mannes zwar wahr, aber war nicht mehr in der Lage, klar zu denken und die Situation zu bewerten. Ich konnte nur noch feststellen: Dresden war offenbar vollständig zerstört...

Mein Kind schrie, es hatte Durst und immer noch Fieber. Vater hatte Wasservorräte in Töpfen und Eimern angelegt. Er machte im Küchenherd Feuer und setzte auch einen großen Topf Wasser auf, damit ich das Kind hätte baden können. Aber dazu kamen wir nicht mehr. Ganz von fern hörten wir durchs geschlossene Fenster - Vater hatte die Doppelfenster unter den Betten liegen – wieder die Sirenen. Also Kind in den Wagen, Mantel und Stiefel auf den Wagen – und wieder in den Keller, in Strümpfen über die vielen Glasscherben. In dem Moment, als wir in den Keller einbiegen wollten, gab es einen fürchterlichen Krach – Wums ...

Ich war durch eine Mauer geschützt, aber mein Vater wurde durch den Luftzug alle fünf Stufen hinauf bis zur Windfangtür geschleudert. Nach der Straße zu schlugen auch Bomben ein. Später wussten wir, dass es Luftminen waren, die alles noch kaputt machen sollten, was noch stand.

Von der Bombe, die uns treffen sollte – es war wohl weniger als Haaresbreite – ging der Bombentrichter bis ans Haus. Die Gärten waren alle umgepflügt. Der Hühnerdünger aus Frau Pietsch's Garten wurde dann an der Zimmerdecke im vierten Stock gefunden... Nun wagten wir uns gar nicht mehr aus dem Keller heraus. Die Angst saß so tief!

Ich hatte nichts mehr zu trinken für das weinende Kind. Wir beschlossen, am nächsten Vormittag, bei Verwandten, die ein kleines Wochenendgrundstück in Gönnsdorf besaßen, vorübergehend unter zu kommen. Vater belud seinen selbst geschmiedeten Wagen, mit dem er sonst seinen Deputatkoks aus dem Gaswerk holte, mit Betten und dem Nötigsten. Mutter half der Nachbarin, deren zweijähriger Sohn seit Stunden schrie, ihren Vater in einen Leiterwagen zu packen.

Wir sahen noch viele einzelne Häuser brennen auf dem Wege nach Blasewitz, sahen auch Tote liegen und wollten nur eines: Raus aus der Stadt. Die Brücke, das „Blaue Wunder", war noch in Ordnung. Auf der Pillnitzer Landstasse war eine Meldestelle eingerichtet und wir bekamen jeder eine gut belegte 'Bemme' (das ist Sächsisch und bedeutet eine Scheibe Brot. d.V.) und fürs Kind gabs eine Flasche Milch, die mir dann Einwohner im Helfenberger Grund warm machten.

47

Und das Kind trank. Welch ein Glücksgefühl, denn ich wusste den ganzen langen Weg nicht, ob es noch lebt. Unsere Verwandten in Gönnsdorf waren kurz zuvor angekommen. Aus dem Keller der Pillnitzer Straße 8, wo sie ihre Stadtwohnung hatten, kamen sie nur heraus, weil sie sich mit dem Luftschutzwart schlugen. Er hätte sie alle im Keller ersticken lassen. Doch sie kamen bis zur Elbe und hatten die Hoffnung, bis nach Gönnsdorf zu kommen. Aber unterwegs wurden sie von Tieffliegern beschossen, wie es mir auch einige Striesener und Johannstädter später erzählten, denen es gelungen war, bis zur Elbe zu kommen.

Wir konnten in einem Bett schlafen, etwas zu essen erhielten wir von der Gemeinde. Mit einem geborgten Fahrrade fuhr ich am nächsten Tag zur Schwiegermutter, um zu sehen, wie es ihr geht, ob es sie verschont hat. Ich fuhr nicht etwa die Bautzner Straße stadtwärts, so tief saß die Angst noch in mir, sondern durch die Dresdener Heide. Mutter war gesund und glücklich, dass wir alles gut überstanden hatten.

Als sich Heidi etwas erholt hatte, wollten wir die Fahrt nach Brand-Erbisdorf antreten. Das war vereinbart zwischen meinem Mann Herbert und seinem Vetter Kurt. Wir schliefen erst mal wieder in der Wormser Straße in einer Wohnung, durch die der Wind pfiff. Alle Hausbewohner waren fort. Die gegenüberliegenden Häuser waren nun abgebrannt, ringsum Trümmer über Trümmer, Brandgeruch weit und breit.

Frühzeitig machten wir uns auf den Weg. Durch die leeren Fensterhöhlen sah man Wolken und den Mond, es war gespenstisch. Die Angst vor weiteren Angriffen steckte noch tief in uns und wir wollten nicht durch den Plauenschen Grund nach Freiberg fahren, sondern über Heidenau, Altenberg, Zinnwald bis nach Eichwald (Dubi), von wo uns dann die Querbahn über Rechenberg-Bienenmühle mitnahm. Abends um 8:00 Uhr kamen wir bei unseren Verwandten in Brand-Erbisdorf an. Ich durfte mit dem Kind bei den lieben Leuten bleiben und Heidi erholte sich dann recht gut.

Inzwischen machte sich meine Mutter wieder auf den Weg in die Wormser Straße und kam in einen erneuten Angriff in der Südvorstadt.

Mit dem ersten Zug nach Kriegsende fuhren wir in Güterwagen Richtung Dresden. Auf dem Freiberger Bahnhof schliefen überall Flüchtlinge und Fremdarbeiter, die nach Hause wollten. Wir mussten den Kinderwagen über sie hinweg heben. Nur bis Dresden-Plauen konnten die Züge fahren.

So kam ich wieder nach Striesen, in die Wohnung von Onkel und Tante. Tante war kurz nach dem Angriff gestorben. Nach einem Sarg war Onkel mit dem Leiterwagen von Striesen bis Ullersdorf und wieder zurück bis zum Friedhof Tolkewitz gelaufen. Er war 80 Jahre alt. Ich konnte ihn noch zwei Jahre betreuen.

Mein Mann kam glücklicherweise gesund wieder heim. Ich hatte lange Zeit nichts von ihm gehört. Wir gehörten zu den Glücklichen, die ein Dach über dem Kopf hatten, obwohl alles sehr kaputt war.“

Gertraut und Heidi erreichten Brand also über Umwege, über Niedersedlitz, Heidenau, Altenberg, Moldau (Moldava) und Berthelsdorf unter Benutzung von Nebenbahnen, denn die Strecke Dresden – Freiberg war vollständig zerstört. So verblieben Mutter und Kind letztlich in noch gut behüteter ländlicher Umgebung fast ein Vierteljahr und kehrten erst im Mai wieder in ihre Heimatstadt zurück, nachdem die wichtigsten Voraussetzungen geschaffen waren.

Heute ist mir klar, was das wirkliche Ziel dieses verbrecherischen Bombardements war, denn die politische und militärische Niederlage Deutschlands war längst entschieden. Bereits auf der Konferenz von Jalta war klar, wie der Krieg für Deutschland enden würde, nämlich in einer Katastrophe gigantischen Ausmaßes. Also ging es den westlichen Alliierten nicht nur darum, die Stadt und ihre Menschen, sondern auch ihre Kunstschätze zu vernichten und sie nicht in sowjetische Hände fallen zu lassen. Für einen Sieg über Deutschland war Dresden strategisch völlig unbedeutend.

Die Bombardierung Dresdens und eigene Erlebnisse als Kind in den 50er Jahren, noch immer zwischen den Ruinen der Altstadt, haben meine Lebenseinstellung zu Krieg und Frieden nachhaltig geprägt, nach meinen Kräften und Möglichkeiten selbst etwas Vernünftiges für die Erhaltung des Friedens und gegen verbrecherische Kriege zu tun. Dabei vergesse ich nicht, was Deutsche anderen Völkern angetan haben, nicht die Vernichtung von Millionen Juden, nicht den Überfall auf die Sowjetunion, nicht die Bombardierung englischer Städte.

Die Zeit in Brand-Erbisdorf muss für Gertraute und Heidi gewissermaßen ein im extremen Notfall „rettendes Paradies" unter Kriegsbedingungen gewesen sein, denn Klein-Heidi konnte sich auf dem Lande bald recht gut erholen. Vater und Mutter boten durch eigenen Garten mit vielen Obstbäumen und angebautem Gemüse und die Haustierhaltung noch Möglichkeiten, sich einigermaßen zu ernähren. Dazu wurden auf dem Feld hinter dem Garten zusätzlich Kartoffeln, Getreide oder Zuckerrüben angebaut. In den besonders kritischen Zeiten hatte Vater Kartoffeln und geerntetes Obst und Gemüse in der Erde vergraben und konnte so auf Ernährungsreserven zurückgreifen.

Die Dresdnerin half im Garten und bei der Feldbestellung im Frühjahr, auch oft unter der Gefahr des Angriffes von amerikanischen und englischen Tieffliegern, so dass sie ihre Arbeit oft unterbrechen mussten. Gertraute nähte auch verschiedene Kleidungsstücke für die Familie. Das konnte sie besonders gut.

Das alles spielte sich ab bis Kriegsende. Um den 8. Mai herum zogen die russischen Soldaten auch in unser Gebiet um Freiberg und Brand-Erbisdorf ein. Vergewaltigungen verschiedenster Art waren an der Tagesordnung. Deshalb traf Vater immer wieder Vorbereitungen, um die Frauen und Mädchen der Familie zu schützen oder zu verstecken.

Gertraute berichtete von einem Ereignis folgendermaßen:

„Als die Russen kamen, am 8. oder 9. Mai 45, gingen sie von Haus zu Haus und forderten, dass die Frauen mitkommen sollten um ihren Sieg zu feiern. Sie wurden mit Lastwagen Richtung Erzengler Teich gebracht, um dort mit den Russen Siegestänze zu vollführen. Doch in der Nacht gelang es mir, zu entfliehen und mich in völliger Angst wieder bis zu unserer Siedlung durch zu schlagen. Glück gehabt!!!"

So oder ähnlich verbrachten Gertraute und Heidi ihre Zeit in Brand. Pfingsten 1945 konnten sie in Güterwagen über Freiberg nach Dresden zurück fahren, allerdings nur bis Dresden-Plauen. Alles weitere zu Fuß, und mühsam durch die Trümmerwüste.

Heute ist Dresden schöner denn je wiedererstanden. Die Stadt, ihre Menschen und ihr dominierendes Kultur- und Kunstpotenzial faszinieren mich immer wieder aufs Neue. Die Frauenkirche als historisches und Friedenssymbol der Elbmetropole ist wieder aufgebaut worden. Dabei erinnere ich mich nur zu gern an Besuche als Kind in den 50er Jahren bei meinen Verwandten in Dresden. Mein Onkel Herbert war es, der mit mir durch die Ruinen ging und mir die Auswirkungen furchtbarer Kriege erklärte. Am Beispiel der Frauenkirche erklärte er mir, was passiert war. Außer Bruchstücke von Ruinen war nichts mehr übrig geblieben. Herbert erzählte mir auch von der Geschichte, wie die Kirche entstand und dass es sich dabei um ein unglaublich wertvolles Kulturdenkmal gehandelt habe. Dazu erfuhr ich auch, dass die Bomber mehrfach versucht hatten, die Frauenkirche vollständig zu vernichten. Es gelangen den Piloten jedoch nur zahlreiche Beschädigungen. Der Kernkomplex der Kirche sei nicht zum Einsturz gekommen. Erst ein oder zwei Tage nach dem Angriff stürzte das Bauwerk in Folge der Beschädigungen in sich zusammen.

Dresden ist ohne August dem Starken und das Residenz-
schloss unvorstellbar. Elbflorenz ist und bleibt unsere Nr. 1 unter
den deutschen Großstädten mit seiner einzigartigen Ausstrahlung
und nahezu magischer Anziehungskraft kultureller Art und den
humorvollen, fleißigen Menschen mit ihrem unverwechselbaren
sächsischen Dialekt.

Herbert und mein Vater Kurt sprachen oft mit mir als Kind
über den Krieg und wie man gegen ihn kämpfen muss. Dies und
die Erhaltung des Friedens gingen mir nie aus dem Kopf. Vater
sagte mir immer wieder, niemals wieder einen solch furchtbaren
Krieg, der den Menschen nur Unheil und Not bringt. Das habe
ich nie vergessen!

In meinen Kinder- und Jugendjahren glaubte ich an eine
friedliche Zukunft. Doch als wir 1981 nach Polen kamen, mussten wir erkennen, auch in der Gegenwart und unter sozialistischen Bedingungen sind Kriege immer noch möglich: Polen rief
den Kriegszustand aus und durchlebte eine schlimme Wirtschaftskrise… Panzer rollten durch die Straßen Warschaus und
stellten die Stadt unter Militärkontrolle. Schießereien waren an
der Tagesordnung. Die Versorgung mit Lebensmitteln, Strom
und Gas war zum Erliegen gekommen. Dieser Krieg war aus
bürgerkriegsähnlichen Zuständen hervorgegangen. Die Regierung war unfähig, die Situation zu beherrschen. Die Besonderheit
war, Polen stellte keine Gebietsansprüche an Gebiete im Ausland. Hatten wir nicht gelernt, im Sozialismus solle es keine
Kriege mehr geben?

Jahre später, 2022, ging sogar von Russland ein Krieg gegen
die Ukraine aus. Päsident Putin nutzte seine Machtpoisition für
einen verbrecherischen Krieg aus, der Zerstörungen und Leid für
die ukrainischen Menschen brachte. Russland, hervorgegangen
aus der ehemaligen Sowjetunion, zettelte diesen Krieg an und
stellte Gebietsansprüche an Teile der Ukraine. Dazu ist zu vermerken, dass sich Russland von einer ehemals sozialistischen
Sowjetrepublik zu einem Staat mit neokapitalistischer Prägung

entwickelt hat, sogar mit erhöhter Aggressivität. Oft stellte ich mir die Frage, wo die viel gepriesene „Deutsch-Sowjetische Freundschaft" geblieben ist, die von den Russen als „Befreier" einst hervorgebracht wurde und in der DDR als Politikum höchster Priorität gefördert wurde!

Bis zum Jahre 1981 waren wir alle froh und glücklich gewesen, nach dem 2. Weltkrieg und dem Sieg über Deutschland eine große Zeitspanne von über 35 Jahren in Frieden gelebt zu haben. Dabei erinnere ich mich immer noch an Vaters Aussage, „endlich Frieden und nie wieder Krieg". Leider musste ich begreifen, auch im Sozialismus waren Kriege möglich, siehe Polen 1981. Und auch danach, nach Auflösung der Sowjetunion, war wieder ein Krieg entfacht worden, diesmal unter neokapitalisscher Prägung mit Gebietsansprüchen an die Ukraine… Dabei geht mir die Befreiung Deutschlands 1945 durch die Russen nicht aus dem Kopf …

2.2. Russische Besatzungsmacht

Noch Ende April, Anfang Mai 1945 tobten südlich der Bergstadt Freiberg erbitterte Kämpfe. Reste des mobilisierten Volkssturms und von SS-Truppen kämpften zusammen mit Gruppen der Hitlerjugend gegen eine Übermacht sowjetischer Soldaten. Die schwersten Kämpfe hatten sich im Freiwald zwischen Brand-Erbisdorf und Großhartmannsdorf konzentriert. Obwohl der Krieg nach der entstandenen internationalen Lage für Deutschland längst verloren war, forderten hitlertreue faschistische Kräfte erneut Kampfhandlungen heraus. Letztlich unterlagen die deutschen Soldaten der Übermacht der Roten Armee. Am 8. Mai 1945 schließlich wurde die Kapitulationsurkunde unterzeichnet. Eine Zeit der sowjetischen Besetzung im östlichen Teil Deutschlands begann. „Die Russen kamen", wie man im Sprachgebrauch des deutschen Volkes sagte. Die Menschen waren durch die nazistische Ideologie in den Köpfen voll gefüllt mit feindlichen Aussprüchen und Scheinargumenten, vom „Bolschewismus", dem „Feind der Menschheit", der zu vernichten sei. Infolge dieser ideologischen Verwirrung hatten die Deutschen hier zu Lande ein überwiegend schlechtes Menschenbild von den Soldaten der Siegermacht Sowjetunion. Dabei ist unumstritten zu vermerken, dass die Sowjetunion die Hauptlast bei der Zerschlagung des Hitlerfaschismus getragen hatte. 22 Mio. Tote allein durch die Sowjetunion waren das Fazit.

Es war auch offensichtlich, dass die sowjetischen Besatzer ihre Machtpositionen im gesamtgesellschaftlichen Bereich bei jeder sich bietenden Gelegenheit nutzten. Mit der Demontage von Fabriken, Maschinen und Anlagen wurde sofort begonnen und die Güter unverzüglich in die Sowjetunion gebracht. Auch gab es zahlreiche Beschlagnahmen von motorisierten Fahrzeugen, Fahrrädern, Pferdefuhrwerken, Uhren, Schmuck, und Werkzeugen. Unsere Familie selbst hatte vier Fahrräder, nur eins durften wir behalten. Dabei fiel auf, dass viele Soldaten, vor allem solche aus den asiatischen Sowjetrepubliken, wohl noch nie ein Fahrrad gesehen hatten, geschweige denn mit einem solchen fahren zu können. Vater berichtete von mehreren „Fahrversuchen" auf unserer Straße, mit Stürzen, Wetten und auch „artistischen Leistungen".

Ein markantes Kapitel in der Geschichte waren die Umtriebe sowjetischer Soldaten, insbesondere Vergewaltigungen, wobei sie ihr Siegerprivileg allseitig zu nutzen versuchten. Das veranlasste Vater zu mehreren Sicherheitsmaßnahmen, damit seine Frau und die beiden Mädchen geschützt werden konnten. Auch Getraute aus Dresden mit Töchterchen Heidi waren von den Schutzmaßnahmen betroffen, denn sie hielten sich gerade in Brand-Erbisdorf auf und konnten so nach dem Bombenangriff auf Dresden überleben.

Einige Jahre später lernte ich als Kind die Russen ganz anders kennen. In einem Nachbarhaus auf unserer Straße wohnte eine Dolmetscherin, deren Übersetzungsleistungen recht oft in

Anspruch genommen wurden. Meistens fuhr ein Geländewagen oder ein großer LKW mit hohen Offizieren vor, um sie ab zu holen oder etwas zu besprechen. Der Fahrer war oft selbst ein Offizier und musste warten, manchmal stundenlang. Einer von ihnen war Sergej. Ich war mit zwei Kindern mit Kreiseln beschäftigt. Ein Kreisel war ein kegelförmiges Gebilde aus Holz, bunt bemalt. Mit einer Peitsche und einem Strick konnte man ihn in genügend Umdrehungen bringen, bis sie selbstständig über die Straße tanzten. Es kam vor, dass wir Kinder regelrechte Wettbewerbe über die ganze Straße hinweg durchführten.

Eines Tages sprach mich Sergej vorsichtig an, ob er auch mal probieren dürfte. Ich zeigte ihm, was er machen musste und gab ihm das Spielzeug. Aber der Offizier hatte keine Chance gegen uns Kinder und wir alle mussten laut darüber lachen, wie er sich anstellte. Aber er gab nicht auf. Er wollte, dass ich ihm das Spielzeug gebe, um „zu trainieren“. Misstrauisch willigte ich ein und er versprach, alles am nächsten Tag zurück zu bringen. Aber noch hatte ich kein Vertrauen, dass er sein Versprechen zur Rückgabe meines Spielzeugs wirklich wahr machen würde.

Am Tag darauf klingelte es gegen Mittag. Sergej stand an der Haustür, die Vater geöffnet hatte. Sergej meinte in gebrochenem Deutsch: „Keine Angst haben. Ich bringe Kreisel für Kind. Und Paket. Spasibo.“. Ich bekam meinen Kreisel zurück und in Zeitungspapier verpackt noch 10 neue Kreisel dazu, die er in einer Drechselwerkstatt hatte anfertigen lassen, und ein Brot dazu.

An ein makaberes Vorkommnis aus der Nachkriegszeit erinnere ich mich noch genau: Ich muss so um die 4 Jahre alt gewesen sein und verstand damals nicht, weshalb zu uns russische Soldaten kamen. Eines Nachmittages kamen sie, um neben der Freimühle frisches Wasser zu holen. Hier befand sich ein Wasserhäuschen, in dem sich über dem Bach frisches Quellwasser sammelte. Als sie ihre Wasservorräte aufgefüllt hatten, betraten die Soldaten die Mühle und machten mit mir als Kind allerlei Späße, die ich nicht so recht zu verstehen in der Lage war. Später dann machten sie „komische" Späße mit Großvater, denn sie hatten inzwischen mitbekommen, dass er blind war und nichts sehen konnte. Weil das so war, „dekorierten" sie seine Jacke vorn und hinten mit einer Unmenge alter Orden aus dem dritten Reich, die sie offensichtlich gesammelt hatten. Vor meinem Opa vollführten sie irgendwelche Freudentänze nach russischer Art.

Plötzlich kam ein hochrangiger Offizier hinauf in die Stube, sah sich den makabren Spaß an und schrie seine Soldaten in straffem Befehlston an. Dann befahl er ihnen, die alten Nazi-Orden sofort wieder zu entfernen. Großvater war sprachlos und offenbar dann doch erleichtert. Dann aber befahl der Offizier, ein Soldat solle an das Auto gehen. Dieser kam bald zurück und brachte für Großvater eine Flasche Wodka und für Großmutter zwei große Brote und ein großes Stück Speck, womit sich der Offizier für die Tat seiner Soldaten offensichtlich entschuldigen wollte.

Dem gegenüber gab es ein ganz anderes Erlebnis. Eines Abends klingelte es lautstark an unserer Tür. Zwei russische Soldaten standen davor und versuchten meinem Vater zu erklären, sie wären in Not und die elektrische Anlage am Auto sei kaputt und ob er helfen könnte. Vater sagte, er sei kein Spezialist, aber er könnte versuchen, zu helfen. Die Soldaten sollten ihm zeigen, was los war. Vater hatte schnell den Schaden an einem Scheinwerfer herausgefunden und baute ihn aus um ihn zu reparieren. Notdürftig überbrückte er die Schadstelle mit einem Kabel und versprach den Scheinwerfer zu reparieren. Die Soldaten sollten sich einen Tag danach melden. Vater brachte das Ding in Ordnung und montierte den Scheinwerfer wieder ein. Alles war wieder funktionsfähig. Die Soldaten bedankten sich mit Brot, einer Flasche Wodka und Speck… und dann noch mit einer Bitte, ob es vielleicht etwas Heu für ihre Pferde in der Nähe geben könnte.

Aber das hatte Vater selbst in seiner Scheune. Er gab den Soldaten zwei Gabeln und sie sollten sich nehmen, was sie brauchten.

So erlebte ich ein sehr wechselseitiges und oft undurchsichtiges Bild von den sowjetischen Soldaten. Einerseits waren sie sehr kinderfreundlich und andererseits spielten sie ihre Siegerrolle voll aus. Dazwischen mischte sich das von Ängstlichkeit und das von noch vorhandener Nazi-Ideologie getragene Denken und Handeln der älteren deutschen Menschen hier zu Lande. Der Glaube der Menschen an Frieden und Völkerfreundschaft konnte sich in den hin und her gerissenen Lebens- und Denkprozessen nur schwerfällig entwickeln.

Später, als ich schon zur Schule ging, berichtete mir mein Vater Kurt von einer seltsamen Begegnung mit russischen Soldaten zu Kriegsende. Es soll um eine feierliche Angelegenheit gegangen sein, denn die Deutschen hatten die Kapitulationsurkunde am 8. Mai 1945 unterzeichnet. Aus diesem Anlass kam es auf dem Marktplatz zu Brand-Erbisdorf am Tag darauf zu einer Siegesfeier, zu der der Stadtkommandant die Bürger eingeladen hatte. Vater wurde wegen seiner Hilfeleistungen für die sowjetischen Soldaten von zwei Offizieren abgeholt und er sollte noch weitere Freunde mitbringen.
Doch so einfach ging die Sache nicht. Vorher erfolgten Haussuchungen in den Gebäuden um den Markt, weil immer noch Schießereien aus den oberen Stockwerken zu befürchten waren. Erst am Vortage hatten Scharfschützen der ehemaligen SS von den Dachräumen des Rathauses mit Maschinenpistolen das Feuer eröffnet. Überdies waren viele Anwohner durch die nazistische Ideologie noch sehr wankelmütig und zurückhaltend. Desahalb kamen zunächast nur wenige Bürger auf den Marktplatz. Später sollen es mehrere hundert Leute gewesen sein. Vater Kurt schilderte den Ablauf wie folgt: Zum Anfang gab es eine kurze Ansprache eines Majors in deutscher Sprache.

3. Meine Kindheit nach dem Kriege

3.1. Ungewöhnlicher Anfang

Es war einerseits eine Situation mit furchtbaren Ursachen und katastrophalen Auswirkungen durch die Kriegsereignisse und den Bombenangriff auf Dresden. Andererseits war ich zu diesem Zeitpunkt noch nicht geboren, aber meine Mutter Ilse war schwanger und musste die Zeit des Bombenangriffs in größerer Entfernung, dennoch aber in großer Furcht und höchster Angst durchleben. Dann am 19. September erblickte ich das Licht der Welt.

Inzwischen war der Krieg zu Ende gegangen. Deutschland war zerstört und lag in Schutt und Asche. Die westlichen Alliierten USA, England und Frankreich hatten Westdeutschland besetzt, während der Osten von der Sowjetunion besetzt worden war. Zwar war die Freude über das neue Baby groß, vor allem bei meinen beiden Schwestern Marianne und Gertraute, und auch Ilse und Kurt waren stolz auf ihren Sohn.

Im Dezember 1945 gab es trotz Lebensmittelknappheit eine zünftige Taufe für mich, woran auch Gertraut aus Dresden teilnahm. Sie war allein gekommen, denn ihr Mann Herbert war noch in Gefangenschaft und kam erst später zurück. Gertraute begutachtete das Baby und musste feststellen, dass mit den Augen ganz klar etwas nicht in Ordnung war. So empfahl sie, den Jungen schnellstens einem Augenarzt vorzustellen. Die Eltern selbst hatten keinen Augenfehler bemerkt. Schließlich diagnostizierte Augenarzt Dr. Brosche „angeborenen Grauen Star", was bedeutete, umgehend eine Staroperation durchführen zu lassen, um noch größere Sehschäden zu vermeiden.

So wurde ich dann im Februar 1946 mit einem halben Jahr Lebenszeit auf beiden Augen operiert, und zwar in Dresden. Die Operation erfolgte noch unter Nachkriegsbedingungen, nur mit den unbedingt notwendigen Geräten und Instrumenten, wie uns später Gertraute berichtete. Es mangelte gewissermaßen an allem, was vorstellbar war. Demensprechend war auch das Ergebnis der Op zu erwarten: Das Sehvermögen konnte nur teilweise hergestellt bzw. für die Entwicklungs- und Wachstumsphase des Kindes vorbereitet werden. Für mich bedeutete das, mich mit schlechten Lebensumständen abfinden zu müssen. … Den Eltern eröffneten die Ärzte in Dresden, es könnte zu etwa 30 % Sehvermögen auf dem linken Auge und zu etwa 10 % auf dem rechten Auge kommen. Hinzu käme der Verzicht auf räumliches Sehen und damit auf starke Wahrnehmungseinschränkungen. Das waren für mich wirklich trübe Lebensaussichten. Ich bin mir nicht sicher, ob meine Eltern, so gern und lieb ich sie auch hatte, jemals begriffen haben, welche weitreichende Auswirkungen das Ganze für mich und mein Leben haben würde. Dazu mehr etwas später. Inzwischen ist vielfach medizinisch und wissenschaftlich in Untersuchungen und Studien nachgewiesen worden, dass Einflüsse toxischer Art und auch psychische Faktoren während einer Schwangerschaft zu negatven Folgen für die frühe Kindesentwicklung führen können, so eben Angst und Furcht durch Kriegseinwirkungen. So sei mit hoher Wahrscheinlichkeit anzunehmen, dass durch solche Einwirkungen die Bildung des Grauen Stares noch während der Schwangerschaft durchaus begünstigt wurde, so die Dresdener Ärzte. Weil man keinen Ausweg wusste, machten die Ärzte den Eltern Mut. Der Junge würde trotzdem seinen Lebensweg finden. Als ich im Schulalter war, hatte ich das Gefühl, dass sich die Eltern zu leichtfertig mit dieser Aussage zufrieden gaben. Es folgten mehrmals im Jahr augenärztliche Kontrollen mit stundenlangen Wartezeiten, ohne dass Verbesserungen des Sehvermögens in Aussicht gestanden hätten. In diesem Zusammenhang muss ich hinzufügen, dass in dieser Situation die Meinung etlicher Personen aus Verwandtschaft und „Freundeskreis" in negativer Form durchaus an Bedeutung gewann und sich die Eltern diesbezüglich blenden oder beeinflussen ließen. Völlig unbegründete Redereien und mystische Aussagen führten zu Unsicherheiten im

Verhalten und bei der Erziehung des Kindes. Man wagte Kindheitsprognosen, die von Unsicherheit und Pessimismus in weitestem Sinne getragen waren. So prophezeite man Schlussfolgerungen in Zusammenhang mit der langjährigen Erblindung meines Großvaters, obwohl es nachweislich dafür keine Grundlage gab.

3.2. Meine Kindheitstage

Die meiste Zeit verbrachte ich als Kind zu Hause bzw. auf unserem Grundstück in nördlicher Hanglage. Auf einer Fläche von 1000 qm fand ich alles, was ich zum Spielen und Beschäftigen brauchte, Sandhaufen, Kies, Holzbretter, Steine, Wasser, Bäume, Blumen usw. Der große Garten bot alles, woran ich mich nach Herzenslust erfreuen konnte: 28 Obstbäume mit Äpfeln, Kirschen, Birnen und Pflaumen waren ein Hochgenuss zur Erntezeit. Hinzu kamen Himbeeren, Erdbeeren, Johannisbeer- und Stachelbeersträucher, die reiche Erträge lieferten. Außerdem bauten die Eltern alle möglichen Gemüsesorten an. Eine Augenweide waren die vielen Blumen. Besonders in den 50er Jahren hatte sich mein Vater Kurt auf die Züchtung von Chrysanthemen und Winterastern sowie deren rasche Vermehrung spezialisiert. Die großen Blütenexemplare wurden zu Sträußen gebunden und an die Gärtnerei Vogel geliefert. So konnten sich die Eltern ein kleines Zubrot verdienen. Die erste Zeit erhielten sie für einen Strauß nur 50 Pfennig und verkauften ihn dann für 2 oder 3 Mark! Diese Tatsache sprach sich schnell herum, worauf Vater die Gärtnerin zur Rede stellte. Von diesem Tag an erhielt er für Astern mittlerer Größe pro Strauß 1 Mark, und für große Chrysanthemen pro Strauß 2 Mark.

Die Eltern hatten hinter unserem Grundstück noch ein Feld mit einer Fläche von nochmals 1000 qm gepachtet, um Getreide, Kartoffeln und Futterrüben anzubauen... Dies alles sollte als Ernährungsgrundlage für die Familie dienen.

Aber das war noch nicht alles: Vater betätigte sich auch als Imker und konnte Bienenstöcke mit 12 Völkern sein Eigen nennen. Der wertvolle Honig half kräftig, die schweren Zeiten zu überwinden. Außerdem wurden einige Haustiere gehalten, Kaninchen, Schaf, Hühner, Gänse oder Enten und manchmal auch ein Schwein. Wenn das Schwein groß genug war, gab es ein zünftiges Schlachtfest im Waschhaus, wozu extra ein Fleischermeister engagiert wurde. Der Fleischer würzte nicht nur mit köstlichen Gewürzen, sondern auch schlachtfestgerecht mit reichlich alkoholischen Beigaben. … Die reichlichen Vorräte an Fleisch, Schinken und Wurst reichten dann lange Zeit für die Familie und die Großeltern.

Auch sind mir noch aus meiner Kinderzeit die Jahre 1947 und 1948 in Erinnerung, den Nachkriegsjahren in größter Hungersnot. Aus der Not geboren, hatte Vater auf dem Feld Zuckerrüben angebaut, woraus in einem großen Waschkessel köstlicher Sirup gewonnen wurde. So konnten wir eine Zeit lang von dem süßen Extrakt zehren und auch Verwandten und Freunden helfen, die Ernährungskrise zu überstehen.

Insgesamt gesehen, hatte ich trotz allem eine schöne Kindheit. Ich konnte mich an Früchten und Beeren ergötzen und Mangelernährung war für unsere Familie aus meiner Sicht kein Thema, denn die Eltern sorgten zu jeder Zeit dafür, dass es uns allen gut ging und wir ausreichend zu essen hatten. So gesehen, konnte ich unbeschwert auf diese Kindheitstage zurückblicken. Beschäftigungen und Spielereien auf dem Grundstück konnte ich nach meinen Wünschen wählen. Abwechslung gab es genug. Besonders viel Spaß hatte ich im Umgang mit Wasser.

Als ich etwas größer war, wurde mein Verlangen nach Sport und Spiel zusammen mit den anderen Kindern auf unserer Straße immer größer. Hierbei aber stellte sich mein miserables Sehvermögen als schier unüberwindliche Behinderung heraus. Selbst bei Ballspielen fiel das den anderen Kindern bald auf, denn einen Ball zu fangen, war mir durch fehlendes räumliches

Sehen kaum oder nur zufällig möglich. Schnell kam es dazu, dass mich die anderen Kinder von den Spielen ausschlossen. Fehlerhafte Höheneinschätzungen brachten mich auf unserer stolprigen Straße mit spitzen Steinen oft zu Stürzen, so dass ich oft über lange Zeiträume mit schmerzhaften und zerschundenen Knien herumlaufen musste. Der Unterschied zwischen mir und dem Verhalten gesunder Kinder zeigte sich oft sehr dramatisch und war zuweilen für mich schwer zu verdauen. Eltern und Geschwister sprachen mir immer wieder Mut zu, alles würde sich bald verbessern…

Ein paar Worte zum Spielzeug, zu meinem Spielzeug: Unter den Kriegsumständen war von meinen beiden Schwestern Marianne-Erika und Gertraute kaum Spielzeug aus ihrer Kindheit übrig geblieben, bestenfalls einige Püppchen, die mich nicht sonderlich begeisterten. Spielzeug in der Nachkriegszeit zu kaufen, war eher eine extreme Seltenheit. Also blieb für Mutter und die beiden Töchter unter Nutzung ihrer Nähkünste selbst etwas zustande zu bringen. Das war z.B. ein Teddybär aus Filz und altem Mantelsoff; ausgestopft mit Heu und Filzresten… Er sah schon ein bisschen gefährlich aus, aber ich hatte ihn trotzdem lieb gewonnen und er war schnell mein „Schlafpartner" geworden, dem ich auch kleine Geschichten zum Einschlafen erzählte. Dann entdeckten meine Schwestern in mir eine besondere Liebe zu Farben. Wenn ich schon schlecht sehen konnte, so eröffnete mir die vielfältige Farbenpalette ganz neue Möglichkeiten, meine Umgebung zu erkunden und wahr zu nehmen. Farben eröffnen Kindern ungeahnte Möglichkeiten, Natur und Umwelt zu erforschen. Nur, wie konnte ich mit Farben spielen, sie kennenlernen und mit ihnen umgehen? Das war in dieser Zeit der Knappheit an den einfachsten Dingen so gut wie unmöglich. Da kam Marianne auf die Idee, gefärbtes Silberpapier zu sammeln, damit ich mich damit beschäftigen konnte und die Farben unterscheiden lernte. Trautel tat ähnliches, um mir die Farben des Regenbogens beizubringen. Das waren meine ersten Bekanntschaften mit Farben. Etwas später waren Malen, Zeichnen und Basteln unter anderem meine Lieblingsbeschäftigungen geworden, noch viel später auch in der Schule und im Studium.

Mit der Zeit stieg mein Interesse an handhabbarem Spielzeug stark an. Vater Kurt baute das Modell einer Tankstellenanlage mit Garage und Beleuchtung, die ich zu Weihnachten 1949 geschenkt bekam. Zusammen mit einigen Holzfiguren und Fahrzeugen konnte ich interessante Situationen darstellen. Für mich war es ein kindlicher Genuss, damit zu spielen und zu experimentieren.

Aber meine spielerischen Interessen sollten noch viel weiter gehen: Meine Wünsche und Sehnsüchte erreichten Vorstellungen und Phantasien dahingehend, eines Tages selbst ein Fahrzeug zu lenken und zu bewegen, wenn möglich mit einer Ladefläche, um etwas transportieren zu können. Wie sollte das denn gehen?

Doch Vater Kurt hatte meine naiven Vorstellungen schnell erkannt und plante das kindgemäße Modell eines LKW mit einfacher Lenkung und kastenförmiger Ladefläche. Hinter dem Lenkrad konnte sich das Kind hineinsetzen und sich fortbewegen. Das musste mit eigener Muskelkraft geschehen oder man nutzte draußen auf dem Grundstück das starke Gefälle… Jedenfalls war das von Vater eine revolutionierende Erfindung. Zu Weihnachten 1950 erhielt ich das traumhafte Fahrzeug als Geschenk, weinrot und hellgrau auf Hochglanz lackiert! Einzigartig für diese Zeit und neidvoll betrachtet von den Nachbarkindern…

Das folgende Jahr war angefüllt von zahlreichen spielerischen und anderen Experimenten, denn meine Lust darauf, immer mehr zu erleben, war trotz Fehlsichtigkeit enorm groß geworden. Mein privater LKW löste die verschiedensten Aufgaben: In der Wohnung wurden zunächst Spielzeug, Küchengeräte und Obst transportiert. Draußen aber waren die Möglichkeiten viel größer: Sand für Vaters kleine Baustellen, Futtermittel für die Tiere oder Getreide für die Hühner, Handwerkszeug für Vaters Baustellen oder Reparaturen… Ich hatte genug Aufgaben täglich und mir wurde nie langweilig. Aber die Sache mit den Transporten hatte auch ihre Grenzen. In den Abendstunden, bei Dunkelheit, war die Angelegenheit uninteressant geworden. Es fehlte Licht… Ich fragte meinen Vater, was man tun könnte, damit mein LKW auch in der Dunkelheit fahren könnte. Es dauerte nicht lange, da „elektrifizierten" wir gemeinsam das „Fahrzeug" mit Licht vorn und hinten. Von Fahrrad-Trommler besorgten wir eine Lampe und zwei Rücklichter und Batterien. Draht und Schalter hatte Vater in seiner Werkstatt. Dann bauten wir die Lichtanlage gemeinsam ein. Dabei erklärte mir Vater, wie ein Stromkreis funktionierte und dass man eine Glühlampe als Stromverbraucher auch durch andere Verbraucher ersetzen könnte, z.B. durch einen Motor oder eine Klingel. Vater fand in seiner Werkstattkiste noch einen „Summer", der im LKW angeschlossen wurde – und so kam ich zu einer „Hupe"… All das war schon mehr als Spielerei und für mich außerordentlich lehrreich. Es regte mich an, mich mehr mit elektrischen Dingen zu beschäftigen. So erforschte ich mit meinen kindlichen Lichtblicken meine tägliche Umwelt. Monate danach hatte Vater die Idee, einen „Lichtkasten" zu bauen, mit verschiedenen Lämpchen, Schaltern und Klingel. Die Drähte im Inneren des Kastens verlegte er in rechtwinkliger Form so, dass ich den Stromfluss in einem Stromkreis genau erkennen und nachverfolgen konnte. So konnte ich unkompliziert die wichtigsten Grundlagen erlernen. Mit dem Kasten hatte ich viel Freude und viel Spaß. Sogar als „Einschlaf-Instrument" erfüllte das Ding seine „Aufgabe" hervorragend zu Beginn der nächtlichen Ruhe. Bald entdeckte auch mein Cousin Hubert das Gerät. Der nervte seinen Vater solange, bis auch er versprach, einen solchen Kasten zum Spielen zu bauen. Vater Johann baute ihn nicht, aber dann schließlich wieder mein Vater – nach langem Hin und Her… Letztlich bekam Hubert seinen Wunsch erfüllt, aber die Freude währte nicht lange, weil er sich mit dem Gerät technisch bzw. elektrisch nicht identifizieren konnte… So lag der Kasten bald ungenutzt in einer

Ecke… 	Hubert war eher ein quirliger Typ, der viel Bewegung brauchte und in der Lage war, schnell mal irgendwelchen Blödsinn anzustellen. So hatten seine Eltern Inge und Johann mit dem Jungen so manchen Ärger. Wenn die Lage besonders ernst war, gab es auch mal ein paar Schläge mit dem „Ochsenziemer", das war eine Art Peitsche mit Lederriemen. In unserer Familie brauchte man solche Instrumente nie.

Aber weiter mit mir: Ich war nun immerhin 5 Jahre alt und trug immer noch keine Brille. Der Augenarzt war der Auffassung, es sei dafür noch zu früh und mit Beginn der Schulzeit würde eine Brille verordnet werden. Dem gegenüber hatte ich aber das Bedürfnis, mich mit Erfindungen, Konstruieren und Bauen auseinanderzusetzen und zu lernen. Ich wollte schrauben und gestalten, dabei etwas Gescheites bauen, zu konstruieren lernen, sogar Getriebe und Antriebe mit Elektromotoren bauen. Das war für mich mit 5 Jahren schon eine beachtliche Herausforderung.

Glücklicherweise hatten die Eltern auch diese Tatsache kindgemäß erkannt. Vater hatte von einem Arbeitskollegen einen großen Metallbaukasten von Trix erworben, den ich zu Weihnachten geschenkt bekam. Es war unglaublich, was man aus den vielen Teilen alles bauen konnte! Ich begann mit einfachen Modellen und war ziemlich schnell dabei, größere und schwierigere Dinge zu entwickeln, wie etwa LKWs mit Lenkung oder verschiedene Krananlagen. Dabei nutzte ich die beiden Elektromotoren für den Einsatz in Antrieben. Mit der Zeit wurden die Metallbauobjekte immer größer und umfangreicher. Weihnachten 1951 beispielsweise baute ich ein Kettenkarusell mit Elektroantrieb und 1 Jahr später einen verschneiten Weihnachtsberg mit bewegten Skifahrern, die sich, über Bänder betrieben, durch die Winterlandschaft bewegten. Das waren schon Errungenschaften, die sich sehen lassen konnten! So schaffte ich mir selbst erste „Erfolgserlebnisse", die mich anspornten, mich weiter zu entwickeln und noch Besseres zu leisten. – Dies alles mit schlechtem

Sehvermögen und ohne Brille, aber dennoch mit dem festen Willen, etwas Vernünftiges zu stande zu bringen. Die Montagen mit dem Metallbaukasten von Trix beschäftigten mich noch jahrelang. Dabei kam noch ein Erweiterungskasten mit Getriebeteilen, also Zahnrädern und Getriebeschnecken, hinzu, wodurch sich meine Ideen und Konstruktionen wesentlich erweiterten.

Aber mich ärgerte die Tatsache, alles ohne ein genaues Anleitungsheft zu bauen. Zu viel Tricks und Hinsweise fehlten mir einfach. Eines Tages entschloss ich mich dazu, mich an die Firma TRIX in Nürnberg zu wenden und um ein ausführliches Anleitungsbuch zu bitten. Tatsächlich erhielt ich zwei Wochen später einen Großbrief mit Anleitungsbuch… Doch die Sache hatte einen Haken, denn die Zollbeamten der DDR oder die Grenzbeamten hatten die wichtigen Seiten mit den Teileübersichten herausgerissen und wollten damit umfangreiche Anwendungen verhindern. Das ärgerte mich ungemein, aber ich hatte ziemlich schnell einen Plan, wie ich das Problem lösen konnte. Es dauerte 4 Abende, dann hatte ich Tabellen mit Einzelübersichten zusammengestellt und konnte nun an den Bau komplizierterer Modelle gehen.

Dann aber, Weihnachten 1957, eröffnete sich für mich eine völlig neue Welt mit unbegrenzten Möglichkeiten, gewissermaßen eine „Wendezeit" in meinem Freizeitverhalten. Inzwischen war ich 12 Jahre alt und ich bekam eine Modelleisenbahn geschenkt. Schon Jahre zuvor war ich bei meinem Schwager Heinz in Freiberg mit Begeisterung dabei, seine Anlage zu betrachten und verspürte den heimlichen Wunsch, eines Tages eine eigene Anlage zu besitzen und wirklichen Modellbau vorbildgerecht zu betreiben. Nun war der Zeitpunkt dafür erreicht und ich begann noch während der Weihnachtsferien mit der Herstellung einiger Gebäudemodelle für meine neue Anlage.

Aber es blieb nicht bei Gebäudemodellen, die man nach Bausätzen herstellen konnte… Ich wollte auch originalgetreue Schienenfahrzeuge, also Lokomotiven und Triebwagen, nach dem großen Vorbild hinbekommen. Und ebenso Güter- und Personenwagen, und auch die erforderliche Signaltechnik. Ich nutzte Bauanleitungen aus der Zeitschrift „Modelleisenbahner", die detaillierte Informationen und technische Zeichnungen lieferte. Um das Jahr 1960 herum, als ich in der 8. Klasse war, hatte ich mich schon drei Jahre lang mit Funktechnik auf Transistorbasis beschäftigt und eigene Radios entworfen und gebaut. Nun war die Zeit reif dafür, mehr aus diesen Grundlagen zu machen und die Anwendungsgebiete für Transistoren und Dioden umfangreich zu erweitern. Zunächst wollte ich mit Halbleitertechnik meine Modellbahnanlage automatisieren oder wenigstens halbautomatische Signal- und Sicherungstechnik installieren. Bei diesem Vorhaben aber stieß ich – schon damals – auf Anfänge der Sensortechnik. Diese brachte mich auf die Idee, Baugruppen mit Sensoren zu entwerfen und zu bauen und verschiedene Baugruppen funktionsfähig miteinander zu vernetzen. Das waren erste Anfänge mit dieser kybernetischen Technik. Sie mündeten schließlich 1961 in einem Kleinroboter mit vielfältigen Funktionen, programmierbar und mit Kettenantrieb für Fortbewegungsmöglichkeiten. Da sich mein Sehvermögen verschlechtert hatte, musste ich mich über einen Zeitraum von 4 Monaten mehreren Operationen in Dresden unterziehen und konnte die Weiterentwicklung der Robotertechnik nicht weiter vorantreiben. Doch blieb mir die Nutzung der entwickelten elektronischen Bausteine und vernetzten Baugruppen für Funktionen auf der Modelleisenbahn, was den Grad der Automatisierung der Abläufe wesentlich voran brachte.

Zur gleichen Zeit standen Entscheidungen von lebenswichtiger Tragweite im Vordergrund. In der 8. Klasse rückten Fragen der Berufsorientierung in den Mittelpunkt des Geschehens. Mutter und Vater hätten am liebsten für mich einen Handwerksberuf gesehen, um endlich ordentlich Geld zu verdienen. Auch ich selbst wäre am liebsten Tischler geworden, denn Holz in allen seinen Nuancen, beigebracht mit allen Regeln der Kunst und des

Handwerks durch Tischlermeister Nitsche. Aber als es um meine Bewerbung ging, gab es zahlreiche Schwierigkeiten, denn weil die Unfallgefahr mit den Holzbearbeitungsmaschinen einfach zu hoch war. Letztlich führte das zu einer klaren Ablehnung. Also wurde nichts mit meinem Traumberuf Tischler, wo ich doch so gern mit Holz arbeitete.

In dieser Zeit aber war mir daran gelegen, mir ein kleines, eigenes Einkommen zu erwirtschaften. Damals arbeitete meine Mutter bei der Fa. Lucas in Brand-Erbisdorf als Presserin. Die Firma fertigte verschiedene Plastikartikel, darunter die bekannten „Bohner-Einwachsapparate", Behältnisse aus Kunststoff und auch Filmrollen. Filmrollen wurden gepresst und mussten danach vom Grat befreit werden. Diese Aufgabe vergab Lucas in Heimarbeit, Diese konnte ich mir zu Nutze machen und es gab fast zwei Jahre lang einen ordentlichen Zuverdienst, denn tausende von Filmrollen mussten von überstehendem Grat befreit werden. Anfangs war der Vorgang etwas mühselig und langweilig, jede Rolle einzeln mit der Feile zu bearbeiten. Nach einiger Zeit stellte ich mir einige Lehren und Vorrichtungen her, die mir die Bearbeitung erleichtern sollten. Nun konnte ich in der gleichen Zeit die doppelte Menge schaffen und bei dem festgelegten Entlohnungsbetrag auch das Doppelte verdienen. Bei mehreren tausend Rollen kam schon ein stattlicher Betrag zusammen.

Zwischenzeitlich versuchte Lehrer Opitz meine Eltern zu überzeugen, doch die Erweiterte Oberschule zu besuchen, um das Abitur für die Hochschulreife zu erwerben. Meine schulischen Leistungen seien mehr als gut und ich hätte alle Voraussetzungen dafür. Die Eltern aber waren strikt gegen die Oberschule und damit gegen ein späteres Studium. Eine solche Perspektive passte nicht in ihre Zukunftsgedanken. Sie sahen ein möglichst schnelles handwerkliches Einkommen im Vordergrund, ohne die ferne Zukunft des jungen Sohnes im Auge zu haben. Trotz aller Gespräche von Lehrer Opitz willigten die Eltern für einen Oberschulbesuch nicht ein und begründeten ihre

Entscheidung mit der Ablehnung von Augenarzt Dr. Brosche, der eine höhere Schule oder ein Studium als für mich „nicht zumutbare Belastung" wertete und deshalb für mich nicht akzeptabel sei. Nun blieb als Alternative, den Abschluss der 10. Klasse anzusteuern, um wenigstens bessere Chancen für einen passenden Beruf zu erreichen.

Diese Angelegenheit besprach ich in der Zwischenzeit mit meinem Patenonkel Herbert in Dresden, der Chef der Abteilung Materialwirtschaft im Sachsenwerk Niedersedlitz war. Er riet mir, die 10. Klasse mit besten Leistungen abzuschließen und dann einen kaufmännischen Beruf zu ergreifen. In diesem Bereich seien vielfältige Einsatzmöglichkeiten gegeben und auch ein Studium sei möglich. Die Zeit, in der ich die 9. und 10. Klasse besuchte, solle ich zusätzlich nutzen und in der Volkshochschule Kurse in Stenografie und Maschineschreiben belegen. So hätte ich bessere Voraussetzungen für eine weitere Bewerbung. Genau das, was er mir geraten hatte, begann ich umzusetzen. Auch besorgte ich mir von meinem Jugendweihegeld eine Erika-Schreibmaschine, um auch zu Hause meine Fertigkeiten im Maschineschreiben zu verbessern. Schließlich absolvierte ich die Kurse mit guten Ergebnissen. In den folgenden beiden Jahren nahm ich sogar an Ausschreibungen zum Leistungsschreiben in Stenografie und Maschinenschreiben teil und belegte in meiner Altersklasse im Bezirk Karl-Marx-Stadt (heute Chemnitz) sogar mehrfach 1. und 2. Plätze, was für mich mit meiner Sehbehinderung durchaus als Erfolg gewertet werden musste und mir neuen Mut machte.

3.3. Legendäre Altstoffsammlung

Mein Vater hatte von seiner Mutter Selma eine alte Registrierkasse aus ihrem Milchgeschäft übernommen. Ein uraltes Ding, aber mit Klingel-Klang, wenn die Kasse mit Geld gefüllt wurde. Vater sagte mir dazu, es sei wichtig, „die Kasse zum

Klingeln" zu bringen, was hieß, alles dafür zu tun, dass Geld in die Kasse kam. Das hatte ich mir gut gemerkt. Es bedeutete, wenn ich mir zusätzlich etwas leisten wollte, dann musste ausreichend Geld in meine persönliche Kasse. Mein Onkel Herbert aus Dresden war Kaufmann. Er brachte mir bei, wie ich eine einfache „Buchführung" über mein persönliches Konto machen konnte, also Einnahmen, Ausgaben und Bestand, immer laufend fortschreibend. Das mache ich bis zum heutigen Tag, nur etwas moderner. Also es geht darum, „die Kasse klingeln zu lassen", was bedeutet, immer dafür zu sorgen, damit Geld in die Kasse kommt, um sich zusätzlich etwas leisten zu können. Der Anfang war mehr als beschwerlich. Ich begann in den Nachkriegsjahren mit Altstoffsammlungen, denn die DDR-Wirtschaft brauchte dringend Rohstoffe – und ich brauchte Geld! Also sammelte ich bei jeder Gelegenheit Altstoffe, in Haushalten, auf Bauernhöfen, in alten Fabriken und sonstwo. Dabei war mir der Weg mit dem Handwagen in die Nachbardörfer Zug, Berthelsdorf, Müdisdorf, St. Michaelis, Linda und Langenau nie zu weit. Aber immer hatte sich der weite Weg gelohnt. Oft hatte ich Mühe, den schweren Handwagen über Berg und Tal wieder nach Hause zu bringen. Manchmal kamen mir freundliche Menschen zu Hilfe, wie z.B. ein Traktorist aus Berthelsdorf, der mir den Handwagen einfach anhängte und mich bis an den Stadtrand Brand-Erbisdorf brachte. Aber der Transport hatte noch eine andere Seite: Ich sollte dem Traktoristen berichten, warum ich die Sammlung von Altmaterial machen würde. Ich sagte, es sei eine „gute Tat" und die Wirtschaft brauche Rohstoffe. Der Traktorist wunderte sich, aber er freute sich über meine Bereitschaft. Dann sagte er, ich müsse nun aussteigen, aber ich sollte am nächsten Tag nach Müdisdorf laufen und auf einem Bauernhof gäbe es genügend Schrott. Den könnte ich mir abholen. Dem Bauer würde er Bescheid sagen. Das war vielleicht ein Ding! Ich bedankte mich und überlegte nicht lange. Dabei wollte ich mir ja ein Fahrrad ersparen… Also los!

Am nächsten Tag, nachmittags, startete ich meine Sammlung im Nachbardorf. Der Bauer war schon informiert und hatte seinen Schrott schon bereitgestellt. Es war ziemlich viel geworden und mehr als nach meinen Vorstellungen. Ich stapelte den Handwagen voll und brachte ihn zum Schrotthändler… die Kasse klingelte!

Aber diese Aktion war nur ungefähr ein Viertel, von dem, was Bauer Müller bereitgestellt hatte. Ich hatte jetzt ein Problem, wie das ganze Zeug zu transportieren sein könnte… Da kam mir die Idee mit den Milchkannen. Jeden Tag wurden die mit Frischmilch gefüllten Milchkannen per Traktor mit Anhänger in die Kreisstadt gefahren. Meistens war der Hänger nur zur Hälfte belegt, also blieb der restliche Platz frei für meinen Schrott! Und genau so machte ich es und es kam zu einer Riesenladung Schrott – in klingender Münze … Mir war das Ganze so ziemlich unheimlich, weil ich es kaum glauben konnte. Aber die Angelegenheit ging noch viel weiter und zog noch größere Kreise. Auf den Nachbardörfern gab es etliche Vorräte an Schrott und keiner wollte sich mit der mühsamen Sammlung beschäftigen. Das aber war für mich und mein Ziel genau richtig. Schwierig war nur, wie sollte ich die Schrottmengen zur Aufkaufstelle bringen? Ich überlegte lange, was man tun könnte. Allein mit einem Handwagen war wohl kein größerer Erfolg zu erzielen. Dann fiel mir die tägliche Route mit den Milchkannen aus den Nachbardörfern wieder ein. An jedem Vormittag wurden sie von einer Milchrampe abtransportiert und zur Molkerei zur Verarbeitung gebracht. Meistens war die Ladefläche auf dem Anhänger des Traktors nur teilweise belegt, also günstig für mich und meinen Schrott aus dem Nachbardorf. Mittlerweile hatte ich einen guten Draht zu Traktorist und Fuhrunternehmer Plaschke, stets mit einer Zigarre im Mund, fuhr er eine alte Lanz-Buldogg und täglich sammelte er die Milchkannen von den Bauern ein. Eines Tages sprach ich ihn an, ob er aus den Nachbardörfern etwas Schrott mitnehmen könnte. Für die Beladung und Entladung würde ich selbst sorgen. Erstaunt reagierte der Traktoirist, aber unsicher, ob dieses Vorhaben tatsächlich in gute Bahnen geriet. Doch konnte er sich auf meine Zusage verlassen und alles lief nach Plan. Plaschke war Unternehmer und auch sehr schnell dabei, einen Fahrauftrag mal abzulehnen. Bei Aufträgen von Kindern war er überdies sehr zurückhaltend und vorsichtig, denn oft gab es merkwürdige Kinderhandlungen in der Nachkriegszeit. Aber Plaschke hatte wohl bemerkt, dass ich es ernst meinte und meine Sammlungen dem Allgemeinwohl dienen sollten. So kam es dazu, dass zweimal im Monat große Schrottladungen von den Nachbardörfern in die Kreisstadt transportiert wurden, neben den Milchkannen. Und die Kasse begann zu klingeln …

Aber es blieb nicht bei attraktiven Schrottsammlungen. In den Haushalten gab es immer noch Flaschen, Gläser und auch Altpapier, die zu guten Preisen aufgekauft und wieder verwertet wurden. Auch die Sammlungen dieser Rohstoffe nutzte ich, so gut ich konnte. Manchmal borgte ich mehrere Handwagen von unseren Nachbarn, um alles zur Aufkaufstelle zu transportieren. Die maximale Spitze waren fünf Handwagen, hinter einander gekettet.

Manche unserer Nachbarn erzählten sich „Schauermärchen“ oder „Gräuelgeschichten“ über mich, wie ich später erfuhr. Aber keiner von ihnen hatte den Mut oder den Willen, Altstoffe zu sammeln…Mein Patenonkel Herbert aus Dresden sagte dazu: „Lass die Leute reden wie sie reden. Sie werden deine Arbeit nicht und niemals für dich tun. Also, lass sie schwatzen, was sie wollen – und mach einfach weiter, was du vorhast.“

Was den Traktoristen Plaschke betraf, so war ich ihm irgendwie zu Dankbarkeit verpflichtet. Hatte er mir doch mit seinem Fuhrgeschäft mehrfach Hilfe beim Schrott-Transport geleistet. Das hätte nicht jeder getan, aber er war ein Freund der Kinder und er leistete Hilfe für einen guten Zweck, für das Gemeinwohl der Menschen eben. Deshalb brachte ich ihm an einem Maitag einen großen lilafarbenen Fliederstrauß mit gelben Tulpen als Dankeschön. Der große, stämmige Mann war tränengerührt… Dann sagte er zu mir: „Naja, mein Junge, wir können das gerne wieder machen"…

3.4. Mein Fahrrad – Traum und Wirklichkeit

1954: Etliche meiner Mitschüler besaßen längst ein Fahrrad, meist die, deren Eltern oder Großeltern es sich leisten konnten. Ich gehörte leider nicht zu den glücklichen Kindern. Wir besaßen nur noch ein einziges Damenfahrrad für alle Familienmitglieder, denn die anderen Räder waren beschlagnahmt worden und jetzt in sowjetischem Besitz.

Fahrradfahren lernte ich also auf dem einzigen Drahtesel, der mir blieb, ziemlich allein und immer wieder, bis es schließlich klappte – ein paar Beulen und Stürze eingeschlossen. Nun war der Zeitpunkt herangereift, zu dem die Sehnsucht nach einem eigenen Rad unendlich groß wurde. Genährt wurde diese Art Sehnsucht noch durch meine Begeisterung für die Fahrer der Internationalen Friedensfahrt Berlin – Prag – Warschau. Wir Kinder standen an den Strecken und jubelten den Fahrern begeistert zu. Fahren um den Sieg bei einer Etappe oder um den Gesamtsieg – was für ein begeisterndes Phänomen!

Bei aller Bewunderung: Ein Fahrrad hatte ich immer noch nicht. Die Rettung brachte mein Patenonkel Hermann aus dem Nachbardorf Zug. Mit ihm und seiner Frau Hedwig verband uns ein besonders herzliches Verhältnis. Hermann und mein Vater hatten sich um 1920 kennen gelernt, waren somit lange befreundet und halfen sich gegenseitig, die Kriegsjahre zu überstehen. Eines Tages, während eines Geburtstagsbesuches, erzählte ich ihm, dass ich jetzt Fahrrad fahren könnte. Er wollte es anfangs nicht so richtig glauben oder mich vielleicht auch auf die Probe stellen – erzählen kann man schließlich viel.

Mein Können sollte gezeigt und bewiesen werden. Plötzlich sagte er: „Komm' mit!" Er schnappte sich sein Fahrrad und gab es mir an die Hand.

„Fahr' los und zeig, was du kannst!"

Das Probevorhaben sollte gelingen. Gut, aber es war eben Onkel Hermanns Fahrrad und doch nicht meins! Mein Wunsch nach einem eigenen Fahrrad wurde immer brennender. Meine Begeisterung für das Fahrradfahren muss wohl Onkel Hermann sehr schnell bemerkt haben.

„Also gut", meinte er, „ich kann dir vielleicht helfen, aber nur vielleicht! Verstehst du das? Vielleicht heißt, ich werde alles versuchen, um dir zu helfen. Ob es gelingt, kann ich dir nicht versprechen. Also, machst du mit?"

„Klar, alles was ich machen muss. Du musst mir nur alles genau erklären."

Er schleifte mich – trotz Geburtstagsfeier – auf einen nahegelegenen Schrottplatz, um nach Fahrradteilen zu suchen. Und tatsächlich – welch ein Wunder – es fand sich ein Fahrradrahmen, verrostet zwar, aber noch stabil und intakt. Auch zwei Schutzbleche fanden wir noch passend dazu. Doch was sollte ich mit einem Fahrrad ohne Räder anfangen, denn solche waren leider nicht zu finden? Wir schleppten die Altteile in sein Haus, ich sauer, dass wir nicht ein ganzes Fahrrad gefunden hatten. Doch Onkel Hermann verkroch sich sogleich in seiner engen Werkstatt, wohl wissend, dass sich dort noch zwei Räder finden ließen. Und so geschah es. Einen alten Fahrradlenker fanden wir außerdem. Das sah schon besser aus. Obwohl er Geburtstag hatte, baute er mit mir die Karre notdürftig zusammen… „So, nun schiebst du das Ding selber nach Hause. Fahren kannst du damit noch nicht. Den Rest kannst du selbst zusammenbauen und Kurt (mein Vater) wird dir schon helfen."

Ich tat, was er verlangte und schob das quietschende, schrottreife Vehikel von Zug nach Brand-Erbisdorf, das waren immerhin 4 km, noch immer unsicher, dass daraus jemals ein verkehrsicherer fahrbarer Untersatz entstehen könnte. Onkel Hermann hatte mich mehrfach ermutigt, dran zu bleiben, wenn ich wirklich ein Fahrrad besitzen wollte. Es würde eine zeitraubende Arbeit werden, über viele Wochen. Ich müsse genug Geduld haben und auch fleißig Altstoffe sammeln, also Flaschen, Gläser, Altpapier und Schrott. Damals gab es von den Aufkaufstellen für Sekundärrohstoffe ordentliche Belohnungen in Form von Geld, weil die Volkswirtschaft der DDR sie dringend brauchte. „Warum das?", fragte ich Onkel Hermann. Die klare Antwort: „Na, um dein Taschengeld aufzubessern für einiges, was du noch brauchst, Farben, Bremse, Lampe, Rücklicht zum Beispiel. Eine Klingel habe ich noch in meinem Kasten, die kannst du haben." Wieder folgte ich seinem Rat, entrostete als Erstes in mühevoller Arbeit alle Teile mit Drahtbürste, Feilen und Schmiergelleinen. Das dauerte tagelang. Metallisch blank lagen die Teile vor mir und gemeinsam mit meinem Vater gaben wir dem ganzen Zeug einen Grund- und Lackanstrich der „Extraklasse" aus den Farben Grün, Rot und Grau. Die Auswahl an Nitrolacken war damals ziemlich schmal.

Vater hatte in seiner Werkstatt noch eine Fahrradkette, ein passendes Tretlager und auch einige Kugellager. Nebenher sammelte ich fleißig Altstoffe, die mir schließlich über 90 Mark einbrachten. Die reichten für Dynamo, Lampe und Rücklicht, Vorderradbremse, zwei Pedalen und zwei Reifen mit Schlauch. Als unser Nachbar Harry meine Aktivitäten fast täglich beobachtete, bekam ich von ihm noch einen Sattel geschenkt. Mein Stolz auf das „Bauwerk" war beträchtlich: Nie hätte ich erträumt, dass Schrott „so schön" sein kann... Fast aus dem NICHTS war ein tolles Rad entstanden. Ich fuhr es noch sehr lange, bis in das Jahr 1964. Bis dahin hatte ich mir ein Moped SR 2E zusammengespart, für 1265 Mark.

Gigantische Touren unternahm ich mit Freunden zusammen: Nach Thüringen, ins Vogtland, in das Erzgebirge, in die Sächsische Schweiz, mehrmals nach Dresden und Meißen. Dies alles damals noch ohne Gangschaltung und mit den schönsten Erlebnissen, mit wenig Geld und trotzdem voller Freude.

3.5. Bei den Großeltern in der Freimühle

So bald ich selbstständig Fahrrad fahren konnte, nahm ich ziemlich oft Kurs auf die Mühle, die die Großeltern bewohnten, immer in der Hoffnung, wieder etwas Spannendes erleben zu können. Meine Mutter Ilse hatte jedes Mal einen Rucksack gepackt und ihn mit verschiedenen Lebensmitteln gefüllt, Brot, Kartoffeln, Gemüse, Eier, Obst, Beeren, Hühner- oder Kaninchenfleisch und einige Gläser Eingewecktes. Fast jedes Mal war die Ladung ungefähr gleich und konnte für einige Zeit ausreichen. Ich schnürte den Rucksack auf dem Rad fest für meine Tour – und los ging es.

Als ich bei den Großeltern ankam, fand fast immer die gleiche Empfangsprozedur statt: Weil Opa nichts sehen konnte, setzte ich mich auf einen Holzhocker vor seinem Sessel und begann, aus zu packen und dazu zu erklären, was ich gerade in der Hand hatte. Auf diese Weise konnte Großvater Louis genau verfolgen, was ich mitgebracht hatte. Der ganze Ablauf war für mich schon recht sonderbar, aber ich hatte schnell begriffen, warum wir es so und nicht anders tun mussten. Die Versorgung der Großeltern mit Lebensmitteln war somit eine wichtige Grundlage für die Hilfeleistung unserer Familie, die mich ein Leben lang nachhaltig geprägt hat.

Neben meinen Besuchen an sich, gab es noch eine Menge anderer Erlebnisse, die heutzutage nirgend wo noch anzutreffen sind: Oma und Opa hatten einen holzbeheizten Küchenherd. Der war mit mehreren ringförmigen gußeisernen Platten belegt, auf denen man Töpfe mit Wasser oder Speisen erwärmen konnte. Auch konnte man auf den heißen Platten in wenigen Minuten etwas rösten oder backen. Sehr oft kam es vor, dass Großmutter ein paar Scheiben Brot auflegte, um sie goldbraun zu rösten.

Oma nannte das „Gericht" – „B-Bemme". Dabei muss man wissen, dass der Begriff „Bemme" in Sächsisch soviel bedeutet wie „Schnitte" oder „Brotschnitte". Über dem Holzfeuer geröstet und dabei dem eigenartigen Röstgeruch zu frönen, war schon was Besonderes, das Appetit in mir aufkommen ließ. Jedes Mal auf neue Art, denn Großvater als alter Wald- und Holzexperte, wusste genau, dass die magischen „Röstdüfte" schon von der Holzart abhingen. Also war der Duft beim Rösten jedes Mal ein anderer…

Früher hatten Oma und Opa zur Selbstversorgung sogar eine Kuh. Später aber wurde sie abgeschafft, weil Opa sich mit seiner Blindheit der Versorgung der Kuh nicht mehr widmen konnte. Das Tier sollte zur Eigenversorgung der Familie dienen. Um die Versorgung mit Frischmilch sicher zu stellen, vereinbarten die Großeltern danach mit einem Bauern in den nahen Buschhäusern die regelmäßige Lieferung. So konnte ich auch noch erleben, wie Oma in einem Butterfass „Butter stampfen" musste, um Frischbutter herzustellen. Und diese auf gerösteten Brotschnitten – ein wahrer Genuss der Extraklasse, wie ich fand… Das gleiche Erlebnis gab es für mich mit Frischquark…

Noch einiges über die Großeltern: Sie fristeten in der Frei-Mühle ein ziemlich kümmerliches Dasein… Großvater Louis war in jungen Jahren Bergmann und danach Waldarbeiter, um Bäume zu fällen und für den Abtransport des Holzes zu sorgen. Mit der Zeit kam es durch die schwere körperliche Arbeit zu Augenschäden, die letztlich zu seiner dauerhaften Erblindung führten. Ein Augenarzt war sich mit seiner Diagnose nicht sicher und vertrat die Auffassung, es könne sich um eine Nervenentzündung oder Grünen Star handeln. Eine spezifische Therapie war damals unmöglich, so dass Opa 27 lange Jahre im Dunkel der Blindheit zubringen musste. Doch hatte er ein ausgesprochen gutes Orientierungsvermögen in der Wohnung, in der Mühle und auch außen herum. Oft war er sogar mit dem Hacken von Holz beschäftigt. Holzhacken war für jemanden, der nicht sehen konnte, extrem gefährlich, aber Opa legte Wert auf gut geschärftes Werkzeug, wie Beil und Axt und Säge. Aber er hatte eine solche perfekte Fähigkeit erreicht, dass es beim Holzhacken nie zu einem Unfall kam. Wichtig war ihm nur, dass er ohne gestört zu werden, arbeiten konnte. Neben dem Holzhacken war er ein Meister des Stapelns der Holzscheite an der Schuppenwand oder am Haus. Das gestapelte Holz als Wintervorrat musste exakt und ansehnlich sein. Durch seine spezielle „Stapel-Systematik" hatte er den ständigen Überblick über seine Brennholzvorräte. Das war sein ganzer Stolz als Waldarbeiter. An den Abenden und besonders im Winter beschäftigte er sich gern mit dem Schnitzen von Holzfiguren, wie Bergmann, Engel, Förster und Waldarbeiter. Wenn ich ihm dabei zusah, bewunderte ich seine Feinfühligkeit und sein Formempfinden, das Ganze in völliger Blindheit. Es war für mich fast unglaublich, Opa zuzusehen, wie er unter seinen Bedingungen sein Werkstück aus Holz in Form brachte. Ich spürte das Gefühl von besonderer Bewunderung und sprach immer wieder von Großvaters außergewöhnlichen Fähigkeiten.

Dann war da noch eine besondere Eigenschaft, die man ihm zuschreiben musste: Er schnitzte nur zu gern aus Fichtenholzstücken mit einem superscharfen Messer lange, dünne Späne, die er zum Anheizen des Ofens brauchte. Die dünnen Späne brannten schnell und förderten das schnelle Anheizen mit größeren Holzstücken. Wenn wir bei Oma und Opa zu Besuch waren, spielte ich gern mit den langen Spänen und legte auf dem Fußboden lange Ketten damit aus, die Güterzüge darstellen sollten. Kindliche Phantasie mit dem einfachsten Spielzeug der Welt!

Opa war ein Freund der Kinder. Immer wenn ich kam, nahm er sich Zeit, um mir Geschichten zu erzählen oder ich sollte ihm berichten, was ich erlebt hatte. Ganz besonders gefielen mir die Stunden an den Winternachmittagen oder Winterabenden, wo wir gemeinsam auf der Ofenbank am Kachelofen saßen und uns bei interessanten Gesprächen am Ofen den Rücken wärmen konnten. In der Adventszeit sangen wir gemeinsam Weihnachtslieder bei Kerzenschein. So viel ich konnte, nutzte ich die Gelegenheiten, in Großvaters Nähe zu sein und aus seinem Leben zu erfahren.

Eine alte Tradition an den vorweihnachtlichen Winterabenden bringt mich noch in begeisternde Erinnerung: Es ging um das Bleigießen. Blei oder Zinn wurde in einem Schmelztiegel erhitzt, bis es flüssig wurde. Dann wurde das flüssige Metall vorsichtig ausgekippt und auf ein Holzbrett gegossen. Das ausgegossene Metall erstarrte schnell bei Raumtemperatur und es bildeten sich interessante, flache Figuren. Die Zuschauer sollten dann ihrer Fantasie freien Lauf lassen und erraten, worum es sich bei der gegossenen Figur handeln könnte, etwa um Geldmünzen, Landkarten, Obst oder Getreide oder auch andere Figuren, die Freude, Gesundheit und Glück zu bedeuten hatten. So sollte man erkennen können, ob persönliches Glück, ausreichend Geld, Gesundheit oder reiche Ernten das Leben in nächster Zeit bestimmen könnten. Das vergossene und erstarrte Metall konnte zum Bleigießen wiederverwendet werden. So pflegten wir gemeinsam eine alte erzgebirgische Bergbautradition. Nebenbei sangen wir das uralte erzgebirgische „Heiligabendlied", wovon ich einen übersetzten Auszug einfüge:

Erzgebirgisches Heiligabendlied – Übersetzung hochdeutsch

Zum traditionellen Bleigießen zur Weihnachtszeit

Heut' ist der heil'ge Abend, ihr Leut',
kommt rein, wir gießen Blei.
Lauf nur gleich zur Hannelies,
die muss beizeiten rein.
(Fritz läuft geschwind zur Hannelies,
sie soll beizeiten rein(kommen).)

Wir hab'n den Leuchter angebrannt;

Seht nur, ihr Leut, die Pracht.
Da drüb'n bei euch ist's auch recht fein,
ihr habt 'ne Sau geschlacht'.

Karl, zünd' ein Weihrauchkerzchen an,
dass es wie Weihnacht riecht,
und stell' es auf den Teller dort,
der unter'm Ofen liegt.

Refrain: Tra, ra, tralala, Tra, ra, tralala, Tra, ra, la.

Als mein Großvater Louis 16 jahre alt war, beschlossen seine
Eltern, ihn als Bergmann in den Silbererzbergbau zu schicken.
Der junge, stämmige Louis war gesund und kräftig, um den
schwierigen Arbeiten unter Tage gewachsen zu sein. So stellte
man ihn ein und er begann seine Arbeit in der Grube „Himmels-
first". Großvater Louis war gewohnt, Tag für Tag an frischer
Luft und bei Tageslicht zu arbeiten. Nun aber musste er mit
Dunkelheit und Finsternis unter Tage klar kommen, was ihm
anfangs mächtig zu schaffen machte. 15 lange Jahre arbeitete er
als junger Bergmann, mit zunehmenden gesundheitlichen
Schwierigkeiten, insbesondere mit abnehmendem Sehvermögen
bei Dunkelheit. So kam es, dass er den Beruf des Bergmanns
aufgeben musste und dann als Waldarbeiter sein Brot verdiente.
Viel später erzählte er mir immer spannende Geschichten aus
seiner Bergmannszeit und als Waldarbeiter.
Jeden Tag verdiente Großvater sein Brot im nahe gelegenen
Wald zusammen mit noch 7 oder 10 anderen Waldarbeitern. Die
Arbeit war körperlich sehr schwer und bedurfte hoher Kraftanstrengungen, sehr oft bis an die Grenze der möglichen Belas-
tungsfähigkeit. Die Bäume, überwiegend Fichten und Tannen,
mussten gefällt werden, um Platz für die Neuanlage des Waldes
zu schaffen. Außerdem war das gefällte Holz eine gute Einnah-
mequelle für den Freistaat Sachsen und sogar für den Holzexport

in andere Länder. Der Waldforstmeister, man nannte ihn Förster, hatte die vollständige Kontrolle über das große Waldstück bis an die Dorfgrenze von Müdisdorf und Weigmannsdorf. Er entschied, welche Bäume zu fällen waren und markierte sie.

Die Berufsbezeichnung „Waldarbeiter" wurde erst um das Jahr 1908 in Sachsen eingeführt. Vorher waren die Berufsbezeichnungen „Holzfäller" oder „Holzhauer" verbreitet üblich. Die Aufgabe eines Holzfällers lag vor allem im Fällen von Bäumen und deren Vorbereitung für den Abtransport direkt in ein Sägewerk oder zur Weiterverladung per Bahn oder Schiff.

Die Holzhauer bereiteten auch das Holz für die Köhler vor, die hochwertige Holzkohle für die Verhüttung des im Bergbau gewonnenen Erzes in großen Mengen zum Betrieb der Schmelzöfen brauchten. Die Köhler verarbeiteten das für sie gefällte Holz zu Klaftern (1 Klafter = 3 Raummeter oder ca. 2,4 Festmeter). Meistens waren die Holzfäller sehr schlecht bezahlt und wurden als „minderwertig und ungehobelt" angesehen.

Wie mir Großvater erzählte, waren die wichtigsten Werkzeuge eines Holzfällers Axt mit schmaler Fase und Beil, Sägen und Brechstangen. Er erläuterte mir auch, wie ein Baum zu fällen war: Um z.B. eine Fichte zu fällen, wurden zwei Holzfäller benötigt. Um die Richtung des Sturzes zu bestimmen, wurde der Baum unten am Fuß mit der Axt eingekerbt. Dabei musste darauf geachtet werden, dass geschützte Bäume durch das Fällen nicht gefährdet oder beschädigt wurden. Sobald aber das Holz zu knacken begann, brachten die Holzfäller den Baum zum Umfallen und sich selbst in Sicherheit. Auf dem Boden wurde dann der Baum entzweigt und geschnitten. Diese Stücke wurden dann im Sommer von den Arbeitern weggeschafft oder gestapelt.

Die Nutzung von starken Pferden für Fällarbeiten sollte eine Ausnahme darstellen, wenn es keine anderen Möglichkeiten gab. Ansonsten waren die Pferde für den Abtransport des Holzes zur Sammelstelle eingesetzt worden. Das war noch bis etwa 1918 der Fall. Dann hielt der Einsatz von motorisierter Technik für den

Holztransport mit LKW und Traktoren immer mehr an Bedeutung. Großvater konnte diese Phase der Motorisierung in der Waldarbeit leider nicht mehr selbst erleben. Ab etwa 1920 wurden auch verstärkt Motorsägen zum Fällen der Bäume eingestzt.

Die Eigenart der Waldarbeitertätigkeit machte die Versorgung mit warmem Mittagessen notwendig. Dazu wurden meist die Kinder der Familien beauftragt. Die Mädchen Frieda, Rosa und Ilse gingen „Essen tragen“ und brachten die warme Mahlzeit im Kochgeschirr zu ihrem Vater. Es kam auch vor, dass das Essen auf einer Feuerstelle der Waldarbeiter von den Kindern erwärmt werden musste.

Dann war noch Oma Lina, die sich alle Mühe gab, den Haushalt zu führen, für Opa zu sorgen und sich um die Haustiere zu kümmern. All das war gewiss nicht einfach, denn die Freimühle stand völlig einsam im Freiwald und Einkaufsmöglichkeiten in der Nähe gab es nicht. Deshalb mussten Bekannte oder Freunde aus Langenau oder Brand-Erbisdorf Lebensmittel mitbringen. Auch wir versorgten die Großeltern reichlich mit Obst, Beeren, Kartoffeln und Gemüse. Oft war unser Handwagen oder das Fahrrad damit voll beladen und die Freude der Großeltern war groß, wenn sie ihre Vorräte wieder auffüllen konnten. Als ich ein Fahrrad hatte, übernahm ich den Transport der Lebensmittel und packte jedes Mal den „Drahtesel“ mit Rucksack und anderem Gepäck voll.

Eine Besonderheit gab es, die die Freimühle kennzeichnete: Das war ihre Lage an einem Bach, dessen Ursprung im Walde des Kohlberggebietes zwischen Großhartmannsdorf und Brand-Erbisdorf, nahe Mönchenfrei, lag. Die kindliche Spielerei mit dem Wasser des Baches an der Mühle war für mich bei Besuchen der Großeltern immer ein Abenteuer besonderer Art. Sommer wie Winter, immer gab es was zu entdecken, mal eine kleine Brücke zu bauen oder eine kleine Staustufe. Zur Eigenart der Lebensweise der Großeltern gehörte auch ein „Wasserhäuschen“, in dem das Quellwasser des Baches gesammelt und gestaut wurde, damit man bei Bedarf frisches Quellwasser mit Eimern entnehmen konnte. Die Wasserqualität war zudem ausgezeichnet. Den Hausanschluss über eine Wasserleitung an das öffentliche Netz gab es damals noch nicht. Ich glaube, das geschah erst nach 1961, denn im Winter fertigte ich einige Fotoaufnahmen von der Freimühle. Zu diesem Zeitpunkt war noch kein öffentlicher Trinkwasseranschluss vorhanden.

Aber als Kind, so mit 9 oder 10 Jahren, reizte mich die Beschäftigung mit dem Wasser des Baches immer mehr. Ich besorgte mir aus der Schulbücherei Literatur über Wasserräder, Mühlräder und über verschiedene Antriebe. Über die Nutzung der Wasserkraft für Mahlwerke oder Hammerwerke, wie dem Frohnauer Hammer, hatte ich schon viel gelesen. Nun machte ich mir Tag und Nacht Gedanken, wie ich die Wasserkraft aus dem Bach bei den Großeltern nützlich machen könnte. Ich besprach mit meinem Vater Kurt, was ich vorhatte: Ich wollte an einer Staustufe ein stabiles Lager für ein Wasserrad anbringen und damit einen Fahrraddynamo in Bewegung versetzen, der in der Lage sein könnte, Strom zu erzeugen. Das war schon eine kindgemäße kühne Idee! Ich besprach alles mit meinem Vater und bat ihn, mir beim Aufbau eines stabilen Lagers für das Wasserrad zu helfen. Das tat er auch. Das Rad selbst fertigte ich mit ihm zusammen in seiner Werkstatt zu Hause. Beim nächsten Besuch in der Freimühle bauten wir das „Wasserkraftwerk" in den Wasserlauf des Baches ein und sicherten den Antrieb des Fahrraddynamos. Den Rest der Arbeit konnte ich allein tun und zog ein dünnes Kabel bis in das Wasserhäuschen, um dort eine kleine Glühlampe anzuschließen. Ich wollte es kaum glauben, es gab tatsächlich Licht, worauf ich mächtig stolz war. „Lichtblicke" – im wahrsten Sinne des Wortes! Großvater wollte nun wissen, was wir so lange draußen getan hätten. Ich erzählte ihm die ganze Geschichte und was wir eingerichtet hatten. Nun gäbe es im Wasserhäuschen immer Licht und man könne auch bei Dunkelheit Wasser entnehmen. Die Erfindung fand Opa toll, nur konnte

er selbst nichts von dem elektrischen Licht spüren. Aber ich hatte sofort eine Idee, wie man das ändern konnte. Ich schlug ihm vor, die Glühlampe mit einer Klingel und einem Schalter zu ersetzen. Nun konnte Opa sogar hören, wie eine Klingel mit elektrischem Strom aus dem Wasserkraftwerk betrieben werden konnte.   Als ich Rad fahren konnte und schon etwas älter war, war ich schnell mal auf Tour zur Freimühle, um Oma und Opa zu besuchen und Lebensmittel mitzunehmen. Ich nutzte dabei immer von Niederfrei aus den Forstweg als Abkürzung zur Freimühle. Der Weg war einsam, aber idyllisch umgeben von hohen und niedrigen Fichtenbeständen. Aber es gab auch sonnige Abschnitte. Eines Tages befuhr ich den Forstweg in der Mittagssonne. Plötzlich zischte es unter meinem Fahrrad. Ich war der Meinung, ich hätte einen Pferdehaufen überfahren. Aber das war nicht der Fall. Viel mehr hatten es sich Kreuzottern in der Mittagssonne gemütlich gemacht. Ich hatte sie überfahren und war mit dem Schrecken noch mal davon gekommen.   In der Freimühle erzählte ich Oma und Opa von einem Abenteuer. Dabei berichtete Oma von einer Begebenheit mit einer Kreuzotter direkt vor der Mühle. Die Schlange war sehr gereizt und aggressiv. Oma nahm kurz entschlossen ein scharfes Beil und tötete das Tier, zerlegt in mehrere Stücke. Oma berichtete, dass die Schlange mit ihren Gliedern noch viele Stunden beweglich war und gelebt hatte. Erst nach Sonnenuntergang sei sie, nach ihrer Beobachtung, endgültig tot gewesen…
Die Nachkriegszeit war für viele Familien recht beschwerlich. Nicht nur, dass es an Lebensmitteln äußerst knapp war, nein, auch bespielsweise mangelte es an Heizmaterial, um über die eiskalten Winter mit manchmal über minus 30 Grad zu kommen. Kohlelieferungen waren nicht zu kriegen, also musste man auf andere Brennstoffe zurückgreifen. Dazu gab es nicht viele Möglichkeiten, außer den Restholzreserven aus den umliegenden Wäldern. Man konnte mit Genehmigung des Försters große Mengen an Fichtenreisig zusammentragen und auf eigene Kosten

abtransportieren und als Heizmaterial verwenden. Vater organisierte viele Ladungen, aber das Reisig hatte einen sehr niedrigen Heizwert, verbrannte riesig schnell und war einfach - weg. Opa Louis machte meinen Vater auf noch vorhandene Baumstümpfe von den gefällten Bäumen aufmerksam, die ohnehin für die Wiederaufforstung des Waldes beseitigt werden mussten. Dazu war die Freilegung der Baumstümpfe nötig, mit Spitzhacke, Spaten, Brechstangen aus Stahl, um mit Hebelwirkung die stark verwachsenen Wurzelteile zu heben oder zu entfernen. Oft brauchte man zur Rodung des Wurzelholzes noch weitere Spezialwerkzeuge, wie Keile und Kieleisen zur Holzspaltung oder Winden, um das tiefe Wurzelholz zu heben. Insgesamt eine mächtige Schinderei, die da Vater auf sich nahm. Die Bergung des Wurzelholzes nannten wir „Stöcke roden". Das Ergebnis waren große schwere Wurzelteile, die abtransportiert und mit Sägen zerkleinert werden mussten. Wie sollte das passieren? Eines Tages, es muss etwa 1947 oder 1948 gewesen sein, sattelte mein Vater sein Fahrrad und packte den Drahtesel mit allerlei Lebensmitteln voll, um die Großeltern in der Freimühle zu versorgen. Die Freude war groß, als Vater Kurt alles auspackte. Dann gab es Gespräche mit Opa Louis und Vater berichtete dabei von den Angeboten der Försterei, Stöcke roden zu können, zur Brennholzgewinnung. Vater sprach von der mordsmäßigen Schinderei, die damit verbunden war. Aber er wollte sich trotzdem der Aufgabe stellen, im Interesse der Familie. Vater meinte, es gäbe da ein großes Problem, nämlich die großen Wurzelstücke zu zerkleinern, mit Sägen. Und das wäre eine weitere Schinderei… Großvater wollte nachdenken… Dann schlug er meinem Vater Kurt vor, doch mal einen Erkundigungsgang im umliegenden Wald zu unternehmen, die Soldaten hätten bei den letzten Kriegshandlungen im Freiwald um die Mühle allerlei Dinge liegen gelassen und keiner kümmere sich darum. Kurt sollte sehen, ob was für ihn zu gebrauchen sein könnte.

Vater ging durch den Wald, was nicht ungefährlich war, weil man immer noch mit Munitionsfunden und Minen zu rechnen hatte. Links und rechts des Forstweges waren noch Erdhügel aus Granateneinschlägen vorzufinden. Daneben aber entdeckte Vater zufällig einen Benzinmotor mit Wasserpumpe, den die Wehrmachtssoldaten in Eile hatten zurücklassen müssen. Vater untersuchte das Ding. Es handelte sich um eine Wasserpumpe französicher Bauart mit dazu passendem Benzinmotor mit einer Leistung von 4 PS. Vater war der Meinung, dass der Motor nach Überholung noch funktionieren könnte. Er berichtete Großvater von dem Fund und entschloss sich dazu, die Maschine mit nach Hause zu nehmen. Er lud das Ding auf Großvaters Handwagen und schleppte es zusammen mit seinem Fahrrad nach Hause. Hier reparierte Vater den Motor, so dass er wieder auf Dauerleistung funktionierte. Außerdem baute er den Motor zu einem Antriebsaggregat um, damit man Maschinen über Riemengetriebe antreiben konnte. Die erste Maschine war eine verstellbare Kreissäge, womit man das große Wurzelholz zerkleinern konnte. Das war schon mal eine beachtliche Erleichterung gegenüber dem Sägevorgang per Hand und ein großer Zeitgewinn obendrein. Etwas später schaffte sich Vater auch eine Dreschmaschine an, um das angebaute Getreide zu dreschen. Auch diese Maschine wurde von dem neuen „Wundermotor" angetrieben, noch bis 1965.

Neben den Großeltern in der Freimühle hatte ich väterlicherseits noch meine Oma Selma in Brand-Erbisdorf. Oma Selma wohnte im Hause Schillerplatz 3. Zu dem Grundstück gehörten neben dem Mehrfamilienhaus mit sieben Kleinwohnungen auch noch zwei Nebengebäude. Oma betrieb früher ein gut gehendes Milchgeschäft. Außer den Milchsorten wurden auch Butter, Margarine, Quark und verschiedene Käsesorten verkauft. In der Anfangszeit wurden Milchprodukte noch durch Milchmädchen mit Handwagen zu den Kunden gebracht. Dabei lernte mein Vater Kurt auch das Mädchen Ilse kennen.

Das Milchgeschäft musste Oma Selma nach dem Kriege aufgeben. Außerdem war sie immer kränker geworden und wurde schließlich bettlägerig. Oma war eine sehr mürrische und herrische Person und überhaupt nicht kinderfreundlich. Wenn ich sie besuchte, gab es kaum freundliche oder anerkennende Worte. Das begriff ich sehr schnell. Anfang der 50er Jahre stellte ein Eisverkäufer seinen Wagen auf dem Schillerplatz neben Omas Grundstück auf. Es gab nicht eine einzige Gelegenheit, wo mir Oma Selma hätte 10 Pfennig für eine Kugel Eis gegeben! Das tat dann schließlich mein Vater.

Ab 1951 musste mein Vater dafür sorgen, dass Oma pflegerische Unterstützung in einem Altersheim in Olbernhau bekam. Wöchentlich einmal fuhren wir mit dem Bus dorthin, um sie zu besuchen. Der Besuch selbst war immer von schlechter Laune, Unzufriedenheit mit Vaters Handlungen oder Besorgungen und letztlich mit Undankbarkeit verbunden. Oma Selma verstarb 1953. Ihr Ehemann Adolf war bereits 1936 verstorben, so dass ich ihn nie kennenlernen konnte.

Nun blieb Omas Haus mit Grundstück, das alt und z.T. baufällig war, für meinen Vater bzw. unsere Familie. Bereits zu Omas Lebzeiten musste sich Vater um das Haus und seine Werterhaltung kümmern. Das war ein hartes Brot bei den geringen Mieteinnahmen von 9 bis 18 Mark je Wohnung und im Gegensatz dazu mit sehr hohen Handwerkerpreisen, wenn es z.B. um das Dachdecken, Elektro- oder Klempnerarbeiten ging. Vater hatte seit 1948 wieder eine Arbeit als Fräser in den Press- und Schmiedewerken bekommen. Sein Monatsverdienst von etwa 460 Mark war meistens für Reparaturen am „geerbten" Haus nötig. Weil das Geld hinten und vorn nicht reichte, versuchte Vater viele Reparaturen selbst durchzuführen. Unsere Familie kam in eine äußerst schwere wirtschaftliche Situation. Vater versuchte, das Objekt zu erhalten, was jedoch immer schwieriger wurde. So war das Objekt für Vater und damit für unsere Familie zu einer nicht mehr beherrschbaren Belastung geworden. Die

Auffassung der Töchter und Schwiegersöhne, das Grundstück der Stadt zu überschreiben und sich von dem Grundstück zu trennen, konnte er nicht teilen. Erst in den 60er Jahren, als sein gesundheitlicher Zustand immer schlechter wurde, vollzog er endlich diesen Schritt. Sein Erbobjekt war zu einer „Geldvernichtungsmaschine" besonderer Art geworden, die nur Geld verschlang und niemals Gewinn zu erwirtschaften half.   In den 90er Jahren wurde das alte Haus Schillerplatz 3 abgerissen und das Grundstück neu bebaut. Es entstand ein modernes Wohn- und Geschäftshaus.

3.6. Lagerferien

Immer mehr wurde in der aufblühenden DDR für Kinder getan. Kinder- und Freizeiteinrichtungen entstanden. Betriebe errichteten eigene Kindergärten, um Eltern eine Beschäftigung zu ermöglichen. Erste Erholungsmöglichkeiten für die Familien wurden geschaffen und ausgebaut. Meistens war das Urlaubs- und Erholungswesen von der Gewerkschaft, dem FDGB, und den Betrieben getragen. Auch Ferienlager in den Sommerferien wurden meist von größeren Betrieben organisiert, so auch von den Press- und Schmiedewerken, in denen Vater beschäftigt war.

Zum ersten Mal nahm ich an einem Ferienlager im ehemaligen Hotel „Baumwiese" in Boxdorf bei Dresden teil. In drei Ferienwochen gab es so allerhand Erlebnisse. Sport und Wanderungen in Dresdens und Moritzburgs Umgebung standen oft auf dem Plan. Helfer und Betreuer gaben sich alle Mühe, um mit den knappen finanziellen Mitteln etwas Vernünftiges und Erlebnisreiches zu gestalten. Unsere Doppelstockbetten standen in einem großen Schlafsaal. Damals schliefen wir noch auf Strohsäcken. Mit unserer Gruppe hatte ich mit Manfred einen sehr strengen und oft unbeherrschten Betreuer erwischt, der schnell mal mit unangemessenen Methoden oder Maßnahmen dabei war, ein Problem oder einen Konflikt zwischen uns Kindern gewaltsam zu lösen. Es war nicht einfach, mit ihm klar zu kommen. Die meisten Ferienkinder unserer Gruppe mochten ihn wegen seiner groben Umgangsformen nicht. Eines Tages, als ihm mein ruhiges Verhalten nicht in den Kram passte, schrie er mich grundlos an. Weil ich ihm aus Erschrockenheit nicht antwortete, zwickte er mit einer Zange mein rechtes Ohr so stark, dass das Blut floss und ich den Sanitäter aufsuchen musste. Dieses Erlebnis vermieste mir meine Freude an schönen Ferien total und am liebsten wäre ich nach Hause gefahren.

Demgegenüber bot mir ein Wochenendausflug zur Familie von Herbert und Gertraute Müller, die in Dresden wohnten, willkommene Abwechslung und die ersehnte Geborgenheit, die ein neunjähriges Kind nötig hatte. Ich fuhr mit Bus und Straßenbahn, genau wie mir es Herbert beschrieben hatte. Mehrmals waren die Linien wegen Kriegszerstörungen unterbrochen und das hieß, zu Fuß weiter zu gehen. Es war ein nebliger und düsterer Sonnabend-Morgen und mein Weg führte mich durch zerstörte, mystisch anmutende Stadtgebiete, vorbei an Ruinen und riesigen Trümmerhaufen. Manche Straßen erschienen mir wie tot. Die Ruinen im Morgennebel zu sehen, hinterließen in mir einen eigenartigen fürchterlichen Eindruck, der meine Ablehnung zu menschenfeindlichen Kriegen nur noch verstärkte. Ich dachte darüber nach, wie es zu einem solchen entsetzlichen Krieg kommen konnte und jeder etwas dafür tun müsste, dass so etwas nie wieder passiert. Kindliche Gedanken im Alter von 9 Jahren. Nach meinen endlosen Fragen über den Krieg und seine Auswirkungen versuchten Herbert und Gertraute, mich wieder „in das Leben zurückzuholen". Ein Zoobesuch und das „Blaue Wunder", Dresdens berühmteste Brücke, sind mir noch in guter Erinnerung, dazu die Geschichte um die Verhinderung der Sprengung der Brücke zu Kriegsende.

Nach einigen Tagen gab es im Ferienlager fieberhafte Vorbereitungen auf ein ganz besonderes Ereignis: Wir warteten auf eine Kinderdelegation „aus dem Westen", wie man sagte. Die

KPD (Kommunistische Partei Deutschlands) hatte damals in Zusammenarbeit mit der DDR die Teilnahme von Kindern bedürftiger Arbeiterfamilien an Betriebsferienlagern organisiert. Jetzt erwarteten wir diese Kinder, die mit einigen schwarzen Limousinen an einem Nachmittag anrollten. Wir begrüßten sie mit einem kleinen Programm, das – aus heutiger Sicht – den westlichen Kindern wohl eher langweilig als interessant und spannend vorgekommen sein muss. Schon nach einigen Stunden fiel uns das ruppige und rücksichtslose Verhalten der meisten Jungen der Delegation auf. Irgendwie kamen sie aus einer ganz anderen Welt mit ganz anderen Gewohnheiten und Umgangsformen, die wir bisher nie zu spüren bekamen. Zwar sprachen sie deutsch, doch sangen sie andere Lieder und hatten ganz andere Vorstellungen von dem, was man als Kind tun und lassen kann. Amerikanischer Kaugummi war für sie „lebensnotwendig", für uns ein unerfüllter Traum. Und das Spielzeug erst, das sie für sich mitbrachten, Metallautos, die zu öffnen waren, Baukästen, Zaubertruhen, Blechspielzeug zum Aufziehen, Spielzeugwaffen mit Zündplättchen zum Knallen, Kriegsspielzeug der modernsten Form und andere Spiele, die wir nicht kannten. So manches beeindruckte uns und machte nachdenklich: „Warum die und wir nicht?" Die Jungen machten gern ihre Kriegsspiele, für die ich mich nie begeistern konnte. Überhaupt war es schwierig mit den Kindern aus der BRD ins Gespräch zu kommen oder mit ihnen Geschichten und Erlebnisberichte auszutauschen. Bei den Geländespielen im Moritzburger Wald konnten sich die BRD-Kinder so richtig austoben und nutzten ihre Erfahrungen aus ihren Kriegsspielen bis an die Grenze des Möglichen aus. Auch die „Gefangennahme" von uns DDR-Kindern gehörte zu ihren ernsten, aber auch brutalen Absichten.

Die Lagerfeuer an den Abenden waren dagegen bei allen sehr beliebt. Es wurde gesungen, getanzt und gelacht bis die Dunkelheit Einzug gehalten hatte. Immer erlebten wir Kinder gemeinsam eine besondere Art von Romantik an den Flammen.

An manchen Abenden gab es zu später Stunde für interessierte Kinder noch Mond- und Sternenbeobachtungen mit Erklärungen zu den verschiedenen Sternbildern.

Ein Jahr später freuten wir uns über schöne Tage im Ferienlager Annaberg. Wir belegten eine Schule nahe der Annenkirche und die ganze Art und Weise des Ablaufes der drei Ferienwochen war um ein Vielfaches besser organisiert als in Boxdorf. Es gab vielfältige Betätigungsmöglichkeiten den Tag über, Sportspiele, Interessengemeinschaften, Malstunden, Kindertheater, einen Zauberlehrgang, denn „Zauber-Soltau" war Annabergs bekanntester Magier und gleich daneben auf der Kirchgasse zu Hause, Laienspielgruppen, Bastelnachmittage usw.

Wir unternahmen viele Wanderungen und Ausflüge, so zum Frohnauer Hammer, nach Oberwiesenthal, zum Fichtelberg und zum Auersberg. Es waren unbeschreiblich schöne Tage. Mein Zeichenlehrer Fritz Storbeck war einer der Verantwortlichen im Ferienlager und rief eine „Malwerkstatt" ins Leben, die bei schlechtem Wetter geöffnet wurde. Da ich schon immer gern malte, meldete ich mich an. Am wertvollsten für mich war dabei die Herstellung von Bühnenkulissen für Theateraufführungen. Die Bühnenmalerei war neu für mich und ging weit über bekannte Papierformate wie A4 oder A 3 hinaus, denn es ging um große, publikumswirksame Darstellungen. Am Ende fertigten wir die Bühnendekoration für das Abschlussfest. Mit einigen Scheinwerfern erstrahlte das Werk in vollem Glanz.

Am abenteuerlichsten aber waren die Tage auf dem Pöhlberg zum Zelten. Die Größeren konnten dort einige Tage in 4 Zelten verbringen und mussten den Tagesablauf komplett selbst bewältigen. Das war neu und eine Herausforderung für uns. Selbst die Anreise zum vorgesehenen Platz auf dem Pöhlberg war kein leichtes Unterfangen, mussten wir doch alles selbst mit Handwagen über 5 km auf den Berg transportieren. Alles lag in unserer Hand, vom Morgensport über das Frühstück, die Zubereitung des Mittagessens über offenem Feuer bis zum Abendessen. Am spannendsten war es, Nachtwache zu halten. Alle 2 Stunden waren dazu zwei Kinder eingeteilt, die für die Sicherheit der anderen zu wachen hatten. Es war erstaunlich, was man alles tun konnte, was man vorher nie getan hatte und es war wunderschön, unsere kindliche Freiheit in frischer Bergluft zu genießen. Fast nebenbei brachte mir mein Bettnachbar über mir ein neues Spiel bei: Ich lernte unter seiner Anleitung, wie man Schach spielte und wie man auch seinen Gegner „Schach .matt" setzen konnte. Eine tolle Erfahrung.

Das letzte Mal verbrachte ich drei Wochen im Betriebsferienlager Raschau im Erzgebirge. Auch hier gab es jeden Tag viel zu erleben. Die Unterbringung in der Schule war gut organisiert und das Freizeitprogramm reichhaltig mit verschiedenen Wanderungen und Ausflügen in das umliegende Erzgebirge. Wir hatten auch Gelegenheit, zwei Vormittage in einer Schnitzerwerkstatt zu verbringen. Dazu meldete ich mich, hatte ich doch schon einige Vorkenntnisse im Schnitzen von Großvater und Onkel Willi. Einige Figuren entstanden unter Anleitung des Meisters und ich war froh und stolz, sie mit nach Hause nehmen zu können. Auch erste Handgriffe beim Drechseln von Holzfiguren brachte er uns bei.

3.7. Die Riedel-Therapie

Ob man es zugeben wollte oder nicht: Meine Kindheit und Schulzeit war durch eine Unmenge von Einschränkungen und Sehbehinderungen gekennzeichnet. Meine Eltern und Geschwister und ich selbst unternahmen alles Mögliche, um diese Bedingungen zu kompensieren bzw. durch andere Maßnahmen und Methoden zu verbessern oder zu erweitern.

Zu meiner Klasse gehörte auch Mitschülerin Eva, die Tochter von Alfred Riedel. Ihre Eltern unternahmen alles, was ihrem Kind gut tun konnte, einschließlich sportlich-therapeutischem Training. Zu Hause gab es eine Sprossenwand und andere Geräte, die Eva regelmäßig zu nutzen hatte. Eines Tages sprach Vater Riedel meine Eltern an, ob es denn nicht möglich sei, mich an Spiel und Sport in Riedels Wohnung zu beteiligen. Nach langem Hin und Her willigten sie ein und man könnte es probieren. So gab es mehrere Sportnachmittage, die für mich unter großer Anstrengung verliefen und trotzdem weitergeführt wurden. Als mich Mutter eines Tages vom Sport abholte, hing ich gerade mit Körpergewicht an der Sprossenwand, mit hochrotem Kopf, gequollenen und herausgetretenen Augen, was nichts Gutes bedeutete. Später stellte sich heraus, dass dadurch empfindliche Netzhautablösungen auf beiden Augen möglich sein konnten. Mutter brach diese Art Therapie – bei allem guten Willen – sofort ab. Resüme: Nicht jede Therapie muss für jeden gut sein!

Eine andere Form seiner Therapie steuerte Alfred Riedel über die Schuljahre hinweg in die Richtung der Berufsorientierung. Da er selbst Berufsschullehrer war, versuchte er, mein zukünftiges Berufsbild zu prägen. Meine spezifischen Verhaltensprobleme waren für ihn uninteressant. Nachdem er inzwischen mehrfach begreifen und lernen musste, dass ich mit meinen Seheinschränkungen in allen Lebensbereichen zu recht kommen musste. Er war hartnäckig und beständig in seiner Auffassung, ich müsse einen Beruf „mit viel Grün" ergreifen. Förster wäre genau das Richtige für mich. Ich war zwar ein Freund des Waldes und des Holzes, aber ein Förster hatte viel mehr Aufgaben, als nur durch den Wald spazieren zu gehen! Dabei vergaß er ganz offensichtlich immer wieder, dass meine Beobachtungsfähigkeit minimal war. Kleingetier, wie Käfer, Insekten usw. waren für mich nicht oder nur schwer zu erkennen. Wenn ein Förster aber für einen gesunden lebensfähigen Wald sorgen wollte, so musste er sich auch mit der Untersuchung von Schädlingen befassen. Also war das nur eine oberflächliche Idee und keine berufliche Lösung, die mein Leben ausfüllen konnte. Hinzufügen möchte ich die Tatsache, dass mich im Biologie- und Chemie-Unterricht Untersuchungen mit Mikroskop oder Nachweisverfahren in große Schwierigkeiten brachten, obwohl die Fachlehrer meine Beobachtungsfähigkeit genau einschätzen konnten.

3.8. Unsere Formel 1

So mit 6 Jahren, als ich schon selbst etwas bauen konnte, kam mir in den Sinn, etwas zu schaffen, das mich mit hoher Geschwindigkeit fortbewegen konnte. Wie konnte so was gehen?

Ich besorgte mir eine Holzkiste, ein paar passende Bretter, Leisten, 2 Achsen mit Rädern von einem Kinderwagen. Daraus entstand zunächst eine „rollende Kiste", in die ich mich auch hineinsetzen konnte. Auf ebener, gerader Fläche aber musste mich jemand mit einem Stock schieben. Ich probierte solange, bis es mir gelang, die rollende Kiste für eine Bergabfahrt zu recht zu machen. Dabei kam mir die Hanglage unseres Grundstücks sehr zu Passe, denn unser Zugangsweg hatte ein Gefälle von 12 bis 15 %. Das war viel und sollte für wilde Abfahrten völlig ausreichen. Nach mehreren Probefahrten nahm ich noch einige Verbesserungen vor. Dann donnerte ich mit tosender Geschwindigkeit und rollendem Krach den bergigen Weg hinunter. Nie kam es dabei zu Unfällen, dafür aber zu abgenutzten Schuhen, weil ich noch keine Bremse an dem Gerät hatte. Nach Mutters Ärger darüber baute ich dann eine funktionsfähige Bremse in die Kiste ein. Dann konnte die wilde Raserei weiter gehen.

Etwas Später, so ab 5. bis 7. Klasse, gab es mehrere Wettbewerbe mit selbst gebauten Autos oder ähnliche Kisten. Die Schule hatte mehrfach solche Wettbewerbe ausgeschrieben und jeder, der ein solches selbst gebautes „Automobil" hatte, konnte sich bewerben. Die Fahrten wurden nach mehreren Klassen ausgetragen. Das reizte mich außerordentlich. Sofort begann ich damit, mein noch einfaches Gefährt mit einer funktionierenden Lenkung und einem Chassis zu versehen, denn eine Bedingung war, das Fahrzeug sollte von außen autoähnlich aussehen. Das „Rennauto" erhielt einen roten Lackanstrich … und los ging das

Rennen rund um unsere Schule. Ich steuerte das Ding und hatte Dietmar als Schieber, denn er hatte in Leichtathletik sehr gute Leistungen. Im Ergebnis erreichten wir unter 17 Teilehmern Platz 2, was gut war, aber wir wollten mehr und traten zwei Wochen später zur Kreismeisterschaft rund um den Brander Markt an, nachdem wir ausreichend trainiert hatten. Die Arbeit hatte sich gelohnt und wir wurden Kreismeister.

3.9. Winterlicher Unfall

1959. Es war ein Winter, wie man ihn sich nur wünschen konnte, traumhafte Winterlandschaft, gute Schneeverhältnisse, Minus 8 Grad, ideal für Wintersport. Ich hatte meiner Nichte Ulrike, die damals 5 Jahre alt war, versprochen, mit ihr Rodeln zu gehen. An einem Nachmittag machten wir uns mit dem Schlitten auf dem Weg in das Goldbachtal, das sich im Norden unserer Heimatstadt Brand-Erbisdorf befand. Im Winter war das Tal mit seinen Hanglagen ideal zum Skifahren und Rodeln. Zur Blütezeit des Wintersports in den 1920er Jahren war sogar eine Schanze an der Nordseite der so genannten Reußenhalde errichtet, zwischenzeitlich aber stillgelegt worden. Einen Schanzentisch für Absprünge gab es nicht mehr. Zudem wurden mehrere Arbeitersportvereine, darunter auch der „Skisportverein", in den 30er Jahren von den Nationalsozialisten rigoros aufgelöst. Danach und auch in der DDR, gab es überhaupt keine Förderungsmaßnahmen für den Wintersport in der Region Brand-erbisdorf und Freiberg. Also fehlten auch unterstützende finanzielle Mittel. Das führte für begeisterte Wintersportler dazu, das Weite zu suchen und in die oberen Lagen des Erzgebirges zu fahren und dort aktiven Wintersport zu betreiben. Wer sich für eine Entwicklung im Leistungssport interessierte, musste sich Chancen in einem der Trainingszentren in Altenberg oder Oberwiesenthal erobern.

An der Schanze selber geschahen manchmal merkwürdige Dinge, wie man uns erzählte. Eine Situation betraf meinen Mitschüler Hans-Joachim. Er war nie besonders gern zur Schule gegangen und hatte wenig oder keine Lust zu lernen. Demensprechend waren auch seine Leistungen. Dann war er eine Zeit lang krank gewesen und als er wieder zum Unterricht erschien, machten ihn die Lehrer darauf aufmerksam, er müsse zwei Arbeiten nachschreiben, weil er in Mathe und Russisch noch keine Noten habe. Hans-Joachim war sich darüber im Klaren, dass er die Arbeiten garantiert mit einer „5" beenden würde. Also überlegte er, wie er das Ganze umgehen könnte und nicht mehr zur Schule gehen müsste…

Am nächsten Tag geschah das Unfassbare: Hans-Joachim nahm seine Skier und begab sich in das Goldbachtal mit der Absicht, mit den Brettern die Schanze herunter zu fahren. Dabei war sicher, dass er sich bei einem Sturz schwere Verletzungen zuziehen würde. Überzeugt von seinem waghalsigen Vorhaben kletterte er die Schanze hinauf, schnallte seine Bretter an und schwirrte mit atemberaubender Geschwindigkeit in die Tiefe… Augenblicke danach schon kam es tatsächlich zu einem Katastrophenfall mit Sturz und er zog sich mehrere Bein- und Armbrüche sowie einen Halswirbelschaden zu… Nun musste er lange Zeit liegen und zu Hause bleiben. Sein wahnsinniges „Ziel" hatte er nun auf Kosten seiner Gesundheit zunächst erreicht: Er brauchte jetzt nicht in die Schule und musste vorerst keine Arbeiten schreiben… Der Vorfall blieb mir noch lange in Erinnerung.

An jenem Wintertag nun gab es für meine Nichte Ulrike einen schönen Rodelnachmittag mit ungefährlichen Hangabfahrten. Sie hatte offenbar viel Spaß dabei. Am Schluss aber sagte ich, ich könnte mit dem Schlitten eine kleine Abfahrt vom unteren Teil der Schanze machen, was ich dann auch tat. Zunächst lief alles ganz gut, dann aber geriet ich in drei aufeinander folgende Hügel, was mich mit dem Schlitten zum Sturz brachte. Der Schlitten hatte den Überschlag nicht überlebt, ich dagegen mit einigen Prellungen schon. Aber die Brille war verschwunden und soll nie gefunden worden sein. Aber was noch schlimmer war, Ulrikes Schlitten war nagelneu und wir brachten nur noch Bruchstücke davon nach Hause… Die Aufregung war groß… Ulrikes Eltern waren froh, dass Ulrike unbeteiligt und ohne Schaden geblieben war, aber sie waren sauer, weil der neue Schlitten sein Leben lassen musste. Ich erzählte, was passiert war und dass ich den Crach verursacht hatte. Zugleich versprach ich, im Frühjahr eine Altstoffsammlung durchzuführen und damit den Erlös in Mark und Pfennigen für die Anschaffung eines neuen Rodelschlittens bereit zu stellen. Das war zwar eine „schmerzhafte" Abgabe, aber es musste ganz einfach so sein. Lehrgeld so zu sagen.

3.10. Zu faul für die Kirche?

Kinder haben ein besonders ausgeprägtes Feingefühl dafür, wie sie behandelt werden oder wenn man ihnen mit Einschränkungen massiver Art begegnet. Sie haben ein ausgesprochen hochgradiges „Freiheitsgefühl", kindgemäß zwar, aber von unglaublich wichtiger Lebensbedeutung. Wird es zerstört, bringt man sie zu derweil außergewöhnlichen Handlungen. So auch bei mir, damals in der 1. Klasse 1952, in der Erbisdorfer Schule in der Unteren Dorfstraße… Eine alte Schule aus der Vorkriegszeit, an der nun „neuzeitlicher Unterricht" nach DDR-Maßstäben gehalten werden sollte, noch unter kirchlichem Einfluss.

Schon zwei, drei Tage nach Schulbeginn betrat eine ältere Dame mit mürrischer Mine und barscher Stimme das Klassenzimmer und verlangte von uns und der Lehrerin, wir müssten nach dem Unterricht noch eine Stunde dableiben und die Christenlehre besuchen. Das geschah ohne Absprache mit den Eltern. Bald kam es zu tumultartigen Zwischenfällen. Wir Kinder schrieen und sprangen über die Bänke. Einige von uns hatten noch das Glück, zu entfliehen und rechtzeitig nach Hause zu kommen. Lehrerin Fräulein Uhlig war auch machtlos und unentschlossen. Sie war unsicher zu handeln und wusste nicht so recht, wie sie reagieren sollte. So begann Frau Scharf (sie hatte wohl ihren Namen zu Recht) mit dem Religionsunterricht, den sie weder beherrschen noch ordentlich durchführen konnte, denn die lautstarke Meute hatte nicht im Sinn, auch nur 5 Minuten zuzuhören.

Diese Vorfälle wiederholten sich lange Zeit. Ständig gab es erneute Ausreißversuche der Schüler, deren Wirkungen Frau Scharf in erzürnter Weise die verbliebenen Schüler spüren ließ. Um das Verschwinden der Schüler zu verhindern, ging sie sogar so weit, die Tür des Klassenzimmers zu verschließen, was zur Folge hatte, dass die Kinder in noch größere Verärgerung gerieten, weil sie gezwungen wurden, am Religionsunterricht teilzunehmen. Aber Kinder sind erfinderisch: Da sich unser Klassenzimmer im Erdgeschoss befand, gab es schließlich auch Fenster, die zur Flucht gut geeignet waren. Ein kleiner Schuppen, unterhalb eines Fensters gelegen, gestattete optimale „Fluchtbedingungen“. So kam es, dass nach Wochen nur noch fünf, sechs Kinder in der Christenlehre verblieben. Auch Klassenlehrerin Fräulein Uhlig war nicht in der Lage, die Situation zu verbessern (vielleicht wollte sie es selbst auch gar nicht). Monatelang war die Sache mit der erzwungenen Christenlehre Stadtgespräch, wurde aber schließlich stillschweigend von der Bevölkerung „toleriert“.
Bis zum heutigen Tage ist mir unbegreiflich, wie man Menschen zu einem Glaubensbekenntnis zwingen kann. Unvorstellbar, aber leider auch heute noch, wenn auch mit anderen Methoden, zu beobachten. Also: Die Rechnung mit dem Religionsunterricht in der Schule ging für die kirchlichen Machthaber nicht auf. Das führte zu einer anderen Maßnahme, nämlich die Christenlehre im Gemeindehaus an der Kirche durch zu führen, zweimal wöchentlich am Nachmittag. Der Raum im Gemeindehaus war ein „finsteres Loch“ mit kleinen Fenstern und einer miserablen Beleuchtung, mit langen, dunklen Holzbänken und einem Pult, von

dem aus die strenge christliche Lehrerin ihre Geschichten darbot...

Offensichtlich hatten meine Eltern nach langem Hin und Her der Teilnahme an der Christenlehre im Gemeindehaus zugestimmt, was mir zwar nicht gefiel, aber ich nahm es hin. Immerhin pflegte man christliche Gepflogenheiten, oft aus Ehrfurcht vor Gott und noch größerer Ehrfucht vor der Kirche und besonders dem Pfarrer. Auch in den Familien meiner Großeltern wurde der christliche Glaube durchaus gepflegt. Kirchgänge jedoch altersbedingt weniger. Bei uns, meinen beiden Schwestern und mir reduzierte sich das Ganze auf ein Abendgebet vor dem Schlafengehen: „Lieber Gott, mach mich fromm, dass ich in den Himmel komm...“ Wollte ich denn wirklich in den Himmel? Wo mein Leben doch gerade erst begonnen hatte!

Das Spektakel der teilnehmenden Kinder in der Christenlehre und auch beabsichtigte „Fluchtversuche“ nahmen kein Ende, ebenso zahlreiche Rempeleien und die Jagd über die langen Bänke. Jedenfalls war keiner in der Lage, der Sache ein Ende zu setzen. Letztlich kam diese Aufgabe dem Chef der Kirche, Pfarrer Edinger, zu, den wir stets ehrfürchtig beäugten und den wir nur ernst, mit grimmiger Mine und christlicher Strenge kennengelernt hatten. Lachen und Fröhlichsein in der Kirche war bei ihm – und überhaupt -- undenkbar. Also versuchte er sein Glück mit einer strengen, sehr direkten Rede an uns. Wir saßen alle mit gesenkten Köpfen in den langen Bankreihen. Der barsche Ton des Pfarrers erzeugte Angst und Unsicherheit in mir. Das konnte Gott nicht gewollt haben! – Pfarrer Edinger verschwand in seinem schwarzen Gewand und kurze Zeit danach begannen die lustigen Spielchen von neuem. So ging es auf und ab über Monate und sogar einige Jahre. Als ich die 7. Klasse besuchte und die Vorbereitungen auf die Konfirmation begonnen hatten, gab es erneut einen Zwischenfall, der auf Dauer meine Lebenshaltung bestimmen sollte: Mein Vater und ich stiegen mittags gerade vor der Kirche aus dem Bus, der uns von Freiberg nach Brand gebracht hatte, weil wir an diesem Tag zur Behandlung bei Augenarzt Dr. Brosche waren. Entgegen kam uns Pfarrer Edinger und beschwerte sich auf der Straße lautstark bei meinem Vater mit boßhafter Stimme über „mein unchristliches Verhalten" und auch über meine angebliche „Faulheit", christliche Lieder und Texte zu lernen. Jedoch fanden sich die Ursachen ganz anders: Erstens hatten wir uralte Gesangbücher mit wahnsinnig kleiner gotischer Schrift, die ich wegen meiner Kurzsichtigkeit ohnehin schlecht lesen konnte. Zweitens kam hinzu, dass die miserable, unzureichende Beleuchtung im Gemeindehaus es mir nicht erlaubte, etwas Vernünftiges zustande zu bringen. Meine Eltern schickten zwei Beschwerdebriefe an den Pfarrer, jedoch ohne irgendeine Reaktion. Ohne mich persönlich genau zu kennen, stellte mich Pfarrer Edinger mitten auf der Straße als „faulen Jungen" hin. Das war zu viel und hatte wohl nichts mit christlicher Nächstenliebe zu tun. Übrigens zeigten meine schulischen Leistungen ein ganz anderes Bild und keine Spur von Faulheit!

Mein Vater hörte sich zunächst an, was Edinger zu sagen hatte. Dann aber geschah etwas, das ich niemals erwartet hätte. Mein Vater entgegnete mit ebenso barschem, aber entschiedenem Ton:

„Herr Pfarrer, wenn Sie dieser Meinung sind, dann tun Sie mir leid. Aber mein Sohn hat eine extreme Sehschwäche und wir kommen gerade vom Augenarzt. Wenn Sie heute immer noch davon sprechen, dass mein Sohn zu faul wäre, dann sorgen Sie für besseres Licht im Gemeindehaus und lesbare Gesangbücher. Aber da sie nach unseren Briefen unserer Forderung nicht nachgekommen sind, ist es wohl besser, wir trennen uns von der Kirche. Unter christlichem Verhalten verstehe ich was anderes..."

Diese Worte meines Vaters klingen mir heute noch in den Ohren. Tage später brachte er konsequent meine Abmeldung in die Kirche, später dann noch seine eigene und die meiner Mutter.

An dieser Stelle noch eine Bemerkung: Zu dieser Zeit gerade ging es in Fragen der Weltanschauung darum, wie ich mich in

Zukunft positionieren würde. In der DDR begannen für uns die Vorbereitungen auf die Jugendweihe, wozu Vorträge, Exkursionen usw. durchgeführt wurden. So besuchten wir u.a. Weimar und das ehemalige KZ Buchenwald und auch Eisenhüttenstadt mit dem riesigen Kombinat zur Roheisenerzeugung. Andererseits bot die Kirche die Konfirmation an. Ungefähr die Hälfte meiner Mitschüler hatte sich unter dem Einfluss der Eltern für beides entschieden: Zunächst die Jugendweihe, 1 Jahr später die Konfirmation – oder umgekehrt. Die Frage stand auch vor mir. Die Vorgänge zuvor gingen mir nicht aus dem Kopf. Außerdem begriff ich damals, dass eine Entscheidung für beides mit Sicherheit bedeutet, dass man nicht weiß, was man will. Das machte mir auch mein Patenonkel Herbert deutlich. Jugendweihe war angesagt. Was können wir aus alledem lernen?

Gibt nicht oft eine Äußerlichkeit, ein Fehlverhalten oder was auch immer, vorschnell Anlass dazu, einen Menschen aus dieser Situation heraus oberflächlich zu beurteilen, ohne ihn und seine Fähigkeiten genau zu kennen? Wir neigen alle schnell dazu, jemanden nur nach einer Situation einzuschätzen. Geben wir uns also Mühe, die gesamte Persönlichkeit des Menschen zu sehen, mit Herz und klarem Verstand. Und wir sollten uns mehr darum bemühen, nicht nur Menschen zu sehen, so wie sie sind, sondern vielmehr herausfinden, wie sie sein könnten. Allein das zeigt wahre Größe. - Was ich noch daraus lernen durfte: Obwohl wir uns von der evangelischen Kirche getrennt haben, bleibt die Weisheit, Menschen anderen Glaubens zu akzeptieren und ihnen mit Achtung zu begegnen. Das ist wohl gerade heute, in unserer von Spaltung bedrohten Gemeinschaft, Basis unseres Zusammenlebens.

4. Mit Mut und Tatendrang

4.1. Jugendweihe

Das Jahr 1960. Ich hatte „Jugendweihe", gwissermaßen ein weltliches Gegenüber zur christlichen Konfirmation in der evangelischen Kirche. Die Eltern hatten eine zünftige Feier unter den immer noch herrschenden Mangelzuständen an Lebensmitteln zu Stande gebracht, mit Torten und Bohnenkaffee (zu Höchstpreisen aus der HO) und natürlich mit Vaters Hausweinkreationen, Bowlen und Bratenvariationen, Schinken verschiedener Art und auch Wurstspezialitäten vom vorher durchgeführten Schlachtfest, zu dem ein gut gefüttertes Schwein zu Gunsten meiner Jugendweihe sein Leben lassen musste. Alle meine Paten – es waren acht – waren anwesend und konnten sich an Speis und Trank nach Belieben erfreuen und feiern. Als das Fest vorbei war, hielt der Alltag Einzug und ich musste mich noch ein paar Monate auf den Abschluss der 8. Klasse konzentrieren, hatte aber schon die 9. und 10. Klasse als Zielvorstellung im Blick. Aber alles verlief, wie ich es mir vorgenommen hatte, mit sehr guten Ergebnissen.

Die 9. Klasse war schon wissensmäßig einen ganzen Sprung höher zu bewerten, aber ich konnte die neuen Anforderungen zunächst ohne große Probleme bewältigen. Nach einigen Monaten war es ein Glücksumstand, dass Dr. Wolfgang Lohse in unser Geschehen eintrat und Klassenleiter wurde. Er war eine ausgesprochen intelligente und talentierte pädagogische Persönlichkeit und hatte die Fähigkeit, auf unseren jungen Haufen sehr behutsam und differenziert Einfluss zu nehmen. Neben einer abwechslungsreichen Unterrichtsführung organisierte er viele Aktivitäten im Freizeitbereich, Theaterbesuche in Dresden, Wanderungen und sogar einen wöchentlichen Tanzzirkel. All das war neu für uns und durchaus interessant. Wolfgang hatte eine menschlich sehr zielbewusste Art uns zu begeistern und auf Ziele zu orientieren. Das betraf mich im Besonderen, denn man wollte mich dazu bewegen, mich verstärkt der Jugendarbeit an unserer Oberschule „7. Oktober" zu widmen. Man brauchte einen Sekretär für diese Grundorganisation der FDJ an der Schule. Es dauerte nicht lange, dann sprach mich Wolfgang diesbezüglich an. Ich betonte, dass ich keinerlei Erfahrungen auf diesem Gebiet hätte und deshalb ungeeignet sei. Tatsächlich war diese Art der Jugendarbeit völlig neu für mich und eine echte Herausforderung. Aber Wolfgang war zuversichtlich und machte mir Mut, eine solche Aufgabe zu bewältigen. Mit eigenem Fleiß, Engagement und Einfallsreichtum und seiner Unterstützung sei alles möglich. Im Hintergrund war mir diese politische Aufgabe auf meinem Lebensweg und bei meiner Behinderung völlig unpassend, weil mir die berufliche Orientierung als nächstes Lebensziel oberste Priorität hatte und ich außerdem noch Zweifel hatte, eine solche neue Aufgabe überhaupt bewältigen zu können. So begann ich mit ersten kleinen Schritten und auch damit, um mich herum ein handlungsstarkes und zuverlässiges Leitungskollektiv aus 2 Klassen zu formieren. Das war mir sehr wichtig, denn im Falle meines Ausfalls aus irgendwelchen Gründen konnte die Jugendarbeit trotzdem vorangetrieben werden. Außerdem arbeiteten wir nach einem Jahresplan, abgestimmt mit dem Schuljahresablauf. Der Plan enthielt gestaltete Höhepunkte des Schuljahres und interessante Schwerpunkte der Freizeitarbeit. Von besonderem Interesse war auch die Organisation der Mopedprüfungen, die wir gemeinsam mit der Verkehrspolizei vorbereiteten. Auch ein Fotozirkel wurde ins Leben gerufen.

Dann aber im Winter 1961 veränderte sich meine gesundheitliche Situation dramatisch, so dass ich mich zu mehreren Augenoperationen in die Augenklinik nach Dresden begeben musste. Der Sehzustand hatte sich derart verschlechtert, dass es keine andere Lösung mehr gab. Über 4 Monate musste ich in der Klinik zubringen, z.T. tagelang mit verbundenen Augen. Ich machte mir Sorgen, das Ziel der 10. Klasse nicht erreichen zu können. Aber als ich wieder etwas sehen konnte, schickten mir

meine Freunde und Mitschüler Lehrmaterial und Hausaufgaben
mit in die Klinik. Dadurch konnte ich einiges aufholen und Stoff
nacharbeiten, um den Anschluss nicht zu verpassen. Die Zeit in
der Klinik war von Langweile und Stumpfsinnigkeit gekennzeichnet. Fernsehen oder ähnliches gab es damals in den Klini-
ken noch nicht. Wenigstens hatte ich mein selbst gebautes Transistorradio dabei und konnte mit Kopfhörer einige Schulsendun-
gen für Russisch und Englisch mit verfolgen. Das half mir, meine sprachlichen Kenntnisse zu vertiefen oder zu erhalten. Also
ging sprachliche Bildung auch mit verbundenen Augen.

4.2. Herings Filets

Wenn Sie diese Übersachrift lesen, dann denken sie gewiss an
edle Fische, nämlich Heringe. Die feinsten Bestandteile dieser
Fische sind natürlich Filets. So kam es im übertragenen Sinne zu
folgendem, fast unglaublichen Erlebnis:

Es kam zu einer ganz besonderen Zusammenkunft, die mein
späteres Leben bestimmen sollte: Ich lag in einem Zweibettzimmer, zusammen mit Theo Hering, einem Fotografenmeister
aus Königstein in der Sächsischen Schweiz. Er war geschäftlich
in Dresden unterwegs gewesen und nutzte am Abend den
„Vindobona-Expreß", um nach Hause zurück zu kehren. Noch
im Zug wurde er von Verbrechern überfallen, ausgeraubt und
niedergeschlagen. Dabei zog er sich schwere Gesichts- und Au-
genverletzungen zu, die ihn fast gänzlich das gesamte Sehvermögen kostete. So fristeten wir nun beide Bett an Bett unser
kümmerliches Dasein. Theo konnte sich zwar noch bewegen,
aber wegen seiner Sehschädigung war er völlig orientierungslos
und brauchte Hilfe. Als ich selber wieder aufstehen konnte, bot
ich ihm meine Hilfeleistungen an, so gut ich konnte. Selbst für
einen Toilettengang war Hilfe für ihn nötig.

Mit der Zeit machten wir uns bekannt und berichteten von
unserem Leben. Theo wollte mehr von mir erfahren und vor al-

lem, was ich in Zukunft vorhatte. Aber dabei spielte die noch vorhandene berufliche Unsicherheit eine besondere Rolle. Jedoch - trotz seiner schweren Erkrankung - machte er mir Mut und riet mir, trotz aller Probleme und Einschränkungen nie aufzugeben. Bald wollte ich auch von Theo mehr über seinen Beruf als Fotograf erfahren. Er berichtete, wie er das Geschäft von seinem Vater erlernt bekam und nun das Ganze selbst beherrschen musste. Dann gingen seine Erklärungen sehr weit ins Detail und er brachte mir – gewissermaßen im Liegen – das ABC des Fotografierens in allen Einzelheiten bei. Einige Grundkenntnisse besaß ich zwar schon, aber ich wollte mehr wissen, um qualitativ hochwertige Aufnahmen zu machen. Dabei hatte ich nur eine einfache Perfekta-Kamera mit sehr begrenzten Möglichkeiten. Theo besorgte mir ein einfaches Fotolehrbuch [5], in dem alle Grundlagen ausführlich erklärt wurden. Noch in der Klinik habe ich das Buch „förmlich aufgefressen" und hatte dabei natürlich die günstige Gelegenheit, Fragen auch mit dem Meister gleich zu klären. Aber mehr noch: Eines Tages fragte mich Theo, ob ich meine Aufnahmen auch schon selbst entwickelt hätte. Das hatte ich natürlich nicht. Es gab für mich nur den Weg ins Fotolabor. Das war der Punkt, von dem an mir Theo die Grundlagen der Filmentwicklung in Schwarz-Weiss in allen Einzelheiten erklärte. Und er wollte sogleich von mir ein „Feedback" haben, ließ sich also regelmäßig von mir berichten, was ich aus seinen Erklärungen gelernt hatte. Das war gut und absolut richtig und funktionierte sogar in "dunklem Unterricht"! Bei meinen Gedanken an einen fotografischen Alltag wollte ich mehr wissen.

Theo hatte von seinem Vater den Verlag für Postkarten aus der Sächsischen Schweiz übernommen und weiter geführt. Nun interessierte mich, wie so ein Fotografentag ablief. Das ganze vielleicht schon mit dem Hintergedanken, es selbst einmal in dieser Richtung tun zu können. Also bat ich Theo, er solle mir doch mal erzählen, wie sein Fotografentag abläuft. Das tat er bereitwillig. Zunächst sei eine exakte Planung für bestimmte

Fotografien nötig, dazu ein genauer Zeitplan und ein günstiger Wanderweg mit möglichst mehrfachen Aussichtspositionen. Auch sollte ein regionaler Wetterbericht mit Wetteraussichten, Sonnenaufgang und Nebelvorhersagen die Planung unterstützen. Denn, wenn Theo in der Morgendämmerung nebelumhüllende Aufnahmen schießen wollte, musste er oft nachts um 3 Uhr aufstehen und dann zu Fuß den vorgesehenen Standort aufsuchen. Das war in der nächtlichen Finsternis manchmal nicht ungefährlich und schreckhaft zu gleich. Wenn es um ganz gefährliche Pfade ging, bat Theo einen Freund darum, ihn zu begleiten. Jedenfalls hatten sich seine nächtlichen Bemühungen durchaus gelohnt und es gab neue Motive für hervorragende Ansichtskarten. So lernte ich immer mehr über Fotografie. Nach meinem Klinikaufenthalt und als es mir wieder etwas besser ging, sparte ich für eine neue Kamera, um mehr aus meinem Fotowissen zu machen. Das sollte auf Anraten von Patenonkel Herbert eine Altix NB von den Kamerawerken Dresden sein. Damals gab es nur Fotoapparate mit analoger Fotografie, also mit Film und noch ohne Elektronik. Erst über 40 Jahre später konnte ich auf digitale Fotografie umsteigen. Aber diese Zeit verhalf mir dazu, viele Erfahrungen mit herkömmlicher Schwarz-Weiß- und Farbfotografie zu sammeln.

Zwischenzeitlich war ich wieder in meine Klasse zurückgekehrt und bemühte mich, schnell den verpassten Unterrichtsstoff wieder aufzuholen. Das gelang mir ganz gut, wobei ich Wert darauf legte, an entstandenen Lücken zu arbeiten.   Es gab eine Menge Neuigkeiten: Beispielsweise gab es das Fach Astronomie, das uns Lehrer Berghänel näher brachte. Dazu muss ich feststellen, dass ich mich bereits seit 1957, dem Jahr, als der erste Sputnik von der Sowjetunion ins All geschossen wurde, mit Astronomie und Raumfahrt beschäftigte. Ging es hier doch darum, neue physikalische Gesetze zu entdecken und auch zu erlernen, was außerhalb des Planeten Erde passiert und wie man Mond und Sterne erkunden kann. All das faszinierte mich und ich war begeistert davon, wenn uns Lehrer Berghänel am späten Abend (freiwillig) zu Beobachtungen am Sternenhimmel einlud.

Eine andere Angelegenheit war die Auseinandersetzung mit Kunst und Kunstgeschichte, die uns Zeichenlehrer Storbeck nahebrachte. Ich zeichnete und malte schon immer sehr gern, hatte aber in der Grundschulzeit bei Lehrer Lehmann grausame Erfahrungen gemacht. Dies betraf vor allem die Pinselführung. Der Lehrer stellte die Aufgabe, auf Zeichenkarton ein Taschentuch mit farbiger Umrandung zu malen. Und etwas später eine Brotscheibe mit Blutwurst und Spiegelei… Das alles gelang mir in der 2. Klasse ganz gut, aber die mangelhafte Pinselführung hinterlies Borsten auf dem „Gemälde". Niemand zuvor hatte mir die genaue Pinselhandhabung erklärt, auch Herr Lehmann nicht. Lehmann konnte mich wahrscheinlich sowieso nicht leiden und es gab im Zeichenunterricht sogar zweimal „Kopfschläge", weil mir die Sache nicht gelang. Warum hatte er mir nicht geduldig beigebracht, wie man mit Pinsel und Farbe richtig umgeht? - Dieses äußerst negative Erlebnis hielt mich wehement davon ab, mein zeichnerisches Talent weiter zu entwickeln. Aber dennoch wollte ich meine Pinselfehler schnell korrigieren. Das tat ich, indem ich meinen Schwager Heinz, der Maler war, um Rat bat. Der machte mit mir und den Pinseln 6 Proben mit genauen Anweisungen. Dann gelang die Malerei mit den Pinseln immer besser.

Später dann trat Fritz Storbeck in unser Geschehen. Er nahm mich mal zur Seite und hatte mein zeichnerisches und malerisches Talent offenbar entdeckt, aber er hatte auch eine gewisse „Blockade" in mir festgestellt. Nun sollte ich ihm berichten, was genau passiert war. Ich erzählte etwas zurückhaltend von der „Lehmann-Affäre" und davon, wie mich das berührt und mitgenommen hatte. Doch Storbeck ließ sich davon nicht beeindrucken und sorgte dafür, er werde für mich einiges tun und Hinweise geben, damit ich meine Fähigkeiten im Malen und Zeichnen verbessern könne. Vorausgesetzt, ich hätte Lust und Freude an künstlerischem Gestalten. Dann sprach er mich auch an, an der Gestaltung von Elementen im Schulhaus und in der Kreisstadt öffentlich mitzuwirken. Das geschah unter anderem in einer außertschulischen Arbeitsgemeinschaft und betraf auch z.B. Plakate, Drucke, Urkunden, Einladungen, Grafikentwürfe uvm. Dieses Beispiel zeigt ziemlich deutlich, wie man Talente gezielt durchaus fördern kann. Noch heute freue ich mich darüber, und vor allem, weil sich dadurch mein direkter Zugang zu Kunst und Kultur öffnete.

In diese Thematk gehört eine sehr wichtige Lehre oder Schlußfolgerung aus früheren DDR-Schulzeiten, die ich als außerordentlich wertvoll für die Persönlichkeitsentwicklung empfand: Man betrachtete das Fach Zeichnen von zwei Seiten, einmal normales Zeichnen und Malen künstlerischer Art und zum zweiten Technisches Zeichnen, weil man im Rahmen der polytechnischen Ausbildung die Notwendigkeit des Lesens und des Verständnisses von Technischen Zeichnungen erkannt hatte. Auch Technisches Zeichnen lehrte Lehrer Storbeck. Die Palette reichte von Körperdarstellungen, Dreiseitenansichten, Perspektivdarstellungen, Körperschnitten, einfachen Raum- und Bauzeichnungen, bis zu Installationszeichnungen für elektrische Anlagen. Vor dem Abschluss der 10. Klasse stellte Storbeck eine Komplexaufgabe zur Einrichtung eines Wohnzimmers, wobei auf gestalterischen Inhalt und auch Zeichnungen technischer Art zu Raumplanung und Elektroinstallation Wert gelegt wurde.

In diesem Zusammenhang bleibt festzustellen, dass der Wert der praktischen Ausbildung im Rahmen des UTP (Unterrichtstag in der Produktion) besonders wertvoll für uns Schüler war. Dazu gehörte u.a. die Ausbildung in einem Elektrokabinett, die einen Kurs Löten und einen Kurs Leitungsinstallation einschloss und damit Grundlagen der Elektrotechnik vermittelte. All das zusammen genommen schätze ich sehr als theoretischen und praktischen Teil der polytechnischen Bildung, der heute (2023) leider vielfach fehlt.

An dieser Stelle soll eine wertvolle Hilfe zur Persönlichkeitsentwicklung nicht unerwähnt bleiben. Es betrifft die Entwicklung und das Training der eigenen Vorstellungskraft. Fitz Storbeck und Dr. Wolfgang Lohse rieten mir, meine Vorstellungen zu bestimmten Problemen und Projekten „vor dem geistigen Auge" ablaufen zu lassen und so mehrfach zu trainieren, bis das gewünschte Resultat in Einzelheiten mental „sichtbar" wurde. Und all das mit geschlossenen Augen! Einen ähnlichen Rat hatte mir schon Dr. Schmerse in der Augenklinik Dresden gegeben. Noch heute verfahre ich oft nach diesem virtuellen Prinzip und trainiere so mein Konzentrationsvermögen und auch mein Vorstellungsvermögen zu Gegenständen oder Projekten.

Doch weiter zur Jugendarbeit: Das Jahr 1961 war durch zahlreiche massive Auseinandersetzungen und Meinungsverschiedenheiten unter der Bevölkerung und besonders unter den Jugendlichen gekennzeichnet. Es gab vor allem unter den Jugendlichen in der DDR Erscheinungen von Unzufiedenheit und Einschränkungswirkungen. Hinzu kam der Einfluss westlicher Medien in Presse, Funk und Fernsehen, was sich durch vorhandene Verwandschaftsbeziehungen mancher Familien nach Westdeutschland und Westberlin noch potenzierte. Die Verbindungen zum Westen waren vielfältig: Zunächst brachten ältere Bürger von Besuchen aus der BRD genügend Informationen und Erzeugnisse mit, Kaffee, Lebensmittel, Süßwaren, Spielzeug, Presseerzeugnisse, Medizinprodrukte, Schallplatten uvm. Neben den verwandtschaftlichen Beziehungen konsumierten unsere Jugendlichen und auch die Eltern über Funk und Fernsehen politische oder kulturelle Sendungen, dies betraf insbesondere westliche Filme und moderne Tanzmusik. Davon sollte man in der DDR nach dem Sprachgebrauch der Partei- und Staatsführung nur 40 % westliche Musik hören oder spielen, dagegen aber 60 % DDR-Produktionen. Damit aber waren die Jugendlichen nicht zufrieden und versuchten, mit eigenen Tonbandmitschnitten aus westdeutschen Rundfunksendungen auf dem Trend der Zeit zu bleiben. Das waren auch die massenhaften Streitgespäche unter der Jugend damals. - Dann im August 1961 gab es große Widerstände zum Mauerbau, damals sagte man dazu, einen „antifaschistischen Schutzwall" errichtet zu haben. Ursache und Grund dafür war natürlich die massenhafte Abwanderung von DDR-Bürgern in den Westen, darunter viele mit ausgezeichneter beruflicher Ausbildung oder wissenschaftlicher Hochqualifikation. Doch die politische Maßnahme zur Manifestierung der Teilung Deutschlands bedeutete für viele Familien langfristig Trennung oder Einschränkung in jeder Beziehung. All das führte unter den Jugendlichen an der Schule zu mächtigen Auseinandersetzungen.

Trotzdem versuchten wir, mehr Leben und Lebendigkeit in passender jugendgemäßer Form im Freizeitbereich zu organisieren. Dabei wurde deutlich, dass auch in der Kirche die Bestrebungen dahin gingen, den Jugendlichen dort mehr Möglichkeiten und Abwechslung in der Freizeit anzubieten. Das betraf sogar auch Tanzabende und Gesprächsforen mit Schauspielern und anderen Künstlern. Unser Anliegen war, den jungen Menschen mit Angeboten an moderner Tanzmusik zu entsprechen, was gewiss nicht einfach und oftmals auf das Angebot an Tonbandmitschnitten reduziert werden musste. Daraus ergaben sich Veranstaltungen in kleinerem Rahmen mit 20 bis 40 Teilnehmern. Aber trotzdem wurden unsere Angebote recht gut angenommen. Der in unserer Klasse inszenierte Tanzzirkel unter Anleitung von Dr. Lohse war dazu eine willkommene Ergänzung.

4.3. Lehrzeit

Nun hatte ich die 10. Klasse erfolgreich abgeschlossen. Damit war eine wesentliche Voraussetzung für eine erneute Berufsbewerbung geschaffen. Neben Bewerbungen als Lehrer und auch als Chemotechniker am Institut für Aufbereitung, die beide wegen gesundheitlicher Bedenken abgelehnt wurden, kam ich dem Rat meines Patenonkels Herbert nach und bewarb mich im Press-

und Schmiedwerk Brand-Erbisdorf für eine Ausbildung als Industriekaufmann. Die Voraussetzungen, die ich mitbrachte, waren mehr als gut und der Kaufmännische Direktor, Herr Mikuletz, bescheinigte mir beim Einstellungsgespräch, alle Möglichkeiten meiner Entwicklung im kaufmännischen Bereich würden mir offen stehen.

Zunächst begann meine Ausbildung nach einem Durchlaufplan durch die wichtigsten Fachabteilungen. Die erste davon war die Registratur und das Archiv. In der Registratur fand ich meine Aufgaben ziemlich langweilig, denn sie bezogen sich nur auf das Sortieren und Ablegen von Schriftstücken in Ordnern nach Alphabet und Datum. Ich lernte das Ablagesystem kennen und hatte schnell einen Überblick über Kunden des Betriebes und seine Lieferanten von Grund- und Hilfsmaterial. So nahm ich die anfängliche Eintönigkeit mit Widerwillen auf mich, drückte aber meine Unzufriedenheit gegenüber der Ausbildungsleitung aus, mit der Begründung, wichtige Abläufe in der Struktur des Betriebes erlernen zu wollen. Allerdings war ich der einzige Lehrling, der sich traute, seine Meinung zu sagen. Die Verantwortlichen der älteren Generation waren schnell dabei, mir mit dem alten Sprichwort „Lehrjahre sind keine Herrenjahre" zu antworten, was gewiss nicht mehr in die Zeit passte. Die Mitarbeiterinnen der Registratur regten sich natürlich über meine Unzufriedenheit auf und integrierten ihre abwegigen Meinungen in ihre stundenlangen Passagen extremer Schwatzhaftigkeit, was typisch für die Mitarbeiterinnen dieser Abteilung war.
Zu meiner Ausbildung gehörte auch der Besuch der Berufsschule in Freiberg, 2 oder 3 Unterrichtstage in der Woche in den Fächern Wirtschaftsmathematik, Deutsch, Politische Ökonomie, Betriebsökonomie, Stenografie und Maschinenschreiben und Buchführung, Physik und Chemie. Die weiteren Wochentage, damals einschließlich Sonnabend, waren der praktischen Ausbildung im Betrieb vorbehalten. Die Berufsschulklasse bestand vorwiegend aus Mädchen. Nur zwei Jungen gehörten wegen

ihrer Behinderung dazu, Frank Zitterbart und ich. Aber mich störte diese Zusammensetzung keineswegs und ich hatte schnell zu allen guten und freundschaftlichen Kontakt, der recht oft von gegenseitiger Hilfe beim Lernen geprägt war.

Dann kam eine weitere Herausforderung für mich hinzu: Zwar hatten Augenarzt und meine Eltern den Besuch der Erweiterten Oberschule abgelehnt, aber ich konnte mich damit nicht zufrieden geben und hatte langfristig ein für mich passendes Studium im Auge. Nach Abschluss der 10. Klasse trafen meine Mitschüler Hartmut F. und Wolfgang U. und auch ich eine lebenswichtige Entscheidung: Wir nahmen uns als Ziel vor, in der Volkshochschule gemeinsam das Abitur abzulegen, um die nötigen Bedingungen für ein Studium zu erfüllen. Das taten wir oft unter großen Kraftanstrengungen, parallel zu unserer Berufsausbildung, an drei Abenden in der Woche, von 16:30 bis 21:30 Uhr im Freiberger Geschwister-Scholl-Gymnasium.

Unter dem Strich resümiert, war mir klar geworden, dass mein Vorhaben im Grunde eine Dreifachbelastung war, die ich zu bewältigen hatte. Verglich ich das mit der Erweiterten Oberschule, so hätte ich alles um vieles leichter gehabt. Jedoch hatte ich mich damals den Entscheidungen des Augenarztes und meiner Eltern gebeugt, damals, als ich es einfach noch nicht besser wusste. Später sagte ich im Stillen zu mir: „Hör auf dein Herz und deinen Verstand, dann werden Weg und Ziel das Richtige finden". So kämpfte ich förmlich um jeden Abiturabschluss in den einzelnen Fächern. Mit gutem Erfolg.

Meine Mitschülerinnen in der Berufsschulklasse sprachen mit Hochachtung von meiner Entscheidung zum Abitur. Sie hatten alle altersgemäß ganz andere Interessen als ich und wollten an den Wochenenden lieber das Tanzbein schwingen und Bekanntschaften mit dem männlichen Geschlecht anstreben. Manchen von den Mädchen gelang das ganz gut, anderen etwas später. Obwohl auch ich mich durchaus zum weiblichen Geschlecht hingezogen fühlte, stand für mich das Abi im Vordergrund.

Trotzdem nutzte ich gemeinsam mit Freunden Tanzabende mit dem Orchester Peter Schmiedel in Eppendorf oder im Nachbardorf Großhartmannsdorf.

Trotz meiner vielen Aufgaben um Lehre und Abi gab es während meiner Lehrzeit viele schöne, manchmal auch eigenartige Erlebnisse. Die FDJ-Gruppe im Betrieb hatte mich schnell eingeschlossen und war davon überzeugt, ich könnte mit meinen Ideen und Vorschlägen zum Nutzen und zur Freude aller beitragen. So kam es zu interessanten Freizeitaktivitäten, z.B. Ausflügen nach Kriebstein, Winterwanderungen im Erzgebirge, Stadtführungen in Dresden und Meissen und auch Treffs mit bedeutenden Persönlichkeiten, wie Heinz-Florian Oertel und Täve Schur. Beliebt waren auch die jährlichen Weihnachtsfeiern mit zahlreichen vorbereiteten Überraschungen und natürlich mit Musik, Tanz und und viel Humor. Ich hatte ein gutes Gefühl dafür, die Aufgaben gut unter der Mannschaft zu verteilen…

Ich beherrschte die Aufgaben in den verschiedenen Fachgebieten der berufspraktischen Ausbildung sehr gut und machte mir in Vorbereitung auf die Facharbeiterprüfung eigene Aufgabenkomplexe mit hohem Schwierigkeitsgrad zurecht, um sicher zu sein, das Ganze gut bewältigen zu können. So kam es dann auch und ich konnte die Prüfung mit „Sehr gut" abschließen, ein halbes Jahr früher als geplant. Das war der 28. Februar 1965. Danach erhielt ich sofort eine Anstellung als Sachbearbeiter für Reklamationen und zugleich einen Studienförderungsvertrag für ein Ingenieurstudium an der Ingenieurschule für Walzwerk- und Hüttentechnik in Riesa. Das Abitur dafür schloss ich im Sommer 1965 wie geplant ab. Nun stand die Aufgabe vor mir, mich einer strengen Aufnahmeprüfung in Riesa zu stellen. Dies betraf die Fächer Mathematik, Physik, Deutsch und Russisch. Englisch war fakultativ, auch dafür schrieb ich den Test. Ich muss zugeben, das war eine echte Herausforderung. Viele der Teilnehmer waren voll von ihrem Wissen überzeugt, und auch von ihren Abiergebnissen, mit großen überschwänglichen Reden und Sprüchen, was sie alles beherrschen würden. Aber nach den Ergebnissen der Aufnahmeprüfung hatten sich die Angelegenheiten schnell geglättet und die mit der großen Klappe waren weg vom Fenster... Wie hatte mir doch Dr. Lohse einmal gesagt: „Richte Dich nicht nach dem Gerede anderer, sondern achte auf Deine Fähigkeiten und höre auf Dein Herz."

4.4. Sportschau

Ich habe aus meiner Sichtweise eine eigene Auffassung zum Sport, was aber nicht bedeutet, dass ich sportuninteressiert wäre. Jedoch sind mein Verhalten und mein Standpunkt bedingt durch eigene Einschränkungen und Behinderungen, insbesondere durch erhebliche Sehstörungen hervorgerufen und geprägt, vielfach durch die objektiven und subjektiven Faktoren, die mir von Geburt an mit auf dem Lebensweg gegeben wurden. Ich liebte sportliche Aktivitäten durchaus, aber ohne Zwang und nach meinem eigenen Willen ein Mindestmaß an sportlichen und spielerischen Übungen zu absolvieren. Das Ganze eben nach meinen körperlichen und seelischen Voraussetzungen und Möglichkeiten.

Ich war fasziniert vom Radsport. Damals war jährlich im Mai die Internationale Friedensfahrt ein außerordentlicher Höhepunkt. Viele Kinder und auch ich standen an den Straßenrändern und jubelten den tapferen Rennfahrern zu. Sie mussten Höchstleistungen körperlicher Art erbringen, um einen Etappensieg einzufahren. Mit Spannung verfolgten wir täglich die Reportagen am Radio und später an den Fernsehgeräten. Es war eine unvergleichliche begeisternde Stimmung unter den Menschen. Und so kam es, dass auch wir Kinder eigene Radrennen oder Touren organisierten. Im Winter reizten mich die Wintersportarten, insbesondere Skispringen und Eiskunstlauf, später dann auch die Disziplinen des Rennrodelns in Altenberg.

Meine eigenen aktiven sportlichen Möglichkeiten im Kleinkindalter hielten sich in engen Grenzen. Damals, ab 1946, war

Babygymnastik oder ähnliches nicht nur ein Fremdwort, sondern überhaupt nicht auf der Tagesordnung. Hinzu kam meine Sehbehinderung, die mir als Kleinkind die einfachsten Bewegungen und Handhabungen sportlicher Art erschwerten oder gar unmöglich machten, etwa einen Ball zu werfen oder zu fangen. Die Misserfolge dabei machten mich oft mismutig und lustlos. Mit der Zeit begriff ich, dass meine (einfachen) sportlichen Leistungen nur durch ein beständiges Training hätten gesteigert werden können.

Dann kam die Schulzeit ab 1952. Sportunterricht war angesagt, laut Stundenplan. Aber Augenarzt Dr. Brosche hatte Sportunterricht grundsätzlich untersagt, da die Gefahr einer Netzhautabklösung bestand und außerdem mit höchster Unfallgefahr zu rechnen sein musste. Schwimmunterricht wurde vom Augenarzt gänzlich verboten, da die Kraftanstrengung übermäßig groß sein und zu Netzhautablösungen führen konnte. So musste ich mich mit einer Sportbefreiuntg abfinden, obwohl mich diese Regelung in Wirklichkeit nicht recht befriedigte. Die anderen Kinder waren fröhlich und lustig bei Sportspielen und ich war der Außenseiter und konnte nichts tun… Ich fühlte mich beschämend und benachteiligt. Die meisten meiner Mitschüler in der Grundschule empfanden diese Situation eher als „ist leider so…"

Später, mit zunehmendem Kindesalter, veränderte sich meine Einstellung zu Sport und meinen eigenen Handlungen. Besonders während meiner Berufsschulzeit gab es Auseinandersetzungen mit dem Sportlehrer Horst W., der an der DHFK Leipzig studiert und dort eine Sportlehrer- und Trainerausbildung erfolgreich absolviert hatte. Maßstab für ihn war regelmäßiges eigenes, hartes Training, und zwar täglich. Seine Aufgaben als Sportlehrer verglich er stets mit den internationalen Höchstleistungen. Jeder seiner Schüler sollte die eigenen Leistungen an denen der Weltbesten im Vergleich bewerten. Nur in wenigen Beispielen fanden Schüler im Sportunterricht oder in außerschulischen Sportveranstaltungen die direkte und herausfordernde Art gut und nützlich, aber wenig motivierend. Nun hatte man ihn an der Freiberger Berufsschule eingesetzt, um dort Sportunterricht mit körperlichem Training zu erteilen. Für die Mädchen von der IK 1 war das schon in Ordnung, aber nicht für mich! W. bestand darauf, an dem Sportunterricht teilzunehmen, obwohl es eine ärztliche Befreiung gab. Er verfügte für mich, von jeder Sportstunde ein Leistungsprotokoll schriftlich anzufertigen und dabei Daten von Hochleistungssportlern einfließen zu lassen. Eigentlich war das eher eine wissenschaftliche Aufgabe, die mir in meinem Alter noch gar nicht zugestranden hätte und nicht passend für mich war! Aber so gut ich konnte, ging ich mit den Daten um und versuchte, das Beste daraus zu machen. Trotzdem war mir mit der Zeit klar geworden, der Sportlehrer hatte nur versucht, mich mit nebensächlichen sportlichen Daten zu beschäftigen. Eine Befreiung vom Sportunterricht kam für ihn prinzipiell nicht in Frage. Ich fügte mich seiner schulischen Anweisung und tat, was er mir aufgetragen. Aus heutiger Sicht (2023) ziehe ich aus all meinen Erlebnissen bezüglich Sport folgende Erkenntnisse: Sport sollte niemals an eine Altersstufe geknüpft werden. Je früher mit sportlichen Betätigungen begonnnen wird, umso besser. Neben einer Befreiung vom Sportunterricht aus gesundsheitlichen oder Behinderungsgründen kann nebenher durchaus ein personenspezifisches Therapieprogramm parallel zum Sportunterricht stattfinden. Dies beweisen viele Erfahrungen aus Rheinland Pfalz und Bayern. Dabei setze ich voraus, dass sich der Sportlehrer ernsthaft für die Entwicklung des Kindes engagiert und einfache, machbare Übungen in einem Förderungsplan integriert, zumutbare Leistungssteigerungen eingeschlossen. Gewiss wird es für den Sportlehrer zusätzlichen Aufwand und Anstrengungen erfordern, aber die Schüler werden es ihm ein Leben lang danken.

Auch im Falle des Schwimmunterrichts ist es ähnlich. Mir wurde vom Augenarzt Schwimmunterricht untersagt, weil durch die körperliche Belastung die Gefahr von Netzhautablösungen bestand. Noch heute ist mir die Tatsache, selbst nicht schwimmen zu können, eine „außergewöhnliche Behinderung", die mir sehr zu schaffen macht und durch nichts auszugleichen oder zu ersetzen ist. Dabei ist unübersehbar, dass es bereits seit Jahren für Kinder spezielle Therapiemethoden für das Schwimmen mit gesundheitlichen Einschränkungen oder Behinderungen gibt.

Noch einige Worte zu den Sportprotokollen: Ich weiß nicht, ob mein Sportlehrer damals die Protokolle von mir wirklich ernst genommen hat. Aber ich habe wenigstens gelernt, ordentliche und stichhaltige Protokolle zu führen, Vorgänge so genau wie möglich zu beobachten und auch auf untypische Abläufe zu achten.

60 Jahre später kamen wir mit der Witwe meines ehemaligen Sportlehrers ins Gespräch. Hierbei zeigte sich die Richtigkeit meines Verhaltens mit lebenswichtiger Bedeutung. Auch in seiner Familie behauptete der Sportlehrer seine straffen sportlichen Prinzipien mit Nachdruck, was zu erheblichen familiären Spannungen führen musste.

4.5. Heiße Eisen

Über die FDJ-Gruppe wurden Diskussioinen über Unzulänglichkeiten in Betrieb und Gesellschaft immer lauter. Das brachte uns eines Tages auf die Idee, ein Jugenkabarett zu inszenieren, mit kritischem und selbstkritischem Gehalt, der Zeit entsprechend.

Wir suchten gemeinsam nach einem pfiffigen Namen für unser Kabarett. Im Volksmund sagte man oft: „Schmiede das Eisen, solange es heiß ist". Das bedeutet, das Eisen bis zum glühenden Zustand zu erhitzen, um es dann sofort in die gewünschte Form zu bringen. Abgewandelt hieß das für uns, die „heißen" aktuellen Diskussionen und Gespräche unter der Bevölkerung aufzugreifen und sie „zum Glühen" zu bringen. So nannten wir unser Jugendkabarett „Heiße Eisen".

6 Mädchen und Jungen wollten dabei sein, wenn wir unsere Neuigkeiten in die Öffentlichkeit brachten. Allerdings fehlten uns die passenden Kabarett-Texte dazu. Weil es keine andere Lösung dafür gab, strengte ich mein Köpfchen selbst an und schrieb welche selbst... Ein Stolperstein war allerdings, die Texte zweifach an die Abteilung Kultur beim Rat des Kreises zur Genehmigung einzureichen, bevor wir öffentliche Auftritte unternehmen konnten. Mir sind noch folgende Überschriften von unseren Beiträgen in Erinnerung:

„Heiße Eisen – Kabarett im PSW"
„Die Tee-Zeremonie"
„News Papers Technologie" (Zeitunglesen während der Arbeit)
„Lehrjahre sind keine Herrenjahre..." (Berufsausbildung)
„Die Brummers brummen" (Brummers-Parodien - zugeschnittenauf das PSW und die Bergstadt)
„Ausschuss-Größen" (Der Kampf gegen den Ausschuss in der Schmiedeproduktion)
„Gespräche am Markt" (Alltägliches um Warenangebot und Preisunsinn)
„Gespräche mit einem Bergmann" (Traditionelles und Historisches aus dem Silbererzbergbau in alten Zeiten)
„Erbisdorfer Silberlinge" (über Taler und andere Silberlinge)
„Brander Adventslichter" (vorweihnachtliche Figuren und ihre Wirkung)
„Bergmann und Engel zum Jahreswechsel".

Besonderen Anklang bei der Bevölkerung fanden auch unsere Darbietungen in erzgebirgischer Mundart auf der Basis uralter erzgebirgischer Folklore. Die dafür nötigen alten Liedmaterialien und Gedichte wurden uns freundlicherweise von der Oberschule „7. Oktober" zur Verfügung gestellt. Einige Lieder sangen wir original, einige andere aber wandelten wir kabarettgemäß situationsbezogen auf die Kreisstadt oder den Betrieb ab. Leider erhielten wir die eingereichten Exemplare nie wieder zurück. Es gab nur eine telefonische Information, dass „der Inhalt der Texte nicht der Entwicklung der sozialistischen Gesellschaft entspräche und deshalb nicht für öffentluche Aufführungen geeignet sei…" Trotzdem versuchten wir, uns an mehreren betrieblichen Veranstaltungen einzubringen, zu Betriebsfesten, Weihnachtsfeiern u.ä. Das Lachen der Teilehmer war stets auf unserer Seite.

4.6. Studentenleben in Riesa

Im Sommer 1965 stand ich vor neuen Entscheidungen: Jetzt war ich Kaufmann, also Industriekaufmann, und hatte mittlerweile einen guten Überblick über Struktur und Organisation eines Schmiedebetriebes von ziemlicher Größenordnung. Ich war Sachbearbeiter für Reklamationen, aber eine Perspektive mit dieser Tätigkeit und einem Bruttoeinkommen von 380 Mark war für mich unvorstellbar. Mit Abi und Hochschulreife hatte ich deshalb ein Studium im Auge. Als erstes ging ich daran, mir genaueste Angaben in einem Berwerbungsseminar der TU Bergakademie Freiberg zu verschaffen. Bis zu diesem Zeitpunkt hatte ich noch nie ernsthaft über Karriereentwicklungen nachgedacht und auch nicht über die Frage, was ich denn später, mit höherer Qualifikation, wirklich werden wollte. Ein Ingenieurabschluss würde mir meist technische Einsatzgebiete eröffnen, doch meine Vorstellungen gingen mehr zu einer Kombination mit wirtschaftlichen Bereichen und Informatik. Letztlich ergab sich eine mögliche Bewerbung für ein BWL-Studium an der Bergakademie Freiberg. Was dabei fehlte, waren spezielle Kenntnisse auf dem Gebiet der Umformtechnik, speziell des Schmiedens und des Pressens, was mich von einer Bewerbung abhielt.

Nun stand ich klar vor der Frage, was ich in meinem Leben wirklich erreichen wollte. Es bedeutete auch, wenn ich nicht ein erreichbares Ziel ansteuern würde, käme ich kaum auf gutes Geld, um gut zu leben, besser als meine Eltern und Geschwister. Nach einem Studium, so meine Gdanken damals, hätte ich Abteilungsleiter, vielleicht auch Direktor werden können, doch die „Karriereleiter" würde lang und steinig sein. Ich müsste mich darauf vorbereiten, ein hohes Maß an Verantwortung und die Leitung eines großen Kollektivs von Menschen zu übernehmen.

So kam es letztlich zu einem Studienförderungsvertrag für Riesa mit der Zielrichtung, nach dem Studium im Betrieb eine Tätigkeit aufzunehmen. Also schrieb ich mich 1965 an der Ingenieurschule für Walzwerk- und Hüttentechnik Riesa für ein Ingenieurökonomie-Studium ein.

Es kursierten damals zahlreiche Gerüchte und Berichte darüber, Riesa sei ein „heißes Pflaster", es gäbe viele Studenten, die das Studium nach kurzer Zeit aufgäben oder exmatrikuliert würden. Andererseits war der Ruf der Ingenieurschule wegen des hohen Ausbildungsniveaus sehr gut. Die Industrie im Osten und sogar die metallurgischen Konzerne im Westen legten viel Wert auf die Absolventen und fachkompetente Kader von hier. Man sagte, Riesa sei streng aber gut. Ich hatte mächtigen Dampf davor, doch wollte ich das Studium unbedingt, denn eine Weiterentwicklung im kaufmännischen Bereich ohne Studium wäre nur in begrenztem Umfange möglich gewesen.

Also stellte ich mich der Aufnahmeprüfung zusammen mit einer Menge anderer Studieninteressenten. Die ersten Gespräche mit den anderen Interessenten reichten von Beklommenheit bis Überheblichkeit. Da waren Söhne von Betriebsdirektoren, von Ärzten, von Lehrern, Architekten usw. Doch ich kam aus einer Arbeiterfamilie! Sollte auch ich es schaffen können?

Schon die Aufnahmeprüfung machte mir sofort deutlich, dass es für mich in Riesa kein „Zuckerlecken" werden würde. Doch nahm ich mir mit festem Willen vor, das Studienziel zu erreichen und nicht aufzugeben. Dabei musste ich meine Ängstlichkeit und die Befürchtungen, es doch nicht zu schaffen, mit Fleiß und Lernbereitschaft überwinden und an meinem Selbstbewusstsein arbeiten. Ich nahm mir auch vor, mich nicht mehr von dem überheblichen Gerede anderer beeindrucken zu lassen und mich einfach auf mich selbst und das Studium zu konzentrieren. Nach erfolgreich bestandener Aufnahmeprüfung begann ich am 1. September 1965 mein Studium.

4.6.1. Eine 8-Bett-WG für ein erfolgreiches Studium

Das hätte ich mir in meinen Träumen nie vorgestellt: Mit sieben jungen Männern in einem Raum zu wohnen und zu studieren! In einem Internat der Ingenieurschule Riesa! War das zumutbar? Schließlich begnügte ich mich mit den neuen Bedingungen und versuchte, damit fertig zu werden. Aber es war alles in allem ein furchtbares Durcheinander und jeder unserer Mitbewohner versuchte, seine eigene Identität ausleben zu können. Die Mitbewohner: Jürgen H., Hans-Joachim Sch., Helmut K., Kurt R., Karl-Heinz H., Jürgen Volkmann und ich. Es verging kein Tag ohne irgendwelche Zwischenfälle. Jeder versuchte auf seine Art, seine Ansprüche, ob im Studium, oder in der Freizeit, bei dem kleinen großen Kollektiv durchzusetzen, was bei einigen durchaus gelungen war. Doch mussten wir unser Selbststudium betreiben, was bei der quirligen Meute recht kompliziert war. Deshalb suchten wir bei Zeiten Ausweglösungen in den unteren Klassenräumen oder draußen an der Elbe.

Belastend waren besonders Volkmanns Eskarpaden vor dem Schlafengehen, als er seine schauspielerischen Fähigkeiten mit Teilen von Störtebecker lautstark und voller Kraft präsentierte. Alle wollten schlafen, doch das störte ihn keineswegs und er machte munter weiter. Das ging eine ganze Zeit lang, bis das Maß voll war und die anderen Mitbewohner mit Protest auftraten. Aber weil Volkmann aus Mecklenburg war, wir nannten ihn „Bärenstein", keine Einsicht zeigte, mussten wir energischere Maßnahmen ergreifen. Wir besorgten gut gereiften und „gut duftenden" Harzer Käse und versteckten ihn im Kopfkissen seines Bettes. Zunächst tat sich gar nichts, aber nach vier oder fünf Tagen verbreitete sich ein bestialischer Duft im Raum, wodurch wir alle nur noch bei offenen Fenstern zu schlafen in der Lage waren. Während dieser Zeit ging die Lästerei zu Volkmanns (zu Bärensteins) Schauspielereien munter weiter, bis zu dem Punkt, wo er sich endlich ein anderes Zimmer suchen musste…

Wie man sieht, ging es anfangs ziemlich turbulent und robust zu. Acht Personen im Zimmer sind nicht so leicht auf eine gemeinsame Linie zu bringen. Aber mit der Zeit gelang auch das. Einige meiner Mitstudenten kamen aus gutem Hause, rühmten sich mit ihrem bestandenen Abitur und sprachen großspurig davon, das hier sei eine Kleinigkeit und von jedem zu machen. Von der überschwänglichen Hochnäsigkeit einiger ließ ich mich nicht beeindrucken, auch nicht von ihren großzügigen Möglichkeiten gut betuchter Eltern. In diesem Sinne hatte ich schon zu viel erlebt. Schwerpunkte des Studiums waren von Anfang an Mathematik und Technische Mechanik, zwei Fachgebiete, in denen Dozent Jürgen Claus an uns wirklich Höchstforderungen stellte. Wie sonst wollten wir eines Tages Ingenieure werden? Da war nichts so nebenbei zu machen, da hieß es büffeln, was das Zeug hielt, großes Zittern vor der nächsten Klausur stets eingeschlossen. Das begriff ich von der ersten Stunde an. Wenn ich den Anschluss nicht verpassen wollte, musste ich viel tun. Andere glaubten, alles schon zu können und nahmen die Sache nicht so ernst und nicht so genau. Auch unsere Klasse Ö/65 war davon betroffen, denn bereits nach dem 1. Semester mussten einige gehen, weitere nach dem 2. Semester. Von 36, die begonnen hatten, verblieben ganze 16 Studierende, und die hielten bis zum Ende durch. Die „Superschlauen" hatten das Studium hier und ihre Fähigkeiten unterschätzt und mussten uns verlassen.

4.6.2. Die Wodka-Story

Obligatorisch waren jedes Jahr unsere Kartoffeleinsätze im Oktober im Kreis Bernau bei Berlin, das erste Jahr in Biesental, dann in Ladeburg und schließlich in Birkholz. Damals bemerkten wir scherzhafterweise, mit unserem Einsatz würden wir die Bürger der Hauptstadt vor dem Verhungern bewahren.

Auch diese Zeiten sind unvergessen und mit zahlreichen Episoden verbunden. Eine davon ist die „Wodka-Story". In der Nähe unseres Einsatzgebietes waren sowjetische Soldaten stationiert. Oft kam es vor, dass sie auf die Felder kamen und etwas zum Verkauf anboten, unter anderem auch Transistorradios sowjetischer Bauart. Antonio interessierte sich brennend für ein solches Gerät und verhandelte mit den Russen über den Preis. Die aber wollten kein Geld, sondern 8 Flaschen guten Wodka. Antonio versprach, den Alkohol zu versorgen und vereinbarte einen Übergabetermin. In der Mittagspause suchte er den Dorfkonsum auf, um den Wodka zu kaufen. Der Laden aber war geschlossen und keine Verkäuferin mehr da. Irgendwie gelang es ihm schließlich, die Verkäuferin aufzufinden. Beide begaben sich in den Konsumladen, aber Wodka war nicht vorhanden. Kurz entschlossen entschied Antonio, dafür 8 Flaschen Korn zu nehmen. Antonio schleppte die wertvollen Getränke auf den Kartoffelacker und erwartete die Russen zum vereinbarten Übergabetermin. Die Russen prüften die Flaschen und erkannten aber sofort, dass es sich dabei um Korn und nicht um edlen Wodka handelte. Den Korn aber wollten die Russen nicht, nur echter Wodka war gefragt, nichts anderes. Also platzte das Geschäft und Antonio saß mit seinen 8 Flaschen Korn tief betrübt auf dem Kartoffelfeld fest. Nichts war mit einem Transistorradio! Antonio war enttäuscht und stinksauer. Nach langen Diskussionen mit seinen Kommilitonen kam es letztlich am Abend nach unserer Schicht zu einer mächtigen Sause, bis die Flaschen geleert waren. Die Folgen waren ungeheure… Damit es Antonio wieder etwas besser gehen sollte, wurden die „Korn-Kosten" umverteilt…

4.6.3. Der Fahrraddiebstahl

Auch dieser Fall trug sich zu meiner Studienzeit zu. Hans-Joachim war ein überaus sparsamer Mensch, der auf jeden Pfennig achtete. Und er war einer von uns 8 Zimmerbewohnern im Internat der Ingenieurschule Riesa. Seine Sparsamkeit hatte noch eine andere Seite, nämlich Papier! Hans-Joachims Schrift war dermaßen engmaschig, dass man sie nur schwer lesen konnte. Aber sein Vorteil war, wesentlich weniger Papier zu verbrauchen als wie alle.

Besonders stiegen ihm die teuren Fahrtkosten mit dem Bus in die Nase. Immerhin waren es 3 bis 4 km bis ins Stadtzentrum. So beschloss Hans-Joachim, bei seiner nächsten Heimfahrt nach Könnern sein Fahrrad mit nach Riesa zu bringen, um die Buskosten zu sparen. So geschah es auch und Hans-Joachim reiste an einem Sonntagabend freudestrahlend mit Fahrrad an. Hans-Joachim war Schlosser von Beruf. Das Fahrzeug war sehr gut gepflegt, schwarz lackiert und absolut verkehrssicher ausgestattet. Es war nicht das modernste Modell, aber absolut zuverlässig. Er betrachtete es als Herausforderung und „Berufsehre", sein Fahrrad stets in Bestzustand zu versetzen und zu erhalten.

Eines Abends wollte Hans-Joachim in das Kino Capitol, natürlich mit seinem Fahrrad, damit er auch schnell wieder zum Internat kam. Doch nach der Vorstellung war sein Fahrrad, das vorschriftsmäßig angeschlossen war, nicht mehr aufzufinden. Also Rückfahrt mit dem Stadtbus nach Gröba, auf Hans-Joachims kosten…

Jetzt war der Krawall groß! Sofort beschuldigte er die Zimmerbewohner, sie hätten sein Fahrrad geklaut! Wutentbrannt konnte er sich nicht beruhigen, obwohl alle anderen schlafen wollten. „Ihr verfluchten Hunde, habt mein Fahrrad geklaut! Eine Unverschämtheit von Euch". So und noch viel schärfer waren seine Verdächtigungen. Doch das ganze Streitgespräch hin und her brachte nur „Zündstoff", aber keine Lösung. Keiner von uns hatte Hans-Joachims Fahrrad geklaut.

Am nächsten Tag rieten wir ihm, eine Diebstahlanzeige bei der Polizei aufzugeben, damit der Drahtesel wieder aufgefunden werden sollte. Das tat er dann auch bereitwillig, aber mürrisch und immer noch verärgert.

Es dauerte einige Tage, bis endlich eine Nachricht eintraf, dass sein Fahrrad gefunden worden sei und es abgeholt werden könnte. Hans-Joachim begab sich auf das Polizeirevier und nahm seinen Drahtesel in Empfang. Eine Entschuldigung seinerseits betreffs des geklauten Fahrrads durch die Zimmerbewohner gab es nie... Aber eine „Diebstahlrunde Bier" in der Hafenschänke war fällig...

4.6.4. Die mysteriöse ASTOR-Runde

Im späten 2. Semester während meines Studiums kam es zu einer eigenartigen studentischen Formation, die mit zahlreichen mystischen Gedanken und allerlei zweifelhaftem Gesprächsstoff begleitet war: Die ASTOR-Runde wurde gegründet. Diese Art von Vereinigung trat nur nachts in Erscheinung, und nur in eng bemessenem Wohnraum unseres Internats, was hieß: Es ging um ein enges Zweibettzimmer mit einer Fläche von ungefähr 8 Quadratmetern. Die Teilnehmer waren „geheim und auf wenige Personen begrenzt", so Helmut K., Horst S., Klaus Z. und etwas später auch Gerhard Paul K. Manchmal nannten wir sie auch „Die geheimnisvollen Vier". Sie alle hatten sich zusammengetan, um ihrer Lust am „Spielen" zu frönen. Zwar gab es nie große Gewinne, aber ausreichend Streitgespräche über die richtige Anwendung der Skatregeln oder über die Verhaltensstrategie der vier „Spieler". Der Name für die spektakuläre „Vereinigung" rührte wohl aus der legendären Zigarettenmarke „ASTOR" her. Schon seit vielen Jahren waren die Zigaretten international be-kannt und beliebt. Helmut K. hatte offenbar gute verwandtschaftliche Beziehungen zur Bundesrepublik und bekam alle paar Wochen ein Westpaket nach seinen Wünschen. Fast immer muss eine Stange ASTOR-Zigaretten mit 10 x 19 Stück dabei gewesen sein, sonst hätte es den dicken Qualm mit Tabakduft aus „West-Germany" nicht geben können. Als wir zur Nachtruhe aufbrachen, zogen sich die skatbesessenen Mitstreiter diskret in ihr kleine „Höhle" zurück, um begeistert eine Skat-Runde nach der anderen auszuspielen. Dazu ein paar Bierchen und für Helmut die eine oder andere Zigarette aus dem Westen… Mit der Zeit entwickelte sich in dem kleinen Raum ein betörender Duft aus schweißgetränkten Socken, Skatrauch und Bier. Die anderen schliefen und bekamen von den ASTOR-Aktivitäten wenig oder gar nichts mit. Aber am Morgen, als alle zum Duschen aufbrachen, wehte der magische Duft der ASTOR-Runde mit seinen nächtlichen Restbestandteilen durch die Räume…

Manchmal, wenn es die Klausurzeiten zuließen, wurden in dem „Skatverein" so viele Runden ausgespielt, dass schnell mal 4:00 Uhr morgens auf der Uhr angezeigt wurde. Jetzt war es für die Skatbrüder Zeit, schlafen zu gehen. Ein Wunder nur, dass am nächsten Morgen auch alle „Spieler" wieder aufwachten… So mancher der Truppe verzichtete auf sein schon mageres Frühstück aus Mehlsuppe und Marmeladenbrot, um noch rechtzeitig zu den Vorlesungen zu erscheinen…

4.6.5. Endspurt

Noch waren 16 Studenten übrig und wuchsen zu einem echten guten Team zusammen. Gemeinsam gingen wir durch „Dick und Dünn", in guten, wie in schlechten Tagen. Gegenseitige Hilfe war zu einem wichtigen Grundsatz unseres Studienlebens geworden, wenn mal einer nicht selbst weiterkam. All die Schwierigkeiten schmiedeten uns zusammen. Aber auch in der Freizeit unternahmen wir vieles in der Gruppe. Nach unseren Vorbereitungen auf Klausuren gingen wir ab und zu auf ein paar Bier in die Hafenschänke, um Ängstlichkeiten und Unsicherheiten „wegzuspülen", wie wir sagten. Regelmäßig war Kegeln bei Große in Strehla angesagt oder wir feierten gemeinsam eine Studentenfete. Ein Anlass ließ sich immer finden, Geburtstage, bestandene Prüfungen oder einfach nur ein lustiger Abend mit allerlei Späßen und Studentenliedern. Es gab auch jede Menge Tischtennismatchs, die bis nach Mitternacht ausgetragen wurden. Trotz aller notwendigen Anstrengungen waren diese Jahre für mich ein unglaublich schöner Lebensabschnitt.

Einige von uns zogen es vor, in den sonnigen Monaten die Tasche zu packen und an der Elbe oder im Hafen in Ruhe zu lernen und zu pauken. Gerade vor Klausuren suchten wir ruhige Plätzchen draußen, wo wir ungestört arbeiten konnten.

Andere wiederum, die auch an den Wochenenden im Internat blieben, arbeiteten schichtweise im Stahlwerk Riesa, um das Stipendium etwas aufzubessern. Die Bezahlung von Unterkunft und Verpflegung war zwar gegenüber heutigen Verhältnissen gering, für uns aber bei dem kleinen Stipendium doch eine hohe Belastung. Zur Vollverpflegung gehörte auch ein „schmackhaftes" Frühstück, bestehend aus einer Schüssel Suppe, Brot und Marmelade. Manche von uns ließen es oft mal weg, um 10 Minuten länger schlafen zu können. Doch hatten wir im Internat auch eine einfache Kochplatte, auf der wir uns auch mal eine Mahlzeit zubereiten konnten. Meistens waren es Bratkartoffeln mit Spiegelei und ungarischem Letscho und Tee.

Zum Abschluss des Studiums hatten wir eine Ingenieurarbeit abzuliefern. Zusammen mit meiner Mitstudentin Marion bearbeiteten wir ein praktisches Thema aus dem Rohrwerk III des Stahlwerkes Riesa. Hier ging es um die Analyse des Stoffflusses an einer modernen Kaltpilgeranlage zur Herstellung nahtloser Rohre mit abgeleiteten Maßnahmen zur Anwendung der Prozessrechentechnik. Nach anfänglichen Schwierigkeiten bei der Erschließung neuester wissenschaftlich-technischer Informationen auf diesem Gebiet haben wir die Aufgabenstellung gut lösen können. Es war unumgänglich, den neuesten Stand auf dem Gebiet der Anwendung der EDV und der Prozessrechentechnik zu ergründen. Das hieß, nicht nur aus den spärlichen Veröffentlichungen der DDR und der sozialistischen Länder, sondern eben auch aus westlichen Publikationen Schlussfolgerungen zu ziehen und anwendbare Vorschläge zu unterbreiten. Schließlich fanden wir eine Lösung in Kombination mit dem Einsatz von Lochstreifenkarten, mit denen der gesamte Herstellungsprozess von Rohren wesentlich besser beherrscht werden konnte. Im neuen Jahrtausend hielt die Lasertechnik zur Produktkennzeichnung während des Herstellungsprozesses Einzug und löste die Lochstreifenkarten ab. Detailinformationen über Organisation und einsetzbare Gerätetechnik holten wir uns in Verhandlungen mit Firmen auf der Leipziger Frühjahrsmesse. Unsere Ideen hatten durchaus revolutionierenden Charakter und landeten sogar auf den Tischen der SED-Kreisleitung Riesa.

Es war geschafft! Das Studium konnten wir erfolgreich beenden. Alles in allem war das Studentenleben für uns eine unglaublich schöne Zeit, an die wir uns gern erinnern und Episoden aus vergangenen Zeiten austauschen. In den 70er Jahren gab es erste Wiedersehenstreffen, die in ihrem Inhalt immer niveauvoller wurden. So trafen wir uns an den schönsten Orten der neuen Bundesrepublik, tauschten unsere Erfahrungen und Erkenntnisse aus und planten neue Vorhaben.

Bald schrieb man aber das Jahr 1972. Eine Überprüfung der Ingenieurschule (also noch zu DDR-Zeiten) wurde angeordnet. Eine hochrangige Kommission suchte nach „objektiven und subjektiven Mängeln" an der Bildungseinrichtung. Im Ergebnis dieser Untersuchungen wurde Direktor Dr. Hartwig abberufen. Unter anderem wurde in der Begründung formuliert, „unter seiner Leitung hat sich die Ingenieurschule Riesa zu einer Sumpfblüte bürgerlicher Ideologie entwickelt" [2] und die „führende Rolle der SED sei vom Direktor missachtet worden und spiele im Leben der Schule eine untergeordnete Rolle" [6]. Dabei war klar, dass die wissenschaftlich-technische Entwicklung im metallurgischen Bereich den schonungslosen Vergleich mit den neuesten Ergebnissen aus Forschung und Technik weltweit einschließen musste, also auch die aus westeuropäischer Wirtschaft. Dies war ein Erfordernis der Zeit, wollte man Spitzenniveau anvisieren.

Überdies herrschte ein strenges Regime an der Ingenieurschule, immer auf das Ziel gerichtet, ein sehr hohes und praxisverbundenes Bildungsniveau zu garantieren und junge Ingenieurkader mit hoher Fachkompetenz heranzubilden.
Am Schluss dieses Abschnittes noch Auszüge humorvoller Art aus unserer Laudatio zum 50. Absolventenjubiläum 2018, um dem Leser einen kleinen Einblick in das studentische Leben und Erleben zu vermitteln:

„Auf dem Weg zur wissenschaftlichen Arbeit mussten wir z.B. begreifen, dass es für Aufgaben nicht nur „eindeutige" Lösungen, sondern auch „eineindeutige" gab, erlernten den „Claus'schen Algorithmus", manch einer auch die „Matratzen-Rechnung" – und, ganz wichtig – kämpften wir schon damals um unsere persönliche Freiheit", indem wir versuchten, uns im Fach „Technische Mechanik" „frei zu machen". Manchen gelang es sogar, anderen weniger, wieder anderen gar nicht…

Auch mussten wir feststellen, dass wir eigentlich gar keine „Studenten" zu sein hatten. Jedenfalls behauptete der so genannte Fachrichtungsleiter Isop immer wieder mit boshafter Starrköpfigkeit, wir seien „nur" „Studierende"…

Auf dem Gebiet der deutschen Sprache bewies uns Dozent „Komma-Kurt", dass keiner von uns diese zu beherrschen in der Lage wäre. Etliche von uns hatten zwar das Abitur erfolgreich abgelegt, konnten aber ihren Namen immer noch nicht mal richtig schreiben…, denn es hieß ja z.B. Legler, Kurt – und nicht anders, oder auch Volkmann, Jürgen, ein Mitstudent…

Wir waren auch „sehr klug und weitsichtig". Deshalb konstruierten wir unter Leitung von Herrn Zwoch vorsichtshalber schon damals Zähne und Zahnflanken für unser zukünftiges Gebiss, das wir nach der Wende 1989 nun teuer bezahlen mussten. Einige beherrschten die mühevollen Zahnkonstruktionen, andere zeichneten dreimal in zermürbender Nachtarbeit und auch einige von uns vergaben Aufträge an andere Künstler... Noch heute greifen Zahnärzte und Zahntechniker auf unsere außergewöhnlichen Konstruktionen zurück...

Ja, und die Statistik bei Dozent Koal (wir nannten das Fachgebiet „Koalistik") war auch nicht ganz ohne und wir lernten bei ihm „Zahlen lesen und zu frisieren", in riesigen Zahlenmengen! Auch die „Winklersche Planung und Desorganisation" lehrte uns den Unterschied zwischen Bürokratie und Wahrheit. Gießerei- und Walzwerktechnik taten ein Übriges. Bei Kretschmars Vorlesungen in Eisenhüttenkunde kam das Eisen tatsächlich zum Kochen...

Obwohl einer von uns bei Towarischtsch Oschtschadli einzelne Buchstaben des russischen Alphabets mit „Fleischerhaken" verwechselte, kam es dennoch in „kollektiver Gemeinschaftsarbeit" zu dramatischen Aktionen, wodurch auch der letzte Student noch gerettet werden konnte...

Auch das umfangreiche „Kapital" von „Karl May" und die „Grundlagen des Marxismus-Leninismus" bei Dozent Richter wären nicht im Geringsten geeignet gewesen, bessere Ergebnisse zu erzielen.

Ganz anders: Werkstoffkunde! Bei Dozent Heinich wurde unsere Härte und Standfestigkeit auf dem Weg zum erfolgreichen Ingenieurabschluss unter härtesten Bedingungen geprüft.

Dozent Legler zeigte uns elektrotechnisch sehr deutlich, wie „asynchron" wir eigentlich alle liefen, was schließlich Hubricht durch die Beherrschung „kybernetischer Systeme" mit Hilfe der Datenverarbeitung wieder in die richtige Richtung bringen sollte.

Erinnert sei auch an eine sehr schwierige Klausur in Atomphysik. Wohl keiner von uns hatte durchgesehen. Zu unserem

*Glück hatte der Dackel des Dozenten die Klausur aufgefres-
sen... Wir sollten alle mit einer DREI zufrieden sein...*

*Ja, und Meister Etzold lehrte uns den Zusammenhang zwi-
schen wissenschaftlich-praktischer Chemie und Grünanlagen-
pflege mit mehr oder weniger ausgeprägter Hartnäckigkeit...*

*Schließlich gab es noch Herrn Zitzewitz, dessen Verwandt-
schaft zum Grafen von Zitzewitz er eines Tages nicht mehr ver-
schwieg. Er brachte uns bei, wie wir unsere Bücher zu führen
hätten, Bilanzen zu lesen im Stande wären und das zugehörige
Rechnungswesen. Wer wollte, hat bei ihm das lernen können,
was wir gerade heute brauchen.*

*Unter dem Druck höchster Belastungen erleichterten wir ab
und an unser Gewissen in den unergründlichen Tiefen der Hafenschänke – und nahmen uns das Gefühl der Ängstlichkeit vor
der nächsten Klausur. Die Auswirkungen am nächsten Morgen
waren mannigfaltig bis katastrophal, von „scheren Köpfen",
„verschlafenen Vorlesungen" bis zu „versauten Klausuren" und
nicht vorhersehbaren Folgen... Manch einem schmeckte am
nächsten Tag nicht einmal mehr die nahrhafte Milchsuppe und
das köstliche Marmeladenbrot, das wir zum Frühstück bekamen.
Anders war es zum Kegeln bei Große auch nicht. Hier war zwar
körperlicher Einsatz und Können gefordert, aber die Konsequenzen waren meist die gleichen... Aber wir vollbrachten auch
„gute Taten", „heroische Taten zum Wohle der Republik"! Was
wäre die Republik ohne unsere Kartoffeleinsätze in Biesental,
Ladeburg und Birkholz gewesen? Ganz Berlin wäre verhungert,
hätten wir nicht die großen und kleinen Erdäpfel zu Tage gebracht. Hätten wir nicht die großen und die kleinen Kartöffel-
chen exakt sortiert und abgesackt, hätten manche Familien von
Futterkartoffn leben müssen! - Dann endlich kam der Tag der
Erlösung: Am 11. Juli 1968 erhielten wir unsere hart erkämpften
Abschlusszeugnisse und Berufungsurkunden. Unsere Abschluss-
fahrt nach Hinterhermsdorf war der krönende Abschluss. Dann
war alles vorbei... So dachten wir..."*

5. Liebe Liebe

5.1. Die Vorgeschichte

1970: In Liebesdingen war ich bisher nicht sonderlich erfolgreich. Mit 25 Jahren machte ich mir dennoch Gedanken, wie mein künftiges Familienleben wohl aussehen könnte. Meine Verlobung mit Ch. aus Oschatz nach dem abgesschlossenen Studium 1968 zerbrach infolge von „Banknotendiebstahl", begangen durch die verlobte Partnerin, noch dazu mit Lügen und Betrug. Wie sollte eine dauerhafte Beziehung ein Leben lang funktionieren, wenn schon zur Verlobunbgszeit das partnerschaftliche Verhältnis durch Diebstahl zerstört wurde? Zudem wertete ich den Vorfall als eklatanten Vertrauensbruch. Also beendete ich das Verlobungsbündnis noch am gleichen Tage. − Ich ließ etwas Zeit vergehen, aber das dauernde Alleinsein ohne eine geliebte Partnerin machte mich unzufrieden und erzeugte Unruhe in mir. Auch einige Freundschaften mit Mädchen aus meinem Betrieb, aus dem Jugendkabarett oder aus der FDJ-Gruppe führten nicht zu einem positiven Ausgang. Also blieb es bei lockeren „Freundschaften" mit durchaus vielen lustigen Begegnungen und Unternehmungen.

Dann im Herbst 1970 entschloss ich mich dazu, bei der regionalen Tageszeitung „Freie Presse" eine gezielte Anzeige aufzugeben, um zu neuen Kontakten mit dem „weiblichen Geschlecht" zu kommen. Ich konnte es kaum glauben, aber ich erhielt immerhin 39 Zuschriften, mit mehr oder weniger stichhaltigen Texten, sehr oft auch mit recht zweifelhaften Formulierungen und z.T. mit miserabler Ausdrucksweise und Rechtschreibung. Aus vielen der Zuschriften konnte ich durchaus Rückschlüsse zur Person der Briefschreiberin ziehen. Aber ich wollte nicht voreilig irgendwelche Bewertungen wagen, war doch meistens der Wunsch zu erkennen, einen männlichen Partner kennenlernen zu wollen. Zudem hatte ich mir vorgenommen, alle Briefe höflich und bestimmt zu beantworten, was mir bei den oft recht knapp gehaltenen Texten nicht leicht fiel. Doch blieb ich bei meinem inneren Versprechen und schrieb einen Brief nach dem anderen, Abend für Abend. Von den 39 beantworteten Briefen blieben 6 übrig, die in meine engere Auswahl kamen. 5 davon lud ich zu einem „Date", einem ersten Kennenlerngespräch ein. Die Treffen verliefen alle sehr harmonisch, doch lagen unsere Vorstellungen von einer dauerhaften Beziehung und einer glücklichen Familie meilenweit auseinander. Dies betraf nicht nur unsere Interessen und Familienvorstellungen, sondern vor allem weltanschauliche und Glaubensfragen.

Doch hatte ich noch einen Brief bei Seite gelegt, der offensichtlich von einer älteren Person geschrieben worden war. Das kam mir sehr merkwürdig vor. Warum sollte eine Mutter auf meine Anzeige schreiben und nicht ihre Tochter selbst? Außerdem war der Schriftzug sehr undeutlich und unleserlich und ich las den Namen „Hindemith" statt „Findewirth".

Ich muss zugeben, wohl fühlte ich mich bei der Sache nicht. Aber ich hatte mir selbst geschworen, alle Briefe zu beantworten. Also schrieb ich einen letzten Brief und bat um Aufklärung und um Mitteilung, warum das junge Mädchen doch nicht selbst geschrieben habe. …

Wahrscheinlich muss der Brief eine „kleine Palastrevolution" zu Hause ausgelöst haben. Denn es kam zu einem massiven Streit zwischen Mutter und Tochter, wie ich später erfuhr. Mutter Ida wollte auch diesmal ihre beherrschende und bestimmende Rolle in der Familie durchsetzen. Tochter Jutta war über diese Art „Vermittlerrolle" ihrer Mutter furchtbar verärgert und fühlte sich gekränkt und hintergangen. In ihrem Ärger verbot sie ihrer Mutter jegliche Einmischung in Liebesdingen. Dann beendete Jutta den Zwischenfall und schrieb – nun persönlich - einen kurzgefassten Brief an mich mit dem Inhalt, ich könne sie am 13. Februar um 15:00 Uhr in ihrem Hause Feldstraße 33 kennen lernen. … Auch diese Einladung erschien mir sowohl eigenartig als auch ungewöhnlich, doch entschloss ich mich dazu, sie anzunehmen. Tag und Nacht sinnierte ich darüber, wie ich diese Einladung zu werten hatte und vor allem, wie ich diesem ersten Treffen begegnen sollte. Es fand sich eine Unzahl von Gedanken und Vorstellungen, die am Ende weder ein vollständiges Bild für mich, noch eine Grundlage für mögliche Entscheidungen ergaben.

5.2. Der Tag X

So machte ich mich an besagtem 13. Februar, einem Sonnabend, auf den Weg. Es war ein eiskalter, aber schöner Wintertag mit Sonnenschein und geringer Bewölkung. Mit einem kleinen (!) Blumensträußchen (Blumen jeglicher Art gehörten damals zu DDR-Zeiten zur Kategorie „Mangelware", weshalb ich keinen ansehnlichen Blumenstrauß erheischen konnte und nur ein mickriges Sträußchen zur Verfügung hatte. Mehr als plamabel…) steuerte ich die mir genannte Adresse an, ein Einfamilienhaus.

Es öffnete eine ältere Dame. Ich stellte mich vor und sagte, dass ich von einer jungen Dame ihres Hauses eine Einladung bekommen hätte, um sie kennen zu lernen. Die ältere Frau stellte sich mit dem Namen „Findewirth" vor. Sofort entschuldigte ich mich für den falsch erkannten Namenszug auf dem mir zugesandten Brief.

Die Dame bat mich sogleich, herein zu kommen und im Wohnzimmer Platz zu nehmen. Das Zimmer war mit Sesseln voll gestellt und man hatte wenig Platz, um sich zu bewegen. Dann erschien sie, Jutta, meine Traumfrau. Mein erster Eindruck von dieser jungen, hübschen Dame war überwältigend. Meine Gedanken und Vorstellungen schwirrten wie ein Bienenschwarm durch meinen Kopf: Sie könnte die richtige Partnerin für mich sein, auf den ersten Blick! Wir machten uns bekannt und tauschten die ersten Gedanken aus. Dann aber entwickelte sich alles recht eigenartig, denn es klingelte und weitere Gäste kamen hinzu: Freundin Brigitte mit ihren beiden hübschen Töchtern Angelika und Petra. Und noch dazu hatte Jutta gerade an diesem Tag Geburtstag, den 20., wie ich mit den Glückwünschen der „Freundinnen" ganz nebenbei erfuhr! Mir war es peinlich, nichts, aber auch gar nichts von Juttas Geburtstag gewusst zu haben. Nur magere Blumen hatte ich zu bieten, kein Geschenk, sonst nichts. Mir war unwohl, weil ich weder vorbereitet war noch ein Präsent parat hatte.

Dann nahmen wir alle im Nebenzimmer an der Kaffeetafel Platz und die weiblichen Gäste machten sich über mich lustig was das Zeug hielt, was mir verrückt und komisch erschien. Trotzdem konnten wir an der Kaffeetafel einige Gedanken austauschen. Ich ließ mich nicht aus der Ruhe bringen, wenn gleich sich die Diskussionen der Gästedamen ziemlich hinterhältig und spitzfindig zeigten. Man mühte sich redlich, wenigstens einiges über mich zu erfahren. Ich verhielt mich meist recht knapp, denn die wirklich wichtigen Dinge sollten für Jutta bestimmt sein. Ich bemühte mich, in „Grenzen" zu bleiben, denn ich wollte Jutta kennen lernen und nicht die aufgescheuchten „Gästedamen", welchen Alters sie auch sein mochten. … Immer mehr Sticheleien kamen hinzu. Ich versuchte, so manche Provokation ins Humoristische zu lenken, was zeitweise durchaus gelang. Wie mir Jutta später erzählte, hatte sie die Damen eingeladen, um zu prüfen, ob sie mich „vergraulen" sollten oder auch nicht. Und dies aus wutartiger Reaktion auf die Aktionen ihrer Mutter. Das war der Hintergrund.

Bald aber hatte ich die Absicht, mich sozusagen „abzuwimmeln", durchschaut und die „Hinterhältigkeit" der absichtlichen Unruhestiftung erkannt. Nach einer Weile hatte wohl Brigitte doch eine Kehrtwendung in ihrer Haltung im Auge, denn mit dem „Vergraulen" hatte sie offenbar nichts mehr im Sinn, was sich in beschränktem Maße auch auf ihre Töchter übertrug…

Dennoch: Die Situation am Geburtstagstisch ließ ein „Vier-Augengespräch" leider nicht zu und es blieb bei ersten Blickkontakten zwischen Jutta und mir, zusammen mit vielen Fragezeichen, von denen wir beide offensichtlich noch nicht genau wussten, was wir von uns zu halten hatten. So verlief die Geburtstagsrunde letztlich fröhlich und gezwungenermaßen „unterhaltsam", immer noch mit dem Ziel, mich irgendwie und irgendwann „los zu werden".

Nachts, zwischen 1:00 Uhr und 2:00 Uhr trennten wir uns und ich trat meinen Fußmarsch nach Brand-Erbisdorf an. Den Rest der Nacht verbrachte ich in Unruhe, immer noch ärgerlich, von Juttas Geburtstag weder etwas gewusst, noch geahnt zu haben. Wie auch? Am Morgen überlegte ich, was ich nun tun könnte.

5.3. Der Morgen danach

Ich hatte Verwandte in Eppendorf. Elfriede könnte die Rettung sein! Aber es war Sonntag und Elfriedes Lederwarengeschäft war geschlossen. Also fuhr ich am frühen Morgen zu ihr in die Wohnung und bat um ihre Hilfe wegen eines ansprechenden Geschenkes. Elfriede ging mit mir in ihren Laden und ich konnte zwischen „normalen" Produkten und denen „unter dem Ladentisch" wählen. Tatsächlich fand ich eine lederne Schreibmappe mit ansprechendem Design. Das könnte für Jutta das verspätete Geburtstagsgeschenk sein. Wir machten den Kauf perfekt und ich fuhr mit dem Motorrad bei eisglatter Straße nach Hause und verpackte das Geschenk liebevoll und ansprechend.

Mit frischem Mut startete ich gegen 11:00 Uhr, immer noch bei eisglatter Fahrbahn, nach Freiberg, um Jutta mein nachträgliches Geburtstagspräsent zu überbringen. Ich weiß nicht, ob sie es vielleicht auch heimlich erwartete. Jedenfalls hatte ich den Mut, die Sache unangemeldet zu riskieren. Es gab für mich zwei Möglichkeiten: Entweder ich würde empfangen werden und ich konnte ihr mein Präsent überbringen oder sie lehnte meinen zweiten Besuch ab und ich müsste meiner Wege gehen. Für den letzten Fall hielt ich es für höflich und anständig, mein Geschenk ohne Händedruck in jedem Falle da zu lassen, sozusagen als Trost in schweren Stunden.

Ich klingelte bei Familie Findewirth – und es öffnete, wie am Vortag, ihre Mutter. Ich entschuldigte mich für die sonntägliche Störung und fragte, ob es denn möglich sei, Jutta noch einmal zu sprechen und ihr ein kleines Präsent zu überbringen. Die Mutter war wohl etwas überrascht von meiner Absicht, aber sie nickte und bat mich hinein. Ich musste auf Jutta ein paar Minuten warten, denn sie schlief noch. Zwischenzeitlich gab es eine kleine Unterhaltung mit ihrer Mutter, in der ich mich nochmals herzlich für die („schöne") Geburtstagsfeier bedankte. Ich gab meiner Erwartung Ausdruck, auch einen Tag danach dem Geburtstagskind noch eine kleine Freude zu machen.

Dann erschien Jutta, zwar noch etwas verschlafen, aber offensichtlich von meinem wiederholten Besuch überrascht, in morgentlicher Kleidung, in hellblauem Morgenmantel. Ihr Anblick machte mich erneut faszinierend und ich entschuldigte mich nochmals für die sonntägliche Störung. Dann überreichte ich ihr mein nachträgliches Präsent, das von ihr freudig entgegen genommen wurde. Zum Schluss verabredeten wir uns zu einem Treff im „Erbischen Tor", ein paar Tage später.

5.4. Wie ich Jutta wirklich kennenlernte

In Prozessen der Kommunikation spielt in den meisten Fällen der Augenkontakt zwischen den teilnehmenden Partnern eine vorrangige Rolle. Aus den Reaktionen der Augen lässt sich vieles erkennen, z.B. Zustimmung oder Ablehnung, Fröhlichkeit oder Traurigkeit, Mut oder Angst, Optimismus oder Pessimismus, Freundschaft oder Liebe, Willensstärke oder Unentschloissenheit, Kraft oder Kraftlosigkeit, Gesundheit oder Krankheit, Offenheit oder Verschlossenheit usw.

Mit anderen Menschen zu kommunizieren ist also Grundlage für jedes Gespräch und jede Verhandlung, egal worum es dabei geht. Aus den Augenkontakten, der Körpersprache und der sprachlichen Verständigung lassen sich unendlich viele Rückschlüsse für den Erfolg und den Ausgang der Gespräche ziehen.

In meinem Falle treten in dieser Hinsicht immer wieder zahlreiche Schwierigkeiten auf, die auf ablehnende Haltungen oder Reaktionen meiner Gesprächspartner hinauslaufen. Die Ursache dafür liegt hauptsächlich in mangelhaftem Sehvermögen, also extremer Sehschwäche in jeder Hinsicht. Schon von Geburt an habe ich mit dieser Behinderung zu tun, mit den weitgreifendsten Auswirkungen im privaten, beruflichen und gesellschaftlichen Bereichen. Mit meinen 77 Jahren Lebenszeit gibt es diesbezüglich viele Erfahrungen, Schlussfolgerungen und Konsequenzen. Gegenwärtig ist auf dem linken Auge noch ein Restsehvermögen von 15 bis 20 % vorhanden. Das rechte Auge ist infolge von akutem Glaukom (Grüner Star) seit 25 Jahren vollständig erblindet. Nicht einmal Lichtreflexe kann ich rechts mehr wahrnehmen. Hinzu kommt eine dauerhafte Lidlähmung am rechten Auge, so dass Augenbewegungen und das Schließen und Öffnen des Auges nicht mehr normal funktionieren. In Gesprächen bedeutet das für mich den absoluten Verzicht auf räumliches Sehen und dadurch den kompletten Verlust des gleichzeitigen Sehens in Beziehung auf den anderen Gesprächspartner. Normalerweise begegnen sich zwei Gesprächspartner im Gegenüber mit beidseitigen Augenkontakten. Fehlt ein Auge, kommt es zwangsläufig zu Störungen in der Kommunikation beider Partner oder mindestens zu Unkonzentriertheit und unausbleiblichen Ablenkungen. Was konnte ich also unter meinen Augenproblemen tun?

Zunächst fiel es mir wirklich schwer, in einem Gespräch zwischen zwei Personen eine richtige emotionale Linie, eine geeignete Gesprächsstrategie zu finden, weil der direkte Augenkontakt fehlte. Das gab mir oft eine gewisse Unsicherheit in der

Gesprächsführung und auch gewisse Zweifel, mein Ziel nicht erreichen zu können. Hierbei musste ich lernen, zwischen privaten und beruflichen Zielen zu unterscheiden. Deshalb nutzte ich vorwiegend bei der beruflichen Arbeit zahlreiche Hilfsmittel, die mir trotz meiner Augenprobleme eine zielorientierte und sachbezogene Gesprächsführung erlaubten. Solche „Hilfsmittel" konnten vorbereitete Aktennotizen, Arbeitsanweisungen, Prozessunterlagen, Skizzen, Strukturübersichten, Planungsunterlagen u.ä. sein. Sie ermöglichten mir, den Blickkontakt mit meinem Gegenüber bewusst oder unbewusst zu unterbrechen und mich dadurch konsequent an die beabsichtigte Gesprächsstrategie zu halten. Die gemeinsame Konzentration auf Schriftstücke oder andere Unterlagen verhalf dazu, eine verbindende, auf „gegenseitiges Einvernehmen" beruhende Position beider Gesprächspartner zu finden. Durch geeigneten Sachbezug konnte ich so den sonst erforderlichen ständigen Augenkontakt auf ein Mindestmaß reduzieren, Ängste und eigene unbegründete Vorbehalte abbauen. Das bedeutete aber auch, an meinem Selbstbewusstsein zu arbeiten. Mit der Zeit festigte sich dabei die Art meiner Gesprächsführung in den beruflichen Prozessen.

Weniger hatte ich mit Schwierigkeiten bei Vorträgen, Bildungsveranstaltungen, Konferenzen, Symposien oder Protokollfunktionen zu kämpfen, denn es ging hier um indirekte Kontakte mit einer kleinen oder größeren Gruppe von Menschen und die Vermittlung von Informationen nach einem festgelegten „Fahrplan", Konzept oder Ausbildungsplan.

Im Gegensatz dazu spielen lebendige Augenblicke im privaten Leben eine äußerst wichtige emotionale, d.h. gefühlsbetonte Rolle. Sie werden gleich sehen, warum. Nehmen wir das Thema Liebe und das langzeitliche Leben zusammen mit einem Partner oder einer Partnerin. Irgendwann im Leben ist es soweit, sich für eine langlebige Beziehung entscheiden zu wollen.

Wenn es zum Zusammentreffen bei einem „Date" kommt, geht es meist um einen Partner und eine Partnerin – von Ausnahmen abgesehen. Beide sitzen oder stehen sich gegenüber und versuchen, mit ersten Kontakten zu ergründen, ob der Gesprächspartner oder die Gesprächspartnerin für eine gemeinsame und dauerhafte Beziehung passend und geeignet sein könnte. „Könnte" betone ich deshalb, weil mit dem ersten Zusammentreffen in den meisten Fällen noch keine Entscheidung für ein dauerhaftes Liebesverhältnis getroffen werden kann. D.h., beide Partner brauchen etwas Zeit, um sich gründlicher kennenzulernen.

Nun dazu, was die Augen der Partner in der Phase ihres Kennenlernens auslösen oder ausdrücken: Zunächst erzeugt man einen ersten Eindruck von dem Partner oder der Partnerin, bewertet sein Äußeres, also Kleidung, körperliche Erscheinung, seelische Verfassung, Gemütszuzstand, sportliches Auftreten, Verspieltheit, Haare, sexuelle Neigungen und Händeausdruck. Dies ist erst einmal eine recht oberflächliche Beurteilung des Partners, aber sie gehört dazu, um sich ein anfängliches Gesamtbild zu machen.

Der weitere Verlauf des Gesprächs wird zu tieferen Einblicken in die Gefühlswelt des Gegenüber führen. Im intensiven Gespräch mit meiner Partnerin hatte ich immer wieder Probleme der Augen wegen, was mich störte und zu diskreter Zurückhaltung führte. Der direkte Blickkontakt mit beiden Augen blieb mir verborgen. Ich musste mit dem linken Auge gewissermaßen das tun, was ich normalerweise mit beiden Augen getan hätte. Also musste ich lernen, mit dem linken Auge mich so zu konzentrieren, dass ich Juttas rechtes Auge im Blickfeld hatte und ihr auf diese eingeschränkte Weise tief in die Augen blicken konnte. Es dauerte eine Weile, bis ich ihr meine eigentümliche Vorgehensweise erklärt hatte, ohne ständig über meine Augenkrankheit zu sprechen, denn offenbar war sie an einem gesunden Partner für das Leben interessiert.

Wohl war mir klar, wenn sich zwei Augenpaare treffen und aneinander haften bleiben, kann ein liebevolles Lächeln und dadurch die Magie brennender Liebe entstehen. Verliebtheit entsteht erst, wenn die Augen ganz auf den anderen Partner gerichtet sind. Ich musste also mit dem linken Auge das tun, was normalerweise Aufgabe eines gesunden Augenpaares ist. Doch auch unter diesen Bedingungen verrieten mir Juttas Augen, wenn ich beide im Blick hatte, unglaublich viel, Sympathie, Freude, Humor und Fröhlichkeit, und immer wieder ein gespanntes oder sogar ein entspanntes Lächeln. Es baute sich nach einer Weile eine Art „gegenseitiges Vertrauen" auf und auch die Hoffnung, mehr von einander zu erfahren. Wenn mich Jutta mit gespannten Augen intensiv ansah, wurden ihre Pupillen spürbar größer, was Zeichen von anfänglicher Verliebtheit hätte sein können.

5.5. Hungry Eyes – Hungrige Augen

Tatsächlich: Es kam zu einem ersten Treffen zwischen Jutta und mir. Nach einem Telefongespräch mit Jutta (über ihre Schule) schlug ich für das Treffen die Gaststätte „Erbisches Tor" vor. Natürlich war ich rechtzeitig da und erwartete sie mit Gespanntheit und was da wohl mit uns passieren würde. Und dann stand sie vor mir, jung und frisch, blendend aussehend, hübsch und erwartungsvoll. Ich war erneut entzückt von ihr, ihrem körperlichen Aussehen, ihrer Ausstrahlung, ihrem freundlichen Gesichtsausdruck mit ihren strahlenden Augen und ihrem verschmitzten Lächeln. Endlich kam es nun zu Vier-Augen-Gesprächen, zu denen wir in der so genannten „Geburtstagsrunde" nicht kommen konnten. Es wurde ein ziemlich langer Abend bei einer Flasche „Klosterkeller" und ein paar cl von „Rumänischem Weinbrand". Wir waren wohl beide neugierig darauf, mehr von einander zu erfahren. Wir tauschten unsere Lebenserfahrungen aus, zugleich mit dem Versuch, unsere charakterlichen und beruflichen Eigenschaften zu verdeutlichen, denn diese waren wichtig für eine lebenslange Beziehung.

Rückblickend fällt mir der von Romantik und Liebe getragene Song „Hungry Eyes" (Hungrige Augen) von Eric Carmen ein, der ein fantastisches Lied produzierte und dessen Inhalt durchaus mit meinen Gefühlen übereinstimmte. Deshalb einen kurzen Textauszug in deutscher Übersetzung:

„Ich wollte Dir schon länger sagen:
Ich habe dieses Gefühl, das einfach nicht nachlassen will.
Ich schaue Dich an und ich fantasiere,
dass Du heute Nacht mir gehörst.
Jetzt habe ich Dich im Visier.

Mit diesen hungrigen Augen:_
Ein Blick auf Dich und ich kann es nicht verbergen:
Ich habe hungrige Augen.
Ich fühle die Magie zwischen Dir und mir.

Ich möchte Dich halten, so hör mich an.
Ich möchte Dir sagen,
was Liebe wirklich bedeutet,
Liebling heute Nacht…
Jetzt habe ich Dich im Visier. …"

Mir fiel es schwer, wegen meiner Augenprobleme zu Jutta den passenden Blickkontakt herzustellen. Ihre Augen strahlten in vollem Glanz und verrieten mir in völliger Gespanntheit, was es wohl sonst noch Neues von mir zu ergründen gäbe. „Hungry Eyes", „Hungrige Augen"! Dabei bemühte ich mich, aus ihren Augen zu erkennen, wie sie sich dabei fühlte. Mein Augenkontakt mit ihr muss ihr wohl sonderbar vorgekommen sein, denn ich konnte nur mit dem linken Auge meine Blicke lenken. Minuten später klärte ich diese Tatsache auf, warum das so und nicht anders sein musste. Trotzdem war ich immer wieder von ihrem Anblick und ihrem Gesichtsausdruck fasziniert. Ich hatte das

Gefühl, unsere Gespräche brachten uns Stück für Stück in eine neue Form von Begeisterung. Juttas Verhalten hingegen war eher noch von Zurückhaltung geprägt. Offenbar waren ihr die Augenprobleme nicht gleichgültig und konnten in der Zukunft für die Familie belastend werden.

Ganz anders hingegen zeigte sich dabei unser Interessenspektrum: Jutta war Lehrerin für Deutsch, Mathe und Kunst und auch ich war kunstbegeistert. Zudem war ich ein Freund der Fotografie und versuchte, auf diesem Gebiet ordentliche Leistungen abzuliefern. Dominant für uns beide war der Humor in allen seinen Facetten. Beide machten wir gern lustige Späße zu irgendwelchen Festlichkeiten. Wir hatten ein Herz für Kinder, sowohl in der Familie als auch im beruflichen und gesellschaftlichen Leben. Was nicht unbedeutend war, betraf unsere politischen und weltanschaulichen Auffassungen, die von weitgehender Übereinstimmung geprägt waren. So ging dieser Abend zu Ende. Wir verabredeten uns „gegebenenfalls" für ein weiteres Treffen in den nächsten Tagen.

Unser nächstes Treffen verbanden wir mit einem Kinobesuch im Stadtparkkino. Anschließend ließen wir den Abend im neuen Hotel „Freundschaft" (heute „Kronprinz") ausklingen. Ich hatte schon Juttas Unruhe bemerkt und fragte sie nach ihren Sorgen. Nach einer Weile eröffnete sie mir, es sei wohl besser, wir hielten „Freundschaft", was das auch immer nach ihrer Auffassung bedeuten sollte. Also wollte sie gewissermaßen unsere Trennung und meinte, wir würden nicht zu einander passen. Sie berichtete von ihren Sorgen mit den erkrankten Eltern, die sicherlich ihre Pflege erwarteten. Außerdem sprach Jutta von einer noch nicht beendeten Beziehung. Ich war enttäuscht von ihrer Entscheidung, aber Jutta ließ sich nicht umstimmen und verblieb mit ihrer Auffassung von einer „freundschaftlichen Verbindung".

Unser Abend jedoch hatte schlimme Nachwirkungen, die sich aus Juttas „Abschiedsgedanken" und ihrer Trennung von mir in

Umlauf setzten, Aufregung in Zusammenhang mit allerlei Konsequenzen eingeschlossen.

Am nächsten Morgen musste Jutta an einer großen Bildungskonferenz teilnehmen. Dabei wurde ihr zunehmend schlechter, so dass Direrktor M. entschied, sie nach Hause zu schicken und sich auszukurieren. Jutta muss furchterregend ausgesehen haben, denn ihre augenblickliche Situation zeigte sich ernst und recht seltsam. Ihre Kolleginnen und Kollegen konnten sich Juttas schlimme Lage nicht erklären, denn immer war Jutta mit frohem Mut an ihre Tagesaufgaben gegangen. Am Tag darauf ging es ihr schon wieder etwas besser und als sie die Schule betrat, wurde sie von den Sekretärinnen sofort zum Direktor gerufen. Sofort! Dieser wollte nun sehr gernau wissen, was tatsächlich passiert war. Die Umstände am Vortag seien wirklich bedenklich gewesen und er hätte schon eine Einweisung ins Krankenhaus ins Auge gefasst, sagte er. "Also, was war los? Muss ich eine Krankheit befürchtren?" Jutta war immer noch still und zurückhaltend, mit gesenktem Köpfchen… Dann die wiederholte Frage, was denn wirklich los war. Jutta darauf: „Krankheit wohl nicht. Mir war nur schrecklich übel. Ich hatte einen jungen Mann kennengelernt. Wir hatten uns am Abend getroffen und „Abschied" gefeiert, weil ich der Meinung war, wir passten nicht zusammen. So haben wir vielleicht ein paar Gläschen zu viel getrunken… Deshalb war mir auch so übel." Dann auf einmal wendete sich das Blatt zu einem „stillen Geheimnis". Also ließ er Juttas Situation gewissermaßen vergessen, weil er selbst solche Passagen erlebt hatte… Wobei jeder wusste, dass Direktor M. nur zu gern selbst einmal ein paar Gläschen konsumierte und ab und zu mal etwas „über den Durst" getrunken hatte… So sagte er kurz entschlossen, er würde jetzt mit ihr ein lautstarkes Streitgespräch führen, das auch die beiden Sekretärinnen im Vorzimmer mitbekommen sollten… Und danach würde er Jutta lautstark rausschmeißen und betonen, das sollte nie wieder vorkommen, verbindend mit unüberfhörbarem Türknall. Der Direktor sagte zu Jutta, das Ganze sei sein und ihr Geheimnis und ginge keinem etwas an. Auch nicht die Sekretärinnen. So lief das Streitgespräch ab. Lauter Türknall – und Jutta verließ blass und mit gesenktem Köpfchen wortlos das Sekretariatszimmer. Die Neugier der Sekretärinnen nahm ziemliche Dimensionen an. Auf Anfragen aus dem Kollegium sagte Jutta einfach – NICHTS. So wie sie es mit Direktor M. besprochen hatte. Erst Jahrzehnte später wurde die Spannung mit Neugier endlich aufgelöst, durch Jutta selbst. Direktor M. war inzwischen verstorben. Nach dem Treffen ließ mir die Angelegenheit keine ruhige Minute. Mehrmals rief ich sie während ihrer Arbeit an der Schule an. Sie berichtete von den Sorgen mit ihren Eltern und der notwendigen gesundheitlichen Betreuung. Mutter Ida war mit der Pflege ihres Mannes Ernst völlig überfordert, denn er brauchte wegen seiner Demenzerkrankung Zuwendung und Unterstützung. Letztlich blieb nur die Einweisung in ein Freiberger Altersheim auf dem Hospitalweg. Die Bedingungen dort waren ziemlich schlecht und für Juttas Vaters Pflege völlig ungeeignet. Es kam mehrmals vor, dass die Pflegekräfte nicht einmal bemerkten, dass der ältere Herr verschwunden und nicht mehr in der Einrichtung zu finden war. Er irrte in der Stadt umher und war völlig orientierungslos. Erst mit Juttas Hilfe konnte er gefunden werden. Diese Vorfälle häuften sich und ärztlicherseits wurde die Einweisung in eine Nervenklinik entschieden. Diese aber musste Jutta bestätigen, da ihre Mutter zu diesem Zeitpunkt auch selbst nicht mehr in der Lage war, die nötigen Behördenangelegenheiten zu regeln. Später machte Mutter Ida ihrer Tochter ständig Vorwürfe, sie habe die Familie getrennt und ihren Vater in eine Nervenklinik gebracht. Dabei zeigte sie sich uneinsichtig und starrköpfig, obwohl sie selbst eigene Pflegeleistungen nicht mehr erbringen konnte, da sie selbst wegen einer akuten Nervenkrankheit in die Nervenklinik Hochweitschen bei Döbeln eingewiesen wurde. Damit war für lange Zeit klar, dass für beide Elternteile eine längerfristige Behandlung erforderlich wurde.

Nun stand Jutta allein und hilflos da. Besuche waren ihr nur mit umständlichen öffentlichen Verkehrsmitteln möglich. Nach ihrer Arbeitszeit hätte das mit Hin- und Rückfahrt 7 bis 8 Stunden bedeutet, und dies zweimal in der Woche. Aus dieser neuen Situation heraus rief ich Jutta mehrfach an und bot ihr an, die Besuche mit dem Motorrad durchzuführen und damit Zeit zu sparen. Sie wollte sich das überlegen, willigte schließlich ein und akzeptierte meinen Vorschlag. Jetzt konnten wir die 62 km Fahrtstrecke zur Klinik zweimal pro Woche in einer Stunde bewältigen. Jutta hatte eine große Sorge weniger. Ich hatte das Gefühl, Jutta brauchte diese Art Unterstützung, damit sie mit der neuen, schwierigen Situation fertig werden konnte. Bei Wind und Wetter fuhren wir in die Klinik, um ihre Eltern zu besuchen. So ging es viele Wochen. Vielleicht hatte sie auch meine Unterstützung erwartet, trotz ihrer Ablehnung zu unserem letzten Treffen. Jedenfalls durchstiegen wir jetzt gemeinsam eine „Schaffensperiode", in der wir uns in schwierigen Zeiten auf uns verlassen mussten. Vertrauen und Verantwortung waren auch von mir gefragt. Eine harte Zeit lag vor uns.

An dieser Stelle schreibe ich auch einiges über die Kindheit meiner späteren Frau Jutta.

Bis 1961 wohnte Jutta zusammen mit ihren Eltern noch in der Schrödermühle in Oberschöna bei Freiberg. Ihre Kindheitstage waren ziemlich einsam, denn sie war ein Einzelkind und in der Gastwirtschaft war, von Besuchen einmal abgesehen, kaum ein Kind zu sehen. Wenn es ums Spielen ging, dann höchstens mit den Kindern im Dorfe, mehr oder weniger weit entfernt. Also blieb ihr nur die Beschäftigung mit dem Spielzeug, das sie hatte, mit einem Puppenwagen oder mit der Puppenstube. Bei schönem Wetter war sie gern auf dem Hof oder im umliegenden Wald, oder auch am Wasser des Striegis-Flusses. So kam es, dass Jutta meistens mit Erwachsenen, also mit Gästen, in Kontakt kam.

Die Wohnung der Eltern überdies war klein, aber gemütlich. Ein eigenes Kinderzimmer hatte sie nicht. Doch war für sie Weihnachten und die Adventszeit, aber auch Ostern eine spannende und geheimnisvolle Zeit.

Weihnachten war Vati immer zuständig, den echten Weihnachtsbaum anzuputzen, mit Kerzen, Lametta und mit Weihnachtskugeln zu schmücken. Das war die Zeit, als es noch keine elektrischen Weihnachtsbaumbeleuchtungen gab. Vati Findewirth brachte deshalb herkömmliche Kerzen am Weihnachtsbaum an. Und weil die Streichhölzer zum Anzünden zu schnell abbrannten, nahm er wie früher ein Stück Zeitungspapier und drehte es zu einer schmalen Rolle, zündete sie an und danach die Kerzen… Eine hoch gefährliche Aktion, die das Mädchen aufmerksam beobachtet hatte…

5.6. „Ein Zehntel" Hochzeit

Zwischenzeitlich hatte sich meine Beziehung zu Jutta dann doch vertieft und eines Tages im April stellte ich sie meinen Eltern vor. Es gab ein ganz zwangloses Gespräch und ich glaube, sie hatten sie in ihr Herz geschlossen. Von den eigenen Erfahrungen abgeleitet, hatte sie sich im Stillen junge Schwiegereltern gewünscht, was ihr eine interessantere, jugendlichere Atmosphäre beschert hätte. Aber es kam halt so, wie es kam und wir beide konnten es nicht beeinflussen. Mutter war Spezialistin für „Rumtopf-Rezepte". Beeren und andere Früchte gab es jedes Jahr genug im Garten. Im Herbst wurde meistens ein Rumtopf angesetzt, Beeren mit Rum, gut abgedeckt, so dass die Früchte vollständig in der Flüssigkeit liegen und so nicht verderben können. Der Topf stand immer zugedeckt im Keller, über den ganzen Winter. Jetzt war Frühjahr und meine Mutter gab einige Schälchen mit den Köstlichkeiten frei. Vater hingegen hatte sich auf die Herstellung von Fruchtweinen aus den Gartenfrüchten spezialisiert, wie er immer sagte: „Aus einfachen Dingen etwas Schönes machen".

Ich hatte auch eine Einladung zu einer Hochzeit bekommen. Mein Cousin Hubert wollte den Sprung in die eheliche Gemeinschaft wagen. Die Hochzeitsfeier sollte im Nachbarort Großhartmannsdorf, „Im Zehntel" stattfinden. Das war ein abgelegener Teil des Dorfes mit einer Gaststätte gleichen Namens. Daher die verwirrende Überschrift. Gern wollte ich Jutta dabei haben und hatte allein überhaupt keine Lust, an der Feier teilzunehmen. Zunächst war Jutta von meinem Ansinnen nicht recht begeistert, entschloss sich dann aber doch, „Ja" zu sagen. In einem geschmackvollen schwarzen Spitzenkleidchen und neugestylter kupferfarbener Haarfrisur überraschte sie mich − und ich war hin und weg. Huberts Vater Johann flüsterte mir zu, ich möge mir Mühe geben und diese Frau festhalten. Das sagt alles.

Es wurde eine schöne Feier und bei dieser Gelegenheit konnte Jutta auch weitere meiner Verwandten kennenlernen. Wie meistens zu einer Feier hatte ich wieder einen Beitrag vorbereitet und konnte auch die verschlossensten Gäste mit humorvollen Fotomontagen, die groß an der Leinwand gezeigt wurden, zum Lachen bringen.

Etliche Jahre später zeigten sich Anzeichen, die die geschlossene Ehe in Gefahr bringen konnten. Letztendlich bestand Hubert auf der Scheidung. Nicht einmal ein „Zehntel der Ehe" war übrig geblieben. Später lernte er seine heutige Frau Jutta kennen und alles kehrte sich wieder in eine glücklichere Richtung.

Der Tag danach: Eine massive Gardinenpredigt von Juttas Mutter, weil sie erst gegen Mittag nach Hause kam und bei uns zu Hause übernachtet hatte. Ganz harmlos.

5.7. Sommer 71

Eine ganz andere Angelegenheit kam im kommenden Sommer auf uns zu: Auf dem Grundstück vor Juttas Wohnhaus lagen Baustoffe. Zuerst hatte ich das nicht weiter beachtet und noch vor Monaten war unser Zusammensein noch nicht von Erfolg gekrönt. Also gingen mich die Bauplatten aus Holzbeton auch nichts an. Mit der Zeit aber begann Juttas Mutter davon zu sprechen, eine Garage bauen zu lassen. Eine Garage? Wozu? Weder hatte Jutta ein Auto, noch eine Fahrerlaubnis. Aber Mutter Ida hatte sich das in den Kopf gesetzt und wollte den Bau im Sommer errichten lassen. Jutta selbst schien davon nicht so begeistert gewesen zu sein, denn es kam viel Arbeit und eine Menge Ausgaben auf die Familie zu. Jutta selbst war erst knapp ein Jahr im Schuldienst und mit den wenigen Mark war es nicht leicht, klar zu kommen. Die Rente der Eltern war mehr als karg. Also blieb alles an dem Töchterchen hängen.

Ich versprach ihr, die Vorbereitungsarbeiten für das Fundament und alle Schachtarbeiten zu übernehmen und würde auch für die Elektroinstallation und den Einbau des Tores sowie die Beschläge sorgen. Die fachgerechten Maurerarbeiten übernahm ein Nachbar. So entstand bis August Stück für Stück eine neue Garage. Die Elektroinstallation übernahm mein Neffe Bernd, der Elektromonteur war und den Toreinbau praktizierte mein Vater zusammen mit mir.

Noch im Mai machten wir gemeinsam eine Motorradfahrt zu einer Taufe nach Cottbus. Eine über lange Jahre befreundete Familie hatte dazu eingeladen. Vorher nutzten wir die Gelegenheit zu einer Stippvisite bei Juttas Verwandten in Großräschen und Dörrwalde. Mit den Kindern auf dem Bauernhof des Dorfes verband Jutta sehr viel. Es gab eine Menge schöner gemeinsamer Ferienerlebnisse und Abenteuer pur, wenn sie zusammen waren. Jutta stellte mich vor und vom ersten Moment an hatte ich das Gefühl, willkommen und herzlich aufgenommen zu sein.

Über Pfingsten lud ich Jutta endlich zu einer Motorradpartie in das Bäderdreieck nach Karlovy Vary (Karlsbad) ein. Die Reise unternahmen wir gemeinsam mit meinem Freund Hartmut, der mit eigenem Motorrad fuhr. Es waren wunderschöne und lustige Tage, die wir gemeinsam verbrachten. Was mir nicht so gefiel, war die Tatsache, in Dubi nur für uns noch ein Drei-Bettzimmer zu bekommen. Alles andere war belegt. So hatte ich mir die Sache nicht vorgestellt, aber mit ein wenig Humor und manchen krummen Bemerkungen war auch das hinzukriegen. Bald merkte ich sehr wohl, dass Jutta diesen Ausflug wirklich brauchte, um von den alltäglichen Familiensorgen mal Abstand zu gewinnen und sich in anderer Umgebung zu erholen. Juttas Mutter zeigte dafür kein Verständnis, wurde aber von ihrer Tochter energisch darauf verwiesen, sie habe ja die Sache in Gang gebracht. …

Dann erhielt Jutta die Anweisung, im August im Pionierlager Einsiedel eingesetzt zu werden. Es ging um ein großes Zeltlager, in dem die Kinder zu betreuen und zu versorgen waren. Es war wohl nicht ihr Ding, doch konnte sie sich der Aufgabe nicht entziehen. Drei lange Wochen fand dieser Einsatz statt. Deshalb hatten wir in der zweiten Woche einen Besuch vereinbart. Ich fuhr mit dem Motorrad dorthin und traf kurz nach dem Mittag ein. Wir verbrachten den Nachmittag miteinander bei einer Tasse Kaffee und tauschten uns aus, was inzwischen alles passiert war. Am Abend kam es plötzlich zu einer Wetterumstellung. Der Himmel wurde schwarz und schwärzer, ein gewaltiges Unwetter zog herauf. Die Kinder mussten schnell in ein festes Gebäude gebracht werden. Mit allen Kräften bemühten sich die Erwachsenen, die Zelte gegen den Sturm und Starkregen am Stehen zu halten. Auch ich half dabei, so gut ich konnte. Erst gegen 22:00 Uhr schien das Ende des Unwetters abzusehen zu sein. Ich half noch mit, einige Schäden und Verwüstungen zu beseitigen. Dann sprachen wir aufgeregt noch eine halbe Stunde. Gegen Mitternacht fuhr ich zurück, noch im abziehenden Gewitter. Blitze zuckten um mich herum, Feuerwehren waren im Einsatz und beseitigten die Straßenschäden. Erst gegen 2:00 Uhr nachts war ich endlich zu Hause.

5.8. Der Serviermeister und die „TITANIC"

Es ist eine Tatsache, dass ich meine Frau genau an ihrem 20. Geburtstag in ihrem Zuhause kennenlernen durfte. Eine weitere Tatsache dabei ist, auch meine (künftigen) Schwiegereltern, Ida und Ernst Findewirth, das erste Mal zu sehen. Beide gehörten schon in die ältere Altersgruppe und waren durch lebenslange schwere Arbeit und gesundheitliche Schäden gezeichnet. Als ich sie sah, war mir klar, wie schwer sie es wohl hatten, ihr Leben zu gestalten.

Ernst Findewirth (14.12.1898-31.08.1976) war von Beruf Serviermeister, ein Beruf aus der höheren Hotellerie in alten Zeiten. Er absolvierte zunächst eine gastronomische Grundausbildung und erlernte den Beruf eines Kellners. Nebenbei schickten ihn seine Eltern auf eine sogenannte Elementarschule, um die englische Sprache zu erlernen. Nach seinem erfolgreichen Berufsabschluss schlug man ihm vor, eine zusätzliche Ausbildung zum Serviermeister zu beginnen und damit die Voraussetzungen für einen weltweiten Einsatz zu schaffen. Er nahm sofort seine Ausbildung als Serviermeister an der höheren Hotelfachschule in Buchholz-Friedewald bei Dresden auf. Dies war damals die erste Fachschule für Gastwirtschaftswesen, die bereits 1876 gegründet wurde. Unter der Oberaufsicht von Ernst Lößnitzer wurden an dieser Einrichtung Küchenmeister, Köche, Serviermeister und Kellner ausgebildet. In dieser Zeit lernte Ernst noch zwei weitere Fremdsprachen, nämlich Französisch und Spanisch. Man bescheinigte ihm mehrfach sehr gute Umgangsformen, eine fröhliche und lockere Kommunikation, gutes Organisationstalent und sprachliche Gewandtheit. Überdies war er ein Meister im Rechnen und beherrschte auch komplizierte Speisenkalkulationen. Auch einen Kurs als Sommelier besuchte er noch kurz vor Ende seiner Ausbildung.

Aus postalischen Erinnerungen gibt es noch Hinweise zu den damaligen Lehrinhalten:

- Speisen und Speisenzubereitung
- Tafelgrundsätze
- Gästebetreuung
- Servierordnung
- Königliche Tafeln
- Menü- und Tischkarten
- Serviettenkunst
- Fachrechnen
- Sprachausbildg. Französisch, Englisch, Spanisch
- Gedeckordnung.

Noch während seiner Meisterausbildung hatte Ernst bereits ab 1909 in den Zeitungen vom Bau des größten Luxus-Schiffes „TITANIC" erfahren und verfolgte mit höchster Spannung den Bauablauf. Dann sollte im Frühjahr 1912 die geplante Jungfernfahrt nach Amerika stattfinden. Er hatte vor, eine Überfahrt nach Amerika zu buchen. Sein Traum war, in Amerika zunächst in renomierten Hotels zu arbeiten und sich später ggf. eine neue Lebensgrundlage zu schaffen. Kurz vor dem Abfahrtstermin reiste er kurzfristig nach Southampton, denn von hier aus sollte die Jungfernfahrt beginnen. Menschen über Menschen drängten sich in langen Schlangen, um noch ein Passagier-Ticket zu erheischen und Ernst war mittendrin unter den aufgeregten Menschenmassen. Wie er später erzählte, trat plötzlich eine Wahrsagerin auf ihn zu mit der Absicht, er solle doch von seinem Plan Abstand nehmen, es sei eine große Gefahr in Aussicht. Zunächst wollte Ernst der Frau keine Bedeutung schenken, aber Minuten später trat die geheimnisvolle Frau erneut auf ihn zu und flehte ihn mit betenden Händen an, er solle um Gottes Willen nicht mit dem

Schiff fahren. Sollte er nun dem alten Weib glauben oder nicht? Ernst war eigentlich kein Mensch, der abergläubisch war oder wahrsagenden Menschen Glauben schenkte. Bald darauf hatte er sich aber doch überlegt, lieber von der Reise Abstand zu nehmen und nahm sich eine spätere Schiffsreise vor …

Interessant dabei waren die spektakulären Preise für eine Überfahrt von Southampton – Cherbourg – Queenstown – nach New York:

In der 3. Klasse bekam man Tickets ab 36 $ pro Person, was etwa 1044 € nach heutigen Maßstäben entspräche. Tickets in der 2. Klasse waren ab 60 $ (ca. 1740 €) erhältlich. Tickets in der 1. Klasse waren ab 150 $ (ca. 4350 €) zu haben. Eine Luxus-Suite kostete ab 4350 $ (ca. 126.150 €). Über 3 Jahre hatte sich Ernst Ersparnisse angelegt und hatte sich mit Nebenbeschäftigungen zusätzliche Verdienste erarbeitet. Damit sollte seine Reise mit dem Traumschiff in der 3. Klasse realisiert werden. Ernst hatte sich ziemlich genau über die 3. Klasse informiert. Im Vergleich mit anderen Schiffen gab es in dieser Klasse auffällige Besonderheiten: Die Bereiche der 3. Klasse bezogen sich auf die tiefer gelegenen Decks, boten jedoch einen Komfortt, der weit über dem lag, was viele der mittelosen Passagiere und Auswanderer von zu Hause gewohnt waren. Während andere Schiffe die Passagiere meist in riesigen Schlafsälen unterbrachten, gab es auf der „Titanic" zusätzlich zu den 146 Schlafplätzen in Gemeinschaftsräumen noch Sechs-, Vier- und Zweibettkabinen mit Waschgelegenheit und Toiletten. Die allgemeinen sanitären Anlagen boten sogar einige Badewannen an.

Wie jeder weiß, war die „Titanic", die als „unsinkbar" galt, nach einer Kollision mit einem Eisberg am 12. April 1912 im Atlantik gesunken … Der Serviermeister war nach dem Gespräch mit der Wahrsagerin unentschlossen und wankelmütig, verzichtete aber schließlich doch auf die Jungfernfahrt – und blieb glücklicherweise so am Leben. Es vergingen Jahre, bis er wieder ausgedehnte Schiffsreisen nach England, Nordamerika und Südamerika wagte.

Nicht unerwähnt soll bleiben, dass der Meister weltweit in vielen renomierten Hotels gearbeitet hatte, u.a. in England, Belgien, Frankreich, Spanien, Argentinien und Brasilien. Seine umfangreichen Sprachkenntnisse und Fähigkeiten als Serviermeister brachten ihm weltweite Wertschätzung und Anerkennung ein. So erhielt er zahlreiche Angebote aus der gehobenen Hotellerie und sogar zur Ausrichtung von Festlichkeiten in Königsschlössern. Ziemlich oft setzte man ihn als „Chef de Range" (Oberkellner) bzw. im Gästebereich für leitende Funktionen und Aufgaben ein.

Seine spätere Frau Ida erzählte uns von einer Besonderheit ihres Mannes, denn er beherrschte viele Variationen der Serviettenkunst. In Spitzenzeiten soll er bis zu 50 Serviettenarten zu falten in der Lage gewesen sein.

Nun war der Meister schon etwas in die Jahre gekommen und seine geistige Leistung und auch seine körperliche Verfassung nahmen zusehends ab. Ich konnte es kaum glauben, aber als ich ihn kennenlernte, waren Unterhaltungen mit ihm schon fast nicht mehr möglich. Gern hätte ich von seinem reichen Erfahrungsschatz gelernt.

Serviermeister Ernst erzählte noch bruchstückhaft von seinen Grundfertigkeiten des Servierens. Davon eine kleine Skizze, die die Regeln widerspiegelt, die bei einem „Vier-Gänge-Menü" einzuhalten   waren:

So wird ein festlicher Tisch für ein Vier-Gänge-Menü eingedeckt

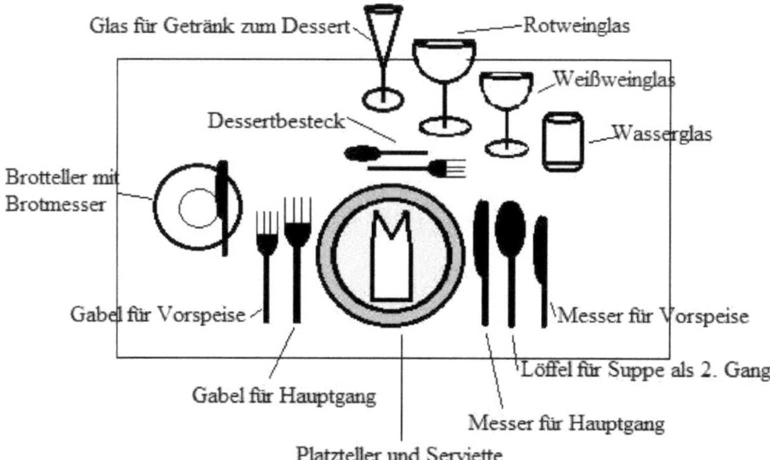

5.9. Auf den Spuren Tucholskys

Juttas Ferieneinsätze während der Sommerschulferien ermöglichten uns, einen gemeinsamen, privaten Urlaub außerhalb der Schulferien zu planen, den ersten zu zweit, im Herbst. Für uns in der DDR war die Tatra das Hochgebirge in der CSSR, das noch am nächsten lag. Nur 780 km trennten uns von diesen Naturschönheiten. Schorsch, ein Arbeitskollege, schwärmte von seinen Bergwanderungen und anderen Erlebnissen. Zweimal, manchmal viermal im Jahr unternahm er Reisen ins Gebirge zusammen mit seiner Frau Brigitte. Zu manchen Zeiten reisten sie nicht in das Hochgebirge, sondern auch in das Riesengebirge, die Mala Fatra oder in den Böhmer Wald. So kam es dazu, ihn zu fragen, ob er mir einen Tipp für eine Unterkunft geben könne. Er half und gab mir die Anschrift von Familie Wagner in Tatranska-

Kotlina. Sofort schrieb ich und bat um die Reservierung eines Zimmers für uns und um die Preise. Schnell kam eine positive Antwort; fast drei Wochen Urlaub im September 1971!

Juttas Freude war riesengroß, meine noch viel größer, für einen schönen Urlaub im Nachbarland. Ich besorgte Reiseführer und wir malten uns aus, was wir unternehmen wollten, was sehenswert und erlebenswert war. Es gab ein paar offene Fragen. Beispielsweise lag Kotlina ein ganzes Stück entfernt vom Zentrum der Hohen Tatra, Tatranska Lomnitza oder Smokovec etwa. Daraus ergab sich ungenügende Beweglichkeit. Zwar fuhren Busse, aber wir würden dauernd davon abhängig sein. Das brachte uns auf die Idee, die Reise mit dem Motorrad zu unternehmen. Allerdings wollte ich Jutta 780 km auf meinem Zweiradvehikel nicht zumuten. So entschieden wir uns, das Fahrzeug mit der Bahn zu verschicken, was wir dann auch taten.

Ein anderes Problem waren die knappen Finanzen. Nicht, dass wir kein Geld gehabt hätten, nein! Es ging darum, pro Tag und Person nur 30 Mark in tschechische Kronen umtauschen zu können, doch hatten wir Unterkunft, Verpflegung, Benzin und die Dinge, die wir uns gönnen wollten, zu bezahlen. Es gab eine erste Geldeinteilung für unseren ersten gemeinsamen „Haushalt" im Urlaub. Und man sollte es kaum glauben, der Plan funktionierte sogar und auf eine Variante B konnte locker verzichtet werden. All das war neu für uns und wir mussten beide erst lernen, damit vernünftig umzugehen. Ich schlug vor, dass Jutta die „Auslandsfinanzen" in KCs übernehmen sollte. Und – sie machte das gut und richtig, gewissermaßen als „Generalprobe" für die großen gemeinsamen Ausgaben später.

Dann rückte der Tag unserer Abreise heran. Man schrieb den 2. September. Es sah so aus, als könnte es ein wunderschöner Spätsommer oder ein ebensolcher Herbst werden. Morgens fuhren wir mit dem Zug von Dresden nach Prag. Wir inspizierten die Moldaumetropole und verbrachten herrliche Stunden zusammen in der Altstadt. Jutta brillierte in grünem Kostüm und weißem Hut! Es war eine wunderschöne Zeit, die wir hier gemeinsam durchlebten und nebenbei auch noch tschechische Kultur und Architektur kennenlernten. Am Abend dann bestiegen wir den Nachtzug nach Poprad, am Fuße der Tatra. Wir hatten Liegewagen gebucht, um entspannt und ausgeschlafen am nächsten Morgen anzukommen.

Von Poprad brachte uns ein Triebwagen in der Morgenfrühe nach Tatranska Lomnitza. Schon die Fahrt dorthin war ein Erlebnis. Das ganze Hochgebirgspanorama lag schneebedeckt vor uns. Auf dem Bahnhof Lomnitza erkundigte ich mich sofort, ob unser Mototrrad angekommen war und wo es sich befand. Man machte mir deutlich, es sei nicht in Lomnitza, sondern in Poprad auf dem Bahnhof. Von dort waren wir gerade gekommen. Also blieb mir nur die Möglichkeit, wieder mit der Bahn zurück zu fahren, um mein Fahrzeug abzuholen. Jutta ließ ich mit dem Gepäck in einem Restaurant zurück und erledigte den Fall allein.

Kurz vor 10:00 Uhr traf ich mit dem Motorrad wieder in Lomnitza ein. Die Straßen waren eisglatt und die ersten Vorboten des Winters hatten ihre Fühler ausgestreckt. Wir mussten respektieren: Wir waren im Hochgebirge angekommen und die winterliche Kälte hatte uns sofort im Griff. Das nächste Problem bestand darin, unter diesen Bedingungen mit dem vielen Gepäck nach Kotlina zu kommen. Jeder von uns hatte zwei gut gepackte Koffer und auch die mussten mit. Einen Koffer schnürten wir auf den Gepäckträger hinten, zwei Koffer quetschten wir zwischen Jutta und mir und einen befestigte ich mit einem Lederriemen auf dem Tank. Es wurde ein anstrengender Transport, aber wir kamen gut an.

Der Empfang unserer Quartiereltern war überaus herzlich. Stefan, der Hausherr, sprach ausgezeichnet deutsch und war von Anfang an ein ausgesprochen lustiger und humorvoller Mensch. Zur Familie gehörten drei Kinder, zwei Mädchen und ein Junge. Sie bewohnten ein Haus an der Straße nach Lendak. In der oberen Etage hatten sie ein Urlauberzimmer zur Vermietung eingerichtet, ausgschlagen mit frischem, neuem Holz, wie das im Gebirge oft üblich ist. Das Zimmer gehörte uns mit Blick auf die weiße Tatra. Unten im Erdgeschoss konnten wir Bad, Toilette und Kochgelegenheit mit nutzen. Die Verhältnisse waren einfach, aber für uns war alles da, was wir brauchten und so sahen wir glücklichen und erlebnisreichen Ferientagen entgegen.

An diesem ersten Tag erkundeten wir noch Kotlina und machten uns mit der Gegend und den Menschen hier vertraut. Zum Empfang gab es am Abend ein Lagerfeuer des Hausherrn mit ein paar Schnäpschen dazu, um die Herbstkälte etwas zu mildern. Eine schöne Geste unserer Gastgeberfamilie, die gespannt darauf war, zu erfahren, wer denn dieses junge Pärchen nun wirklich war. Wir erzählten von uns und woher wir kamen. Bei jeder passenden Gelegenheit fiel Stefan immer ein Witz oder eine lustige Begebenheit ein, die er uns in seinem slowakischen Deutsch gekonnt servierte. So wurde der erste Abend zu einem sehr lustigen Empfang, der eine langjährige Freundschaft anbahnte.

Jeden Tag nahmen wir uns etwas vor und erkundeten die schönsten Ecken dieses wundervollen Gebirges von Javorina im Osten bis zum Krivan, dem westlichsten Gipfel. Meistens hielten wir uns an unsere Regel, einen Tag mit einer Bergtour und den folgenden, gewissermaßen zur Entspannung, mit einer Tour per Motorrad. Auf diese Weise lernten wir in den fast drei Wochen sehr viel von der Tatra und dem Umland kennen, staunten über Volksbräuche und typisch slowakische Folklore.

Der Herr des Hauses brachte uns von Anfang an eine eiserne Regel bei: Sie besagte, sich bei Bergtouren bei den Quartiereltern abzumelden und auch eine sichere Rückkunftszeit zu nennen. Zu viele Unfälle auf Bergtouren waren schon passiert und wir waren gefordert, uns konsequent an diese Regel zu halten. Eine Vorsichtsmaßnahme, um nicht den Bergrettungsdienst umsonst rufen zu müssen. Dabei muss man bedenken, es gab damals noch keine

Handys, womit man selbst hätte Hilfe in der Not anfordern können.

Nach einer ausgedehnten Tour an den Popradske Pleso (Poppersse) fuhren wir eines Tages mit dem Motorrad nach Kotlina zurück. Es war schon dunkel und wir beschlossen unterwegs, in Lomnitza noch zum Abendessen zu fahren. Das taten wir und leisteten uns ein „Tatar Lomnitzer Art“. Das war eine wirklich bemerkenswerte tatratypische Köstlichkeit, doch die Zeit verging wie im Fluge und wir hatten beide keinen Moment an die strenge Regel gedacht. Plötzlich fiel uns ein, wir würden sehr spät bei Stefans Familie wieder eintreffen. Tatsächlich war es schon nach 21:00 Uhr und unsere Gastgeber hatten sich wirklich Sorgen um uns gemacht, aber Stefan hatte mit seiner ruhigen, besonnenen Art seine Frau beruhigt und war sich sicher, wir würden beide kein Risiko eingehen. Dennoch gab es scharfe Kritik an uns, als wir eintrafen und wir mussten versprechen, dass es bei der einen Verfehlung blieb. Von nun an kalkulierten wir unsere Touren mit reichlich mehr Zeit, damit wir auf der sicheren Seite waren.

Wenn es sich irgendwie ergab, genehmigten wir uns Momente „individueller Freiheit“, wie wir sagten. Was das heißt? In diesem Zusammenhang erinnere ich mich nur zu gerne an Kurt Tucholskys Liebesgeschichte um „Gripsholm“ in Schweden und natürlich an den gleichnamigen Film, den Kurt Hoffmann in ausgezeichneter Weise inszeniert hatte. Auch dort gingen die Liebenden ab und zu ihren eigenen Gedanken nach und malten sich im Stillen aus, was die Zukunft bringen könnte. Wir räumten uns diese stillen Freiräume oft ein, weil wir sie einfach brauchten. Wenn jeder seinen Gedanken freien Raum lassen konnte, betrachteten wir das als ein wertvolles Stück „persönlicher Freiheit“. Jeder braucht solche Zeitabschnitte, um seine Gedanken und Ideen zu sammeln und zu ordnen für die nächsten wichtigen Lebensabschnitte. Ob auf einer Bergtour am Skalnate Pleso, dem See unter der Lomnitzer Spitze, oder im Walde, angelehnt an einen dicken, 100 Jahre alten, mächtigen Tannenbaum – immer waren das Minuten der Entspannung und Besinnung für uns, die uns Kraft für Neues schöpfen ließen.

Dann gab es noch eine Besonderheit in diesem Urlaub: Südfrüchte! So was war fast ein Fremdwort für uns. Bestenfalls erstanden wir mal um die Weihnachtszeit ein paar Apfelsinen oder Mandarinen. Hier in der Slowakei war alles zu kriegen. Kotlina hatte einen kleinen Obst- und Gemüseladen. Wir kauften dort regelmäßig und preiswert ein, was wir brauchten. Bananen waren keine Mangelware. Jutta legte den Speise- und Mitnahmeplan so fest, dass wir uns auch mal an Südfrüchten so richtig satt essen konnten. Warum funktionierte die Versorgung mit Südfrüchten hier und nicht bei uns? Bananen auf einer Bergtour und an frischer Luft – einfach köstlich. Nach einigen Tagen kamen wir auch bei den Brotsorten auf den richtigen Geschmack. Manchmal brauchten wir nur Butter und ein wenig Käse dazu – ein Genuss der besonderen Art – wie wir fanden.

Unsere aufmerksamen Quartiereltern erzählten uns viel über Sitten und Bräuche im Tatragebirge. Besonders reizvoll für uns war der sonntägliche Kirchgang im Nachbardorf Lendak. Dort waren immer die prachtvollen, reich bestickten und vielfarbigen Trachten zu bewundern. Natürlich waren die der Damen und der Mädchen am hübschesten anzusehen, aber es war auch überaus interessant, die Männer mit ihren Kniebundhosen, Kniestrümpfen und Hüten zu beobachten. Die Menschen hier, die alten wie die jungen, achteten streng darauf, zum Kirchgang die wertvollen Kleidungen zu tragen. Nach dem Kirchgang ging es oft recht lustig zu. Auf dem Dorfplatz oder auf der Straße wurde getanzt und gelacht und die Männer hatten ihren Spaß bei gutem Bier in der Dorfkneipe.

Die weiteste Ausflugstour unternahmen wir in die Niedere Tatra, die schon zu den hohen Mittelgebirgen südlich von Poprad zählt. Wir konnten über die einmalig schöne Berglandschaft nur so staunen, besuchten den Urlaubsort Tale und nicht weit davon das „Serdecko" („Herzchen" zu deutsch). Das ist eine niveauvolle Ausflugsgaststätte am Fuße der Berge. Wir genehmigten uns ein Mittagsmenü der Spitzenklasse, sogar mit Schildkrötensuppe als besondere Delikatesse und hatten durch das riesige Panoramafenster einen ausgezeichneten Blick auf die sonnenüberfluteten Berge.

Was hatte uns dieser ungewöhnliche Urlaub alles gebracht?!? Nicht ganz drei Wochen waren wir jeden Tag 24 Stunden zusammen, also Tag und Nacht. Neben den vielen beeindruckenden Erlebnissen waren aus meiner Sicht viele andere Erkenntnisse besonders wichtig: Gemeinsame Mahlzeiten vorbereiten, für den anderen da sein, wenn es ihm mal nicht so gut ging, mit Kritiken und „vorsichtigen" Hinweisen umzugehen verstehen, sich Mühe geben, den Partner auch zu verstehen, wenn er mal nicht meiner Meinung ist, alltägliche notwendige Dinge erledigen, sich gegenseitig helfen, Ablehnungen auch mal akzeptieren, Gewohnheiten des anderen hinnehmen oder akzeptieren, Ruhephasen erlauben, persönliche Freiräume dem anderen auch mal zugestehen, Wünsche erfüllen, wenn sie erfüllbar sind, Wünsche ablehnen, wenn es berechtigte Gründe dagegen gibt, auch mal „Schrullen" ertragen, eigene Fehler auch mal zugeben und selber über sich lachen können, jeden Morgen zu versuchen den Tag optimistisch, fröhlich und humorvoll zu beginnen – auch wenns schwer fällt, Humor praktizieren und hinnehmen können, auf Überraschungen gefasst sein, scharf darauf sein, Neues zu entdecken, viel für die eigene Bildung tun, Anstand und Ehre nicht verlieren, an seinem Charakter und seinem Charisma ständig arbeiten, gegenseitig Beruf und Arbeit respektieren und unterstützen, einer harmonischen Familie entgegensehen, sich an Zielen orientieren und vor allem: in jeder Beziehung seinen Partner kennenlernen, auch in unangenehmen Phasen.

Sicherlich wird mancher Leser glauben, aus lauter Verliebtheit treten in einem solchen Urlaub all diese Fakten in den Hintergrund. Tatsache ist aber, wir hatten vorher nie eine längere

Zeit zusammenhängend gemeinsam verbringen können. So war jetzt der Urlaub unvergleichlich wertvoll für uns beide, uns in allen Einzelheiten „zu beschnuppern". Nebenher entdeckten wir Fähigkeiten, denen wir vielleicht vorher keine besondere Bedeutung beigemessen hatten, z.B. unser gemeinsames Interesse an Fröhlichkeit und Humor. Wir hatten gemeinsam viel Freude daran, anderen Menschen Freude zu bringen und in Verbindung damit lustige Einfälle zu gestalten, die immer einzigartig sein sollten. Das war immer auch Juttas Anliegen. So wurde unser Zusammensein immer interessanter, weil es von uns beiden ständig neue Ideen und Vorschläge gab, privat und auch in unserer beruflichen Tätigkeit.

Eine unvergessliche Tour verdient noch, erwähnt zu werden: Frisches solwakisches Brot verschiedenster Sorten kauften wir gern frisch in Kezmarok (Käsmark) ein. Dort gab es eine tolle Bäckerei, gleich am Markt. Mehrmals haben wir es nicht geschafft, die ofenfrischen Backwaren „unverletzt" nach Hause zu bringen, denn der köstliche Backofenduft war uns dermaßen in die Nase gestiegen, dass wir einer abgebissenen Kostprobe (ohne jegliche Beläge) natürlich nicht widerstehen konnten. Als wir eines Tages wieder nach Brot anstanden, kamen wir ins Gespräch mit zwei älteren Damen. Sie sprachen ausgezeichnet deutsch und wir unterhielten uns begeistert über den schönen Urlaub. Dann machten sie uns den Vorschlag, wir sollten doch auch mal das Umland der Tatra in Augenschein nehmen. Wir würden nie enttäuscht werden. Also machten wir uns kurz entschlossen auf den Weg nach Levotscha (Leutschau), nebenbei nach Ruzbachy mit einem herrlichen Naturbad und einem mit Mineralwasser (38 Grad) gespeisten See in einem vulkanischen Krater und am Nachmittag mit einem Trip durch das Slovakische Paradies. Einzigartig schön, das alles erleben zu können. Das Mittagessen im Felsenkeller unter dem Rathaus von Letvotscha war ein wirklicher Genuss.

Genauso kulinarisch landestypisch und spannend war eine andere Entdeckung: In den ländlichen Gebieten gab es oft so genannte „Schafsalmen", die die Slowaken „Salas" nannten. Hier konnte man gewöhnlich sehr gut essen und die heimische Küche neben der Erklärung zahlreicher Rezepte ausgiebig genießen. Zudem waren die Speisen sehr preiswert aber in ihrer Qualität ausgezeichnet.

Zu unseren Ausflügen nahmen wir gern unsere Mittagsmahlzeit mit echter slowakischer Küche ein. Manchmal in der „Limba" (Die Linde) in Kotlina, wo es fantastische Käseschnitzel oder Haluschki gab. Wenn es sich ergab, genossen wir sehr gern auch ein Menü in Smokovec, in der Taverne.

Aber als wir eines Tages etwas früher von unserer Tour zurück waren, schlug Jutta vor, sie würde gern Makkaroni mit Käse und Schinken zubereiten. Dazu musste sie unsere Kochstelle im Bad des Erdgeschosses benutzen. Zwischenzeitlich war ich mit der Planung unserer nächsten Tour beschäftigt. Es dauerte ziemlich lang, bis Jutta wieder von ihrem Kocheinsatz zurückkam, was mich zwar verwunderte, aber ich blieb ruhig und wartete auf das kulinarische Spitzenprodukt. Dann erschien sie und bemerkte sogleich, das Wasser habe noch nicht gekocht, aber die Makkaroni seien schon fertig. Ich war gespannt darauf, wie das Gericht schmecken würde und dachte nicht über ihre eigenartige und verschmitzte Bemerkung mit dem Wasser nach. Jutta fragte bald, ob es mir denn schmecken würde. Ich sagte, "Danke, sehr gut, ausgezeichnet!" Darauf Jutta: „Ist Dir denn nicht aufgerfallen, dass das Wasser noch nicht gekocht hatte und die Makkaroni trotzdem fertig waren? – Als ich die Makkaroni über der Badewanne abgießen wollte, ging das Ganze schief und die köstlichen Makkaroni landeten in der Badewanne. Schnell brachte ich sie zurück in den Kochtopf und spülte sie kurz ab." – Nur gut, dass es nur um die Badewanne ging und nicht um die Toilette…

Wir mussten beide stundenlang über uns selbst lachen und tauften das Urlaubsgericht „Makkaroni aus der Badewanne".

5.10. Affäre mit einem Model

Wenn Sie, liebe Leser, wissen wollen, was dahinter steckt, dann müssen Sie diesen Abschnitt lesen und nicht überspringen.

In den 70er Jahren des vergangenen Jahrhunderts waren Karrieren als Model in den östlichen Ländern kaum ein Thema, von Ausnahmen abgesehen. Im Westen dagegen schon, denn dort ging es schon bei den jungen attraktiven Damen um richtig viel Geld für Fotos in Zeitschriften oder in der Werbebranche. In den östlichen Staaten hingegen war davon kaum etwas zu spüren. Gerade in der DDR entsprachen Karriereleitern im Modebereich nicht dem Sozialismusbild. Bestenfalls gab es monatlich in der Zeitschrift „Magazin" sehr schöne Aktfotos auf sehr hohem fotokünstlerischem Niveau.

Eines Nachmittags während unseres Tatra-Urlaubes waren wir nach unserer Tour schon sehr frühzeitig wieder auf unserem Zimmer. Ich hatte mir vorgenommen, noch ein paar Minuten über die sonnigen Herbstwiesen bis hinunter zum Flüsschen Bela zu gehen und anschließend einen Kaffee zu bereiten. Plötzlich entdeckte ich auf dem Balkon des Hauses ein zauberhaftes Mädchen, wunderschön anzusehen. Ich positionierte meine Kamera, um einige Aufnahmen in der Nachmittagssonne zu machen. Aber es war nur ein drei Minuten kurzes Schauspiel, dann verschwand das geheimnisvolle Wesen wieder, bevor ich ihr reizendes champagnerfarbenes Kleid richtig bewundern konnte. Aber ich wusste, Models haben das so an sich – schnell sich auf dem Laufsteg präsentieren und dann verschwinden! Minuten später gab es abermals eine imposante Schauvorstellung, diesmal in einem schwarzen Spitzenkleidchen. Nach ein paar Minuten war auch diese Show zu Ende. Die dritte Vorstellung folgte in sandfarbenem Rock und rotbunter Schleifenbluse. So kam ich zu meinen ersten „Modelaufnahmen" in ganz ordentlicher Qualität und mit unvergesslichem Charm…

Wozu das alles? Im Hochgebirge war es allgemein üblich, sich in wetterfesten Wandersachen zu bewegen, wie man an den meisten Touristen hier sehen konnte. Jutta hatte ursprünglich etwas andere Vorstellungen von unserem Urlaub und legte auch Wert darauf, abends öfters mal auszugehen. Zu eben diesem Zweck packte sie natürlich ansprechende Garderobe in ihre Koffer, doch konnte diese Art städtisch-charmanter Kleidung kaum zum Einsatz kommen. Zwei Ausnahmen gab es: Die erste betrafen einen Tanzabend in der Taverne in Smokovec mit Live-Musik und vier Pärchen. Nach einer halben Stunde war dort nur noch ein Pärchen zu sehen – und das waren wir... Die zweite Ausnahme betraf meinen 26. Geburtstag, den wir abends in Lomnitza verbrachten. So kam es zu jener „Affäre" mit meinem faszinierenden Model auf unserm Balkon. Wenigstens für „Showzwecke" kam die tolle Kleidung zur Anwendung. Jene prickelnden Momente führten letztendlich zu den schönsten Fotos, die ich jemals von einem Model machen durfte. Natürlich habe ich mir vorgezogen, sie nie zu veröffentlichen. Nebenbei bemerkt, bekamen wir erst später mit, dass wir von unseren Gastgebern sehr aufmerksam beobachtet wurden. Erst zu unserem 4. Besuchsurlaub in Kotlina wurde die Sache aufgeklärt, denn jeder von uns beiden hatte einen Koffer mit Bergwandersachen und einen mit Stadtkleidung (!), um sich vor dcem Partner nicht zu blamieren...

5.11. Herbstnebel

Der Herbst stand auf der Leiter und malte die Blätter an. Ein unglaublich schöner Urlaub war nun Erinnerung, hatte uns Mut und Kraft beschert. Am wichtigsten aber war, uns selber ausgiebig kennengelernt zu haben, mit all unseren Vorlieben, Gewohnheiten, Fehlern, die wir machten, Stärken und Schwächen, Leidenschaften. Die drei Wochen trugen dazu bei, von uns lernen zu können und herauszufinden, was uns unsere Liebe Wert war.

Schon wenige Tage nach unserer Rückkehr hatte uns der Alltag wieder völlig gefangen genommen. Neben unserer Arbeit war unsere größte Sorge Juttas Eltern, um deren Betreuung und Versorgung wir uns kümmern mussten. Ich bemühte mich darum, zu helfen, den Garten in Ordnung zu bringen und winterfest zu machen. Noch im Herbst begann ich mit dem Gießen von Gehwegplatten aus Beton, um im kommenden Frühjahr die Fläche vor der neuen Garage zu befestigen. Dafür hatte ich einige Erfahrungen, weil ich bei meinem Schwager Rudolf in der Gartenanlage schon selbst welche gegossen hatte. Überdies waren Gehwegplatten zu dieser Zeit im Baustoffhandel kaum zu bekommen. Zwar war es für mich eine mühselige Arbeit, aber ich schaffte es.

So waren die Tage mit Aufgaben für uns beide angefüllt bis zum Rand. Auch mussten wir uns täglich um Juttas Vater im Pflegeheim kümmern und zweimal oder gar dreimal in der Woche in die Nervenklinik zu Juttas Mutter fahren, um dort das Wichtigste zu ordnen. Die anstrengenden Abläufe jeden Tag reichten oft bis an unsere physischen und psychischen Kräfte. Immer wieder sprach ich Jutta Mut zu, wir würden es gemeinsam ganz bestimmt schaffen.

In einer ruhigen Novemberstunde sannen wir darüber nach, wie es nun mit uns beiden weitergehen sollte. Unser Entschluss, das Leben gemeinsam zu verbringen, war inzwischen gereift und nicht mehr wegzudenken. Wir schmiedeten erste Gedanken zu Hochzeitsplänen. Das Fest sollte Pfingsten 1972 stattfinden. Es war der Wunsch der Braut und der Brautmutter, die Feier in der Gaststätte der Schrödermühle in Oberschöna bei Freiberg abzuhalten. Jutta war hier aufgewachsen und in der Kindheit verband sie sehr viel mit der Mühle im Striegistal. Überdies waren damit langjährige Familientraditionen verbunden, denn Juttas Eltern waren früher die Besitzer des Objektes, hatten es aber 1961 aus Alters- und Kostengründen verkaufen müssen.

Das alles ließ uns im November mit dem Motorrad zur Schrödermühle aufbrechen, um die Ausrichtung der Hochzeitsfeier in der Gaststätte zu besprechen. Die gastronomische Einrichtung wurde inzwischen im Rahmen eines Ferienobjektes vom Stahl- und Walzwerk Brandenburg betrieben, das ein Ehepaar mit der Leitung der Gastwirtschaft betraut hatte. Wir erzählten unsere Geschichte und was wir vorhatten. Der Leiter der Gaststätte war in keiner Weise dazu zu bewegen, für uns die Hochzeitsfeier in seinen Räumen zu organisieren, weder Pfingsten noch zu irgendeinem anderen Termin. Starrköpfig beharrte er darauf, das Objekt müsse den Betriebsangehörigen zu Ferienzwecken bereitstehen und er könne keine Ausnahmen machen. Außerdem hätte er dafür kein Personal. Schroff lehnte er einen Vorschlag nach dem anderen ab. Ein für ihn lukratives Hochzeitsgeschäft schien ihn nicht zu interessieren, was uns nachdenklich stimmte, denn ein Gastronom, der mit Herz und Seele seine Einrichtung liebt, ist stets an guten Umsätzen interessiert!

Also war es nichts mit einer Mühlenhochzeit. Traurig traten wir die Rückfahrt an und gerieten zu unserem Pech auch noch in eine Ölspur von einem Traktor. Das Öl war tückisch und ließ uns mit dem Motorrad zum Sturz kommen. Glücklicherweise war Jutta außer einer Prellung nichts weiter passiert. Ich hatte eine Knieverletzung und die Hose war hin. Resümee: Neue Ideen mussten her, damit das Fest auch ein Fest werden konnte.

5.12. Der Kater mit den grünen Augen

Unsere Verlobung im Auge, ging es auf Weihnachten zu. Noch wussten wir nicht, wie alles ablaufen sollte, doch unsere gemeinsame Freude darauf war riesengroß. Ich hatte mir vorgenommen, mir für die Verlobung am Weihnachtsabend etwas Besonderes einfallen zu lassen. 12 Tage vorher begann ich damit, an Jutta jeden Tag per Post einen geheimnisvollen Kurzbrief mit dem Symbol eines schwarzen Katers zu schicken. Da-

mit wollte ich ihre Neugier auf das weihnachtliche Verlobungs-
geschenk etwas anfachen und zugleich ein bisschen humorvolle
‚Abwechslung in die Tage bringen. Jedenfalls muss es ein ziem-
liches Rätselraten gewesen sein und es wurde oft in der Familie
über die eigenartige Post gelacht.
Am Weihnachtsabend dekorierte ich den Tisch im Wohnzimmer
mit meinem Geschenk so gut ich konnte. Mein Präsent wurde als
„Kater" umfunktioniert, mit grün leuchtenden Augen und langem
Schwanz. Wenn man das Ende des Schwanzes in die Steckdose
steckte, fing der Kater an zu fauchen und zu heulen, seine Augen leuchteten verführerisch. Nach unserem Verlobungskuss mit
Sekt vor weißem Flieder setzte ich das „Geschenk" in Funktion.
Es war ein Staubsauger, nicht gerade genial für eine Verlobung,
aber ich kam auf die Idee, weil es um das Altgerät im Haus ständig Beschwerden gab, es nähme den Staub nicht mehr auf. Deshalb die Idee von neuem „Katzenjammer", weil sich das neue
Gerät mit ziemlichem Geheul anmeldete.   Juttas Mutter war
schon vor Weihnachten aus der Nervenklinik zurückgekehrt und
Vater Ernst holten wir über Weihnachten und das Jahresende
nach Hause, um nicht unnötige Winterfahrten unternehmen zu
müssen. So konnte Jutta das Fest und die Verlobung wenigstens
im Kreise ihrer Eltern verleben.

6. Hochzeit machen – das wäre wunderschön...

Weihnachten 1971 gab es unsere Verlobungsfeier. Wir liebten uns und freuten uns auf eine schöne gemeinsame Zukunft, die wir zusammen gestalten würden. Allerdings ahnten wir nicht im Geringsten, was da alles auf uns zukommen würde. Schließlich beschlossen wir, demnächst zu heiraten, dies in der altehrwürdigen Silberstadt Freiberg, der Hauptstadt des Silbererzbergbaus, bekannt und berühmt durch die TU Bergakademie – und vor allem auch bekannt geworden durch ihre „freundlichen Behörden", die „fleißigen" Menschen im Rathaus und anderen zugehörigen Stadthäusern. Also, die Berghauptstadt war genau richtig für unser Vorhaben, denn Brand-Erbisdorf, meine Heimatstadt, kam erst recht nicht in Frage, nachdem die Schwiegereltern nach dem Krieg durch Willkürentscheidungen des Rates des Kreises Brand-Erbisdorf und des Bürgermeisters von Linda um ihr gesamtes Vermögen gebracht und enteignet worden waren. Eine tragische Geschichte, die an anderer Stelle beschrieben ist.

Logischerweise begannen unsere Vorbereitungen mit der Wahl des Termines für unsere Hochzeit. Unsere Überlegungen brachten uns auf Pfingsten 1972, im sonnigen Monat Mai, gerade das sollte ein guter Zeitpunkt für uns sein. 11:00 Uhr oder 11.30 wäre ideal für uns.

Schon gleich am ersten Arbeitstag im neuen Jahr nahmen wir frohen Mutes Kurs auf die beste und beliebteste, die freundlichste und alle Wünsche erfüllende Behördeneinrichtung Freibergs, das Standesamt. Beim Betreten des Amtsraumes grüßten wir freundlich den schon ziemlich in die Jahre gekommenen Standesbeamten, der mit einem knurrigen „Guten Tag" unseren Gruß erwiderte, ohne von seinen überaus wichtigen Aktenstößen aufzublicken. Ich stellte mich vor und brachte höflich und zuversichtlich unseren Wunsch zum Ausdruck, unsere Hochzeit anmelden zu wollen. Endlich blickte er auf und fragte, wann wir denn gedacht hätten. „Pfingstsonnabend, möglichst 11:00 Uhr.“ Seine Augen durchwühlten aufgeregt seinen Kalender, um letztlich zu der Aussage zu kommen, an diesem Tag sei nichts mehr frei. Auch auf die Frage nach einer späteren Trauzeit an diesem Tage antwortete er mit einem kategorischen „Nein“. „ Sie werden doch sicher auch noch am Nachmittag eine Trauung durchführen können“, entgegnete ich und suchte nach Varianten. „Ich sagte doch, wir haben nichts mehr frei“, fuhr mich der Beamte barsch an. Ich, immer noch ruhig und geduldig: „Wenn das so ist, wie Sie sagen, dann könnte es bestimmt für uns eine Ausnahme geben. Können wir darüber sprechen? Gemeinsam finden wir bestimmt eine Lösung.“ „Keinesfalls, ich kann keine Ausnahme machen. Da könnte doch jeder mit seinen Sonderwünschen kommen. Es geht nicht. Sie müssen schon über einen anderen Termin nachdenken“, antwortete der alte Herr unsicher. Es folgte die logische und berechtigte Frage, wann denn der nächste freie Termin an einem Sonnabend möglich sei, um unserem Wunsch nach einer Eheschließung nachzukommen. Wir erhielten die Antwort: „Erst am 10. Juni, 9:00 Uhr…“

„Würde es nicht wenigstens um 11:00 Uhr passen, weil unsere Gäste von sehr weit her anreisen müssen?“, suchte ich nach einer Lösung. Die Antwort: „Tut mir leid, auch an diesem Tag ist nur noch 9:00 Uhr frei…“ Unbefriedigt über die zuvorkommende und wohlwollende Bürgerabfertigung im Standesamt verließen wir dessen ehrwürdige Gemächer, um das Ganze zu Hause nochmals zu besprechen.

Frühestens 11:00 Uhr, eine frühere Zeit war für die Organisation der Feier unannehmbar. Also kam Brautmutter Ida auf die Idee, selbst noch mal beim Standesamt vorzusprechen. Mit Behörden und Beamten hatte sie schon über viele Jahre hin ihre eigenen Erfahrungen gemacht… Wie sie es wirklich angestellt hat, wissen wir nicht ganz genau. Auf jedem Fall hat sie den Termin am 10. Juni, 11:00 Uhr bekommen, wenn auch mit einem „gespendeten“ 25-Mark-Schein… und der Unmöglichkeit, auch dann   unsere Hochzeit im üblichen Eheschließungszimmer durchzuführen, weil die Hochzeitsgesell-schaft mit über 30 Personen zu groß sei. Nun sollte die Trauung im nebenliegenden Ratssaal stattfinden, wobei das Paar selbst für die Ausgestaltung und die musikalische Umrahmung zu sorgen habe... Nur unter dieser Auflage des Standesamtes könne dem Hochzeitstermin zugestimmt werden, und das sei wirklich eine Ausnahme …

So war es für uns ein tatsächliches Wunder, dass im Jahre 1972 für uns überhaupt noch ein Hochzeitstermin frei war. Aber da wir schon immer das Passende zur Sache organisieren konnten, nahmen wir uns auch dieser Art standesamtlicher Herausforderung an und sahen uns schon die nächsten Hindernisse überwinden, ohne darüber gründlich nachzudenken, was uns in der Kirche passiert wäre …

Zwei Wochen später bestellten wir das Aufgebot mit Abgabe aller Unterlagen und der Absprache der Einzelheiten über den genauen Ablauf der Trauung und die Ausgestaltung des Raumes. Auch dabei hatten wir Mühe, unsere Wünsche und Vorstellungen durchzusetzen. Wie sich später noch zeigen wird, war es richtig und notwendig, auf unsere Wünsche zu bestehen.

Jetzt blieben uns noch etwa 5 Monate Zeit, um alles vorzubereiten, eine schöne aber auch anstrengende Zeit, da Juttas Eltern gesundheitlich nicht in der Lage waren, bei den Vorbereitungen zu helfen und wir sie zu pflegen hatten.

Das Zubehör für die schönste Feier unseres Lebens zu besorgen, war von Einzigartigkeit geprägt, denn auf den Märkten der Republik war wirklich alles, wirklich alles zu kriegen, was man sich vorstellen konnte: Man musste nur wissen wo, zu welchem Zeitpunkt, mit ausreichendem Geld in der passenden Währung und natürlich mit welchem „Vitamin-B-Komplex" (für B = Beziehungen). So kam es, dass wir alle unsere Beziehungen und Tricks nutzen mussten, um zum Wunschergebnis zu gelangen. Dazu einige markante Beispiele:

Juttas Wunsch war es, zu ihrem weißen Traum-Spitzenkleid goldene Brautschuhe zu tragen. Ein wirklich edler und frommer Wunsch! Im Umkreis von 60 km war nicht ein einziges Paar dieser edlen Dinger zu erheischen! So blieb uns nur, den Umkreis zu erweitern, Freunde und Verwandte in die Einholung von heißen Informationen mit einzubeziehen und auch Dienstreisen auszunutzen. Nach geraumer Zeit erstanden wir Juttas Goldschuhe im Exquisit in Leipzig, meine schwarzen Lack-Salamander in Magdeburg, meine weiße Fliege in Dresdens modernsten Hochzeitsausstatter usw. Hätte es den riesigen Markt der DDR nicht gegeben, wir wären wohl verloren gewesen …

Natürlich hatten wir auch einen ganz außergewöhnlichen Wunsch, nämlich schöne, goldene Trauringe, von denen wir uns bei Juwelier Gerlach schon Exemplare in Diamantschliff angesehen hatten. Doch wie konnte man zu dieser Zeit und an diesem Ort einen so ausgefallenen Wunsch haben, Trauringe tragen zu wollen? Selbst wenn wir genügend Geld besessen hätten, genau diese Ringe waren nicht zu kaufen – nur gegen Goldabgabe. Damit galt auch hier der kapitalistische Grundsatz „Haste was, dann kriegste was. Haste nix, dann kriegste nix." Anfänglich enttäuscht, gelang es uns schließlich doch, die benötigten 13 g Gold aufzutreiben und die Ringe sollten uns gehören.

Was wäre eine hübsche Braut ohne Blumen? Das Selbstverständlichste der Welt für den Hochzeitstag zu bestellen – eine Kleinigkeit in den „zahlreichen, von Blumen und Blüten überfüllten Blumenläden und Gärtnereien Freibergs"! Termin ansagen, Wünsche äußern, fertig, alles perfekt. Denkste! Hätten wir nicht eine Bekannte unserer Freunde gekannt, die im Blumengeschäft Rücker als Floristin tätig war, hätten wir vielleicht noch auf den Brautstrauß verzichten müssen. … Trotzdem war das Angebot des Blumenhauses für unsere Wünsche ziemlich eng, aber wenigstens rosafarbene Edelnelken sollten Hauptbestandteil des Straußes sein. Jutta äußerte bei der Bestellung den Wunsch, zwei passende Orchideen mit einzubinden, weil wir gern zwei

Kinder hätten. Am Abend vor der Hochzeit holten wir den Brautstrauß, wunderschön arrangiert, gemeinsam ab. Die Floristin sprach davon, es gäbe da ein kleines Problem: Sie habe nur eine Rispe mit 3 Orchideen, ob sie denn eine davon abnehmen solle. Jutta aber willigte ein – und so kamen wir zu 3 Kindern, wie es die Blumen wollten …

An Grundnahrungsmitteln gab es keinen Mangel, so auch nicht in Vorbereitung auf den Polterabend und die Feier selbst, doch bei speziellen Sachen, wie Südfrüchte, Edelfleisch und bei bestimmten Wein- und Schnapssorten schon. Hier halfen die Beziehungen der Brautmutter zu verschiedenen Geschäften und Kaufleuten. Eines Tages sollte ich mit dem Motorrad eine Kiste Getränke aus der Stadt abholen. Der Transport selbst verlief ohne Zwischenfälle, nur beim Abnehmen des Kartons vor dem Hoftor passierte ein schrecklicher Unfall: Der Boden des Kartons war aufgerissen und eine wertvolle Flasche Himbeergeist, die wir so dringend brauchten, kam zu Tode … Glücklicherweise konnte ich Wochen danach den schweren Verlust durch eine Ersatzflasche in Leipzig wieder ausgleichen. Tragische Vorbereitungen.

Bald liefen die Polterabendvorbereitungen auf vollen Touren. Das Hochzeitshaus hätte die vielen Gäste nicht fassen können, so dass wir uns für eine Zweiteilung entschieden, drinnen die Verwandtschaft, draußen Freunde, Bekannte, Arbeitskollegen usw. Das Wetter war genau passend, die Stimmung der 64 Gäste hervorragend und mit allerhand Überraschungen gespickt. Eine der ersten spektakulären Einfälle davon waren mehrere Säcke Kronenkorkenverschlüsse, die die Kinder fleißig als Altstoffe gesammelt hatten und die die Schuldelegation mit einem zweirädrigen Handwagen heranschleppte und ohne große Mühe im Garten verstreute. Noch Jahrzehnte später fanden wir bei der Gartenarbeit „wertvolle Einzelstücke" davon, die uns manche Episode in Erinnerung brachten.

Was wir aber an diesem Abend nicht wussten, war, dass Isolde, Sekretärin an Juttas Schule, noch krank geschrieben, also arbeitsunfähig war. Aber wer sie kennt, weiß, dass sie sich diesen Polterabend niemals entgehen lassen konnte. Es wurde gepichelt, gelacht, gegessen, gepichelt, gelacht – bis weit in die Nacht. Dann begab sich zu später Stunde irgendwann die Schuldelegation freudig auf den Heimweg und machte selbst da noch so allerhand Späße. Der Zweiräderkarren war allerdings leer und es bot sich natürlich an, die leere Ladefläche zu nutzen und sich bequemer und lustig nach Hause ziehen zu lassen. Genau das wollte Isolde schon in der Nähe der Feuerwehr, kaum 200 m vom Polterabend entfernt. Doch das Schicksal wollte es, dass Isolde das Gleichgewicht verlor und sich einen Schlüsselbeinbruch zuzog, mit dem sie wochenlang zu tun hatte. So endete ein schöner Polterabend mit einem „Wegeunfall" …

6.1. Der Hochzeitstag

Schon sehr frühzeitig begannen die letzten Vorbereitungen, unsere Gäste reisten an, alles schien gut zu funktionieren. Braut und Bräutigam freudig aufgeregt und gespannt darauf, wie alles ablaufen wird, aber immer mit einem guten und fröhlichen Gefühl.

Endlich fuhr die weiße Hochzeitskutsche vor, die wir aus Eppendorf nach Freiberg bestellt hatten und ab ging es mit 2 PS und einem feschen Kutscher zum Standesamt. Vor dem Rathaus hatten sich schon viele Menschen versammelt, darunter Kindergruppen aus Juttas Schule, Kollegen aus Schule und Betrieb. Die jubelnde Menge brachte mit Beifall ihre Sympathie zum Ausdruck und durch das Spalier der Hochzeitsgäste betraten wir das Rathaus. Da es bereits 5 Minuten vor 11:00 Uhr war (unser Trautermin) und die Tür zum Hochzeitsraum geöffnet war, nahmen wir an, für uns sei alles vorbereitet und nahmen Platz. Stille im Raum. Fast fühlten wir vor Spannung, die Luft könnte brennen …

Plötzlich wurde unser Schweigen durch einen lauten Türknall gebrochen: Der Standesbeamte trat aus einer Nebentür missgelaunt in das Trauzimmer, so dass wir erschrocken und empört zugleich waren. „Ich habe Sie noch gar nicht herein gebeten, ich muß Sie bitten, den Raum nochmals zu verlassen.", das war alles was er dazu zu sagen hatte. Wir kochten vor Wut und die fröhliche Feierstimmung war dahin … Brav aber verließen wir den Raum und warteten vor verschlossener Tür, was da kommen würde. Die Gäste waren empört über diese unpassende Handlungsweise. Niemand konnte es verstehen. Ein paar lustige vorbereitende und verbindende Worte, nebenbei die Kerzen angezündet, wäre eine nette Geste gewesen und hätte die Situation retten können. Aber dem war nicht so.

Zum zweiten Mal betraten wir den Raum, in der Hoffnung, dass der standesbeamte Knabe nun endlich für die Trauung bereit sei. Er hielt seine Traurede, mehr nach Standard als nach unseren Hinweisen. Aber wir wussten genau, dass das so kommen würde und deshalb hatten wir Bernd aus meinem Kollektiv gebeten, eine zweite Hochzeitsrede zu halten, in der unsere Persönlichkeiten in angemessener Art skizziert wurden, unsere künftige Familie, unsere Zukunft überhaupt. Diese Rede war so beeindruckend und gelungen, dass sie alles vorher erlebte wieder wettmachte. Wie gut, dass wir auch daran gedacht hatten!

Die Trauzeremonie schloss mit den üblichen Formalitäten, den Unterschriften und der Übergabe der Dokumente an uns. Trotzdem glücklich und die Glückwünsche unserer Eltern und Gäste entgegennehmend, verließen wir den Raum und das Rathaus. Inzwischen hatten sich auch unsere Gäste vom erlebten Schock und dem „missratenen" Standesbeamten erholt. Die Freude vor dem Rathaus wurde größer, als uns die jubelnde Menge wieder empfing und beglückwünschte. Die Kinder sangen fröhliche Lieder. Wir warfen Münzen und Bonbons in den fröhlichen Haufen.

Viel Zeit blieb uns nicht, denn der Kutscher musste uns zum Fotografen bringen. Fotograf Bauer auf der Chemnitzer Straße, war der einzige hier, der die Qualität an Aufnahmen bieten konnte, die wir erwarteten. Anschließend dann begaben wir uns mit der Kutsche zur Gaststätte „Am Seilerberg", die wir für unsere Feier wegen der geeigneten Räumlichkeiten und der damals sehr guten Küche ausgewählt und gemietet hatten.

Am späten Nachmittag, nach dem Kaffee, kam jemand auf den Gedanken, ob man mal in die Hochzeitsdokumente sehen könnte. Das taten wir dann gemeinsam, nichts ahnend, was auch das noch an Folgen nach sich ziehen würde. Eine „Kleinigkeit" war es, die von außerordentlicher Wichtigkeit war, aber leider fehlte. Die Unterschrift des Standesbeamten unter der Trauurkunde! Nicht zu fassen! Unglaublich! Der nächste Schock! Konnte es wahr sein, dass wir bis hierhin „in wilder Ehe gelebt" hatten? Unvorstellbar! Alle waren „von den Socken"… Doch reifte die Zeit heran, nunmehr einen „Schlachtplan" zu schmieden und noch heute, noch am Hochzeitstage, das Problem zu lösen. Nur wie, das war die große Frage. Das Maß an beamtlichen Verfehlungen war übervoll …

Es war unglaublich, welche Ideen eine Hochzeitsgesellschaft haben oder finden kann! Dadurch wurde die Feier sogar noch lustiger. Gleichzeitig, wir wissen nicht, wie, verbreitete sich die Kunde, dass die Trauung unrechtmäßig sei, weil der Standesbeamte nicht unterzeichnet habe, wie ein Lauffeuer. Neue Ideen aus der Gaststube nebenan kamen dazu. Die meisten Vorschläge zielten darauf ab, den Mann anzurufen und herkommen zu lassen. Wie sollten wir das hinkriegen? Im Rathaus war an diesem Nachmittag kein Mensch mehr zu finden. Im Telefonbuch kein Eintrag. Schließlich kam vom Chef der Küche der Tipp, er kenne den stellvertretenden Bürgermeister und der wiederum müsste die Wohnung und Telefonnummer des Standesbeamten wissen. Genau das taten wir und wurden fündig.

Ich begab mich ans Telefon, wählte die „geheimnisvolle Nummer", rückversicherte mich, ob ich mit dem Standesbeamten sprechte und stellte mich vor. „Wir haben gerade unter Zeugen festgestellt, dass Sie Ihre Amtshandlung zu unserer heutigen Hochzeit nicht ordnungsgemäß vollzogen haben. Es fehlt Ihre rechtskräftige und verbindliche Unterschrift. Da wir noch heute Nacht unsere Hochzeitsreise antreten, ist das von besonderer Wichtigkeit. Deshalb möchten wir Sie bitten, hierher, in die Gaststätte 'Am Seilerberg`, zu kommen, um Ihre Unterschrift zu leisten."

„Heute ist es mir unmöglich zu kommen. Ich bin nicht mehr im Dienst. Und überhaupt kann ich nicht glauben, dass die Unterschrift fehlt", entgegnete der erschrockene Beamte.

„Kommen Sie her, dann werden Sie es sehen", so meine Reaktion. „Ansonsten behalten wir uns vor, Ihren Chef zu informieren und Maßnahmen einzuleiten, dass Sie herkommen können."

Herr Amt beharrte auf seinem Standpunkt und dieses Gespräch führte nicht zu dem gewünschten Ergebnis, aber es war eine wichtige Etappe dazu. Das Gelächter über die vollbrachten Taten des Standesbeamten nahm immer breiteren Raum ein. Eine Witzelei nach der anderen erfüllten den Raum. Selbst beim Tanzen standen uns vor Lachen die Tränen in den Augen. Natürlich hatten wir die Sache mit der Hochzeitsreise nur als dringenden Vorwand genommen, um den Herrn genau in die Hochzeitsrunde zu bringen und ihn dabei gewaltig zu blamieren.

Zwischenzeitlich hatte Schwager Heinz, der damals eine verantwortliche Position bei der Feuerwehr hatte, die Idee, man könnte doch versuchen, die Sache mit Hilfe der Deutschen Volkspolizei (zu der die Feuerwehr damals gehörte), zu lösen. Kurz entschlossen ging er zum Telefon und rief den diensthabenden Chef an und erläuterte die Lage. Dann bat er darum, ob es möglich sei, ein Fahrzeug mit Fahrer bereitzustellen und den Standesbeamten zu uns zu bringen. Sofort willigte der Chef ein.

Darauf folgte ein weiteres Telefonat an den Standesbeamten mit diesem Wortlaut, was wir uns genau überlegt hatten:

„Nochmal Lohse. Herr Amt, da Sie keine Möglichkeit gesehen haben, herzukommen und zu unterzeichnen, haben wir die Deutsche Volkspolizei um Hilfe gebeten … In 15 Minuten wird ein Wagen vor Ihrer Tür stehen und Sie zu uns bringen. Wir sind überzeugt, diese Lösung ist auch in Ihrem Interesse.“

„Ja, natürlich, selbstverständlich! Ich werde kommen“, antwortete Herr Amt erschrocken und völlig durcheinander. Und genau diese instabile Haltung des Beamten war es, die wir für alles Weitere brauchten. Die Gesellschaft brach in Hochstimmung aus und immer mehr Ideen reiften, was man noch alles aus dieser Situation herausholen könnte.

Inzwischen, es war schon nach 21:00 Uhr, bereiteten wir alles für die „Ersatz-Amtshandlung“ vor: Zwei mit Girlanden geschmückte Stühle für das Brautpaar, einen separaten Tisch mit den Dokumenten, den Brautstrauß auf dem Tisch usw. Sah ziemlich gelungen und echt aus, bis auf das Schreibgerät, das wir mit Absicht wegließen, weil wir annahmen, Herr Amt würde in seiner Aufregung mit Sicherheit nicht daran denken. Und so kam es auch.

Ein blitzblank geputzter Wartburg-Wagen fuhr vor, Herrn Amt wurde mit aller Höflichkeit die Tür geöffnet. Begleitet von „speziellem Personenschutz des Brautpaares“ wurde er in den Saal geleitet, natürlich unter würdevoller musikalischer Umrahmung: Der Trauermarsch unserer Kapelle war genau das passende dazu. Für uns ließen sich Trauermusik und Lachen nur schwer miteinander vereinbaren, zumal Herrn Amt immer noch nicht aufgefallen war, dass er zwar in schwarzem Anzug erschien, aber dazu hervorragend passend in seinen alten Filzlatschen angekommen war … Nur mit Mühe konnten wir den Lachkrämpfen entgegenstehen.

„Wir möchten Sie nun bitten, den Rest Ihrer Amtshandlung zu vollziehen“, forderte ich ihn auf. Herr Amt bat uns, uns nochmals zu setzen und wollte danach die Urkunde unterzeichnen. Unruhig rührte er in seinen Jackettaschen und suchte nach einem Schreibgerät … Ich dazu: „Darf ich Ihnen helfen? … Wir wissen doch, dass es beim Standesamt schon etwas knapp mit den Finanzen und mit Schreibgeräten zugeht. Hier nehmen Sie einfach diesen …"

Er unterzeichnete unruhig und wünschte uns noch eine schöne Feier. Wir hakten ihn beide unter und schleiften ihn unter der Melodie des Gefangenenchores zur Theke nebenan, um ihm sodann einen Wodka als „Anerkennung" auszugeben, aber nicht ohne den Hintergedanken, die übrigen Gäste um die Theke herum würden schon das Übrige dazu tun. Und so geschah es. Es gab die edelsten, zynischsten und spaßigsten Bemerkungen und Zwischenrufe auf Herrn Amt – und das war ihm wohl am peinlichsten. Schnell trank er seinen Schnaps aus und wir setzten ihn in den Wagen, bereit für die Rückfahrt. … Doch zuerst ehrten wir Fahrer Martin für seine Einsatzbereitschaft mit einem Brautkuss und einem Weinpräsent. So war die Blamage für Herrn Amt perfekt an diesem Abend. Noch wochenlang sprach sich diese Angelegenheit in der ganzen Stadt herum… Na, so was!

Hochstimmung in der Hochzeitsgesellschaft! Nach dem Abtanzen des Brautschleiers und einem Mitternachtsimbiss war noch lange nicht Schluss, aber die „Hochzeitsnacht" war damit eingeleitet worden. Alle waren gespannt, was nun passieren könnte, Getuschel hin – Getuschel her.

Die Brautmutter behauptete nicht nur an diesem Tage, sondern schon Wochen vorher, alle Hotelreservierungen in Freiberg und Umgebung gesperrt zu haben, um uns ein Schnippchen zu schlagen. Wir wissen nicht, ob es wirklich stimmte, aber wir haben es einkalkuliert, suchten nach anderen Möglichkeiten und machten unseren Spaß daraus. Eine Idee davon war die Gartenlaube von Schwester Marianne und Schwager Heinz, schnell erreichbar und mit allem Notwendigen ausgestattet. Tage vor der Hochzeit brachten wir alle Utensilien, die wir brauchten, in die Laube, einschließlich Nachtwäsche, 1 Flasche Sekt, Gläser usw. Also war dort alles vorbereitet. Marianne hatte alles supersauber „gewienert". Alles war bestens, bis auf die Möglichkeit, dass damit auch irgendein Streich oder Schabernack verbunden sein könnte. Wie sich später zeigen sollte, entsprach unsere Vermutung der Wahrheit: In raffinierter Weise war auf dem Dach über der Tür eine Gießkanne mit Wasser installiert, die sich beim Öffnen der Tür über uns entleeren sollte …

Irgendwann fiel uns der Spruch ein: „Die Fliege, die nicht selbst geklappt werden will, setzt sich am besten auf die Klappe selbst". Das war die Lösung für uns! Im Hochzeitshaus über den Köpfen von Juttas Eltern und Gästen unbemerkt unsere Hochzeitsnacht verbringen! Eine geniale Idee! - Schon Wochen vorher entrümpelten und säuberten wir den fast ungenutzten Spitzboden, brachten Stoffbahnen an den Dachsparren an und richteten ein eisernes Bett. Da es damals kein elektrisches Licht auf dem Boden gab, verlegte ich schnell noch eine Lichtleitung. Am Bett selbst strahlte ein Plakat mit der Aufschrift „Gut bewacht in der Hochzeitsnacht", flankiert von 2 „Wachengeln". Es sah alles so ziemlich rustikal aus, aber es erfüllte seinen Zweck.

Bei passender Gelegenheit, es war schon nach Zwei, verschwanden wir … unauffällig. Als nach Vier Eltern und Gäste eintrafen, konnten wir alle ihre Gespräche hören. Niemand konnte sich erklären, wo wir tatsächlich waren. Am Morgen, zum „Katerfrühstück", erschienen wir lautstark und mit Glockengeläut. Unser gemeinsames Leben hatte soeben begonnen.

6.2. Unsere Hochzeitsreisen

Sie sollte etwas besonders Schönes werden und auch sein, unsere Hochzeitsreise. Wir hatten ursprünglich Dubrovnik (Jugoslawien) im Auge, was damals ein „Traumziel" war, weil man das südeuropäische Land nicht mehr zum „Sozialistischen Wirtschaftsgebiet" zählte. Somit waren Bewerbungen beim Reisebüro der DDR nur für wenige Bürger überhaupt möglich. Trotzdem hatte ich es gewagt und versucht, doch ohne Erfolg. Wieder einmal hatte der Arbeiter-und-Bauern-Staat kein Vertrauen zu uns und befürchtete „Republikflucht", die wir niemals vorhatten. Trotz allem, was wir für die Gesellschaft geleistet hatten, gab es diese Ablehnung, wie ich 30 Jahre später aus meiner Personalakte und den STASI-Unterlagen entnehmen konnte.

Also blieben uns die sozialistischen Länder und davon die Sowjetunion. Gebucht hatten wir eine Reise über das Reisebüro „Jugendtourist" nach Moskau – Baku – Tblissi bis ans Kaspische Meer in Kombinationen von Flug und Bahn. Für alle Unterkünfte in Hotelkategorien hatten wir für uns ein Zweibettzimmer reservieren lassen. In der sowjetischen Hauptstadt wurden reichlich Sehenswürdigkeiten angeboten. Ein Besuch des Balletts „Schwanensee" im Bolschoi war leider nicht im Programm, aber ich hatte Gelegenheit, ein Paar schwarze Herrenschuhe zu verkaufen und konnte von dem Erlös noch zwei Karten für die Abendvorstellung mit „La Traviata" erheischen. Jutta wollte auch mal das größte Kaufhaus Moskaus, das GUM, von innen sehen – zu heute, im neuen Jahrtausend - kein Vergleich. An einem Abend machten wir auch einen Metro-Bummel, um die einzigartige Architektur unter der Erde zu bewundern. Alle drei Mahlzeiten nahmen wir im Hotel Intourist ein, wo wir auch unser Zimmer bezogen hatten.

Per Flug ging es weiter nach Baku, der Erdölstadt. Neben einer Stadtrundfahrt und Freizeit im Hafen folgte am nächsten Tag ein Ausflug zur Bohrinsel „Erdölsteine", wo wir mit der Technik der Öl- und Gasförderung vertraut gemacht wurden. Bemerkenswert war die Erkenntnis, dass es Bohrungen gab, wo man fast reines Erdöl fördern konnte. Bei robusten russischen LKWs konnte man das Zeug sofort ohne jegliche Aufbereitung als Treibstoff in den Tank füllen! Einzigartig! Am vorletzten Tag führte uns ein Ausflug in ein „modernes" Drehmaschinenwerk. Nach einer Betriebsbesichtigung gab der Betrieb uns zu Ehren einen Sektempfang, mit rotem Krimsekt – und bei über 40 Grad! Normalerweise trinkt man den Sekt nie bei diesen heißen Temperaturen. Aber weil keine anderen Getränke da waren, begannen auch wir zu schlucken… Die Kekse allein konnten die Lage auch nicht verbessern. Jedenfalls hatte ich in der Wärme einen mächtigen „Drall" abbekommen …   Am Abend des letzten Tages ging es mit der Bahn nach Tblissi. Die Stadt selbst liegt ja im Kleinen Kaukasus, also noch sehr weit vom Elbrus entfernt. Die Bahnfahrt selbst über Nacht führte uns eine Sowjetunion vor Augen, wie wir sie noch nie erlebt und gesehen hatten. Hüttenähnliche, verfallene Gebäude auf den Höfen, ärmlich gekleidete Menschen entlang der Bahnstrecke und dann wieder kilometerweite Riesenflächen von Kolchosen, auf denen Getreide, Gemüse und Kartoffeln angebaut wurden. Von Industrie war weit und breit nichts zu sehen. Unser Eindruck war enttäuschend gegenüber dem, was wir in der Schule gelernt hatten. Auf den Bahnhöfen, in denen unser Zug hielt, hatten sich Trauben von Menschen gebildet, die krampfhaft versuchten, den Fahrgästen Getränke oder Obst und Gemüse aus eigenem Anbau zu verkaufen. Oft waren es schnell unübersehbare Menschenmassen geworden. Ein trauriges Schauspiel…

Tiblissi selbst war und ist eine wunderschöne Stadt, von Bergen umgeben und mit recht viel Grün … Die Menschen hier leben schon betont asiatisch, was man vor allem an den gereichten Speisen erkennen musste. Besonders deutlich war die Verwendung von Lammfleisch, Geflügel, Reis und asiatischen Gewürzen, z.T. mit ziemlich hoher Schärfe.

Nach einer umfangreichen Stadtrundfahrt und Stopps an zahlreichen Aussichtspunkten gab es auch Freizeit für eigene Unternehmungen. Wir entschlossen uns, die große breite steinerne Treppe mit fast 200 Stufen zum höchsten Aussichtspunkt der Statdt emporzusteigen, und das bei 40 Grad. Tatsächlich haben wir das gemacht, mit Pausen. Und am Schluss – welch ein Wunder – empfing uns ein älteres Mütterchen mit einem Eimer fri-

schen Quellwassers! Wir konnten trinken, soviel wir wollten...
So konnte Solidarität auch aussehen, oder DSF (Deutsch-
Sowjetische-Freundschaft). Ich erzählte kurz von uns und dass
wir aus der DDR wären und noch einiges mehr. Dann bedankten
wir uns und ich gab ihr einen 5-Rubel-Schein. Das war mir der
Kübel frisches Quellwasser und die Hilfe der Frau wert. - Der
letzte Tag in Tiblissi führte uns per Bus durch das Bergland Ge-
orgiens zur Festung und Ruine Msecheta.

Dann ging es auf große Tour an das Kaspische Meer. Dort
waren für Touristen Bungalow-Siedlungen errichtet worden, nur
ein Zweibettzimmer für uns auf unserer „Hochzeitsreise" war
angeblich nicht mehr zur Verfügung, nur noch ein Vierbett-
Zimmer für zwei Familien!! Ich beschwerte mich bei der Hotel-
leitung und bei unserem Reiseleiter Bernd für eine solche Unverschämtheit. Er wollte sich kümmern, aber es tat sich nichts. Er
verschleppte unsere Beschwerde von einem Tag auf den anderen,
begleitet von fadenscheinigen „Begründungen", aber ohne eine
Zweibettzimmer-Regelung. Es blieb bei dem Vierbettzimmer mit
zwei Paaren... Mit gegenseitiger Rücksichtnahme haben wir die
Unterkunftsbelastung schließlich doch hingenommen, aber mit
einer Hochzeitsreise hatte das wohl nichts zu tun. Jutta war sauer, sehr sauer ...

Ein anderes Problem war die wahnsinnige Hitze, weshalb es
Jutta ziemlich schlecht ging. Außerdem hatte sie sich beim Mu-
schelnsammeln gleich einen starken Sonnenbrand zugezogen, so
dass sie einige Tage das Bett hüten musste. Eine Dame vom Service hatte den Schaden mitbekommen und riet ihr, kühlende Um-
schläge mit Quark zu machen. Sogleich brachte sie einen Eimer
mit Quark und wir befolgten ihren Ratschlg sofort. Nach drei
Tagen gab es erste Besserungserscheinungen.

Auch die Verpflegung und die Versorgung mit Getränken ließen in der Bungalowsiedlung und noch dazu bei riesiger Hitze zu
wünschen übrig. Ich versuchte von entfernten Bauernhöfen To-

maten und Obst zu besorgen, damit Jutta wieder schnell gesund wurde.

Also war es eine eigenartige „Hochzeitsreise" mit etlichen Zumutungen und sonstigen Begleiterscheinungen, die wir in dieser Form nicht erwartet hätten.

Später dann wurde das Pech aus unserer Hochzeitsreise durch Tage der Freude ausgeglichen, als wir unser erstes Auto, einen Skoda S100 bekamen, blitzblank, roséfarben. Neugierig holten wir das Fahrzeug aus dem Autohaus Großräschen ab. Es war wie ein „neues Stück Freiheit" für uns.

Dann aber war es die Idee von Juttas Mutter, sie doch auch „an unserer Freude teilhaben zu lassen", wir könnten doch gemeinsam mit dem Auto so zu sagen eine „zweite Hochzeitsreise" ins Auge fassen. Erst war ich dagegen, das zu tun, dann hatte mich aber Jutta charmant eben doch überzeugt. Ich hatte eine Adresse von einer Unterkunft im polnischen Riesengebirge. So fuhren wir dann drei Tage nach Karpacz am Fuße der Schneekoppe. Dort konnten wir zwei Zimmer beziehen. Ich hatte den Wunsch, meinen Freund Hartmut mitzunehmen. Also entschieden wir uns, ein Zimmer mit den Damen und das andere mit den Herren zu belegen … Schöne 2. Hochzeitsreise!

Aber was macht man nicht alles für seine liebe Schwiegermutter! Am Tag darauf machten wir jungen Leute unsere Bergtour auf die Schneekoppe (1603 m) und genossen die herrliche Aussicht in frischer Bergluft. Hartmut war mit dem Sessellift nach oben gefahren; Jutta konnte ich davon nicht begeistern und so bestiegen wir den Berg zu Fuß.

Der nächste Tag sollte eine herrliche Rundfahrt durch das Riesengebirge und das Umland bringen. Schwiegermutter hatte wieder mal den Einfall, etwas einkaufen zu müssen und ein paar Erinnerungsstücke mit zu nehmen. Als wir einen Bummel durch das polnische Waldenburg machten, bekam sie „Porzellanfieber", denn die Stadt ist bekannt für sehr gute Porzellanerzeugnisse. Resultat der Einkäufe waren 2 Kaffeeservice für 6 Personen und etliche Einzelstücke. Sehen, begeistern und kaufen – war angesagt. Kein Wort davon, wie wir das Zeug über die Grenze nach Hause bringen sollten. Solche Mengen (es waren fast 60 Einzelteile) konnten leicht auf Schiebereien hinweisen. Also besprachen wir zum Abendessen, wie wir das „alles durch vier teilen" konnten und was – bei einer Kontrolle – jeder zu besitzen hatte. … Wie das ausging? Es gab keine Kontrolle an der Grenze auf der Rückfahrt am letzten Tag unserer „zweiten Hochzeitsreise". Alles wurde ohne Beschädigungen und Zwischenfälle nach Hause gebracht. Trotzdem begriff ich nicht die Wünsche der beiden Damen. Wenn man zu bedenken gab, dass Schwiegermutter Ida ansehnliche Vorräte an Porzellan besaß. Aber auch meiner Frau Jutta gefiel ein Service mit eckigen Tellern besonders gut und ein weiteres mit gewölbten Tassen und Goldrand. Dann dachte ich daran, Jutta würde besonderen Wert auf Unabhängigkeit und eigenen Hausstand legen… Entstanden war die „Porzellanidee" vor allem dadurch, dass in der damaligen DDR Kaffeetassen und ähnliches Geschirr nicht zu kriegen waren. Also lag es nahe, Kaffeegeschirr aus dem Nachbarland zu importieren. So kam es dazu, dass auch meine Mutter Ilse 6 Tassen mit Untertassen geschenkt bekam, die sie über 30 Jahre noch nutzen konnte.

7. Eine glückliche Familie

7.1. Unter einem Dach

Inzwischen waren wir ein Vierteljahr verheiratet und gaben uns redliche Mühe, aus jedem Tag das Beste zu machen, immer noch begleitet von der Sorge um die Schwiegereltern, die jeden Tag Betreuung und Pflege von uns erwarteten. Schwiegervater Ernst befand sich noch in einem Freiberger Pflegeheim auf dem Hosapitalweg und wir mussten fast jeden Tag dorthin, um die fehlenden Pflegeleistungen des Personals zu ergänzen oder abzusichern. Die Heim- und Pflegebedingungen waren katastrophal und für Juttas Vater völlig unzureichend.

Zur gleichen Zeit stellten wir uns die Frage nach Wohnraum für uns. Ich wohnte zunächst noch bei meinen Eltern in Brand-Erbisdorf, aber auf Dauer war das nichts. Eine Neubauwohnung oder überhaupt eine Bleibe war in Freiberg oder Umgebung nicht zu kriegen. Die Wartelisten bei der Wohnraumlenkung der Stadt sagten Wartezeiten von 8 bis 10 Jahren aus. Trotzdem ließen wir uns in Freiberg als „Wohnungssuchende" registrieren, da unklar war, was alles auf uns zukommt und wir auch Kinderwünsche hatten. So blieb letztendlich nur die Alternative, in Juttas elterlichem Haus zwei kleine Räume in der ersten Etage für uns herzurichten. Das war auch der sehr bestimmt ausgesprochene Wunsch von Juttas Mutter, auch selbst „an unserem neuen Glück teilhaben zu wollen", wie sie immer wieder sagte. Herz und Verstand sagten uns etwas anderes, denn es gab zu viele Beispiele dafür, bei denen „Jung und Alt unter einem Dach" zu familiären Zerwürfnissen geführt hatten. Andererseits gab es sehr wenige Lebensführungen der Familien von Eltern und Kindern, die sehr harmonisch verliefen.

Im Sommer begannen wir mit den Vorbereitungen für die ersten Renovierungs- und Instandsetzungsarbeiten in den Räumen mit schrägen Wänden unter dem Dach und unternahmen den Versuch, aus den wenigen Quadratmetern eine eigene kleine

Wohnung zu zaubern, ein Wohnzimmer und ein Schlafzimmer. Bad und Küche mussten wir zunächst gemeinsam mit der Schwiegermutter nutzen, woraus sich oft erhebliche Dissonanzen ergaben, die uns das Zusammenleben schwer machten.

Bei den Malerarbeiten half Schwager Heinz, alles andere bewerkstelligten wir selbst in Eigenleistung. Schlafzimmermöbel hatten wir auch noch nicht, denn wir standen immer noch auf einer Warteliste. Nachfragen im Centrum-Warenhaus Karl-Marx-Stadt ergaben eventuelle Aussichten 1974 oder 1975! Uns ließ das ungeduldig werden und wir unternahmen abermals einen Angriff auf das Möbellager. Und welches Wunder! Ein 50-Mark-Schein, so einfach nebenbei im Briefumschlag, eröffnete uns die Lieferung in zwei Wochen. …

Unser Wohnzimmer statteten wir für den Anfang mit meinen neuen Kehr-Montagemöbeln aus. Es war eine Modellreihe als Baukastensystem, unkompliziert, variabel und anpassungsfähig. Auch hatte ich mir Polstermöbel anfertigen lassen, die wir verwenden konnten. Für die erste gemeinsame Zeit musste das reichen. Jutta gab sich auf ihre Art besonders viel Mühe, um das kleine, neue Zuhause so gemütlich wie möglich auszugestalten. Das war ihre Stärke, Gestaltung und Wohnlichkeit.

An Haus und Grundstück gab es überdies sehr viel zu tun. Zu den meisten Arbeiten war Juttas Mutter selbst nicht mehr in der Lage und konnte auch Handwerksleistungen mit ihrer geringen Rente nicht finanzieren, also vielen sie uns zu. Der Garten war in Ordnung zu bringen, Reparaturen am Haus waren nötig, Brennstoffe für den Winter mussten beschafft und Holz gehackt werden usw. Auch musste ich mir dringend den Keller vornehmen, da viele Jahre kaum etwas für die Sanierung getan worden war. Wir legten einen übersichtlichen „Maßnahmeplan" an, was wir innerhalb von 18 Monaten verändern wollten und wie wir es auch finanziell schaffen könnten. Die größte Maßnahme dabei war der Einbau einer Etagenheizung für Erdgeschoss und Obergeschoss, um den gesamten Wärmehaushalt zu verbessern. Bisher mussten im Erdgeschoss 2 große Kachelöfen und ein weiterer im Obergeschoss separat beheizt werden. Mit einer neuen Heizung war die Feuerung nur noch von einer zentralen Stelle aus in der Küche möglich, was für uns alle bedeutende Erleichterungen brachte. Auch das Bad musste einer „Verjüngungskur" unterzogen werden. Der alte kohlebeheizte Badeofen wurde durch einen Gasdurchlauferhitzer zur Warmwasserbereitung ersetzt und das Badezimmer renoviert. Auch einige Schwachstellen an der Elektroinstallation mussten erneuert werden. In Zusammenhang mit dem Heizungseinbau wurde auch die Veränderung der Küche und ihre Ausstattung mit neuen Küchenmöbeln notwendig. Welche zu bekommen, war auch nicht einfach. Letztlich mussten wir die neuen Küchenmöbel aus Mittweida „importieren".

Ein Einfamilienhaus ist nicht gedacht für zwei Familien. Trotzdem mussten wir uns zu einem Kompromiss durchringen, weil es zu dieser Zeit keine andere Möglichkeit für uns gab. Wir hatten unsere beiden kleinen Räume bescheiden, aber gemütlich eingerichtet, doch blieb die Aufgabe, zwei Räume für die Schwiegereltern umzugestalten. Dafür hatten wir altersgerecht die beiden Räume im Erdgeschoss vorgesehen. Das fand auch die Zustimmung von Juttas Mutter. Für sie war es ideal, da auf gleicher Ebene auch die Küche nutzbar war.

Vor uns stand damit die Aufgabe, beide Räume neu zu tapezieren und weitere Malerarbeiten durchzuführen, bevor wir an das Umräumen der Möbel gehen konnten. Schwiegermutter zeigte sich bei all dem oft missgelaunt und ungeduldig, konnten wir doch die handwerklichen Arbeiten nur nach Feierabend oder an den Wochenenden durchführen. Uns gefiel die Art ihrer bestimmenden kritischen Haltung nicht, zudem wir uns über all den Ablauf geeinigt hatten. Was uns blieb, war, die Umgestaltung einfach durchzuziehen, so, wie wir es besprochen hatten.

Gegen Ende des Jahres verschlechterte sich der psychische Zustand von Juttas Mutter immer mehr und der behandelnde

Arzt machte uns mit Nachdruck darauf aufmerksam, es sei auch
für sie ein Klinikaufenthalt nicht auszuschließen, wenn sich ihr
Zustand nicht bald bessern würde. So kam es schließlicxh doch
zu einer Einweisung in die Nervenklinik Hochweitschen bei Döbeln und somit auch zur Notwendigkeit regelmäßiger Besuche.

7.2. Neues Glück

Im Sommer 1973 zeichnete sich ab, es könnte bald Veränderungen in unserer Familie geben. Jutta wurde „ein bisschen
schwanger", also war Nachwuchs angesagt. Wir hatten beide viel
für Kinder übrig und unsere gemeinsame Freude auf so einen
kleinen neuen Erdenbürger wuchs von Tag zu Tag. Die Frage, ob
Mädchen oder Junge, hat nie gestanden, umso größer war die
Spannung, was es wohl werden würde. Eine Ultraschallerken-
nung des Geschlechts war damals noch nicht möglich.

Wenn wir bald mit drei Personen in unseren engen Räumen
zurechtkommen wollten, musste das Umfeld stimmen. Somit
hieß es für uns, die gesamte Wohnung so umzugestalten, dass für
eine Kleinkindpflege alles passend war. Das Wichtigste war die
Beheizung des Hauses. So erkundigte ich mich nach einem geeigneten Heizsystem, das mit unserem kleinen Budget auch bezahlbar sein musste. Die Lösung fand ich mit einer Etagenheizung des Typs „Forst", die für 2 Etagen angepasst werden konnte. Ende Oktober war alles neu installiert und wir konnten den
Rest des Herbstes nutzen, um dadurch notwendige Maler- und
Instandsetzungsarbeiten auszuführen. Auch Platz für ein Kinderbettchen musste geschaffen werden. Die wichtigsten Aufgaben
hatten wir nun nach unserer Planung geschafft. - Es wurde
Winter – das Baby konnte kommen. Wir waren „empfangsbe-
reit"!
Dann war es so weit: Jutta bekam die ersten Wehen, war sich
aber unsicher, ob es schon der richtige Zeitpunkt war, um in die
Klinik zu fahren. Also holte ich Hilfe. Frau Bock, eine Nachba-

rin, die jahrelang mit Babys und Kleinkindern beruflich zu tun hatte, war die Rettung. Ich bat sie, mit zu kommen, um herauszufinden, was zu tun war.

Am Nachmittag des folgenden Tages war das Baby da. Es war ein Mädchen und wir hatten uns auf den kurzen Namen Grit geeinigt, eine schwedische oder norwegische Kurzform von Margarete. In der Klinik konnte ich das kleine niedliche Wesen bewundern, kaum zu glauben aber doch wahr. Mutter und Kind waren wohlauf. Alles schien in Ordnung zu sein. Wir schworen uns, alles für eine glückliche Zukunft unseres Kindes zu tun. Wie würde wohl seine Zukunft aussehen? Wir malten uns die schönsten Zukunftsbilder für das Kind aus und wünschten dem kleinen niedlichen Wesen das Allerbeste, Gesundheit und eine Welt in Frieden. Wie würde sich die Kleine entwickeln, welche Fähigkeiten und welche Fertigkeiten würde sie haben und welche könnte sie weiter entwickeln? Wie würde sie sich charakterlich zeigen? Diese Gedanken und noch viel mehr machten wir uns. Unsere Aufgabe war es jetzt, alles dafür zu tun, dass Klein-Grit in familiärer Harmonie unbeschwert aufwachsen konnte.

Als ich Jutta aus der Klinik mit dem kleinen Baby-Paket abholte, machte sich die kleine ziemlich lautstark durch Schreien bemerkbar. Als ich das Auto startete, trat plötzlich wieder Ruhe ein. Wir fuhren gleich noch zur Apotheke, um notwendige Medikamente zu besorgen. Als ich ausstieg, begann Grit erneut zu schreien. Ich besorgte alles und stieg wieder ein und startete das Auto erneut. Und wie ein Wunder war es, denn Grit beruhigte sich wieder. Zu Hause angekommen, ging das Geschrei weiter. Das war eigenartig. Hatte das Kind vielleicht Hunger? Auch das war möglich. Jutta hielt sich genau an die Empfehlungen der Klinik und zur Mutterberatung, was Stillen und weitere Verpflegung bedurfte. Und trotzdem gab es keine Nacht Ruhe. Grits Geschrei nahm und nahm kein Ende und bereitete uns ein Vierteljahr schlaflose Nächte. Nach einiger Zeit entschlossen wir uns mitten in der Nacht, das Kinderbettchen aus dem Schlafzimmer in das Wohnzimmer zu transportieren, mit samt dem Baby. ... So konnten wir die Lage etwas verbessern. Bei der nächsten Mütterberatung stellte sich heaus, das Kind hatte tatsächlich zu wenig Nahrung aufgenommen! Es hatte tatsächlich Hunger, großen Hunger!

Dann aber geschah etwas Seltsames:
Meine Frau Jutta hatte in Droyßig in Thüringen studiert und erhielt von ihren Mitstudentinnen eine Einladung zu einem Studententreffen. Wir entschieden, dass Jutta mit unserem neuen Skoda S 100 allein zum Treffen fahren sollte und ich mich um das Kind zu kümmern hatte. Als sie zurückkam, erledigten wir noch einige Wege und fuhren zuletzt bei meinen Eltern vorbei. Dann nahmen wir Kurs auf Freiberg, denn es war schon spät und Grit musste gestillt werden. Auf der Kohlenstraße am Rande von Brand-Erbisdorf geschah es dann: Unser Auto – nagelneu – blieb einfach stehen und sagte keinen Mucks mehr ...

Alles, was es zu kontrollieren gab, wurde von mir unter die Lupe genommen: Batterie in Ordnung, Zündung o.k., Tank gefüllt usw. Es war nichts zu machen, wir kamen nicht von der Stelle. Also lief ich zu meiner Schwester Trautel, die in der Nähe wohnte, um zu telefonieren. Mein Freund Hartmut war der rettende Engel, der eine Viertelstunde später mit seinem F 9 zur Hilfe eilte. Auch er fand den Fehler nicht. Da Jutta zum Stillen nach Hause musste, fuhr er sie zunächst mit seinem Wagen nach Freiberg und kam anschließend zurück. Jetzt blieb keine andere Möglichkeit: Der Skoda musste abgeschleppt werden. Mühsam, bis an seine Leistungsgrenze, quälte sich der alte F 9 dahin, um mich mit dem Skoda nach Hause zu bringen... Mehrere Kannen Kühlwasser brauchte der F 9 für 7 km, um "am Leben zu bleiben". ... Wir kamen noch bis fast vor die Haustür, dann war auch der F 9 erschöpft.

Schwiegermutter und Jutta hatten inzwischen den Tisch gedeckt und wir sollten uns erstmal beruhigen und etwas essen. Meine Ungeduld wurde immer größer. Ich wollte das Problem lösen und ging in Gedanken noch einmal alles durch. Ich begann bei Juttas Fahrt nach Thüringen und fragte sie dann: „Wieviel km bist du eigentlich gefahren?“

„Na, so über 500“, meinte sie.

„Und wo warst du das letzte Mal tanken?“

„Ich, tanken? Ich war nicht tanken. Der Tank ist noch zur Hälfte voll!“

„Aber das geht doch nicht mit rechten Dingen zu, über 500 km und immer noch eine halbe Tankfüllung, ohne nach zu tanken? Das ist unmöglich“. So meine Schlussfolgerung.

Ich nahm mir einen Kanister Benzin aus der Garage, ging auf die Straße, füllte den Treibstoff in den Tank --- und unser Auto lief wieder! Ursache war eine fehlerhafte Tankanzeige, weshalb ich am Tag danach das Auto in die Werkstatt brachte, um den Fehler zu beseitigen. Das musste ich bei Fa. Schleif drei Mal tun, auch dann war der Fehler immer noch nicht behoben.

Ich wurde zunehmend ärgerlicher und beschwerte mich über die lasche Arbeitsweise. Noch einmal verlangte ich, der Sache auf den Grund zu gehen und alle Teile, die mit dem Fall zusammen hingen, exakt zu untersuchen. Schließlich wurde auch der Tank ausgebaut und eine dellenartige Verformung festgestellt, wodurch die Messeinrichtung für die Kraftstoffmenge nach oben gedrückt wurde, was dazu führen musste, mindestens immer die Hälfte des Tankinhaltes anzuzeigen, egal ob Kraftstoff im Tank war oder nicht. Das also war die Ursache des Übels bei einem „absolut sparsamen Auto“, wie man gesehen hat. … Technik, die begeistert…

7.3. Die „Sylvana-Combo“

Kulturell gesehen, gab es zu dieser Zeit für die Bevölkerung durchaus erwähnenswerte Höhepunkte, die keinesfalls verschwiegen werden sollen: Als Beispiel führe ich die Tanzveranstaltungen der „Sylvana Combo“ an, die Live-Musik der Spitzenklasse bot und die Kulturlandschaft bei Musik und Tanz im Raum Freiberg wesentlich mit bestimmte! Jede Veranstaltung war im Nu ausverkauft. Karten zu bekommen, war entweder fast ein „Lottogewinn" ... oder man hatte genügend „Vitamin B" (wie Beziehungen, über die wir leider nicht in dem nötigen Maße verfügten...) oder man hatte genügend „Scheine" („frei konvertierbare Währung" natürlich, die wir auch nicht hatten), um von anderen im „Tauschgeschäft" die begehrenswerten Kärtchen zu erheischen. Aber auch „Forum-Schecks", die an Stelle westlicher Banknoten (die der Staat DDR selbst dringend nötig hatte) zu Zeiten der „Intershops" extra aufgelegt und herausgegeben wurden, um den DDR-Bürgern mit westlichen Verbindungen die „wertvollen" Moneten abzunehmen... Aber auch die „Schecks" halfen uns nicht, denn über diese Art Verbindungen verfügten wir auch nicht. Trotzdem gelang es uns ab und zu, Karten zu erstehen.

Moderne Musik nach westlichem Vorbild, aber auch die eingestreuten Witze und Pointen des Managers und Moderators der Kapelle, Manfred Pfeiffer, und nicht zuletzt das nach modernen Rhythmen und Titeln sehnsüchtige Publikum waren Gründe, weshalb die Schrödermühle den Kreisorganen von Brand-Erbisdorf und Freiberg oft ein Dorn im Auge war. Manfred Pfeiffer, „Pfeiffer mit drei f", wie er erinnernd an Heinz Rühmanns „Feuerzangenbowle" scherzhafterweise gern bemerkte, war zur damaligen Zeit Vorsitzender der PGH Radio und Fernsehen in Freiberg und ein ziemlich viel beschäftigter Mann, weshalb die Leitung der Sylvana-Combo Albrecht Backer übernahm.

Es Verbreitete sich doch schnell die Nachricht, dass die Combo auch „wieder mal" moderne (westliche) Musik spielte und an diesen Abenden wirklich was zu erleben war. Und das war nicht gerade im Sinne der DDR-Staatspolitik, aber es war auch der Grund dafür, weshalb die Karten für die Veranstaltungen so begehrt und so schnell vergriffen waren. ... Die Auftritte der Combo waren weit und breit so beliebt, dass schon nach den ersten paar Takten die Tanzfläche gefüllt war. Ende der 50er und in den 60er Jahren nahmen Rock and Roll und Twist auch in der DDR einen gebührenden Platz ein. Jedoch gab es sehr wenig Möglichkeiten, diesen modernen westlichen Rhythmen zu Tanzveranstaltungen zu frönen. Doch der Trend war nicht aufzuhalten. Radio und Fernsehen aus dem westlichen Teil Deutschlands taten genug dafür. Aber auch die Combo erkannte schnell die neuen rhythmischen Trends und Tänze, wodurch in der Mühle bei den Auftritten toll was los war – trotz verfügter Verbote oder Beschränkungen. Bald musste sogar die Bühne an die Straßenseite der Säle verlegt und damit die Tanzfläche verschoben werden, weil durch die intensiven Rhythmen das Parkett dermaßen in Schwingungen geriet, dass das Ganze statisch nicht mehr zu verantworten war. … Schon einmal in den „Goldenen Zwanzigern" gab es ähnliches zu erleben, bei Charleston & Co.

Aus eigenem Erleben kann ich die kulturelle und musikalische Qualität der „Sylvana Combo" bestätigen: Im Herbst 1974 hatte ich beispielsweise ein Studententreffen organisiert. Meine Mitstudenten mit Partnern waren Gäste in der Schrödermühle. Das Objekt war ideal für uns, denn inzwischen hatte das Stahl- und Walzwerk Brandenburg ein Bettenhaus errichtet, so dass wir auch Unterkunft bekamen. Höhepunkt war natürlich ein Tanzabend mit der „Sylvana-Combo". Die brachte genau die richtige pfiffige Stimmung für unser Treffen. Alle sprechen heute noch gern von diesem beeindruckenden Abend, nach über 40 Jahren.

So avancierte die „Sylvana-Combo" zu der Band, die wohl am längsten in der Schrödermühle spielte. Fasziniert von den Klängen der Hawaii-Gitarre begann Manfred Pfeiffers musikalische Entwicklung bereits 1954, als er zusammen mit Willy Olschewski im „Olschewski-Duo" zu einem Betriebsvergnügen der KONSUM-Genossenschaft in Freiberg auftrat. Dann war Pfeiffer Initiator der „Musette-Gruppe", die ab 1955 mit zahlreichen Gastspielen in der Region um Freiberg, um Nossen und im Erzgebirge auftrat. Schnell sprach sich die Fähigkeit der Gruppe, moderne Musik und Unterhaltung zu bieten, herum. Und der Bedarf der Menschen in dieser Zeit an kultureller Vergnügtheit war außerordentlich groß. Auch in der Schrödermühle gab die Combo bereits ab 1955 Gastspiele. Zu dieser Zeit, bis 1961, wurde die Gaststätte noch in Pacht von der HO bewirtschaftet und von den Eltern meiner Frau Jutta geführt.

Nach dem Verkauf der Mühle an das Stahl- und Walzwerk Brandenburg übernahmen die Familien Lippold, Mühe und Zetzsch im Auftrage des Betriebes die Leitung der Gaststätte. Die Beliebtheit der Tanzveranstaltungen führte bald zu einem festen Engagement der „Sylvana-Combo" als „Hauskapelle" der Schrödermühle. Nun waren die Auftritte der Combo keine „Gastspiele" mehr, sondern fest in das kulturelle Angebot des Ferienheimes und der Gaststätte integriert. Dreimal im Monat spielte die Gruppe zum Tanz auf und erhielt höchste Anerkennung von den Gästen. So präsentierte sich die Gruppe mit erstklassischer Musik und ausgezeichnetem Entertainment den Gästen bis 1982.

Es kam vor, dass die tanzbegeisterten Gäste sich schon auf dem Hof vor der Mühle versammelt hatten, um mit tosendem Beifall die Mitglieder der Combo mit ihrem Kleinbus „Barkas B1000" mit stehenden Ovationen stimmungsvoll zu empfangen.

Manfred Pfeiffer, gelernter Rundfunkmechaniker, arbeitete selbst ständig daran, die technische Qualität der Darbietungen zu erhöhen. Um die Beweglichkeit während der Auftritte auf der Bühne und auf den Tanzflächen in den Sälen zu verbessern, kam er auf die Idee, die noch in den Anfängen steckende kabellose Mikrofontechnik so weiter zu entwickeln, dass sie „bühnenreif" einsatzfähig war. Nun konnten auch extrem hohe und tiefe Tonlagen ohne Probleme beherrscht werden. Kabellose Mikrofone waren zu dieser Zeit eine echte Rarität. Die Sylvana-Combo hat ihre Entwicklung und Verbreitung hier zu Lande wesentlich beeinflusst.

In Zusammenhang mit den Auftritten der Combo war die Einhaltung der so genannten „60:40-Regel" ein wirklich „heißes Pflaster". Die Regel besagte, dass bei Musik- und Tanzveranstaltungen 60 % Musik aus der DDR oder dem sozialistischen Ausland und nur(!) 40 % westliche Musik, die auch von der DDR angekauft worden waren, gespielt werden durften - so die Anordnung der staatlichen Kulturorgane der DDR. Wurde diese Anordnung nicht eingehalten, zog das empfindliche Strafen nach sich. Anfangs hatten die Betreiber der Gaststätte die Strafen wegen „Nichteinhaltung der Spielgenehmigung" zu zahlen, später dann wurden die Musikgruppen selbst zur Kasse gebeten. So traf es auch vielmals die „Sylvana-Combo", woraus sich mühelos schließen lässt, dass es „Informanten" zu den Veranstaltungen gegeben haben muss, die die Organe des Kreises, vor allem die Abteilung Kultur des Rates des Kreises, unverzüglich über die gespielten Titel in Kenntnis setzten. Wie sonst wäre es möglich gewesen, dass bereits am nächsten Tag nach der Veranstaltung die Strafen verhängt wurden? „Den Verträgen nach spielten wir schon nach dem Verhältnis 60:40, allerdings aber 60 % westliche Titel und nicht umgekehrt", berichtete Manfred Pfeiffer humorvoll. „Wir spielten einfach, was die Leute wollten und was sie begeisterte. So einfach war das", erzählt er. Noch dramatischer wurde es für die Combo, wenn sie Titel spielte, die unter die Rubrik „VE" („Verbotene Einfuhr") fielen. Ein solcher Titel war beispielsweise „100 Mann und ein Befehl..." Die Folge: Etliche Geldstrafen und zwei Auftrittsverbote…

Pfingsten 1982 spielte die „Sylvana-Combo" zum letzten Mal in der Schrödermühle auf, unter Leitung des Chefs der Band, Albrecht Backer (Keyboard), Gerhard Rost (Saxophon), Lothar Hübler (Gitarre), Gerhard Glöckner (Bass), Gunter Scheidling (Schlagzeug), Irma Pfeiffer (Sängerin) und Manfred Pfeiffer (Gitarre und Moderation). Die begeisterten Fans und Freunde der Combo bedauerten diesen Abschied sehr, doch die Mitglieder der Band hielten den Zeitpunkt des Abschieds für gekommen.

Eine musikalische Legende fand in der Mühle ihr Ende. Nie wieder hat es eine Band aus der Region Freiberg bis zum heutigen Tage über so viele Jahre geschafft, Menschen mit solch stimmungsvoller und moderner Musik zu begeistern, wie es dieser Combo in stabiler Besetzung mit Leidenschaft und Spaß an der Freude gelungen war.

Auffallend und bemerkenswert ist, dass über die Combo und ihre Entwicklung in den regionalen Archiven, auch in den Hinterlassenschaften der Kulturbehörden und auch in der Presse so gut wie nichts zu finden war. Lediglich die „Freie Presse" veröffentlichte Anzeigen über Auftritte der Sylvana-Combo…

Wie Manfred Pfeiffer sagte, hatte die Band wegen ihrer publikumswirksamen Orientierung kein besonders gutes Verhältnis zu den Behörden, besonders nicht zum Rat des Kreises, Abteilung Kultur, nicht zum so genannten „Kreiskabinett für Kulturarbeit", nicht zur Volkspolizei, nicht zu Außenstellen des damaligen Ministeriums für Staatssicherheit. Ob man es wahr haben will oder nicht: Die „Sylvana-Combo hat ein bedeutendes Stück der Kulturgeschichte nicht nur im Raum Freiberg, sondern in ganz Sachsen mitgeschrieben.

7.4. Nach einem heißen Sommer

Der heiße Sommer 76 war für meine Frau Jutta besonders anstrengend. Wir erwarteten mit großer Freude unser zweites Kind und waren gespannt darauf, was es wohl sein würde – Junge oder Mädchen? Wenngleich uns unsere Neugier zu allerlei Zukunftsgedanken verleiten konnte, so erdachten wir sowohl eine männliche als auch eine weibliche Perspektive für den neuen Erdenbürger. Für uns war wichtig, das kleine Wesen und die Mutti in bester Gesundheit zu wissen.

Die Hoffnung auf neues Leben wurde jedoch von der schwierigen gesundheitlichen Situation um meine Schwiegereltern getrübt. Schwiegermutter Ida fühlte sich kaum noch in der

Lage, mit dem immer schlechter werdenden Zustand ihres Mannes um zu gehen. Geraume Zeit schon befand er sich in der Nervenklinik in Hochweitschen und brauchte Tag und Nacht Zuwendung und Pflege sowie ärztliche Betreung, da ihn seit Jahren die Alzheimer Krankheit quälte und er nicht mehr fähig war, sich selbst zu kontrollieren. Zweimal wöchentlich besuchten wir ihn und es war für uns eine schlimme Erfahrung, ihn in diesem schrecklichen Zustand zu sehen und nichts zur Besserung tun zu können. Am 31. August schließlich nahm sein Leidensweg ein Ende.

Der Todesfall meines Schwiegervaters überschnitt sich zeitlich mit der bevorstehenden Geburt unseres zweiten Kindes Anfang September. Gerade am Tag der Beerdigung musste ich Jutta in die Klinik bringen. Am 5. September erblickte Beate (die „Glückliche") das Licht der Welt... Die Freude war groß, aber dennoch von Trauer und Leid erfüllt. Doch einige der Trauergäste machten uns Mut mit dem altbekannten Spruch: „Einer kommt – und einer geht... - so ist das Leben".

7.5. Grit hat jetzt ein Schwesterchen

Unsere Grit mit jetzt zweieinhalb Jahren freute sich riesig auf das Baby und war auf ihre Weise besorgt, dass ihm nichts passierte. Beate war ein kleiner Sonnenschein und als neuer Erdenbürger ganz unkompliziert. Langanhaltendes Geschrei und schlaflose Nächte gab es kaum. So wurden wir auf diese Art belohnt und für die mit Schreien durchlebten Nächte unserer großen Tochter „entschädigt". Unser Familienleben wurde wieder einmal umgekrempelt, jetzt mit zwei Kleinkindern zu leben, war einfach anders und musste neu organisiert werden.

Den Zuspruch von Juttas Mutter fand das Ganze nicht. Von dem Moment an, als wir ihr mitteilten, wir würden ein zweites Kind erwarten, entwickelte sich zwischen uns ein sehr gespanntes Verhältnis. Sie gab uns mehrfach zu verstehen: „Musste das denn sein?“, immer wieder. Also war sie nicht besonders erbaut davon, noch ein Kind mehr im Hause zu haben. Das Ganze ergänzte sie mit einem Schwall von Vorwürfen, wir würden sie „aus dem Haus drängen wollen“ und Ähnliches. Nichts davon wollten wir, denn wir hatten Monate vorher unsere Anstrengungen für eine eigene Wohnung vervielfältigt. Die Leute der Wohnraumlenkung beteuerten immer wieder, erst wenn das zweite Kind wirklich geboren sei, würden wir als wohnungssuchend für eine Wohnung mit Kinderzimmer auf einer anderen Liste registriert. Wir ließen also nicht locker und wurden alle zwei Wochen bei den Behörden vorstellig. Weder über den Rat des Kreises Abt. Volksbildung noch über meinen Betrieb war etwas zu machen. Also mussten wir noch geraume Zeit zusammen in unserem Haus auskommen.

Die Auseinandersetzungen, die Juttas Mutter immer wieder ins Feld führte, strapazierten gehörig unsere Nerven. Einerseits sah sie die glückliche Entwicklung unserer Familie, andererseits wollte sie ein solches beengtes Zusammenleben nicht wirklich anerkennen. Zwar wollte sie, dass wir in ihrer Nähe sind und uns um das Haus kümmern, aber sie wollte ihre vorherrschende Bestimmtheit dabei nicht aufgeben. Unsere Vorschläge, das Haus zu erweitern, wies sie von sich. Hinzu kamen Verschlechterungen ihrer nervlichen Verfassung. Oft kam es vor, dass sie nachts plötzlich wie ein Gespenst im Dunkeln in unserem Schlafzimmer stand und uns Jammerreden hielt. So wurde diese Art Zusammenleben immer unerträglicher. Uns fiel es unglaublich schwer. mit diesen Bedingungen fertig zu werden. Die glücklichen und freudigen Stunden mit unseren Kindern halfen uns über so manchen Tiefpunkt hinweg.

7.6. Lichtblicke – neue Wohnung

Unablässig bemühten wir uns um eigenen Wohnraum, immer und immer wieder. Eines Tages im Frühjahr erhielten wir in

Freiberg eine Zuweisung für eine Zweiraumwohnung im Wasserberggebiet, 5. Etage, ohne Kinderzimmer. Die Wohnung war nur 3 Quadratmeter größer als das, was wir bereits hatten. Eine Lösung für uns mit zwei Kleinkindern konnte das nicht sein und wir mussten ablehnen.

Dann wandte ich mich wiederholt an die Abteilung Arbeiterversorgung meines Betriebes im Nachbarort Brand-Erbisdorf. Dort war ich schon längst als wohnungssuchend registriert, aber bislang gab es keine Möglichkeiten. Jedoch rückte ich auf der Warteliste ein ganzes Stück nach vorn, da wir inzwischen zwei Kinder hatten und somit eine höhere Dringlichkeitsstufe bestand. Man versprach mir, sich der Sache anzunehmen, sobald die Wohnungskontingente für den Betrieb seitens der Stadt festgelegt würden. Gegen Jahresende erhielten wir Bescheid, für Sommer nächsten Jahres voraussichtlich eine Wohnung mit Kinderzimmer zu erhalten. Unsere Freude war groß und ein halbes Jahr etwa würden wir auch noch überstehen. Wohnungsmäßig zeichneten sich erste „Lichtblicke“ am Horizont ab…

Wochen später geschah etwas Seltsames. Im Neubaugebiet Külzstraße wurden mehrere Wohngebäude errichtet. Der Betrieb hatte inzwischen eine eigene Zahnarztpraxis errichtet und hatte eine Stelle für einen Zahnarzt ausgeschrieben. Dieser sollte herangeführt werden und eine Neubauwohnung bekommen. Bald stellte sich heraus, dass der vorgesehene Zahnarzt seine Tätigkeit nicht aufnahm. Somit wurde die für ihn reservierte Wohnung verfügbar. Da wir nach ihm den nächsten Platz auf der Warteliste einnahmen, erhielten wir nun kurzfristig die Wohnraumzuweisung und konnten die Räume ab 16. Februar bereits beziehen. Wir glaubten zu träumen, aber es war wirklich wahr, wir konnten in eine eigene Wohnung ziehen. Einer unserer großen Träume wurde endlich Wirklichkeit, kaum zu glauben aber wahr.

7.7. In Pelzkuhl auf Beerenjagd

Pelzkuhl findet man auf keiner Landkarte. Es bezeichnet eine Stelle am Langen See in der Nähe von Rheinsberg in Mecklenburg, dort wo es viele Seen gibt und blanke Natur ringsum. Es gab eine Bungalow-Siedlung, die die Schiffswerft Rechlin errichtet hatte. Diese stand im Urlauberaustausch mit den Press- und Schmiedewerken in Brand-Erbisdorf, in denen ich arbeitete. Wieder einmal waren die Urlaubsaussichten miserabel und so wandte ich mich an das betriebliche Ferienwesen, um eine Möglichkeit in betrieblichen Austauschobjekten zu finden. Mit zwei Kindern erhielt ich den Zuschlag für einen Platz in Pelzkuhl.

Der Bungalow war für damalige Verhältnisse gut ausgestattet. Es gab warmes und kaltes Wasser und Kochmöglichkeiten auf einem Propangasherd. Allerdings lag die nächste Einkaufsmöglichkeit 3 km entfernt im Dorf Strasen. Diese Strecke musste man auf einer Sandpiste bewältigen, einer alten Panzerstraße, die die Armee ab und zu nutzte. Aber insgesamt war die Lage des Objektes in freier Natur für eine Familie mit Kindern genau so ideal wie für Wassersportfreunde, Naturbegeisterte in absoluter Ruhe oder Angler.

Wir fanden uns oft zusammen mit Familie H., spielten an den Abenden Rommé und tranken ab und zu mal einen „Grünen", einen Pfefferminzlikör. So waren wir eine lustige Truppe und hatten viel Spaß miteinander. Die beiden Frauen, Lilo und Jutta, hatten ihre Leidenschaft für Pilze und Beeren entdeckt. Oft gingen sie früh am Morgen in den angrenzenden Wald auf die Pirsch, um köstliche Pilze zu finden. Der Wald war Manövergelände und durfte normalerweise nicht betreten werden. Aber sie wagten es doch, weil es hier weit und breit Pilze der besten Qualität zu finden gab und in solchen Mengen, die für mehr als nur für Mahlzeiten reichten. Also trockneten wir die Exemplare für die Winterbevorratung. Während die Frauen auf Pilzjagd waren, betreute ich die Kinder und bereitete das Frühstück vor.

Wenn es nicht in die Pilze ging, dann warteten tausende köstlicher Brombeeren darauf, von uns „gejagd" zu werden. Wir hatten tolle Stellen ausfindig gemacht und kehrten jedes Mal mit reichlicher Beute zurück. Die Ernte war immer so reichlich, dass wir alle Verfahren zur Verarbeitung der Beeren anwenden mussten: Es wurden Marmelade und Saft zubereitet und abgefüllt, Beeren eingeweckt, frische Beeren zu den Mahlzeiten verspeist und verführerische Bowlen angesetzt. Mit dem Einkochen war das so eine Sache, denn dazu brauchte man geeignete Weckgläser. Die kauften wir in den umliegenden Orten auf. Bald war auch dort nichts mehr zu kriegen und wir mussten bis Mirow fahren, um unseren Bedarf zu decken. Ein paar Tage später waren auch dort die Gläser nicht mehr zu bekommen…

Am Ende unseres Urlaubs standen wir vor einem ziemlichen Transportproblem, denn der Umfang an Gläsern und Flaschen hatte beträchtlich zugenommen. Jeder freie Platz in unserem Skoda musste genutzt werden. Schließlich hatte der Wagen mit uns ein solches Gewicht, dass die Schmutzfänger auf dem Boden schliffen. Aber als wir die Panzerstraße mit den vielen Löchern in Schrittgeschwindigkeit passiert hatten, konnten wir damit rechnen, auch zurück nach Hause zu kommen.

7.8. Rügenradio mit dem Meeresweihnachtsmann

1980: Insgeheim hatten wir mal von einem guten, nieveauvollen Ferienplatz an der Ostsee geträumt. Lange Zeit blieb es ein Traum, weit weg von der Wirklichkeit. Im Spätherbst bewarb ich mich erneut in der betrielichen Gewerkschaftsleitung um einen FDGB-Ferienplatz an der Ostsee, allerdings für den Sommer. Uns wurde aber ein Platz über Weihnachten und Silvester für 4 Personen, also Eltern und 2 Kinder, angeboten. Das Ziel hieß Kühlungsborn, mit einem gut ausgestatteten Ferienheim der höheren Kategorie. Das war zwar nicht der ersehnte Sommer, aber wir sagten uns, Jutta könnte sich Weihnachten und Silvester auch mal das Festessen servieren lassen und brauchte mal keinen Stress in der Küche zwischen „Frühstück und Gänsebraten“ zu haben. So wünschten wir uns schöne und entspannte Tage zu Weihnachten und zum Jahreswechsel. Zudem konnte die Ostsee im Winter bei Sturm und eisiger Kälte ein besonders spannendes Erlebnis sein. Wir konnten Strandgänge am Tage und auch am Abend genießen und bestaunten die stürmische Gewalt der Meereswellen. Die beiden Mädchen waren begeistert von dieser Art Meeresabenteuer, das sie so noch nie erlebt hatten. Wurde es uns zu kalt oder zu stürmisch, konnten wir uns getrost in unsere behaglichen Zimmer zurückziehen…

Die Verpflegung war außerordentlich reichhaltig. Es gab eine große Auswahl am Frühstücks- und am Abendbuffet und mittags konnten wir zwischen mehreren Gerichten wählen. Für die Kinder gab es extra Kinderbuffets mit tollen Überraschungen, und Leckereien verschiedener Art. Sie waren jedes Mal begeistert…

Für die Kinder gab es zum Heiligabend ein Kinderprogramm mit dem Weihnachtsmann und natürlich mit kleinen Geschenken. Für die Erwachsenen dann am Abend ein Festprogramm. All das wurde vom Personal mit einer solchen Herzlichkeit präsentiert, dass wir in keiner Weise auf die angenehmen und freudigen Seiten des Festes verzichten mussten.

Anfangs hatten wir gewisse Bedenken, diesmal Weihnachten nicht in unserer warmen, gemütlichen Wohnung zu sein, ohne Weihnachtsbaum, Pyramide und all den erzgebirgischen Holzfiguren. Aber wir wurden jeden Tag mit neuen Erlebnissen und Begegnungen überrascht.

Da war dann doch noch ein kleines Problem, das sich die Kinder nicht auszusprechen trauten: „Was war denn nun mit unseren Geschenken, die uns sonst der Weihnachtsmann zu Hause gebracht hätte?“ „Jetzt sind wir weit weg von zu Hause“, meinte Beate, „und hier gibt es nur Wasser…“ Vorsichtig fragten beide dann beim Abendessen dann doch, ob da nicht vielleicht doch noch für die Kinder eine Kleinigkeit unterwegs wäre …

Dabei hatten wir uns bereits zu Hause Gedanken darüber gemacht, wie wir den Mädchen am besten eine Weihnachtsfreude an der Ostsee machen könnten. Die weihnachtlich verpackten Präsente verstauten wir in einem großen Sack, und der ging mit uns auf die Reise im Skoda nach Kühlungsborn. Vor Ort ging es nun darum, wie die Geschenke am spannendsten überreicht werden sollten. Dafür bot sich die Idee mit „Rügenradio" an. Dieser Sender hatte ständig Kontakt über Kurzwelle mit der ganzen Schiffsflotte der DDR weltweit. Wir nummerierten die Geschenke und besprachen eine Audiokassette mit Weihnachtsgrüßen, Weihnachtsmusik und den Geschenknummern mit dem Namen der Empfänger. Im Hintergrund war „Rügenradio" zu hören. Natürlich sandte auch der „Meeresweihnachtsmann" die passenden Grüße an die Kinder. Die erhielten von ihm über Funk den Auftrag, die Präsente nach der Nummerierung dem Empfänger zu übergeben. Mit Spannung verfolgten Grit und Beate die Sendung und alles machte einen riesen Spaß. Wir hatten alles auf unserem Recorder aufgenommen und mit allen Hintergrundgeräuschen von Rügenradio klang das Ganze verblüffend echt. Noch immer glaubten die Mädchen an den Weihnachtsmann. Wie sollte er denn sonst wissen, dass wir gerade an der Ostsee in Kühlungsborn waren?

Am ersten Weihnachtsfeiertag unternahmen wir einen Strandbummel mit dem Ziel, die Meeresschwimmhalle anzusteuern. Da flog doch dauernd ein Hubschrauber über uns hinweg… Ich erklärte, das könne vielleicht der Meeresweihnachtsmann sein. In diesen Momenten flogen kleine Päckchen aus der Luft vor die Füße der Mädchen. … Wir hatten Musik- und Märchenkassetten und Pfefferkuchen zauberhaft verpackt und zu Flugobjekten gemacht. - Wieder ein toller Spaß mit tollen Erlebnissen, von denen wir noch heute gern erzählen. Die Freude der

Kinder war groß, doch den Hubschrauber mit dem Meeresweihnachtsmann haben sie leider nicht gesehen. …

7.9. Der Kartoffelkönig

Da wir wie ein „Abeiter- und-Bauernstaat" sein wollten, kam es auch zu unserem Politikstudium dazu, mit Mitgliedern anderer Blockparteien zusammen zu arbeiten und zu studieren. So gehörten zu unserem Seminar nun auch Mitglieder der DBD (Deutsche Bauernpartei Deutschlands), einer Partei der Nationalen Front der DDR. Hierzu gehörte auch Siegfried, der LPG-Vorsitzender in Großwaltersdoerf war. LPG war die Abkürzung für „Landwirtschaftliche Produktionsgenossenschaft" in der DDR.

Siegfried hatte seine Genossenschaft gut im Griff und der landwirtschaftliche Betrieb rangierte unter den besten in Sachsen. Zu seinem Reich gehörte auch eine der modernsten Kartoffellagerhäuser Europas, weshalb man ihm den Beinamen „Kartoffelkönig" verlieh. Das Kartoffellagerzentrum in Großwaltersdorf im Erzgebirge galt damals als eines der modernsten seiner Art überhaupt und mit speziellen Lagertechnologien. Nun war er in unserer Mitte – und musste genau so studieren wie wir. Seine poltrige Art, sich auszudrücken und anderen Menschen Anweisungen zu geben, war erst mal nicht mehr so gefragt.

Von Zeit zu Zeit aber waren wir eine recht lustige Truppe und oft froh darüber, neben dem anstrengenden Studium auch mal Spaß und Freude erleben zu können. Zu unserem Seminar gehörten Leute aus allen möglichen Berufsgruppen. Abgeordnete des Rates des Bezirkes Karl-Marx-Stadt (Chemnitz) gehörten genau so dazu wie Wissenschaftler, LPG-Vorsitzende, Betriebsleiter, Polizisten oder ein „Feuerwehrhauptmann"… Ab und zu gelangen uns prächtige Späße, die die ganze Mannschaft zum Lachen brachten, wie zum Beispiel die Sache mit dem „geheimnisvollen Rucksack". Und das kam so:

Das Nachbarzimmer neben uns bewohnten Klaus und Siegfried. Klaus war LPG-Vorsitzender und Siegfried, den alle von uns scherzhaft „Chruschtschow" wegen seiner poltrigen Art nannten, war auch Vorsitzender einer LPG Pflanzenproduktion und dazu gewählter Bezirkstagsabgeordneter. Manchmal gaben wir ihm den zusätzlichen Beinamen „Wanderniere", weil er ständig in Bewegung war und blitzschnell von einem Ort zum anderen huschte. Es kam oft vor, dass er entweder nicht oder nur schwer über Umwege auffindbar war. ... Sein lustiges und lautstarkes, zuweilen etwas quirliges Auftreten ließen ihn oft von weitem schon erkennen, so man ihn endlich gefunden hatte.

Eines Tages hatten wir in der Frühstückspause von einigen Damen eines anderen Seminars mitbekommen, dass Siegfried am Abend mit ihnen einen Treff vereinbart hatte. Außerdem war uns aufgefallen, dass Siegfried mehrfach verschwunden war, um die „Zutaten" für das Date zu besorgen. Vier Flaschen Rotwein in seinem Bücherregal mussten auffallen. Aber das war nicht alles. Am Nachmittag tauchte Chruschtschow wieder auf, diesmal mit einem prall gefüllten Rucksack. Zwischenzeitlich war er bei seinem Bruder in Oederan gewesen, der eine große Fleischerei sein Eigen nannte. Dort ließ er den Rucksack mit knackigen, frischen Wiener Würstchen (in „Überlänge") füllen. Man brauchte den Rucksack nicht zu öffnen, der frische Duft der Wiener drang auch so an unsere Nasen. Es war völlig klar: Das Sortiment war „damenfreundlich" und für das geplante Date gedacht... So kamen wir nach einer Weile auf die Idee, ihm diese Angelegenheit zu „verkümmeln". Was konnten wir tun?

Siegfried hatte den Rucksack in seinem Zimmer abgestellt und am Nachmittag war er wieder mal – verschwunden. Eine gute Gelegenheit für uns, aus der Sache was zu machen. Der köstliche „Wiener Duft" verführte uns immer mehr zu dem Vorhaben, den Sack zu leeren und an Stelle der Würstchen eine große Menge Zeitungspapier und Bücher einzupacken. Die Wiener selbst verteilten wir an unsere Seminarteilnehmer, die sie mit

„Wollust" genießen konnten. Wir kassierten von jedem 2 Mark und legten in den Rucksack die zur Bezahlung nötigen Scheine in „stabiler, nichtkompatibler DDR-Währung" mit einem Dankeszettel und der Bemerkung: „Es hat uns vortrefflich geschmeckt, legen Wert auf Wiederholung. – Die Teilnehmer des Seminars 4".

Dann abends 20:00 Uhr war der Zeitpunkt herangerückt, zu dem Siegfried zu seinem „Damentreff aufbrechen wollte. Der Wein stand noch in seinem Regal, doch der Rucksack kam ihm „spanisch" vor, was ihn dazu veranlasste, nachzusehen. Als erstes war Klaus, sein Zimmdernachbar, der Schuldige. Der aber betonte: „Ich weiß von nichts – ich war Kaffee trinken…" Siegfried geriet immer mehr in Wut: „Das ist die größte Sauerei, die ich jemals erlebt hab…" wetterte er lautstark. Dann kam er in unser Zimmer und sagte uns aufgeregt, er sei beklaut worden. Alles aus seinem Rucksack sei verschwunden. Er fragte uns, ob wir etwas bemerkt hätten. „Wir doch nicht, wir waren zur Sitzung im Keller…" Auf die Frage, ob denn sein Zimmer verschlossen war, antwortete er: „Natürlich nicht…" Peinlich. Wir empfahlen ihm, er solle doch noch mal seinen Rucksack genau kontrollieren, vielleicht sei doch noch was zu finden. Offensichtlich hatte er übersehen, dass anstatt der Lebensmittel einige Geldscheine dabei lagen. In der ganzen Aufregung mussten sie wohl zwischen die Zeitungen gerutscht sein. Wütend verließ er unser Zimmer, um nach zu sehen. Genau so wütend kam er schnell zurück. Wenig später klang ein lautstarkes Toben durch die Räume und Siegfried riss wutentbrannt alle unsere Zimmertüren auf und schimpfte in nicht überhörbarer Lautstärke mit der Kraft eines Bauern: „Ihr verfluchten Hunde, habt meine Wiener weggefressen!" Wir stellten uns dumm und beteuerten, wir wüssten von nichts.

Das Geld und den Dankeszettel, im Rucksack versteckt, hatte er vor Aufregung noch nicht einmal gesehen. So kam es zu einer Pleite bei dem geplanten Treffen mit den Damen. Die versprochenen köstlichen Wiener waren nicht mehr verfügbar. Lautes Gelächter der Weiblichkeiten mit spöttischem Beiwerk waren übrig geblieben. Rotwein musste zur Rettung genügen... „So schmeckt Gutes", sagten wir damals. Heute ist der Ausspruch ein gelungener Slogan für die Werbung der Fleischerei Richter in Oederan.

Wochen später standen wieder 5 Flaschen köstlicher Rotwein in Siegfrieds Bücherregal. Diesmal wollten wir versuchen, die Flaschen auf magische Weise verschwinden zu lassen. Das gelang zunächst am Morgen, während Siegfried zum Duschen gegangen war. In der Zwischenzeit verpackten wir das Flaschensortiment in sein Kopfkissen so geschickt, dass er es nicht bemerken konnte... Erst am Nachmittag bemerkte er den Verlust. Auch diesmal war der Wein für eine „ Damenfete" geplant, aber leider war nichts mehr da ...

7.10. Schwanenhälse

Wohl jeder kennt Peter Tschaikowskis Ballett „Schwanensee". Wie es zu einer lustigen „Kopie" kam, soll ein anderes Ereignis zeigen, dass das Lächeln der Seminarteilnehmer während unseres Studiums in Mittweida anzog wie ein superstarker Magnet: Trotz des hohen Studienpensums, das wir während des einjährigen Politikstudiums zu bewältigen hatten, leisteten sich vier, manchmal fünf Seminarteilnehmer männlichen Geschlechts (ich vermeide bewusst die Bezeichnung „teure Genossen"...), die „persönliche Freiheit", mittwochs am Nachmittag mit dem Auto nach Hause zu fahren, um „dringende Angelegenheiten" zu erledigen, kurz: um zu Hause ihre Frauen zu besuchen. Es war ja schließlich Mittwoch – und an diesem Tage brauchte „Mann" seine Abwechslung. Darunter war auch Jürgen E., der Parteisekretär unseres Seminars. Er war derjenige unter uns, der besonders hart und streng auf „Partei- und Studiendisziplin" achtete. Als „Feuerwehrhauptmann" versuchte er hartnäckig, seinen Stil auch im neuen Kollektiv durchzusetzen. Die Linie der Partei stand für ihn im Vordergrund, unsere persönlichen Probleme kaum oder gar nicht. Über Umwege erfuhren wir mit der Zeit von Zusammenhängen, die zu den Aussagen der Mittwochsflüchtlinge nicht so richtig passten und einige von uns deuteten Vermutungen an, trauten sich aber nicht, davon zu sprechen. Unterschwellige Gerüchte nahmen ihren Lauf. Dann durch Zufall beim Mittagessen in der Kantine sprach uns eine Teilnehmerin aus einem anderen Seminar an, ob wir denn am Abend auch zum Tanz kommen würden. „Zum Tanz", fragte Klaus J., der im Nebenzimmer wohnte. „Ja, klar, zum Tanz in den Schwan. Eure Leute sind doch auch dort."

Das war der Punkt, auf den es ankam. Sofort schnupperten wir eine Spur und konnten uns vorstellen, der Sache auf den Grund zu gehen. Es war wieder mal Mittwoch am Nachmittag und als die Herren davon zogen, sagten wir, wir müssten noch studieren, denn schließlich schrieben wir am nächsten Tag eine große Klausur. So war es auch, aber die wesentlichen Vorbereitungen hatten wir längst abgeschlossen. Vielmehr hatten wir jetzt eine ausgedehnte Wanderung über das Umland von Altmittweida vor, mit dem Ziel, am Abend zwischen 19:00 und 20:00 Uhr im Restaurant „Schwan" in Mittweida zu sein und die verschwundenen Herren zu treffen, unverhofft. Genau das taten wir, hatten riesigen Spaß unterwegs und malten uns schon die erschrockenen verdutzten Gesichter aus, die wir zu sehen bekommen würden. Wir betraten den Tanzsaal, prall gefüllt mit abenteuerlustigen und tanzwütigen „Figuren" – und wir trafen sie alle! Wie erwartet, plötzlich puderrot im Gesicht und erschrocken, entdeckt worden zu sein, traten sie uns gegenüber und fragten neugierig, was wir denn hier machten. Wir sagten einmütig, wir hätten eine Einladung von den Damen des Seminars 2 und die kameradschaftlichen Genossen unseres Seminars hätten es ja nicht für nötig gehalten, diesen Abend auch uns zu gönnen. Die Gesichter wurden rot und röter… Überdies werteten wir diese heimtückische Tatsache als „eklatanten Vertrauensbruch", wo doch die „teuren Genossen" so viel von „Vertrauen und Ehrlichkeit" sprachen. Also predigten sie „Wasser" und soffen den „Wein". …

Am nächsten Tag war auch außerhalb der Klausur Funkstille und die betreffenden vier waren arg in der Klemme und wussten nicht so recht, wie sie sich verhalten sollten. Dann ließen wir – die Entdecker – erst mal Gras über die Sache wachsen, aber immer dann, wenn es wieder mal um persönliche Dinge, Mutmaßungen oder Anfeindungen ging, dann kamen wir auf das Erlebnis zurück, berechtigt. Zur Auflösung des Vorfalls kam es letztendlich zum Abschlussfest am Ende des Studiums zusammen mit allen Ehepartnern. Als Geschenk für eine besondere Anerkennung überreichten wir eine große Schüssel mit Wasser und einem schwimmenden Schwan, gewissermaßen als Symbol für die nicht erwartete „Entdeckung geheimnisvoller Männer" bei geheimnisvollen Tänzen zu geheimnisvollen Stunden im Vergnügungslokal „Schwan" von Mittweida. Wir „tauften" unseren Einfall mit der passenden Bezeichnung „Schwanensee". … Gegenüber den Frauen war das ziemlich blamabel und sie stellten ihre Männer zur Rede, aber die Wirkung war eine gewaltige. Über Nachwirkungen oder Risiken und Nebenwirkungen ist uns leider nichts Genaues bekannt. Schade!

Ein Parteisekretär oder Parteivorsitzender sollte ein Vorbild sein, damals wie heute. Enttäuschungen verschiedener Art erlebten wir in der Arbeiterpartei der DDR, noch mehr in den machtbesessenen bundesdeutschen Parteien der Gegenwart. Der Parteisekretär unseres Seminars hatte uns zusammen mit einigen anderen vorgegaukelt, aus „dringenden Gründen" nach Hause fahren zu müssen. Dann stellte sich alles völlig anders dar, nämlich als eine infame „Mittwochslüge" uns gegenüber. Übrigens war darunter genau der Mann, der Jutta vor allen im Seminar „mangelnde Studiendisziplin" vorwarf, weil sie erst am Montag mittags wieder zu den Vorlesungen erscheinen konnte, da sie einen dringenden Frauenarzttermin hatte. Trotz ihrer ordnungsgemäßen

Abmeldung wollte er in keiner Hinsicht Verständnis dafür auf-
bringen. Das sei auch anderweitig zu regeln gewesen, faselte er
Begründung suchend. Dabei wusste jeder, dass bei dem akuten
Ärztemangel ein Termin beim Frauenarzt fast einem Lottogewinn gleich kam.

7.11. Sex im Politikstudium

Wenn mir damals einer gesagt hätte, Sex spiele auch in den
Lehrplänen an den Parteischulen eine bedeutende Rolle, so hätte
ich das nie geglaubt. Aber aus eigenem Erleben kann ich durchaus beweisen, dass das Thema auch zu DDR-Zeiten neben FKK
und „Außenseiter-Spitzenreiter" durchaus wichtig war. Aufklärung während einer politischen Qualifizierung? Wie denn das?

Eines Tages saßen wir alle in einem Seminar und es ging um
das Funktionieren der Gesellschaft im Sozialismus und auch im
Kapitalismus und dem Staat als Machtinstrument der herrschenden Klasse, der dieses Funktionieren organisieren und garantieren muss. Vorträge wurden gehalten, Meinungen geäußert und
mit Zitaten gearbeitet. Dann meldete sich Gerald N. zu Wort und
wollte verschiedene Zusammenhänge anhand von Zitaten darstellen. Er las und las und auch … der „gesellschaftliche Orgasmus" unterliege ganz bestimmten Gesetzmäßigkeiten… Wir
Teilnehmer konnten uns kaum das Lachen verbeißen, blieben
aber ruhig mit dem Ziel, die Sache in der Pause aufzuklären. –
Dann kam die Pause und Harald fragte aufgeregt, warum wir
denn bei seinem Beitrag alle so hämisch gegrinst hätten. Erst
antwortete keiner. Dann sagte einer: „Du wirst es schon wissen,
und Erfahrung hast Du auch…" Harald wusste immer noch nicht,
worum es ging und was hier überhaupt gespielt wurde. Weil er
nicht mehr weiter wusste, wandte er sich nun vertrauensvoll an
Jutta. „Was war denn los? Kannst Du mir mal erklären, warum
die alle so komisch tun?" „Kann ich", sagte Jutta. „Es geht um

Deinen Beitrag. Da hast Du bestimmt was Wichtiges verwechselt."

„Was habe ich denn Falsches gesagt?"

„Nicht viel Falsches, Du hast nur einen Begriff verwechselt, alles andere war richtig. Ja, Du wolltest uns erklären, wie der gesellschaftliche Organismus strukturiert sein muss, hast aber vom „esellschaftlichen Orgasmus" gesprochen. Weißt Du jetzt Bescheid?" Harald errötete sichtlich, meinte aber verschämt, er habe das gar nicht mit bekommen. …

7.12. Rekonstruktionen

Im Sommer 1984 begannen wir mit den ersten Maßnahmen zum Um- und Ausbau unseres Einfamilienhauses. Das alles bedeutete eine komplette Rekonstruktion. Die Inanspruchnahme verschiedener Handwerksleistungen war zwingend notwendig, aber äußerst schwierig, weil die Kapazitäten der Handwerksbetriebe hinten und vorn nicht ausreichten. Deshalb meldeten wir schon Jahre vorher aus der Ferne schriftlich unsere Aufträge für die Jahre 1984 bis 1986 schriftlich an. So kam es, dass wir zu den geplanten Zeiten die Handwerker dann auch zur Verfügung hatten. Das zog wieder Neid und Missgunst einiger Nachbarn auf sich und es gab eine Beschwerde an den Rat der Stadt Freiberg, in der wir des „Betruges und der Bestechung" beschuldigt wurden. Dabei hatten wir nur langfristig unsere Handwerksleistungen geplant und geordert. Alles konnten wir schriftlich nachweisen und die Beschuldigung platzte wie eine Seifenblase. …

Das Erste, was wir tun mussten, war die vollständige Erneuerung der Elektroinstallation vom Keller bis zum Dach. Die Installationspläne hatte ich nach den Bauzeichnungen schon in Warschau anfertigen können. Die Elektrofirma erledigte alles wie vorgesehen in der Zeit unserer Sommerferien. Daneben trafen wir Vorbereitungen für Abriss- und Maurerarbeiten im kommenden Jahr, nach Beendigung unseres Auslandseinsatzes.

Für 1985 waren außerdem die vollständige Erneuerung der Gas-Wasser-Installation und die Modernisierung der Heizungs- und Warmwasseranlage geplant. Für unser Bauvorhaben brauchten wir Baufreiheit auf dem Grundstück. Deshalb mussten 5 große Obstbäume fallen. Das erledigte mein Neffe Bernd mit einigen Kameraden der Feuerwehr und der nötigen motorisierten Technik während unserer Abwesenheit noch im Herbst.

7.13. Sven, der „junge Mann"

Die Hoffnung war groß: Würde unser drittes Kind vielleicht ein hübscher Junge werden? Doch alles in allem dachten wir an eine tolle Überraschung und es war von den Naturgesetzen und den Erbanlagen abhängig, was es diesmal werden würde. Nur gesund und fröhlich sollten Mutter und Kind sein. Das war uns wichtig. Aber ein Sohn für den stolzen Vater – das wär' schon was!

Wieder einmal war es ein spektakulärer, von Aufregung gespickter Januartag. Unmassen von Schnee führten zu extremen Verkehrsbehinderungen. Ich konnte Jutta schon nicht mehr mit eigenem Fahrzeug in die Klinik bringen. So mussten wir am Vormittag das DRK mit einem schneegängigen Einsatzwagen anfordern. Jutta meinte, es sei noch Zeit, aber ich wollte zu ihrer Sicherheit die erforderliche ärztliche Betreuung in der Klinik.

Dann dauerte es nicht mehr lang, und der kleine Erdenbürger erblickte um 14:00 Uhr das Licht der Welt. Als ich am Nachmittag mit nassem Anzug bei Schneesturm in der Klink eintraf, glaubte ich meinen Augen nicht zu trauen: Tatsächlich, es war ein Junge. Weil ich es nicht recht glauben konnte, sagte Jutta: „Soll ich ihn erst auspacken, damit Du es glaubst?" Ich war stolz auf ihn, meinen Sohn! Mir schwirrten tausend Gedanken durch den Kopf, was er wohl alles erleben und wie seine Entwicklung aussehen würde. Was werden seine Fähigkeiten sein, seine Fertigkeiten, seine Neigungen, Begabungen, sein Charakter? …

Am Tag seiner Geburt gab es noch eine unvergessliche Begleiterscheinung: Als ich mittags mit Grit das Haus betreten wollte, bat ich sie, mit ihrem Schlüssel aufzuschließen. Das gelang ihr jedoch nicht und sie brach den Sicherheitsschlüssel ab. Was nun? So standen wir beide im Tiefschnee vor dem Haus. Zudem hatte ich es eilig, in die Klinik zu kommen. Es gab keine andere Möglichkeit, als die Scheibe der Kellertür einzuschlagen, um in das Haus zu gelangen. Das tat ich dann auch, um an das nötige Werkzeug zu kommen. Damit konnte ich mit großer Mühe den abgebrochenen Schaft aus dem Haustürschloss entfernen. Die Kellertür mit zerbrochener Scheibe musste ich notdürftig verschließen.

Als Kleinkind war Sven lustig und fidel, immer zu Späßen und sonstigen Scherzen aufgelegt. Er hatte sein Herz für das LEGO-Bauen entdeckt und im Nu hatte er damit schon wieder etwas Neues daraus erdacht. Wenn wir auf Reisen waren, z.B. zum Seminar nach Mayrhofen, nahmen wir meist eine Überraschung mit, womit er sich bei unserer Abwesenheit im Hotelzimmer beschäftigen konnte. Einmal war es ein komplizierter LEGO-Technik-Kasten. Mit 6 Jahren baute er daraus einen Hubschrauber mit allen Funktionen und Motorenantrieb in ganz kurzer Zeit. Also war der Knabe ziemlich intelligent.

Später in der Schule fiel ihm das Lernen zwar leicht, aber er begegnete den Anforderungen oft mit steigender Unlust, was sich auch in folgenden Klassen fortsetzte. Lieber ließ er sich in der Klasse öfters mal zu Späßen hinreißen.

Als er 12 Jahre alt war, hatte ich mit ihm eine besondere Überraschung vor: Ich hatte einen Termin bei einem Münchener Augenarzt und buchte Hin- und Rückflug mit der Lufthansa ab Dresden nach München. Vorher gab es eine Stadtrundfahrt durch Dresden bei Nacht. Das muss ihm gefallen haben. Aber als wir auf dem Flughafen ankamen, war er hellauf begeistert und nicht mehr zu halten. Per Flug ging es nach Bayern. ...

Über 20 Jahre danach erzählte er uns, wie er seinen ersten Flug erlebt hatte und dass er für ihn sozusagen ein „Schlüsselerlebnis" war, ohne Furcht und sonstige Ängste. Denn, während seiner späteren Dienstzeit musste er oft fliegen, ohne Wenn und Aber. Seine Arbeitskollegen hatten damit oft schwierige Probleme. Er hatte das Fliegen schon als Kind ganz unkompliziert gelernt.

Als wir in München angekommen waren, steuerten wir das Deutsche Museum an, das nicht weit von meinem Augenarzt entfernt war. Ich wollte gern, dass Sven nach seinen Interessengebieten sich die passenden Abteilungen aussuchen konnte. Dies deshalb, weil damit die Wartezeit beim Arzt zu seinen Gunsten überbrückt werden konnte. So musste ich mich auf ihn 100prozentig verlassen können. Aber alles verlief wie gedacht und Sven hatte einen interessanten Vormittag.

Zum Ende der Grundschulzeit ging es um Bildungsempfehlungen für die Schüler. Da Sven die Schule für sich als „schwarzes Tuch" ansah, entschied er sich für einen Realschulbesuch bis zur 10. Klasse, also kein Gymnasium, kein Abitur. Er wollte es so. In der 9. oder der 10. Klasse aber ging es um Bewerbungen in der Berufsorientierung. Sven wollte gern einen Informatik-Beruf ergreifen. Von den vielen Bewerbungen, die er schrieb, kamen nur Ablehnungen. Die meisten Firmen verlangten einen Abiturabschluss, um eine Ausbildungszusage zu erhalten. So kam es, dass sich Sven nach Abschluss der 10. Klasse dazu entschied, in Zwickau das Fachabitur nachzuholen. So fuhr er zwei Jahre lang mit der Bahn nach Zwickau, von früh um 4:00 Uhr bis abends 18:00 Uhr, mit erfolgreichem Abschluss. Dann schrieb er erneut Bewerbungen. Eine davon betraf eine Informatikausbildung bei Siemens, beginnend mit einer harten Aufnahmeprüfung, die Sven erfolgreich bestand. So begann seine Ausbildung zum Systeminformatiker. Späterhin wechselte er zu anderen Unternehmen und qualifizierte sich ständig auf seinem Gebiet weiter. Heute zählt er zu den führenden Spezialisten auf dem Gebiet der elektronischen Vernetzung von Datensystemen.

7.14. Die nächste Generation

Es wird Zeit, etwas mehr zu unseren Kindern zu sagen. Alle drei sind ein Wunder für unsere Familie, alle drei haben sich zu einzigartigen, tollen Persönlichkeiten entwickelt, die uns täglich neu stolz sein lassen. Dennoch sind sie charakterlich grundverschieden. Jedes unserer Kinder hat seine Stärken und auch seine Schwächen, genauso wie jeder Mensch sonst. Sie machen Fehler, genau wie wir, sie lassen sich zuweilen von ihren Vorhaben durch Unwichtigkeiten ablenken, genau wie wir, sie kämpfen sich durchs Leben auch in unangenehmen Situationen, genau wie wir. Sie haben ihre eigene Meinung auf Grund selbst gemachter Erfahrungen, genau wie wir, sie helfen oft und gern, genau wie wir.

Jeder geht seinen eigenen Weg auf seine Weise und bemüht sich, aus jedem Tag das Beste zu machen. Alle drei haben eine anspruchsvolle berufliche Entwicklung genommen, die ihnen heute bei ihrer Tätigkeit hohe Achtung und Anerkennung für herausragende Arbeitsleistungen einbringt. Unsere älteste Tochter Grit ist wohl die sensibelste von den dreien. Nachdem sie uns im ersten Vierteljahr ihres Lebens nachts den Schlaf raubte, entwickelte sich das Kind prächtig und genoss alle Kinderfreuden in vollen Zügen. Wo und wann immer es möglich war, nahmen wir sie mit. Unseren Skoda hatten wir so ausgestattet, dass sie auch während der Fahrt gut und bequem sitzen oder schlafen konnte. Stets hatten wir alles dabei, um das Kind gut zu versorgen, auch einen Wasserkocher mit Spiritus, um unterwegs für die Kleine ein Fläschchen warm zu machen. Schon als Kind malte sie leidenschaftlich gern. In der Schulzeit bildete sich ihr künstlerisches Talent immer mehr heraus. Eine besondere Begabung war nicht zu übersehen. Als es in der 10. Klasse um Bewerbungen für eine Lehrstelle ging, entschied sie sich für eine Ausbildung zur Krankenschwester, um später Kinderkrankenschwester zu werden, denn sie ging liebend gern mit Kindern um. Noch während der Bewerbungsphase entdeckte sie bei einem Besuch in Meissen eine Ausschreibung der Staatlichen Porzellanmanufaktur, die Interessenten für eine Ausbildung zur Porzellanmalerin suchte. Dazu mussten 10 Proben ihres Könnens zusammen mit einer Kurzbewerbung eingesandt werden. Heimlich und ohne unser Wissen schickte Grit ihre Zeichnungen ein. Eine Zeit später erhielt sie einen Bescheid mit der Aufforderung zu einer Eignungsprüfung. Nach deren Ergebnis wurde sie als geeignet befunden und bekam ein Angebot für eine dreijährige Intensivausbildung. Hierzu gehörte die Absolvierung der einjährigen Meissner Zeichenschule, die seit alten Zeiten bekannt und berühmt ist. Es war unbeschreiblich, zu erleben, wie sich Grits zeichnerische und malerische Fähigkeiten von Tag zu Tag verbesserten und zu hohem Niveau entwickelten. Ihr Können, die filigranen Maltechniken zu beherrschen, beeindruckt uns immer wieder. Wir haben im Treppenhaus eine kleine Galerie ihrer Werke angelegt, die uns täglich neu begeistern. Nach der Wendezeit musste die Manufaktur Strukturveränderungen vornehmen, um weiter existieren zu können. Dazu gehörte auch, den Personalbestand zu reduzieren. Am meisten waren wohl die Porzellanmaler betroffen, so dass Grit als ausgebildete Blumenmalerin nicht zum Einsatz kam. So bewarb sie sich für den Besucherservice in der Schauhalle der Manufaktur, betreute sach- und fachkundig Delegationen und Reisegruppen bis sie ein Angebot erhielt, nach Karlsruhe zu gehen und dort eine Verkaufsfiliale „Meissner Porzellan" aufzubauen. Dort lebte sie zusammen mit einem Pärchen in einer Wohngemeinschaft und musste dabei recht unangenehme Erfahrungen machen. Das sah man ihr auch an, aber wahrhaben wollte sie es selbst zunächst nicht. Inzwischen hatte sie ihren Mann kennengelernt und wohnte nun im Moselgebiet. In Bitburg war sie dann verantortlich für Verkauf und Dekoration in einem großen Geschenkehaus. Dieses aber schloss 2018 und Grit erhielt eine Kündigung. Nach einer Computerausbildung begann sie ein Studium für Sozialpädagogik und ist derzeit in einer Behinderteneinrichtung tätig.

Schwester Beate wiederum nahm eine ganz andere Entwicklung. Sie war immer ein Mädchen, das Technik liebte, auch handwerkliche Tätigkeiten, was ihr schnell den Beinamen „die praktische Beate" einbrachte. Sie entschied sich dazu, das Gymnasium zu absolvieren und das Abitur abzulegen, um ein weit reichendes Feld beruflicher Entwicklung bzw. eines Studiums zu erschließen. Letztlich ergab sich ein betriebswirtschaftliches Studium an der Berufsakademie Sachsen in Dresden mit kombinierter praktischer Ausbildung in einem Unternehmen. So begann Beates beruflicher Einsatz in der Automobilbranche, zunächst in einem Autohaus bei TOYOTA und später in einem Münchener Unternehmen mit VW-Fahrzeugen. Ihre ausgeprägte Fähigkeit, gut organisieren und geschäftliche Abläufe steuern und überwachen zu können, führte zu hoher Achtung und Wertschätzung ihrer Arbeit. Auch sie lernte in München ihren Ehepartner kennen, der seit einigen Jahren selbstständig ist und unter dem Namen „ellenwoods® "- Kultur des Schreibens und Schenkens - ein eigenes Geschäft betreibt. Zu der jungen Familie gehört seit 2012 Töchterchen Carlotta, unser aller Sonnenschein.

Unser Sohn Sven hatte für schulische Dinge nicht besonders viel übrig. Ein Besuch des Gymnasiums kam für ihn nie in Frage, obwohl er die Fähigkeiten dazu durchaus hatte. Aber wir als Eltern erzwangen diese Entscheidung nicht und respektierten eine ganz normale Berufsausbildung, die er gern wollte. Als er die 10. Klasse absolvierte und Bewerbungen gefragt waren, änderte sich schlagartig seine Auffassung zur beruflichen Entwicklung und er fasste den Entschluss, das Abitur dennoch zu erreichen. Zwei Jahre lang fuhr er täglich nach Zwickau, für eben dieses Ziel. Dann bewarb er sich bei SIEMENS für eine Informatikausbildung und schloss diese als Systeminformatiker ab. Auf diesem Gebiet entwickelte er sich sehr erfolgreich. Seine exakte und zuverlässige Arbeit, seine ausgeprägte Fachkompetenz brachten ihm hohe Anerkennung ein.

7.15. Gefährliches Abenteuer in der Tatra

Wir waren zu zweit und auch mit den beiden Mädchen viele Male in der Hohen Tatra, unternahmen zahlreiche Wanderungen und andere Ausflüge zwischen Tatranska Kotlina im Osten und Podbanske im Westen des Hochgebirges. Damals war die Tatra für uns das einzige erreichbare Hochgebirge, ungefähr 780 km von unserem Zuhause. Gerne hätten wir zu DDR-Zeiten auch die Alpen in Bayern, in Österreich, der Schweiz oder Italien kennengelernt, aber das war uns in jeder Hinsicht nie gestattet worden. Also begnügten wir uns mit dem wunderschönen Karpatengebirge, das wir 13mal besuchten und nie enttäuscht worden sind. Hinzu kamen die tollen freundlichen Menschen mit ihren jahrhunderte alten Traditionen und Gebräuchen. Wir haben die Hohe und die Niedere Tatra sowohl im Sommer als auch im Herbst mit Wintereinbruch erlebt, und immer waren wir begeistert von der einzigartig schönen Bergwelt.

Als wir im September 1971 das erste Mal nach Kotlina reisten, waren wir beide voller Erwartungen. Wir hatten ein Zimmer im Hause der Familie Wagner gebucht und Stefan, der Hausherr, empfing uns mit slowakischer Herzlichkeit und sogar in deutscher Sprache. Wir waren mit Motorrad angereist, um beweglich zu sein und in den geplanten 3 Wochen die Hohe und die Niedere Tatra genauer zu erkunden. Stefan war ein sehr fröhlicher Mensch, machte gern Witze, auch aus der alten Kaiserzeit und konnte spannende Geschichten aus dem Leben in den Bergen erzählen. Dabei war neben Spannung im Hochgebirge auch immer eine Portion Gefährlichkeit dabei, wie die vielen Unfälle auf Hochgebirgstouren bewiesen hatten.

Als dann unsere beiden Mädchen Grit und Beate mit dabei waren, wurden wir von Stefan am Willkommensabend immer mit einem Lagerfeuer begrüßt. Die Kinder konnten ihre Würstchen grillen oder frisches Brot. Die Erwachsenen genossen ein köstliches Bier oder ein paar slowakische Schnäpschen. Zur Verkostung hatten wir auch stets heimatliche Produkte, wie „Freiberger Magenwürze" oder „Wilthener Weinbrand" dabei. So kam es schnell bei Sonnenuntergang zu fröhlicher Stimmung mit den Gastgebern.

Von einem unserer letzten Urlaubsabende 1983, wiederum bei Lagerfeuer hinter dem Haus, will ich versuchen, eine wahrlich unglaubliche Geschichte zu erzählen. Fast unglaublich ist sie, weil man nicht erwarten kann, dass es so was gibt – und doch hat sie sich in Wahrheit zugetragen. …

Eines Tages erreichte Stefan ein Brief von drei Bergfreunden, darunter zwei Biologen, zwei Tierkenner. Die drei hatten vor, mit einem Bergführer eine Exkursion mit Tierbeobachtung zu unternehmen. Dafür war eine ausgezeichnete geografische Wegekenntnis in den Hochgebirgsregionen erforderlich. Stefan unterbreitete per Brief zwei Beobachtungsvorschläge, wo nach seiner Meinung genügend Wildtiere zu beobachten waren.

An einem Septembermontag brach Stefan sehr zeitig mit dem Trio auf. Da die Tour sehr lang war, reservierte er für die drei Unterkunft in einer Berghütte, damit sie einen Tag später weitere Tierbeobachtungen durchführen und dann zurückkehren konnten. Stefan selbst wollte am Abend allein den Weg nach Hause antreten, da er die Wegstrecke vom Grünen See durch die Belaer Tatra so genau kannte, dass man vermuten musste, er könnte jeden Stein exakt erkennen und auch schwierige Passagen bewältigen. ...

Wie bekannt, gehört das Hochgebirge der Hohen Tatra zum höchsten Gebirge der Karpaten und erstreckt sich entlang der slowakischen und polnischen Grenze. Die höher gelegenen Regionen der Hohen Tatra sind durch Almen bzw. Bergwiesen gekennzeichnet. Neben einer artenreichen Flora, ist dieses Hochgebirge auch ein Lebensraum für zahlreiche Tiere, wie Gämsen und Murmeltiere, aber auch Braunbären, Wölfe und Luchse geworden. In den niederen Regionen leben außerdem noch Rothirsche und Rehe. Stefan war ein Kenner der Wildregionen. Er wusste genau, die Tatra-Gämsen leben nur in der Hohen Tatra, vor allem oberhalb der Baumgrenze, in der alpinen Zone. Besonders interessant ist immer die Zeit Anfang September. Während der Beerenzeit schauen nämlich einige Bären in diesen alpinen Regionen vorbei, um sich an den Beeren für den Winter satt zu fressen.

Das Trio begann seine Beobachtungswanderung in der Belaer Tatra, um Gämsen und Murmeltiere in den höheren Regionen der Hohen Tatra aufzuspüren. Schon bald entdeckten sie eine Gruppe von acht Gämsen. Unter ihnen war sogar eine ganz kleine Gämse dabei. Alle waren erleichtert, schon so schnell Tiere beobachten zu können.

Als sich die Gruppe aufmachte, weiter nach oben zu den anderen Gämsen zu steigen, waren plötzlich einige eigenartige Pfiffe zu hören. Die Wanderer nahmen an, Warnrufe der Murmeltiere gehört zu haben. Stefan selbst war in seinem Element, von so vielen Tieren umgeben zu sein. Nichtsdestotrotz, die zweite Gämsengruppe war um einiges größer als die erste. Stefan, der Bergführer, zählte 25 Tiere. Sie schienen den Wanderweg für Touristen nicht wahrzunehmen und ließen sich nicht stören. Sie machten einfach mit dem weiter, was sie wohl sonst auch immer machten: grasen und rasten. In der zweiten Gruppe waren auch ein paar Jungtiere. Manchmal liefen sie einander hinterher, wahrscheinlich um sich für die Brunstzeit später im Jahr vorzubereiten. Die Gämsen bekamen all ihre Aufmerksamkeit. Aber dann sahen die Beobachter in der Nähe der Gämsen-Gruppe, dass sich irgendetwas bewegte. Ein Murmeltier schaute vorsichtig aus seinem Bau. Wie konnten sie das zuvor nur übersehen haben! Jetzt aber richteten sie ihre Aufmerksamkeit voll und ganz auf die kleinen Murmeltiere. Sie versuchten, sich ganz langsam umzuschauen und entdeckten tatsächlich drei Murmeltiere, die außerhalb ihres Baus saßen. Eines der Murmeltiere fraß Gras auf der Wiese. Es war ein tolles Erlebnis, diese Tiere beobachten zu können.

Als sich die Wandergruppe wieder nach unten bewegte, hielt Stefan immer wieder mal an, um die Wiesen abzusuchen. Bald konnte er noch ein paar weitere Gämsen beobachten, aber sie waren zu weit oben. Was für ein Tag! Stefan war zufrieden, dass er mit seiner Gruppe so viele Tiere beobachten konnte. Dennoch war er erwartungsvoll, noch mehr Tiere in dieser herrlichen Region zu entdecken. Die Gämsen und die Murmeltiere waren eine Art „Aufwärmung" für ihr nächstes Abenteuer und der zweite Teil ihrer Tierbeobachtungen in der Hohen Tatra. Stefan wollte versuchen, noch ein paar Braunbären zu beobachten. Ein Freund von ihm erzählte von einem Tal, wo die Chancen sehr gut stehen würden, Bären zu finden. September war schon eine gute Zeit, dort Bären zu beobachten. Während dieser Zeit bereiten sich die Bären nämlich auf den Winter vor, indem sie sich von den Beeren an den Berghängen ernähren.

Die drei Biologen waren echte Naturfreunde aus Fleisch und Blut, zudem lustig und fidel. Diese Exkursion war zugleich eine Art Test für sie, wie gut so was laufen kann, um Bären zu beobachten. Sie alle wussten sehr viel über Bären und sie wollten diese Exkursion organisieren, um sich weiter auf Bäreninformationen und interessante Bärengeschichten zu fokussieren. Natürlich war eine Bärenbeobachtung für so eine Tour wie diese das Beste, was passieren konnte. Sie alle hatten hohe Erwartungen, Bären zu beobachten. Bald entdeckten sie ein Schild, das darauf hinwies, dass dort Bären zu beobachten sind. Schließlich entdeckten sie Kot eines Bären. Das konnte nicht Kot von einem anderen Tier sein, weil die dunkelblaue Substanz und die nicht verdauten Beeren auf Bärenkot hinwiesen. Also mussten Bären in unmittelbarer Nähe sein. Entlang des Weges hielt die Wandergruppe an einigen Aussichtspunkten an. Von dort aus bekamen sie einen sehr guten Ausblick über die alpine Zone. Jeder war mit Ferngläsern und Teleskopen ausgestattet. Es dauerte eine Weile, bis sie was sahen, aber schließlich entdeckten sie etwas weiter oben in den Abhängen. Es war ein großes braunes Tier. Es ließ sich ihnen zeigen und begann, Beeren in großen Mengen zu fressen. Natürlich handelte es sich bei diesem Tier tatsächlich um einen Braunbären.

Stefan und die drei Naturwissenschaftler genossen unter absoluter Stille die Aussicht auf den Bären. Er mag diese Art, Tiere zu beobachten sehr, da man auf diese Art und Weise die Tiere nicht stört. Auf einmal flüsterte einer der Freunde: „Stefan, da ist noch ein anderer Bär, viel näher". Diese Tierbeobachtung brachte ein weiteres Lächeln auf Stefans Gesicht. Da war tatsächlich ein zweiter Bär, welcher sich fast unten im Tal aufhielt. Wahrscheinlich konnte der Bär die Wanderer riechen, aber er schenkte ihnen nicht viel Aufmerksamkeit. Er fuhr mit dem Fressen der Beeren einfach fort.

Es wurde schließlich immer dunkler. Da sie nicht in totaler Finsternis nach unten steigen wollten, entschlossen sie sich, mit dem Tierebeboachten für den Tag aufzuhören. Außerdem wollten sie auch keinem Bären in der Dunkelheit begegnen. Sicherheit geht immer vor.

Noch ein paar Worte zu den Bären. Sie gehören neben dem Wolf und dem Luchs zu den drei größten Raubtieren in der Slowakei. Am verbreitetsten ist der Braunbär. Dieser ist zwar nicht der schnellste, aber dafür das stärkste Raubtier in der Tatraregion und auch das gefährlichste. Normalerweise lassen sich die Braunbären von Beobachtern wenig stören, wenn sie sich weit genug entfernt aufhalten und ihr Futter zu sich nehmen. Wenn sie sich allerdings in einer Entfernung von nur wenigen Metern bewegen, kann sie das kleinste Geräusch aus der Fassung bringen und blitzschnell zu aggressiven Handlungen verleiten. Also heißt es für jeden Beobachter: Absolute Vorsicht! Am besten man schließt sich einem erfahrenen Bergführer mit Wildtier-Erfahrung an.   Zudem ist es gut zu wissen, dass sich die Bären, bevor sie in Winterruhe gehen, ein dickes Fettpolster anfressen müssen. Im Herbst ist die (halb)alpine Zone mit reichhaltigen Beeren bedeckt. In dieser Jahreszeit sind also die Bären hauptsächlich im oberen Bereich der Baumgrenze anzutreffen.

Die Beobachtergruppe zog sich gegen Abend in die Hütte zurück, die sie für alle Fälle gebucht hatten und verbrachte gemeinsam noch glückliche Stunden. Die drei Biologen brachten an Stefan tiefe Dankbarkeit für seine außergewöhnliche Tierführung in den Bergen entgegen und ließen ihn hochleben... Niemand sonst hätte mit einer solchen Kenntnis der Natur mit allen möglichen Tieren eine derartige Bergführung durchführen können. So kam Stefan zu außergewöhnlichen Ehren. Am Schluss des Tages bedankten sich die drei bei ihrem Bergführer mit einigen slowakischen Schnäpschen. … Dann begab sich Stefan allein auf den Weg nach Hause, vom Grünen See… Den Weg kannte er wie aus seiner Westentasche, denn er hatte ihn wohl hundertmal oder mehr begangen. …

Wenn jetzt einer glaubt, es sei die spannende Geschichte dieses Tages gewesen, so muss ich entgegnen: Die kommt erst noch. … Stefan ging den ihm bekannten Weg vom Grünen See nach Kotlina, jetzt schon mit schwerem Fuße und der alkoholischen Wirkung der slowakischen Tinkturen… Ab und zu musste er schon mal eine Pause einlegen, aber nur kurz, weil die Abenddämmerung immer mehr zunahm, und damit die Dunkelheit. Oberhalb von Kotlina erreichte er die Baumgrenze. Mittlerweile war es fast völlig dunkel und Stefan musste nochmals eine Pause einlegen. Er lehnte sich an einen Baum und vernahm plötzlich ein eigenartiges Brummen. Dann war das Geräusch genau so schnell wieder verschwunden. Was sollte das gewesen sein? Bedrohliche Stille! Kein Mensch weit und breit! Auch Stefan musste sich absolut ruhig verhalten, um nicht entdeckt zu werden… Nach einigen Minuten höchster Angst fing sich ein riesiges Geschöpf brummend und knarrend ein paar Meter vor Stefan zu bewegen… Das war kein Märchen, es war tatsächlich ein echter Braunbär, der offenbar nach Nahrung und nach Stefan suchte. Nur ruhig bleiben und nicht bewegen! Wieder wurde es still und der Bär bewegte sich nicht mehr… Dann vergingen ein paar Minuten … und Stefan schlief unter alkoholischer Wirkung in einem Gebüsch unter einem Kieferbaum tief und fest ein… Der Tiefschlaf muss ziemlich lange angehalten haben. Das Brummen und Knarren des Bären vernahm Stefan während des Tiefschlafs nicht mehr… Wieder war es ab und zu ruhig, dann wieder knarrend laut. Gegen Morgen, noch in der Zeit der Dämmerung, wachte Stefan auf – und da war er wieder, der riesige Bär mit seinen großen Bärentatzen, bestimmt ausreichend, einen Kampf mit Stefan aufzunehmen und auch zu bestehen! Stefan wurde erst dadurch hellwach, traute aber sich nicht, sich zu bewegen. Wieder wurde es einige Minuten still, dann knarrte und brummte es wieder, teils stark, teils schwach. Unerklärbar für Stefan. So musste er sich gedanklich damit beschäftigen, wie er am besten aus seiner schwierigen Lage entkommen konnte. Dann kam er auf die Idee, dem Bären einige Äste entgegen zu werfen und die Reaktion des Tieres abzuwarten.   Aber nichts tat sich. Nur ein leichter Wind wehte und brachte einige Bäume zum Rauschen und Brummen, dem Bären ähnlich. Auch das Knarren der Äste war durch Windböen ausgelöst worden. Kurz vor Sonnenaufgang zeigte sich der Schatten eines Bären in Gestalt einer schwarzen Baumsilluette gegen den erhellenden Himmel. Stefan hatte wohl unter alkoholischem Einfluss und im Halbdunkel der Baumzone einen starken Braunbären unter Angstzuständen erkannt haben wollen. Als er sehr verspätet zu Hause eintraf, gab es von seiner Frau Magdalena ein mächtiges Donnerwetter… Hatten doch die Hausleute den Touristen immer wieder vorgeschrieben, höchste Vorsicht auf den Bergtouren walten zu lassen und sich abzumelden mit einer sicheren Rückkunftszeit! Und nun dieser Vorfall!

8. Im Ausland leben und arbeiten

8.1. Neue Heimat Warschau

Nach den nervigen Querelen hin und her kam nun der Tag meiner Ausreise nach Polen. Es war Anfang Februar 1981. Im Januar zuvor hatte man die Dringlichkeit meines Einsatzes immer wieder in den Vordergrund geschoben, denn der Auslandskader, den ich abzulösen hatte, war längst schon wieder in der DDR und die „Lücken aus verlassenem Posten" wurden ständig größer. Das konnte nicht mehr lange so weitergehen. Botschafter und Handelsrat drängten nach einer schnellen personellen Lösung, um außerpolitischen Schaden neben den umfangreichen Wirtschaftsbeziehungen zwischen Polen und der DDR abzuwenden. Hinzu kam die Zuspitzung der innenpolitischen Situation im Nachbarland, die ja seit 1979 durch zunehmende Streiks, Demonstrationen und Unruhen im Land gekennzeichnet war. Demgegenüber stand immer noch nicht genau fest, wo man mich nun wirklich brauchte, in Schweden oder in Polen? Das Tauziehen zwischen den entscheidenden Gremien nahm kein Ende. Auch Düsseldorf hatte man in Erwägung gezogen, doch hatte man aber kein Vertrauen zu uns und unserer Arbeit, denn meine Frau Jutta hatte schließlich eine Tante in der Bundesrepublik. Also war ein solcher Einsatz unakzeptabel. So wurde letztlich meine Ausreise nach Polen für Februar entschieden, zunächst allein. Jutta sollte mit den beiden Mädchen im Sommer zu mir stoßen. Für Grit, unsere größere Tochter, war das auch vorteilhafter, wenn sie nicht im laufenden Schuljahr an eine andere Schule wechseln musste.

Am 3. Februar des Jahres 1981, 8:00 Uhr morgens traf ich auf dem Flughafen Warschau ein, ausgerüstet mit dem nötigsten Gepäck, das für die nächsten Monate zusammengestellt war und ausreichen musste. Bernd R. holte mich mit dem Wagen ab und brachte mich zu unserem Büro in der Wilcza 60. Dort wurde ich bereits von Chef Helmut S. und den anderen Mitarbeitern erwartet. Der Empfang war überaus herzlich und ich konnte mir vorstellen, mich hier wohlfühlen zu können. Unser Kollektiv (heute würde man vielleicht „Team" sagen) bestand aus dem Leiter, 3 Verkaufsingenieuren, 2 Sachbearbeiterinnen, einer Sekretärin, einem poln. Kraftfahrer und Pani Barbara als Köchin, die nicht nur für unser Büro, sondern auch für zwei weitere Außenhandelsbüros das Mittagessen zu bereiten hatte.

Das Büro selbst befand sich in der obersten Etage eines fünfstöckigen Wohn- und Geschäftshauses, in dem neben uns noch andere kleinere Firmen und Büros untergebracht waren. Der für das Haus typische Katzengeruch, den ich sofort spürte, steigt mir noch heute in die Nase. Eine alte Dame im Erdgeschoss beherbergte 13 Katzen. Der Geruch zog durch das ganze Haus. Trotz Beschwerden der Bewohner änderte sich nichts.

Unser Büro war eine Außenstelle unserer Botschaft und für den Ex- und Import von Kraft- und Arbeitsmaschinen zuständig. Die Räumlichkeiten auf unserer Etage nutzten wir gemeinsam mit dem Außenhandelsunternehmen INTERMED. Wir waren gewissermaßen eine „gemeinsame" Familie. Viele Dinge organisierten wir gemeinsam, ob in der Arbeit oder in der Freizeit gemeinsam mit unseren Familien. Hilfe und Unterstützung für die anderen in einem fremden Land waren für die meisten hier selbstverständlich. Das spürte ich schon in den ersten Tagen. Aber da war noch das riesengroße Feld von Eigeninitiative und Bereitschaft. Man erwartete und verlangte viel von uns, sehr viel. Zu jeder Zeit.

Ich tat alles, um die anderen nicht zu enttäuschen. Schnell war mir klar geworden: Wenn ich hier an der Botschaft bestehen wollte, dann zählten nur gute, wenn irgend möglich herausragende Ergebnisse und Erfolge. Das bedeutete, täglich neu darum zu ringen. Dazu brauchte ich eine Art „Netzwerk" für regelmäßige Kommunikation mit den Kontoren der Außenhandelsunternehmen, mit den Kombinaten und Industriebetrieben der DDR. Einige Voraussetzungen dafür hatte ich bereits während meiner Vorbereitungszeit geschaffen. Nun nutzte ich die ersten Wochen, das Netz auszubauen und persönliche Kontakte mit polnischen Partnern zu knüpfen. Besonders wichtig war die aktive Arbeit mit den verschiedenen polnischen Außenhandelsunternehmen, da mit Ihnen letztlich alle Verträge geschlossen wurden. Da sie aber infolge wirtschaftlicher Zwänge oft ihre Grenzen nicht überschreiten konnten, musste ich vielfach noch einen Schritt weiter gehen und baute stabile Kontakte zu polnischen Produzenten und Abnehmern auf, also zur „produktiven Basis". Später erwies sich diese Strategie als „unbezahlbare Grundlage" für Vertragsabschlüsse mit „reichlichem Volumen". Auch konnte ich aus diesen Kontakten wertvolle Informationen für Geschäfte auf ganz anderen wissenschaftlich-technischen Gebieten gewinnen. So kam es, dass ich nach knapp einem Jahr über gutes Ansehen und Autorität bei vielen Betrieben und Außenhandelsorganen verfügte. So entwickelte ich eine für mich im Ausland passenden Arbeitsstil und eine Strategie, die langfristig steigende wirtschaftliche Erträge erwarten ließ.

Helmut S. wies mich noch am Vormittag in mein neues Arbeitsgebiet ein und zog sofort die dringendsten Aufgaben aus seinem Kasten. Ich hatte ihn nur vorher einmal in Berlin kennengelernt. Wie sich jetzt zeigte, war er offensichtlich ein Mensch, der mit Zahlen sehr gut umzugehen verstand. Auch war er ein sachkompetenter Verhandlungspartner bei Vertragsfragen im Außenhandel. Das hatte ich schnell erkannt und ich konnte daraus ableiten, woran er künftig meine Arbeit messen und bewerten würde. Zwei Tage später unterbreitete ich ihm meine Vorschläge, wie ich vorgehen wollte. …

Christel S.G., unsere Sekretärin, hatte für mich eine Unterkunft im Hotel „Metropol" besorgt, da zu diesem Zeitpunkt für mich noch keine Dienstwohnung zur Verfügung stand. Das Hotel befand sich direkt im Zentrum der Stadt, ideal für mich, alle Feinheiten der turbulenten Hauptstadt gut beobachten zu können. In meiner Freizeit bin ich die ersten Monate sehr oft zu Fuß durch die Stadt gegangen, einfach um alles genauer zu erkunden, als man das vom Auto aus kann. Das erwies sich als sehr aufwändig, aber es erbrachte viele Vorteile, Dinge festzustellen, die mir sonst nie aufgefallen wären – und es erleichterte mir die Orientierung als Neuling in dieser Stadt auf hervorragende Weise.

So lernte ich ziemlich schnell Ecken und Winkel der pulsierenden Großstadt, architektonische Sehenswürdigkeiten und Institutionen kennen, die selbst meine Kollegen nach einigen Jahren hier noch nie gesehen hatten. Und ich lernte vor allem die Menschen hier kennen und verstehen, ihre Lebensweise, ihre Kultur, ihre polnische Betriebsamkeit und ihre starke Bindung an die katholische Kirche. Die jungen Menschen waren lebendig und weltoffen, fröhlich, humorvoll und lebensfroh. Bei den Herren, egal welchen Alters, bewunderte ich stets ihre Verehrung dem weiblichen Geschlecht gegenüber, die bei fast jeder Gelegenheit mit einem galanten Handkuss unterstrichen wurde. Aber auch die Vereinnahmung westlicher Musik war eine Besonderheit, die so in dieser massiven Form in der DDR undenkbar gewesen wäre. Mit moderner Musik war es wie mit der Mode: Wenn in Westeuropa oder den USA etwas Neues kreativer Art auf den Märkten erschien, konnte man 2 Wochen später die Dinge auf den Märkten in Warschau zu sehen und zu kaufen bekommen. Wie dieses Tempo funktionierte, konnte ich mir damals nicht erklären, aber es fiel mir bei meinen Stadtgängen vordergründig auf.

Damit habe ich schon ein wenig das Stadtleben in der Millionenstadt charakterisiert. Vieles, was ich hautnah erlebte, war für mich zunächst schwer oder gar nicht zu verstehen. Die Lebensweise hier – nur 600 km östlich von Berlin – war eine völlig andere. Irgendwie erschienen mir die Menschen hier freundlicher, verbundener, auch fröhlicher und weltoffener zu sein. Das Warenangebot zeigte sich bedeutend vielfältiger als in der DDR, wenn man von den hohen Preisen absah. In vielen Bereichen waren auch westliche Produkte zu haben oder welche, die auf Lizenz in Polen produziert wurden. Auf den freien Märkten, wie z.B. in Praga oder Bielany, war so gut wie alles zu bekommen. Ich hatte das Gefühl, die „freie Marktwirtschaft" hatte hier schon längst Einzug gehalten.

Auch kulturell hatte Warschau sehr viel zu bieten. Von der Stadt sagte man auch, sie sei „das Paris des Ostens" mit einem ganz besonderen Flair. Am deutlichsten konnte man diese Atmosphäre in der Altstadt in sich aufnehmen und genießen, ja wirklich sinnlich genießen. Ein Spaziergang über den „Stary Rynek", den „Alten Markt" allein genügt nicht, um die kulturhistorischen Feinheiten aufzuspüren. Alles um den Markt herum macht die exzellente Stimmung erst komplett. Noch heute schwärmen wir davon und den vielen schönen Erlebnissen und Begegnungen.

Dennoch waren bei allen positiven Eindrücken Unzufriedenheit und Protest der Bevölkerung gegen die Politik der polnischen Regierung und unzureichende Lebensverhältnisse und Perspektiven nicht zu übersehen. Streiks und Demonstrationen waren an der Tagesordnung. Noch am Tag nach meiner Anreise begannen Proteste an der Warschauer Universität, nicht weit von unserem Büro. Die Auseinandersetzungen zwischen verschiedenen Interessengruppen und der Leitung der Universität nahmen dramatische Formen an und drohten zu eskalieren. Tage später griffen die Streiks aus den Gdansker Werften auch auf Warschauer Betriebe über. Mit Beginn des Herbstes nahm die innenpolitische Situation im ganzen Land immer härtere Formen an und weitete sich sogar bis hin zu Straßenkämpfen zwischen aufgebrachten Solidarnosc-Anhängern und der Polizei aus. Gefährliche Auseinandersetzungen am Rande eines Bürgerkrieges führten zu äußerst gefährlichen Situationen. Befürchtungen, es könne zu bewaffneten Auseinandersetzungen kommen, verbreiteten sich im ganzen Land. Zudem drohten die Leistungen der Wirtschaft zu sinken. Der Aufbruch der Menschen unter Führung der

Solidanosc-Bewegung nahm immer mehr zu und führte zu extremer Zuspitzung der innenpolitischen Lage. Unter all diesen Vorzeichen musste ich die erste Zeit in Polen durchleben, völlig anders, als ich es bisher gelernt hatte. Auch mit Situationen fertig zu werden, die nicht im Sinne unserer „erlernten sozialistischen Entwicklung" und nicht im Sinne der „sozialistischen Staatengemeinschaft" war, das war absolutes Neuland für mich. Ich muss zugeben, es war nicht einfach für mich, unter völlig neuen Prämissen einen Umdenkungsprozess einzuleiten, war ich doch überzeugt davon, dass unser, der sozialistische Weg, der richtige war und die Zukunft verkörperte. Dabei zermarterte mich die Frage: Was aber bewog die Menschen hier zu solchen Aktionen, die wir damals als „konterrevolutionär" einstuften? Was war es wirklich, was die polnischen Menschen bewegte? Und was war in der DDR?

Ohnehin gab es gewaltige Unterschiede in den Lebensverhältnissen der Menschen in den beiden Nachbarländern. Gegenüber uns verfügten polnische Bürger über wesentlich mehr Freizügigkeit als wir. Sie konnten Reisen in alle Welt unternehmen – wenn sie das passende Geld hatten, sie hatten Zugang zu frei konvertierbaren Währungen, sie konnten auch im Ausland arbeiten, sie konnten moderne westliche Fahrzeuge fahren, sie erlaubten westlichen Firmen, sich auf dem polnischen Markt zu etablieren, sie hatten Zugang zu westlichen Konsumgütern… Aber da waren viele andere Faktoren, die Unzufriedenheit und Frust hervorbrachten: Unzureichende Lebensumstände, fehlende soziale Sicherheit, Niedriglohn für hohe Leistungen, fehlende Formen der Demokratie und Mitbestimmung, weg von sozialistischer Orientierung mit dem Blick auf freie, kapitalistische Marktwirtschaft mit freien Entwicklungsmöglichkeiten der Menschen. Wer näher hin sah, musste erkennen, dass nach zahlreichen Reformen im Land am Ende eine neue Staatsform mit neuem gesellschaftlichen Inhalt stehen sollte. Das bedeutete, Politik und Gesellschaft würden bald völlig andere Züge annehmen und sich nach kapitalistischen Prinzipien orientieren. Das hieß: Es war eine komplette Revolution zu erwarten. Wie sollte das gehen? All das waren meine Gedanken, ohne dass ich in der Lage gewesen wäre, Lösungen vorauszusagen. Ich musste an meinen Vater denken und mir schwirrte seine Aussage durch den Kopf: „Nie wieder irgendeinen Krieg".

8.2. Unsere Ausreise

Für Anfang August 1981 war die Ausreise für unsere ganze Familie geplant. Die Vorbereitungen darauf nahmen mitunter dramatische und aufregende Züge an. Mit dem knappen Fluggepäck war die gesamte Familie auf Dauer nicht funktionsfähig auszurüsten. So blieb uns nur die Möglichkeit, zwei Container zu bestellen, sie zu beladen und mit der Bahn nach Warschau zu schicken. Eine Unmenge von Genehmigungen, Ab- und Anmeldungen bei Behörden nervten uns mit Umständlichkeit, langen Wartezeiten und Unverständnis von Mitarbeitern und Beamten, warum gerade wir nach Warschau wollten. So was hätten sie noch nie bearbeitet und ähnliches. Auch Waschmaschine, Tiefkühlschrank und Fahrrad für die Kinder mussten mit verstaut werden. Am spektakulärsten war die Abfertigung durch die Zollorgane der DDR. Auch verkauften wir noch unseren Skoda, denn in Warschau hätte er auf der Straße stehen müssen und war dort ein begehrtes Diebstahlobjekt. Zudem gab es für mich die Möglichkeit, auch den Dienstwagen vor Ort privat gegen Bezahlung zu nutzen. Wir mussten ohnehin ein Fahrtenbuch führen, womit eindeutige Nachweise gegeben waren.

Viel schwieriger waren die Dinge in den Griff zu bekommen, die die Versorgung und Betreuung unserer Mütter betrafen. Mit meinen beiden Schwestern konnte ich Vereinbarungen treffen. Komplizierter war die Lage bei meiner Schwiegermutter, die allein in unserem Haus wohnte und zunehmend mit gesundheitlichen Problemen belastet war. Eigenartige Verhaltensweisen ihrerseits erschwerten das Ganze noch mehr. Zudem hatten beide Mütter nie ein wirkliches Verständnis für unseren Auslandseinsatz und die neuen Aufgaben. Wir mussten viele Vorwürfe schlucken und auch mit bösartigen Äußerungen meiner Schwiegermutter fertig werden.

Nun war endlich unsere Familie beisammen und ich nutzte alle Möglichkeiten, allen die polnische Hauptstadt zu zeigen, so gut ich konnte. Natütlich war die Altstadt mit dem Schloss der Hauptanziehungspuinkt. Außerdem hatte Warschau im Stadtzentrum eine Menge kleiner Boutiquen oder Geschäfte mit einer hervorragenden Angebotsbreite, wie wir sie in der DDR nie vorfanden. Besonders auffallend waren die topaktuellen Modeangebote, wie sie z.B. in Frankreich, den USA, in Italien oder in der Bundesrepublik zu finden waren. Zunächst war es für uns unerklärlich, wie es möglich war, dass schon zwei Wochen nach Eröffnung eines neuen Modetrends in den westlichen Ländern schon sofort in Polen solche Angebote offeriert wurden. Später ergründete ich die Zusammenhänge: Die Ursache waren die vielfältigen Beziehungen zu Auslandspolen, die weltweit ein ganzes Netz von Filialen oder anderen Einrichtungen unterhielten, legal aber auch illegal.

Eine Besonderheit, die sofort auffiel, war der Polna-Markt, auf der Polna-Straße, nicht weit von unserem Büro. Das war ein Obst- und Gemüsemarkt, auch mit einem reichhaltigen Blumensortiment, allerdings in der höchsten Preisklasse. Damals, im März 1981, musste man für 1 kg Bananen 65 DM bezahlen, was für uns unerschwinglich war. Zumal hatten wir nicht eine einzige DM oder eine andere frei konvertierbare Währung. Aber trotzdem war die Art und Weise der Warenangebote außergewöhnlich. Trotzdem war der Markt attraktiv und anziehend für die Kunden. Alle Waren wurden auffallend schön präsentiert, genau wie man es oft in westlichen Reportagen oder Filmen zu sehen bekam. Klar waren die Preise entsprechend hoch und wir kauften dort nur selten ein.   Weil das so war, hatten wir in unserem

Wohngebiet in Warszawa-Bielany einen günstigen Bielany-Markt entdeckt. Dort konnte man noch vor der morgentlichen Eröffnung zu günstigen Preisen Obst und Gemüse bei den Bauern, die ihre Stände gerade in den Morgenstunden aufbauten, einkaufen. So ging ich immer noch vor der Arbeitszeit mit Eimern auf diesen Markt, um die Familie günstig zu versorgen…

8.3. Kriegszustand

Am Morgen des 13. Dezember 1981 war es gespenstisch still. Nichts bewegte sich auf der Straße vor unserer Wohnung. Es war ein eiskalter sonniger Herbstsonntag. Wir schliefen noch und die Kinder beschäftigten sich mit Büchern und Spielzeug. Plötzlich – es war nach 8:00 Uhr – klingelte und trommelte es mächtig an unsere Wohnungstür. Verschlafen besah ich mir die Sache durch unseren Türspion an. Da stand aufgeregt Harry O. vor der Tür und musste mich alarmieren, weil eine äußerst gefährliche Lage entstanden war und die polnische Regierung über Nacht den Kriegszustand ausrufen musste. Sämtliche Kommunikationsverbindungen waren gekappt worden. Weder Telefon noch Telex waren zu benutzen. Das hatte zur Folge, telefonische Benachrichtigungen oder Alarmierungen nicht durchführen zu können. Also musste Plan B abgearbeitet werden, persönliche, direkte Benachrichtigung. Was hatte das zu bedeuten? Es bedeutete, Sicherheits- und Notmaßnahmen, die von unserer Botschaft zum Schutz aller hier tätigen Mitarbeiter angeordnet worden waren, sofort und ohne Verzug umzusetzen. Alle Männer mussten sich in der Stadt für Sonderaufgaben jederzeit zur Verfügung halten. Frauen und Kinder waren schnellstens in Sicherheit und zu einem Sammelpunkt in die Botschaft zu bringen. Ich selbst hatte nur eine Viertelstunde, um mich fertig zu machen und mir 2 Brötchen, Wasser und 2 Äpfel mitzunehmen. Dann holte mich Harry ab und ab gings in sehr schneller Fahrt zur Einweisung in die Botschaft.

Für Jutta hatte Harry bereits die Anweisung, sich fertig zu machen und auch die Kinder. 10:00 Uhr würden sie abgeholt und in die Botschaft gebracht werden. Sie sollten das vorgesehene Notgepäck, eine Decke und ein paar Lebensmittel und Getränke mitnehmen. Von der Botschaft war für jede Familie seit Langem angewiesen worden, ständig einen Notkoffer für den Ernstfall bereit zu halten. Alles ging jetzt sehr schnell und als ich die Wohnung verließ, war mir noch nicht klar, dass das ein unvorhersehbarer Abschied von Jutta und den Kindern sein würde. Ich versuchte sie alle zu beruhigen und alles würde gut werden.

Nachdem uns Frauen und Kinder verlassen mussten, waren wir Männer allein auf uns gestellt, hatten selbst für uns zu sorgen, neben der Tatsache, ständig für Sonderaufgaben bereit zu sein. Diese Art, sich völlig neu zu organisieren, war für viele Männer ungewohnt und einige hatten sichtliche Schwierigkeiten. In den nächsten Tagen versuchten wir, die für uns passende Lebenslinie zu finden, denn es war abzusehen, dass wir über lange Zeit allein zu Recht kommen mussten. Wer es wollte, konnte sich zu kleinen „Lebensgemeinschaften" zu zweit oder zu dritt zusammentun. In der Gemeinschaft vertrauter und angenehmer Menschen fiel vieles leichter. Ich besprach die Sache mit Bernd R. und auch er war froh, die freie Zeit mit mir zu verbringen.

Parallel dazu mussten wir auch unsere Arbeit im Büro und mit unseren polnischen Partnern unter den neuen Bedingungen des Kriegszustandes anders organisieren. Wir durften die Stadt zunächst nicht verlassen, also waren Dienstreisen in das Land bis auf weiteres gar nicht möglich. Es gab keine Telefon- oder Fernschreibverbindungen mehr. Es war fraglich, ob unsere Postsendungen überhaupt den Empfänger erreichen würden und wann. Was blieb, war, die persönlichen Verbindungen zu den Partnern in der Stadt so gut wie nur möglich aufrecht zu halten. Oft war es schwierig, schon von einer Straße auf die andere zukommen. Umfangreiche Sperr- und Kontrollmaßnahmen des Militärs waren an der Tagesordnung. Zum Betreten öffentlicher Gebäude oder betrieblicher Einrichtungen brauchte man vielfach Sondergenehmigungen. Benzin oder Diesel gab es nicht. Tage später wurden Kontingentierungen festgelegt. Es gab über die Botschaft Gutscheine über 10 Liter – für einen Monat! Das zwang zu außerordentlichen Sparmaßnahmen für Fahrten mit unseren Dienstfahrzeugen. Trotz aller schlechten Umstände versuchten wir, die Außenhandelsaktivitäten bestmöglich aufrecht zu erhalten, jedoch kamen infolge der gesamten Wirtschaftskrise und des Kriegszustandes in Größenordnungen finanzielle Schwierigkeiten hinzu, die besonders die Exportgeschäfte für Lieferungen der DDR an Polen in Gefahr brachten oder gar zum Erliegen kamen, weil Unternehmen oder Außenhandelsorgane nicht mehr zahlungsfähig waren. Mit zunehmender Tendenz kam es zu direkten Kopplungen von Exportgeschäften an vereinbarte Importe, die zu scharfen Verhandlungen führten.

Neben der Arbeit mussten wir nun allein für unser leibliches Wohl sorgen. Zwar war noch für ein paar Tage das Mittagessen im Büro unter Verbrauch unserer Reserven möglich, bald aber nicht mehr. Wenn wir Glück hatten, konnten wir mal ein Brot und Milch erstehen. Einige Tage gab es auch noch etwas Gemüse, aber da die Bauern vom Lande nicht mehr in die Stadt fahren konnten, verebbte auch die Versorgung mit bäuerlichen Produkten schon bald.

Zu Hause hieß es für mich und alle anderen, selbst Speisen zuzubereiten, Kochen zu lernen. Aber das ging ganz gut. Wenn ich mal nicht weiter wusste, halfen mir unsere Kochbücher, die wir mit hatten, auch das Buch „Altpolnische Küche" [7], um zu lernen, polnische Spezialitäten zuzubereiten. Auch privat bedeutete das für uns, von den Reserven zu leben. Glücklicherweise hatte Jutta mit langlebigen Lebensmitteln sehr weitsichtig gedacht, als wir unsere Umzugscontainer bestückt hatten, so dass ich keine größeren Befürchtungen haben musste.

8.4. Die Evakuierung

Safety first!   Sicherheit zuerst! Diese zwingende Festlegung gilt insbesondere in extremen Gefahrensituationen. Die Festlegung besagt, unter allen möglichen Nebenbedingungen für die absolute Sicherheit von Mensch und Familie zu sorgen. Dabei haben sich alle in einem System befindlichen Personen entsprechend den zentralen Weisungen unter zu ordnen und ihnen Folge zu leisten. Dies gilt insbesondere auch für Botschaften und ihre Mitarbeiter im Ausland. Außerdem wird in Schulungen und Unterweisungen aufgabenspezifisch alles Notwendige für Gefahrensituationen vermittelt. Auch die Vorbereitung und Bereitstellung von Notfallgepäck gehört dazu.

Kaum hatten wir uns einigermaßen in unserer Warschauer Dienstwohnung als Familie eingelebt, schon gab es ernsthafte gefährliche Situationen, die wir bewältigen mussten.   Der Kriegszustand   betraf alle Bereiche des gesellschaftlichen Lebens und der Wirtschaft. Das Militär der polnischen Armee wurde in Alarmbereitschaft versetzt. Panzer und andere schwere Waffen waren über Nacht auf den Straßen und Plätzen aufgefahren. Es ergab sich ein mystisches Stadtbild, von dem kein Mernsch irgendwelche Schlussfolgerungen ableiten konnte, denn vorher waren täglich bürgerkriegsähnliche Zustände im ganzen Land zu verzeichnen gewesen. Sämtliche Kommunikationsverbindungen wurden stillgelegt, kein Telefon, keine Post, kein Telegrammverkehr, nichts ging mehr.   Die Lage war höchst bedrohlich.

Jutta erhielt von Harry sofort den Auftrag, sich um die Kinder zu kümmern und sie reisefähig zu machen. Frauen und Kinder sollten in zwei Stunden mit Notgepäck abgeholt und zu einem Sammelpunkt gebracht werden. Das war wenig Vorbereitungszeit und wir vermuteten einen Sammelpunkt in der Botschaft. Dem war aber nicht so, dafür wurden Büroräume außerhalb der Botschaft genutzt. Ich selbst musste mich sofort von meiner Familie trennen. Jutta packte mit den Mädchen das Nötigste zusammen. Auch die versteckten Weihnachtsgeschenke für die Kinder durften sie gleich mitnehmen. Dann wurde Jutta mit den Kindern abgeholt und mit PKW zum Sammelpunkt gebracht.

In der Zwischenzeit erhielt ich zusammen mit Harry O. den Auftrag, Familien zu benachrichtigen und Frauen mit Kindern zum Sammelpunkt zu bringen. Dabei gab es zahlreiche Verweigerungen und Zwischenfälle, wo die Mütter sich weigern wollten, mitzukommen. Man sollte es nicht für möglich halten, aber etliche Frauen hatten ein sehr engstirniges Denken und für sie waren Wertgegenstände wie Glas und Porzellan, offenbar wichtiger, als die in höchster Gefahr stehende Familie. Wir hatten die Anweisung, notfalls Frauen und Kinder mit der notwendigen Strenge zum Sammelpunkt zu bringen. Unglaublich, wie sich manche Frauen aufführten. In solchen Fällen stellten wir einen zweiten Abholtermin und ab ging es! Wenn erforderlich, nahmen wir Frauen und Kinder unter die Arme und setzten sie in unsere Fahrzeuge.

Wir mussten feststellen, dass in dieser extremen Noltlage zahlreiche Frauen nicht Dringendes von Wichtigem zu unterscheiden in der Lage waren. Vielmals stand die Sicherung ihrer Wertgegenstände im Vordergrund. Nicht unerwähnt soll bleiben, dass die Männer der Familie vor Ort verbleiben mussten und für Botschaftsaufgaben zur Verfügung stehen sollten.

Was Jutta zwischenzeitlich im Sammelpunkt und auch danach erlebte, gleicht einem besonderen „Film", dem man normalerwerise keinen Glauben schenken kann, und doch hat sich alles wahrheitsgemäß so zugetreagen.

Im Sammelpunkt auf der Grojecka-Straße konzentrierte sich alles Weitere, um Frauen und Kinder in Sicherheit zu bringen. Zuerst dachten wir an eine längere Unterbringung in Gebäuden oder Einrichtungen der Botschaft. Dann aber schafften es mutige Menschern, eine Maschine der INTERFLUG zu chartern. Das bedeutete, Frauen und Kinder trotz Kriegszustand in die DDR auszufliegen. Dazu wurden unverzüglich die notwendigen Vorbereitungen getroffen. Während des Aufenthaltes in den Räumen des Sammelobjektes kam es zu Unruhen und hektischem Verhalten. Kinder schrieen durcheinander und Mütter vergaßen ihre Fürsorgepflichten für die Kleinen. Jutta versuchte mit betont lauter Stimme die Frauen aufzufordern, sich darum zu bemühen, ihre Kinder zu beruhigen. Vor allem verlangte sie energisch, ihren Kindern ausreichend zu trinken zu geben. Vielmals hatten die Mütter sogar vergessen, ausreichend Trinknahrung und Verpflegung in das Notgepäck mit einzupacken. Also wurden viele Kinder unruhig, weil Nahrung fehlte. Jutta half in Härtefällen einigen Frauen mit Lebensmitteln und Getränken aus dem eigenen Gepäck aus. Ein Dankeschön erreichte uns nie… Nebenbei bemerkt: Auch durch die Botschaft wurden im Sammelpunkt Getränke bereitgestellt. Dann landete gegen Abend eine IL 18 Sondermaschine der INTERFLUG auf dem Warschauer Militärflughafen. Jetzt ging es um eine geordnete Abfertigung und einen ordnungsgemäßen Transport zum Flughafen mit Robur-Bussen. Das Flugzeug war schließlich voll besetzt und es war dem mutigen Piloten zu verdanken, dass alle Passagiere ohne Zwischenfälle in Berlin ankamen.

Bei der gesamten Aufregung hatte Jutta vergessen, ausreichend DDR-Geld mitzunehmen, um nach Hause zu kommen. So musste sie sich noch 50 Mark von ihrem Chef borgen, für alle Fälle.

Zwischenzeitlich hatte die Botschaft die zuständigen Ministerien in Berlin angewiesen, für die ordnungsgemäße Rückreise der Familien in ihre Heimatorte zu sorgen. Dafür waren die delegierenden Kombinate und Betriebe verantwortlich, Also für Jutta das Kombinat Getriebe und Kupplungen Magdeburg und das Press- und Schmiedewerk Brand-Erbisdorf. Für ca. 90 % stellten die Betriebe sofort Fahrzeuge bereit, um die evakuierten Familien vom Flughafen Schönefeld nach Hause in ihre Heimatorte zu bringen. Nur vom Kombinat Getriebe und Kupplungen und von diesem das Press- und Schmiedewerk Brand-Erbisdorf war kein Fahrzeug zur Abholung bereitgestellt worden. Jutta stand nun allein gelassen mit zwei Kindern mitten in der Nacht auf dem Flughafen! Jutta bemühte sich um Telefonverbindungen, stand in einer Reihe von über 20 Leuten, die „dringend telefonieren" wollten. Über eine Stunde stand sie in der Warteschlange. Juttas Telefonate führten auch nicht zum Ziel! Vor der Telefonzelle entwickelte sich aufgeregtes Leben. Eine der evakuierten Frauen hatte besonders wichtige Informationen" zu übermitteln und faselte über 10 Minuten lang, sie sei evakuiert worden und jetzt auf dem Weg nach Hause und sie bat darum, ein köstliches Eintopfessen nach Mecklenburger Art zu richten! Das war höchst wichtig!

Auch das Außenhandelsunternehmen Technocommerz Berlin unternahm nichts, war zwar erschrocken und dennoch nichts tuend. Ratlos stand Jutta auf dem Flughafen und konnte nach fast zwei Stunden wenigstens eine Notübernachtung im Flughafenhotel erzwingen.

Der Ärger war riesig! Warum nur funktionierte der Transport für unsere evakuierte Familie nicht, jedoch für alle anderen, aber nicht für uns? Ohne schwarz zu malen, war das eine offensichtliche Tatsache, deren Notwenigkeiten in einer Notlage durch laxes und unverantwortliches Verhalten mitten in versteinerter Bürokratie entstanden war.

Aber das war noch lange nicht alles, was Jutta in meiner Abwesenheit zusammen mit zwei Kindern über sich ergehen lassen musste! Am nächsten Morgen stand Jutta mit den beiden Kindern ratlos auf dem Bahnhof Schönefeld. Wie bereits beschrieben, hatte sie nur noch 50 Mark, ging zum Fahrkartenschalter und fragte den älteren Berliner Bahnbeamten (mit Berliner „Schnauze"), was denn eine Fahrkarte für einen Erwachsenen und zwei Kinder nach Freiberg kosten würde. Die schroffe Antworet: „42 Mark". Darauf die Frage des Beamten: „Und wat hätten Se denn jemacht, wenn det Jeld nich jereicht hätte?" Juttas Antwort darauf: „Dann hätte ich Ihnen ein grausames Märchen erzählen müssen. – Und jetzt geben Sie mir endlich die Fahrkarte, Sie Bürokrat…"

Der Bahnbeamte lief rot an. Jutta hatte nun nur noch 8 Mark, um nach Hause zu kommen. … Inzwischen hatten die beiden Mädchen Hunger bekommen. Also begab sich Jutta auf den Bahnsteig, um im Kiosk für die Kinder ein Würstchen mit Semmel zu kaufen. Sie ging in den Kiosk hinein, der voll von betrunkenen Bauarbeitern war, die den Bahnhof umbauten und gerade Frühstück machten. Doch bedrängten die Bauarbeiter Jutta so gemein und aggressiv, dass sie fast eine Vergewaltigung befürchten musste. So angriffslustig waren sie. – Also verließ sie den Kiosk ohne etwas für die Kinder zu besorgen und der Gefahr zu entgehen.

In Freiberg angekommen, rief sie ein Taxi und bat den Fahrer, zunächst zur Feldstraße zu fahren, wo ihre Mutter wohnte. Das tat sie und bat ihre Mutter, ihr 20 Mark zu borgen, um mit dem Taxi nach Hause, also nach Brand-Erbisdorf zu kommen. Der Taxifahrer brachte nun Mutter und Kinder zu ihrer Wohnung, doch die Kofferklappe war zugefroren und ließ sich nicht mehr öffnen. Der Taxifahrer entschuldigte sich. Jutta meinte: „Das macht nichts. Wir haben heute schon so viel Schlimmes erlebt, da kommt es auf die Koffer auch nicht mehr an. Bringen Sie die Koffer bei Gelegenheit vorbei und geben Sie das Gepäck einfach bei einem Hausbewohner ab…"

Nun glaubte Jutta, mit den Kindern endlich in Ruhe und Sicherheit zu sein. Die eigene Wohnung hätte Erholung und Entspannung in wohliger Wärme bieten können, doch kaum hatten sie die Wohnung erreicht, wurde Jutta von Technocommerz Berlin über das Press- und Schmiedewerk benachrichtigt, „sofort und unverzüglich die Reisepässe im Betrieb abzugeben, zur Weiterleitung an Technocommerzt Berlin". Also blieb Jutta nur, sich auf den Weg ins Press- und Schmiedewerk zu begeben und die

Pässe in der Personalabteilung abzugeben. Die Bürokraten von TC hatten wieder mal kein Vertrauen zu uns in dieser Gefahrensituation und befürchteten mit „bürokratischer Eile" offenbar, wir könnten unsere Reisepässe für das Verlassen der Republik ausnutzen! Ich erklärte später bei TC, „dass es sich bei dieser Verfahrensweise um leichtfertige und unbegründete Aussagen gehandelt habe. Diese Aufforderung kam von der Länderabteilung von Technocommerz Berlin, ohne jede Entschuldigung für die nicht ordnungsgemäße Weiterleitung und Kontrolle des Transports für unsere Familie nach Hause. Ich wertete das als höchst unverantwortliches Verhalten. Nachdem ich später von Jutta per Brief den Vorfall im Detail geschildert bekam, beschwerte ich mich in scharfer Form bei der Leitung von Technocommerz. F. Piepenburg leitete mehrere Disziplinarverfahren wegen „unterlsassener Hilfeleistung in Gefahrensituationen" ein. Eine Entschuldigung uns gegenüber gab es nie.

8.5. Vertrauen gegen Vertrauen

Im Folgenden geht es nicht um Minsk in Belorussland, sondern um Minsk Mazowiecki in Polen, etwa 50 km östlich von Warschau. Dort befand sich der Betrieb FUD Minsk, der u. a. auch zu meinem Arbeitsgebiet bei der Abwicklung von Export - Importgeschäften gehörte. Es handelte sich um ein größeres Unternehmen, dessen Hauptprofil die Fertigung verschiedenster Krananlagen betraf. Außerdem produzierte der Betrieb ein umfangreiches Sortiment an Zahnkupplungen, die wir für unseren Kupplungs- und Triebwerksbau in Dresden dringernd benötigten.

Bei meinem ersten Besuch dieses Betriebes im Frühjahr 1981 war ein Betreten des Geländes nicht ohne weiteres möglich. Der Sicherheitsdienst kontrollierte peinlich genau meine Passdokumente, bis mich der Chef der Exportabteilung, Herr Kowalski, endlich am Eingang abholte und sich sofort in perfektem Deutsch für die scharfen Kontrollen entschuldigte. Er war schon um die 60 und fungierte neben seiner Tätigkeit als Exportleiter für das Unternehmen auch als Dolmetscher bei Verhandlungen.

Wir machten uns bekannt. Ich stellte mich vor, sprach über meine Aufgaben in Polen und meine Erwartungen von einer beiderseitig fruchtbaren Zusammenarbeit auf lange Sicht. Dann stellte er mich dem Direktor des Unternehmens, Herrn Kuzniewski, vor, einer Führungspersönlichkeit mit außergewöhnlichen Fähigkeiten und dem Gespür für die richtigen Entscheidungen und die richtigen Personen, die er für die Erreichung seiner Unternehmensziele brauchte. Er konnte auf eine breite Anerkennung in seiner Belegschaft bauen und besaß deshalb höchste Autorität, nicht nur im Betrieb, sondern wegen seines weitsichtigen Wirtschaftens auch in der Stadt, sogar bis in Regierungskreise und bis zu den polnischen Außenhandelsorganen. Er hatte es dazu gebracht, dass FUD Minsk seine Krananlagen damals bereits in über 40 Länder der Welt exportieren konnte. Kuzniewski wollte von mir mehr wissen, als sonst bei einer formalen persönlichen Vorstellung üblich, was ich bisher alles gemacht hätte, wie es der Familie ginge, wie wir hier in Polen lebten und auch welche Vorstellungen ich von meiner Zukunft hätte. Dann kehrte ich in etwas scherzhafter, aber galanter Form die Frage um und bat ihn, kurz von sich zu berichten. Etwas erstaunt – tat er es. Gleich in den ersten Minuten hatte sich zwischen uns eine gewisse Sympathie entwickelt, auf die wir aufbauen konnten. Direktor Kuzniewski beauftragte seinen Technikdirektor, Herrn Duczinski, mich durch den Betrieb zu führen und mir alles genau zu zeigen. Das war für Ausländer wie für mich ungewöhnlich, meist ließ man „sich nicht in seine Karten schauen“. Ich war beeindruckt von der Sauberkeit und den Produktionsanlagen. Die Arbeitsorganisation war gut durchdacht und für damalige polnische Verhältnisse von überdurchschnittlich hohem Niveau.

Bei meiner Verabschiedung wurde mir klar, wenn auch ich im Außenhandel überdurchschnittliche Ergebnisse erzielen wollte, dann war dies nur zum beiderseitigen Vorteil möglich. Ich musste eine Strategie aufbauen, wo beide Partner gewinnen konnten. Wer damals wie heute gedacht hat, man könne mit irgendwelchen Streichen polnische Partner „über's Ohr hauen", hatte sich gründlich geirrt. Die Polen waren messerscharfe Rechner und verfügten oft über ausgezeichnete Verhandlungsstrategien. Polen war seit Jahrhunderten ein Land, das effektiv zu handeln verstand.

Bei späteren Besuchen in diesem Unternehmen gab es kaum noch einen Sicherheitscheck. Auch bei den Sicherheitsleuten war ich längst bekannt genug und ein Anruf ihrerseits zur Meldung meines Ankommens in der Betriebsleitung genügte. „Sie werden schon erwartet", war meist die Antwort und ich begab mich allein auf den Weg in die Exportabteilung oder zur Betriebsleitung.

Fast immer, wenn Kuzniewski im Hause war, bat er um ein persönliches Gespräch mit mir, stets in herzlicher, aber betont sachlicher Atmosphäre, die von Kompetenz und Kreativität getragen sein sollte. Eines Tages fragte er mich unter Bezugnahme auf meinen Betriebsrundgang, welchen Eindruck ich davon gehabt hätte. Ich habe ihm meine Wertschätzung zum Produktions- und Organisationsniveau seines Betriebes ausgedrückt und lieferte dann meine Eindrücke von den verschiedenen Bereichen. Da ich vorher jahrelang auf dem Gebiet der Organisation gearbeitet hatte, war er von meiner Sachkenntnis wahrscheinlich ziemlich überrascht und holte sofort Duczinski, den technischen Chef, mit zum Gespräch. Ich begriff schnell, dass beide dringend daran interessiert waren, das gesamte Betriebsgefüge weiter zu rationalisieren und damit die Produktivität zu erhöhen. Man legte Wert auf meine Vorschläge.

Einige davon betrafen den Fertigungsablauf in der Mechanischen Abteilung, die mit herkömmlichen Dreh- und Fräsmaschinen ausgestattet war und immer wieder einen kapazitiven Engpass darstellte. Die Leistungsfähigkeit reichte trotz Dreischichtarbeit nicht mehr aus. Ich fragte an, ob man sich schon einmal mit dem Einsatz numerisch gesteuerter Maschinen beschäftigt habe und konnte auf ausgezeichnete Produktivitätsergebnisse und Erfahrungen verweisen. Ich versprach, genauere technische Informationen mit zu bringen, da ich über gute Beziehungen zum Hersteller und zum Kombinat WMW (Werkzeugmaschinen Export und Import) verfügte. Wochen später lagen die Unterlagen vor und Kuzniewski entschied mit seinen technischen Spezialisten, mehrere Anlagen, auch Dreh- und Fräsautomaten aus Karl-Marx-Stadt (jetzt Chemnitz) zu bestellen und einzusetzen. Mit der Realisierung dieser Zielstellung gab es jedoch enorme Schwierigkeiten. Die Bürokratie im Außenhandel und die Lieferverpflichtungen der DDR an die Sowjetunion in Zusammenhang mit den Erdöl- und Erdgasimporten blockierten ein schnelles Handeln. Nach langem Hin und Her gelang etwa ein halbes Jahr später die Lieferung des ersten Automaten. Der übrigens läuft heute noch. Lediglich die numerischen Steuerungen wurden durch moderne elektronische Module ersetzt. Allein durch 2 Automaten konnte später eine Produktivitätssteigerung von 42 % erreicht werden. Kuzniewski war zufrieden – und ich auch. Daneben unterbreitete ich ihm noch einige Vorschläge zur Verwaltungsrationalisierung und zu Veränderungen in der Betriebsstruktur. Auch diese setzte er zu einem großen Teil mit einer Arbeitsgruppe in wenigen Monaten um.

Das Ganze verschaffte mir Ansehen, Anerkennung und Vertrauen auf breitester Basis, nicht nur in diesem Betrieb, auch bei den polnischen Außenhandelsorganen. Nun war ich auch besser in der Lage, Schritt für Schritt an die Erhöhung der Lieferungen von Zahnkupplungen heran zu gehen, die FUD Minsk für uns produzierte. Der Engpass in der mechanischen Fertigung war nun überwunden und es gab jetzt gute Voraussetzungen, mehr Kupplungen herzustellen. So konnte ich von Jahr zu Jahr höhere Importlieferungen durchsetzen - zum beiderseitigen Vorteil. Höhepunkt dabei war der Abschluss eines riesigen Vertrages

1984 mit einem Volumen von über 40 Millionen Rubel, was ca. 200 Millionen Mark entsprach.

Zwischenzeitlich hatten sich ab 1981 die politischen und wirtschaftlichen Verhältnisse in Polen weiter verschlechtert. Die Auseinandersetzungen führten oft zu bürgerkriegsähnlichen Zuständen. Die Geschäfte waren leer, die Versorgung der Bevölkerung mit Lebensmitteln fast unmöglich geworden, Brennstoffe und Energie knapp, die Wirtschaft lag am Boden. Kuzniewski verstand es, seinen Betrieb ohne wesentliche Einschränkungen durch diese Krise zu bringen und die geschlossenen Verträge zu erfüllen. Verglichen mit ähnlichen Unternehmen war das eine Leistung, bei der man von Hochachtung sprechen musste.

Ebenso schwierig war es, die Tätigkeit in unserem Büro aufrecht zu erhalten. Auch dort funktionierte keine Heizung. Die Gefahr, dass Wasser- und Heizungsleitungen einfroren, war groß. Gas konnten wir noch entnehmen, so dass es zumindest in der Büroküche warm war, was uns auf die Idee brachte, zwei Schreibtische in die Küche zu bringen. Sorgen bereitete uns aber zunehmend die Versorgung mit Lebensmitteln, um die Speisenzubereitung für das Mittagessen unserer Mitarbeiter sicher zu stellen. Außer ein wenig Brot und Milch war nichts zu kriegen. Mir fiel dabei Vaters Strategie während des Krieges ein, als er auf das Land fuhr und mit dem, was er hatte, einen Tausch machte, um Lebensmittel für die Familie zu organisieren. So oder ähnlich könnte das in Polen auch funktionieren, dachte ich mir.

Dann kam ich auf die Idee, meine Kontakte zu Minsk zu nutzen. Inzwischen hatte ich gute Beziehungen zu dem Kranbauunternehmen dort. Man akzeptierte mich als Experte und bald ging unsere Zusammenarbeit wesentlich über die normale Export- und Importtätigkeit hinaus. Bei fast allen Besuchen verlangte Direktor Kuzniewski ein Fachgespräch mit mir, stets beginnend mit meinem persönlichen Befinden und dem der Familie. Er wollte sicher sein, dass es mir trotz der spannungsgeladenen Situation in Polen gut geht. Nun ließ ich es darauf ankommen, mir von diesem Betrieb Hilfe zu holen. Ich fuhr in das Werk und bat den Direktor um ein Gespräch. Ich konnte mich nicht vorher anmelden, weil alle Telefonverbindungen nicht funktionierten. Kuzniewski empfing mich herzlich wie immer. Seine erste Frage: „Gibt es Probleme?" „Was die Abwicklung unserer Verträge betrifft, nicht", antwortete ich. Kusniewski wurde konkreter: „Was sonst? Stimmt etwas mit Ihrer Familie nicht?" - Ich berichtete davon, dass Frau und Kinder aus Sicherheitsgründen vorübergehend in der DDR bleiben müssten, bis sich die Lage normalisiert hat. Dann erklärte ich die Situation in unserem Büro und dass wir die Arbeitsfähigkeit aufrecht erhalten müssten, aber für das Mittagessen keine Zutaten zu bekommen seien, weil auf dem Markt nichts zu kriegen sei. Der Direktor überlegte einen Augenblick: „Vielleicht kann ich Ihnen helfen."

Er bat seine Sekretärin zu sich und diktierte ihr ein paar Zeilen und eine Anschrift. Der Direktor kannte einen Bauern, unweit der Stadt, dem er auch schon oft bei der Reparatur landwirtschaftlicher Geräte geholfen hatte. Ich sollte zu ihm fahren und den Zettel mitnehmen.

Bauer Kosczian war schon älter. Ich erklärte ihm in schlechtem Polnisch, dass mich Direktor Kuzniewski geschickt hätte; es ginge um Lebensmittel für die Mitarbeiter meines Büros und ob er helfen könne. Er fragte nur kurz, was ich brauchte und verlangte, meinen Wagen in eine Scheune zu fahren, was mir nicht ganz geheuer vorkam. Das Tor wurde verschlossen. Das Ganze sollten die Leute auf den Nachbarhöfen nicht mitbekommen. Das Ergebnis: 6 Säcke Kartoffeln, verschiedenes Gemüse, 20 Köpfe Weißkraut, 5 Köpfe Rotkohl, 50 Eier und zwei Sack Äpfel. Sogar 4 kg gepökeltes Schweinefleisch und 4 kg Wurstsorten und Schinken noch dazu. Außerdem noch zwei Kannen Frischmilch und 5 kg Quark. Ich konnte meinen Augen kaum trauen. Das Auto war voll gepackt und die Ernährungsgrundlage für einige

Wochen gesichert. Die Rechnung, die der Bauer aufmachte, war in jedem Fall zu niedrig. Ich zahlte mehr und überreichte ihm ein paar Schachteln Zigaretten und eine Flasche Kognak. Wieder einmal erwies sich: Gute Beziehungen sind Gold wert. Meine Kollegen bekamen große Augen, als ich mit vollem Wagen wieder eintraf.

8.6. „Kohlen-Rouladen"

Jutta war mit den Mädchen nach ihrer Evakuierung wieder nach Warschau zurückgekehrt und wir waren dabei, uns nach den gegebenen Bedingungen wieder einzurichten. Auch ein paar Vorräte an Lebensmitteln hatten wir erneut angelegt, denn noch immer war die Versorgung schlecht und der Kriegszustand dauerte an. Zu den tiefgekühlten Vorräten gehörten auch Rinderrouladen, die Jutta besonders gut zubereiten konnte.

An einem Freitagabend bereitete sie 10 Rouladen vor, für das Wochenende und gleich einige mehr für die Woche danach. Die köstlichen Exemplare schmorten in der Pfanne vor sich hin und ein verführerischer Duft zog durch die Wohnung. Dann aber verführten uns nicht die schönen Fleischröllchen, sondern das polnische Fernsehen mit immerhin zwei Programmen dazu, uns einen erotischen Film aus der Bundesrepublik anzusehen. Das war selten und wir nutzten die Gelegenheit. Den Film zu verfolgen, war ziemlich schwierig. Er lief mit schwachem deutschem Hintergrundton, wurde in monotoner polnischer Sprache synchron besprochen und mit englischen Unterschriften gesendet. Aber wir konnten es einigermaßen verstehen und verfolgten die Handlung mit Spannung.

Keiner von uns beiden dachte noch an die Rouladen in der Pfanne. Plötzlich verbreitete sich bläulicher Nebel in der Wohnung, begleitet von den unangenehmsten Gerüchen, die man sich vorstellen kann. Jetzt war alles zu spät. In der Pfanne befanden sich nur noch Rouladen in kohlenartiger Gestalt, schwarz wie

Briketts oder wie polnische Steinkohle und völlig ungenießbar! Wozu hatten wir eigentlich unsere Vorräte angelegt? Der Gestank stieg uns tagelang in die Nase. Aber schlimmer war noch, wir bekamen die Pfanne mit den stärksten Reinigungsmitteln absolut nicht mehr sauber und mussten das Ding entsorgen und ersetzen, denn es handelte sich um bereitgestelltes Botschaftsgeschirr. Damit waren unsere Fleischvorräte dahin. Eine ganze Zeit lang hieß es nun, mit Kartoffeln, Gemüse und Obst klar zu kommen. Erst nach Wochen gelang die Versorgung mit einigen Fleischpäckchen aus Eberswalde wieder.

8.7. Osterspaziergang

1983. Das dritte Jahr unseres Auslandseinsatzes in Warschau war angebrochen. Mit der Zeit hatten wir mitbekommen, dass Ostern im katholischen Polen als Fest der Auferstehung Jesus Christus mit vielen Traditionen hoch gefeiert wurde. Dabei spielten kleine Gaben für die Kinder und das Suchen von Ostereiern und Osternestern an geheimnisvollen Verstecken eine dominierende Rolle an den Ostertagen. Dann war da noch der Ostermontag, an dem in Polen die jungen Männer „Jagd" auf die hübschen Mädchen machten, und sie waren „bewaffnet" mit Wassereimern oder ähnlichen Gefäßen, die nur zu gern den jungen Mädchen in wilder Geschwindigkeit übergekippt wurden. Eine lustige Tradition, die wir erleben konnten. Dann gab es auch tolle Einfälle für köstliches Ostergebäck in den vielfältigsten Formen, von gebackenen Schäfchen, über Hähne und Kükenfiguren bis zu Frühlingsblumen in gebackenen Formen.

Besonders anziehend war immer um Ostern der große Blumenladen im Stadtzentrum auf der Marshalkowska-Straße, gegenüber dem Forum-Hotel. Hier ließen sich die Dekorateure zu Ostern immer was besonderes einfallen. Die Kinder drückten ihre Nasen an den Schaufenstern platt, vor Staunen. Fast jedes

Jahr wurde dort ein Osterfenster mit Osterküken auf frischem grünen Rasen präsentiert. Das war einzigartig und unsere Kinder wollten die lebendige österliche Dekoration immer wieder sehen. Wenn man das Blumengeschäft von innen betrachtete, wurde alles noch viel interessanter, weil der riesige Verkaufsraum noch durch tolle Blumen und Pflanzendekorationen vervollständigt wurde. Solche einfallsreichen Dekorationen haben wir seitdem nie wieder gesehen.   Nun wollten wir uns zu Ostern 1983 mit unseren Kindern wieder was Besonderes einfallen lassen. Wir hatten inzwischen Freundschaft mit Familie Riefling geschlossen, ihr Töchterchen Manuela und unsere Beate gingen gemeinsam in eine Klasse der Botschaftsschule. Oft gab es gemeinsame Feierlichkeiten zu Kindergeburtstagen oder anderen Anlässen.

Diesmal aber sollte es ein toller Osterspaziergang werden... Ideal dafür war der Bielany-Wald, direkt in unserem Wohngebiet. Die Kinder sollten kleine Ostergeschenke suchen. Dazu bereiteten wir eine Wegekarte vor, wonach sie ihr Ziel ansteuern sollten. Außerdem markierten wir Wege, Bäume, und Steine mit Kreide und gaben damit die weitere Suchrichtung an. Das Ganze entwickelte sich zu einem Riesenspaß für Manuela, Grit und Beate. So kam es zu einem lustigen Osterspaziergang. Manuela bemerkte mehrfach: „Ihr könnt jetzt nach Hause gehen, wir haben ja die Wegekarte und finden den Weg alleine...“   Das war schon mutig und ganz schön selbstbewusst... Anschließend gab es in unserer Wohnung noch ein „Osterfrühstück“ – mit frischem Quellwasser aus unserer Bielany-Quelle. Alle freuten sich über einen wunderschönen Vormittag am Ostersonntag.

8.8. Der Zwischenfall von Brest

Endlich hatten wir wieder ein eigenes Auto. Ein schnittiger, lindgrüner „Wartburg 353 W“, natürlich „de luxe“. Der Wagen hatte schon eine Knüppelschaltung und auch ein Schiebedach. Die Innenausstattung war etwas „komfortabler“ als normal. Nach dem Sommerurlaub zu Hause nahmen wir den Wagen mit nach Warschau in der Hoffnung, nach dem Ausnahmezustand in Polen das Land in unserer Freizeit endlich näher kennenlernen zu können. Nach den Regelungen Polens und den Weisungen unserer Botschaft war die Zulassung des Fahrzeuges in Polen zwingend, d.h. wir erhielten ein polnisches KFZ-Kennzeichen WZ 79-83. Nur gab es ein Problem: Noch immer war der Bezug von Treibstoffen limitiert. Mit 10 Litern pro Monat konnte man keine weiten Fahrten unternehmen.

Also suchten wir nach Möglichkeiten, irgendwie an Benzin zu kommen. Mal brachte jemand einen Kanister aus der DDR mit, aber das war selten. Für uns gab es aber auch die Möglichkeit, von Warschau aus Brest an der Ostgrenze Polens zu besuchen. Brest galt für uns damals als „freie Stadt", die wir mit unseren Pässen auch ohne Visum besuchen konnten. Die sowjetische Grenzstadt ist mit ihrer Heldenfestung weltbekannt. Von hier aus leisteten sowjetische Soldaten im 2. Weltkrieg heldenhaften Widerstand gegen die deutschen Truppen, die am 22. Juni 1941 die Sowjetunion überfielen. Wir waren vorher schon mehrmals in der Stadt gewesen. Sie galt in den unsicheren Zeiten des Kriegszustandes in Polen für uns als „ein Stück Freiheit", könnte man sagen. Vor allem waren für uns Kinderbücher sehr interessant, wofür viele sowjetische Verlage einen ausgezeichneten Ruf genossen. Wenn es die Zeit erlaubte, gönnten wir uns gern ein Menü aus der traditionellen russischen Küche im Hotel „Intourist" oder besorgten uns Lebensmittel, die wir im Nachbarland Polen in der Krisensituation nicht bekommen konnten. Meistens gehörte auch Benzin zu den erstrebenswerten Dingen.

So nahmen wir an einem sonnigen Augustfreitag abermals Kurs auf die sowjetische Grenzstadt, zusammen mit unserer befreundeten Familie Schmidt, die mit einem Trabi fuhr und auch wie wir ihre beiden Kinder dabei hatte. Von Warschau bis Brest sind es ungefähr 250 km, das sollte man wissen, um das Nachfolgende zu erfassen. Gegen 10:00 Uhr erreichten wir Brest. Besprochen war, wir würden getrennt einige Besorgungen machen, tanken und uns danach um 13:00 Uhr im Hotel „Intourist" zu einem gemeinsamen Essen treffen und anschließend zurück zu fahren.

Als wir den Stadtrand von Brest an dem legendären Kreisverkehr erreichten, beobachteten wir eine Bäuerin am Straßenrand, die Eier und Gemüse verkaufte. Vor uns fuhr Familie Schmidt mit ihrem Trabi. Plötzlich jedoch scherte er aus und blieb kurz vor der Bäuerin stehen. Da es in Polen zur Zeit des Kriegszustands schwer war, Eier zu bekommen, wollten wir natürlich welche von hier mitnehmen. Aber es verwunderte sehr, dass die Schmidts schon an dem Kreisverkehr ihre Eier kaufen wollten, dabei gab es in Brest genug davon und wir beschlossen einfach, weiter zu fahren und unsere Eier später einzukaufen. Also fuhren wir ins Stadtzentrum und erledigten, was wir vorhatten.

Was in der Zwischenzeit bei Schmidts ablief, darüber machten wir uns keine Gedanken. Was aber wirklich passierte, war ein Film für sich und ich kann nur nach ihren Erzählungen aufschreiben, was alles ablief: Es begann damit, dass Schmidts an dem Kreisverkehr, wo wir sie das letzte Mal gesehen hatten, gar keine Eier kaufen wollten! Nein, es kam zu einem „Zwangsstopp", denn der Trabi war ziemlich durstig und der Tank war leer. … Karl hatte auch die Benzinreserve längst ausgeschöpft, war aber der Meinung, noch bis an die Tankstelle zu kommen, was aber leider nicht gelang. Die Kanister im Kofferraum waren ebenfalls leer und zum Füllen gedacht. …

Das Kernproblem hieß für Karl, irgendwie an Benzin zu kommen. Doch fand sich keine Hilfe, keiner hielt an. Auch Renates Winkversuche blieben erfolglos. Mit knappem Russisch rang Karl verzweifelt um Hilfe. Die Bäuerin selbst erklärte nur mit fuchtelnden Armen, die nächste Tankstelle sei sehr, sehr weit, am anderen Ende der Stadt zu finden, ungefähr 10 km. Karl blieb nichts anderes übrig, als seinen leeren Benzinkanister zu nehmen und zu Fuß los zu gehen. Ein paar hundert Meter weiter kam er an eine Bushaltestelle und machte gestikulierend den Leuten dort deutlich, er brauchte dringend Benzin und müsse zur Tankstelle. Als die Leute endlich begriffen hatten, was er wollte, machten sie deutlich, die Linie 77 oder 81 zu benutzen. Da Karl das Zahlenwirrwar nicht verstand, ließ er sich die Nummern aufschreiben. … Im Bus muss es zu herzlichen Hilfeangeboten im Sinne deutsch-sowjetischer Freundschaft gekommen sein, denen Karl schweißtriefend ausgeliefert war. Jetzt befand er sich zwar im Bus, aber er hatte kein Kleingeld, um den Fahrpreis an dem Automaten zu bezahlen. Er wedelte mit einem 20-Rubel-Schein, aber keiner wollte ihn haben. Wieder opferten bereitwillige Fahrgäste ein paar Kopeken für den armen Mann… Geschafft, nach einer Stunde erreichte Karl ausgeschwitzt die Tankstelle, ließ den Kanister füllen und ging zurück zur Bushaltestelle, um zurück zu fahren. Das war leichter gesagt als getan. Wohin sollte die Rückfahrt eigentlich gehen? Karl kannte weder den betreffenden Straßennamen noch sonst etwas. Wieder diskutierte er mit Passanten und kam auf die Idee, die Europastraße E8 Richtung Westen sei richtig. Irgendwie gelang es ihm schließlich, eine passende Buslinie zu finden. So vergingen fast drei Stunden, um dem Trabi wieder Saft zu geben und weiter fahren zu können. Seine Frau Renate kochte vor Wut und hätte „die Karre am liebsten sofort verschrottet", wie sie danach erzählte.

Zurück zu uns selbst: Zur gleichen Zeit, als Karl seine spektakuläre „Benzin-Beschaffungsreise" unternahm, lief unser eigener Film ab: Zu allererst wollten wir unsere eigene Benzinangelegenheit erledigen. An der Grenze hatten wir Talons für 95 Liter Benzin gekauft. Wir fuhren an die Tankstelle am Ortsausgang von Brest Richtung Minsk. Die aber hatte geschlossen. Es war nichts zu machen. Die Chefin der Tankstelle machte mir deutlich, dass erst in zwei Stunden wieder geöffnet werden könnte. Dabei ließen mich meine Russischkenntnisse im Stich und ich brachte kein russisches Wort heraus. Ich lief zurück zum Auto und erzählte Jutta, was passiert war. Dann sagte ich, sie sollte ein paar Worte russisch mit mir sprechen – und welch Wunder - auf einmal war wieder alles da. Ich lief zurück in das Kontor und verlangte wiederholt nach Benzin. Das Gespräch mit der Tankstellenleiterin weitete sich zu einer Art Streitgespräch aus und ich betonte immer wieder das Gleiche: Wir brauchten Benzin, um weiter zu kommen. Inzwischen rollte ein Tanklastzug an und füllte die Behälter der Tankstelle. Als der erste gefüllt war, gab die Chefin in der Auseinandersetzung endlich auf und stellte eine Tanksäule für mich frei. Na, geht doch, dachte ich und füllte den Tank und etliche Kanister. Dann rollten wir davon und erledigten, was wir vorhatten. Karl hatte späterhin sicher das Glück, die Tankstelle wieder vollständig geöffnet vor zu finden.

Wie verabredet, begaben wir uns zum Mittagessen in das Hotel „Intourist", fröhlich und gut gelaunt, glücklich darüber, alles erledigt zu haben. Wir warteten und warteten, aber Familie Schmidt war nicht zu sehen. Die Mädchen quengelten uns schon, wurden unruhig und hatten natürlich Hunger und Appetit auf was Besonderes. Also sagten wir uns, mit dem Essen schon zu beginnen. Als wir die vorzüglichen russischen Speisen genossen hatten, trafen endlich unsere Freunde ein, zermürbt und verärgert. Noch ahnten wir nicht, was überhaupt geschehen war. Dann berichteten sie von ihrem Missgeschick, aßen ein paar Kleinigkeiten, aber aus dem festlichen gemeinsamen Essen wurde nichts mehr.

Dann traten wir die Rückreise an und fuhren an die Grenzübergangsstelle, Karl wieder vor uns. Familie Schmidt wurde abgefertigt und fuhr weiter. Dann kamen wir an die Reihe. Ich musste den Wagen über eine Kontrollbühne fahren und er wurde von zwei Soldaten von allen Seiten untersucht. Ein Major fragte, was wir gekauft hätten. Ich antwortete „Lebensmittel, Kinderbücher und auch Haushaltsartikel". … Danach musste ich den Kofferraum öffnen und natürlich entdeckte er sofort mehrere Kanister mit Benzin. „Und Benzin? Wieviel haben Sie gekauft?" Ich sagte: „60 Liter“. „Sie wissen doch, dass nur 20 Liter erlaubt sind?“ „Nein, weiß ich nicht. Die Kanister sind für unsere Freunde und Kollegen“, stellte ich mich unwissend. Dann befahl er barsch, mich auf eine Bank zu setzen. Jetzt wurde ich von zwei Soldaten mit geladenen Kalaschnikows bewacht. Ich glaubte im falschen Film zu sein und sann in gebückter Stellung darüber nach, wie ich wohl aus der Misere wieder herauskommen würde.

In der Zwischenzeit holte ein Major meine Frau Jutta aus dem Auto, führte sie an mir vorbei zu seinem Büro. Jutta hatte sofort begriffen, worum es ging. In gebrochenem Deutsch fragte der Major schließlich: „Wie viel Benzin haben Sie gekauft?“ Sie sagte wahrheitsgetreu „95 Liter“. Der Major darauf: „Warum sagt Ihr Mann dann 60 Liter?“ „Na ja, 40 Liter im Tank und fast 60 Liter in Kanistern für unsere Freunde und Kollegen. Wir können hinaus gehen und ich zeige Ihnen das.“ Aber das wollte er nicht, was er gesehen hatte, war schon genug. Jutta erklärte weiter: „Wenn das verboten ist, warum verkaufen Sie uns dann Talons für 95 Liter? Sie können die Kanister behalten. Wir geben Ihnen das Benzin zurück.“ Der Major wurde nachdenklich, hatte aber die Sache vollständig durchschaut, dass sie ihren Mann aus der misslichen Lage befreien wollte. Der Major lehnte die Entgegennahme der Kanister ab und ordnete schließlich an, wir sollten fahren… „Pojechali. …“

So endete ein Ausflug in die „Freiheit“ gerade noch mal glimpflich. Wir mussten eingestehen, dass es nicht immer gut ist, anderen Menschen mit verbotenen Dingen zu helfen. Zudem war meine positive Meinung von deutsch-sowjetischer Freundschaft auf ein Minimum gesunken. Die Bedrohung mit zwei Kalaschnikows war schon heftig und ließ in mir Zweifel, aber auch Gedanken an die Kriegszeit und danach aufsteigen. Mein Bild von der Sowjetunion hatte Risse bekommen.

40 Jahre später zeichnete sich in der Weltpolitik ein ganz anderes Bild: Seit Jahren gab es die Sowjetunion nicht mehr. Mit ihrer Auflösung machten sich die ehemaligen Sowjetrepub-

liken unabhängig und bauten souveräne, selbstständige Staaten auf. Umso unverständlicher bleibt deshalb die aggressive Rolle Russlands, indem Ministerpräsident Putin 2022 einen Krieg gegen die Ukraine anzettelte, noch dazu mit Gebietsansprüchen von Teilen der Ukraine. Somit ist Russland ein Staat mit aggressiver und undurchsichtiger Strategie in der Weltpolitik geworden und kann nicht mehr als verlässlicher Partner in Politik und Wirtschaft gesehen werden. Die ehemaligen „Befreier Deutschlands" sind zu einem Aggressor geworden! Da wir viel für die Deutsch-Sowjetische Freundschaft getan hatten, mussten wir uns nun viele Fragen stellen… Die DSF mit ihrer ursprünglichen politischen Zielstellung war dahin, verursacht durch die ehemaligen Befreier, und nun als Verursacher eines Krieges!

8.9. Deutsch-Sowjetische Freundschaft damals

Die DSF erkannte ich als durchaus positive Haltungsstrategie zur damaligen Sowjetunion. So wurden wir erzogen, geprägt durch die praktizierte DDR-Politik, die die Sowjetunion als Siegermacht im Kampf gegen den Faschismus hoch schätzte und propagierte. Dabei ist unumstritten, dass die UdSSR die Hauptlast in der Niederschlagung der deutschen Truppen im 2. Weltkrieg getragen hat. Ausgehend davon war es die Meinung der meisten Kinder, an der Seite der Sowjetunion für den Frieden und damit für ein besseres und menschenwürdiges Leben einzustehen. Das war auch einer der Grundsätze der Pionierorganisation und auch der Jungendorganisation „Freie Deutsche Jugend". Daneben bildete sich die „Gesellschaft für Deutsch-Sowjetische Freundschaft" heraus, die als legale Organisation im Staatsgefüge der DDR agierte. Es gab DSF-Grundorganisationen in Betrieben und anderen Einrichtungen, in denen sich das Gesellschaftsleben abspielte, immer mit dem Grundgedanken, die Menschen umfassend über die UdSSR zu informieren und die Freundschaftsbande zu fördern.

Dazu gehörte auch die Förderung der russischen Sprache in Zirkeln oder klubähnlichen Veranstaltungen und natürlich Betreuung und Austausch von Delegationen verschiedener Art. Ich selbst lernte gern russisch und konnte mit der Zeit auf ordentliche Sprachkenntnisse verweisen. Aber es war eben „Schul-Russisch“ und es fehlte nur zu oft die „hautnahe Konversation“, das Sprechen in der Fremdsprache, der Umgang mit den Menschen, die Russisch als Muttersprache beherrschten, es fehlte das „Denken“ in russischen Dimensionen, um es zu wirklich großen Sprachleistungen zu bringen. Dennoch erhielt ich mehrere Herder-Medaillen schon bis zur 10. Klasse für meine fremdsprachlichen Leistungen. Die gleichen Erfahrungen machte ich übrigens auch beim Erlernen der englischen Sprache. Auch hierbei fehlte der ständige, fordernde sprachliche Kontakt, um es wirklich zu etwas Gescheitem zu bringen. Ich versuchte zumindest einige Lücken durch den Empfang englischer und russischer Radiosendungen auszugleichen, auch durch intensiven Briefwechsel mit Freunden aus dem Ausland und die eine oder andere Zeitung, die mir gelegentlich unter die Finger kam, denn außer russischen Zeitungen und der Prager Volkszeitung war kaum was zu kriegen. Das war wenig, aber es half mir, besser mit den Sprachen umgehen zu können.

Im Betrieb, auf Kreisebene und im damaligen Bezirk Karl-Marx-Stadt (heute Chemnitz) wurden verschiedene Wettstreite ausgetragen, auf denen die Teilnehmer ihr Wissen über die Kultur der Sowjetvölker, ihre Traditionen, über Geografie und Wirtschaft des Landes und die Politik unter Beweis stellen konnten. In den 70er Jahren nahm die Mannschaft meines Betriebes über Jahre hinweg Spitzenplätze ein, auf allen Ebenen bis zum Bezirksausscheid. Wir waren ein zuverlässiges Team, was sich schnell herum sprach. Zusammen mit meinen Kollegen Klaus E. und Sabine B. unternahm ich viel, noch mehr Menschen für diese interessanten Wettbewerbe zu gewinnen. Letztlich brachten unsere Siege auch Anerkennungsgeld in die Kasse der Grundorganisation ein, das letztlich allen zu Gute kam. Das erinnert mich sehr an den alten Freiberger Bürgerspruch: „Gemeinwohl geht vor Dein Wohl".

Ab 1968 leitete ich für die Grundorganisation der FDJ im Betrieb die internationale Zusammenarbeit mit Jugendgruppen aus der Sowjetunion und anderen sozialistischen Ländern. Hier ging es vorwiegend um die Unterhaltung von Briefverbindungen zu Kollektiven in sowjetischen Betrieben und um den Austausch von Delegationen und ihre Betreuung, was russisch sprachliche Kenntnisse voraussetzte. Oft musste ich erkennen, dass nicht alles, was in der DDR passierte, auch von den russischen Freunden akzeptiert und gut geheißen wurde. Zwar wurde das hohe Lebensniveau in der DDR allgemein anerkannt, doch gab es zu vielen politischen Fragen andere Auffassungen, z.B. zur Jugendarbeit, zu Demokratie und Freiheit oder zu stärkeren Volkswirtschaften im sozialistischen Wirtschaftsgebiet.

Im Zeitraum von 1969 – 1977 begleitete ich mehrere Delegationen zu Reisen in die Sowjetunion, Jugenddelegationen und auch welche aus meinem Betrieb, für die die Teilnehmer Auszeichnungsreisen für hohe Arbeitsleistungen erhalten hatten. Davon ist mir die Reise mit den besten Meistern des Betriebes nach Moskau, Wolgograd und Kiew noch in besonderer Erinnerung. Meister spielten in der Steuerung des Produktionsprozesses eine herausragende und vordergründige Rolle, damit alles reibungslos ablief. Für diese besondere Art von Verantwortung wurden die besten geehrt. Das war Anlass für mich, für die Teilnehmer jeden Tag etwas mehr zu bieten, als im Reiseprogramm vorgesehen. So gelang es mir beispielsweise auch diesmal wieder, einen Besuch im berühmten Bolschoi-Theater zu ermöglichen, von dem jeder wusste, dass eine Karte fast einem Lottogewinn gleichkam. Aber mit einigen Tricks habe ich es dennoch geschafft.

Im Wirtschaftsprozess des Schmiedebetriebes selbst und vor allem in der Presse wurde ständig die Nutzung sowjetischer

Neuerungen für die Produktion propagiert. Viel wurde geschrieben, noch mehr darüber geredet, aber kaum etwas dafür getan. Das störte mich. Andererseits wurde die völlig unsinnige Losung „Weltniveau ist nicht gleich Westniveau" propagiert und verbreitet, was bedeuten sollte, sich an „östlichem", also an sowjetischem Niveau zu orientieren. Ich verstand die Welt nicht mehr! Einerseits waren wir angehalten worden, den Stand unserer Produktivität schonungslos an den Besten zu messen, und andererseits eine solche Losung? Wollten wir uns auf den Märkten dieser Welt behaupten, dann ging es um Spitzenleistungen, und die waren an den Besten weltweit zu messen. Das war ein zwingendes MUSS!

Um der Sache zu Veränderungen zu verhelfen, regte ich die Auswertung sowjetischer Fachliteratur auf dem Gebiet der Umformtechnik an. Mittlerweile wurden vom Betrieb regelmäßig Zeitschriften aus der UdSSR bezogen, aber kaum jemand nahm ihre Verwertung ernst. Haupthinderungsgrund waren sprachliche Schwierigkeiten und Übersetzungen gab es bis dahin nicht. Ich überlegte, ob ich mir die Sache annehmen sollte oder nicht, denn Übersetzungen waren mit großem Zeitaufwand verbunden. Ich unterbreitete der Betriebsleitung drei mögliche Vorschläge. Einer wurde akzeptiert und mir die Übersetzunge von Inhaltsverzeichnissen und ausgewählten Fachtexten aus der Schmiedetechnik übertragen. Auf diesem Gebiet hatte ich aus meiner Studienzeit bereits Erfahrungen gesammelt. Die Übersetzungen wurden dann über einen Umlauf den Leitern der zuständigen Fachabteilungen zur Auswertung zugeleitet. Vorrangig bearbeitete ich die beiden Zeitschriften „Schmiede- und Stanzproduktion" und „Referatejournal für Neuerungen", beide von russischen Verlagen. Doch war es äußerst schwer, die Leiter der technischen Abteilungen überhaupt erst einmal dazu zu bewegen, sich wenigstens mit den vorliegenden Übersetzungen und Auswertungen zu befassen. Getrieben von den Tagesaufgaben zur Sicherung eines kontinuierlichen Produktionsablaufes waren sie meist kaum in der Lage, sich verbesserungswürdigen technischen Ideen zu widmen, abgesehen von der oft fehlenden Einstellung, sowjetische Veröffentlichungen auf dem Gebiet der Umformtechnik ernst zu nehmen. Bis auf wenige Ausnahmen, war der Effekt aus Nachnutzungen eher gering. Für mich war das Unternehmen eine Herausforderung dazu, Veränderungen, die zu höherer Produktivität führen, anzuregen. Allerdings musste ich schnell begreifen, dass Änderungen nur durchsetzbar waren, wenn die betroffenen Werktätigen und ihre Leiter sie auch wirklich selbst wollten. Offensichtlich war das eine hochrangige Bewusstseinsfrage, die genau so bei der Durchsetzung aller anderen Neuerungen ausschlaggebend war.

Bei den wenigen Nachnutzungen von sowjetischen Erfindungen und Entwicklungen gab es noch ein anderes Problem: In Zusammenhang mit den angemeldeten Patenten bzw. Urheberrechten waren die Preisverhandlungen für eine Nachnutzung äußerst schwierig. Unsere „Freunde" ließen sich die Sache ordentlich bezahlen. So war eine Nachnutzung keinesfalls zum Billigpreis zu erkaufen. An den hohen Kosten scheiterten dann weitere beabsichtigte Übernahmen, weil das Kosten-Leistungsverhältnis keine reale Basis mehr hatte. Überdies fehlte die massive Unterstützung der Kombinatsleitung in Magdeburg, um einen erfolgreichen Durchbruch zu erzielen.

All die wissenschaftlich-technischen Übersetzungen und Auswertungen musste ich in meiner Freizeit bewältigen und ich opferte manche Nacht dafür. Aber wenigstens erhielt ich ein Honorar für meine Übersetzungen. So kam wenigstens zusätzlich etwas Geld in die Familienkasse.

Das war ein Blick auf meine damalige Haltung zur DSF. Keinesfalls war aber zu übersehen, dass andere Menschen dazu ganz andere Meinungen vertraten. Vor allem bei älteren Menschen waren die Erinnerungen noch ziemlich frisch, die sie aus der Zeit um 1945 erleben mussten, „als die Russen kamen", wie man oft sagte. Zu tief waren schlimmste Begegnungen mit den

Soldaten der Siegermacht, Vergewaltigungen, Verschleppungen, unbegründete Inhaftierungen, sogar Erschießungen, Enteignungen, nicht zuletzt die Konfiszierung von Wertgegenständen, Uhren, Fahrrädern, Maschinen usw. Diesen Menschen etwas Positives zur „Deutsch-Sowjetischen Freundschaft" abzugewinnen, war wohl ein Kunststück, das keiner vollbringen konnte.

Später reifte in mir die Erkenntnis, dass das Freundschaftsbekenntnis ein ziemlich einseitiges war. Von der sowjetischen Seite, so meine Beobachtungen, zeigte man sich von offizieller Seite ziemlich zurückhaltend, was die Förderung des Freundschaftsgedankens mit Deutschland, das ja inzwischen gespalten war, betraf. Die Sowjetunion hatte zum Teil andere Vorstellungen, die mit den unseren nicht immer gleich kamen. Die unterschiedliche Haltung in der Politik zu den beiden deutschen Staaten spielte dabei eine bedeutende Rolle. Außerdem gab es seitens der Sowjetunion nicht eine solche kapitalstarke Unterstützung für den Wiederaufbau, wie sie von amerikanischer Seite für den Westen Deutschlands praktiziert wurde.

8.10. Ein Mega-Symposium

1984 war ein Jahr, von dem man in Polen behaupten konnte, es sei wieder auf gutem Wege, um die Wirtschaftskrise im Land zu überwinden. Noch immer gab es Schwierigkeiten in unübersehbaren Dimensionen gepaart mit dem Mangel an finanziellen Mitteln, um neu in die produzierende Wirtschaft zu investieren. Die Unsicherheit für das Leben der Menschen war längst nicht abgebaut, von den zunehmenden sozialen Missständen ganz abgesehen. Zudem war die polnische Wirtschaft in speziellen Erzeugnisgruppen stark in Abhängigkeit von Importen aus dem westlichen kapitalistischen Ausland geraten. Zahlreiche Affären mit Bestechungsgeldern, um Zugang zum polnischen Markt zu erlangen, waren dabei im Spiel. Nun waren die polnischen Betriebe in einer schier ausweglosen Lage, weil die Erzeugnisse aus der Bundesrepublik, Frankreich, England oder Italien nicht mehr bezahlbar waren. Auch Kredite wurden von westlichen Banken bewusst zurückgehalten, da ihnen die dramatische Lage und die zukünftige politische und wirtschaftliche Positionierung Polens zu unsicher waren. Als die Aufhebung des Kriegszustandes in Polen endlich aktuell wurde, war zunächst die weitere politische Orientierung des Staates unklar, einerseits wollten so genannte „demokratische Kräfte" und vor allem die Katholische Kirche die Entfernung sozialistischer Staatsprinzipien und andererseits gab es intensive Bestrebungen neokapitalistischer Art. Das bedeutete letztlich einen Weg der Reformierung des gesamten Staatswesens, allerdings auf „polnische Art". Das führte bei zahlreichen Industrieunternehmen zu Überlegungen, die teuren Importe aus dem kapitalistischen Ausland abzulösen und durch eigene Erzeugnisse oder welche aus den RGW-Ländern zu ersetzen. Dabei war die DDR über lange Jahre stabiler und verlässlicher Wirtschafts- und Handelspartner. Man schätzte die Qualität und Zuverlässigkeit deutscher Produkte. Meine Marktbeobachtungen und Wirtschaftsanalysen führten bald zu einem Punkt mit zentraler Wirkung: Es ging um Hydraulik- und Pneumatikerzeugnisse, die als Einzelelemente oder Baugruppen in vielen Erzeugnissen der polnischen Industriebetriebe gebraucht wurden. Die wichtigsten waren der Maschinen- und Fahrzeugbau, die Baumaschinentechnik, der Bau von Kran- und Förderanlagen, die Energietechnik, der Landmaschinenbau, der Schiffbau und auch der Flugzeugbau. Sie alle integrierten Hydraulik- und Pneumatikteile in ihre Maschinen und Aggregate. Somit hatte diese Produktpalette eine herausragende strategische Bedeutung für die gesamte polnische Wirtschaft und ihre Handelsbeziehungen. Als ich zu dieser Erkenntnis gekommen war, rief ich den Generaldirektor des Kombinates ORSTA-HYDRAULIK an und legte ihm die wirtschaftliche Lage und die Aussichten auf langfristige Exportstrategien dar. Er hatte offenbar sofort begriffen, dass es hierbei um ziemliche Größenordnungen ging, wollte aber unbedingt einen schriftlichen Bericht schnellstens auf den Tisch, um Entscheidungen treffen zu können. Sofort diktierte ich einen Analysebericht und gab ihn am Abend einem Dienstreisenden nach Leipzig sofort mit. Nächsten Vormittag hatte der General das Schriftstück schon vorliegen. Das war schnell.

Noch am gleichen Tage erreichte mich ein Telex über unsere Botschaft, in dem mir der Generaldirektor alle Vollmachten für die Durchführung eines Großsymposiums in Polen erteilte. Er folgte allen meinen Vorschlägen, die ich ihm unterbreitet hatte und stimmte auch der Entsendung von fachkompetenten Spezialisten zu. Fachkompetenz war wichtig, wenn es um erzeugnisspezifische Verhandlungen ging. Der ORSTA-Chef verlangte von mir die Mitteilung organisatorischer Details und eine Kostenübersicht binnen einer Woche.

Ich ging sofort an die Vorbereitungen. Als Erstes musste ich das zuständige Außenhandelsunternehmen Technocommerz in Berlin und das Ministerium für Außenhandel über das beabsichtigte Symposium informieren. Die Genehmigung der Botschaft lag mir bereits vor, so dass Berlin nur noch zuzustimmen hatte. Dann legte ich einen Zeitraum von zwei Monaten für die kompletten Vorbereitungen fest, wobei meine Marktuntersuchungen und meine Partnerkontakte darauf verwiesen, es könnte eine große Sache werden. Die Zeit war knapp.

Aus Standortgründen wählte ich als Veranstaltungsort Wroclaw (Breslau) und traf mit der dortigen Technischen Hochschule Vereinbarungen über die Nutzung von Räumlichkeiten. Wir gingen sofort an die Verschickung von Einladungen. Ich führte dazu sofort viele weitere persönliche Gespräche mit polnischen Industriepartnern und Außenhandelsunternehmen, um ein breites Feld von infrage kommenden Interessenten zu erschließen. Nach zwei Wochen hatten sich etwa 400 Teilnehmer angemeldet. Ich setzte zunächst auf Fachvorträge zu verschiedenen Problemen der Hydraulik- und Pneumatikanwendung nach den neuesten wissenschaftlich-technischen Erkenntnissen und danach auf fachspezifische Foren zu speziellen Anwendungen und schließlich auf technisch-konstruktive Einzelgespräche. So konnten wir mit einem Stufenprogramm am besten die richtigen Zielgruppen und Abnehmer erreichen.

Neben unseren Einladungen an bekannte Industriepartner entschied ich mich, das Symposium landesweit für ganz Polen auszuschreiben. Ein Inserat 12 x 12 cm in einigen führenden Tageszeitungen löste sofort eine Lawine von Anfragen an unsere Botschaft, mein Büro in Warschau und an das Konsulat in Wroclaw aus. Ich hatte Listen vorbereitet, in die sich Interessenten registrieren lassen und einschreiben konnten. Auf Grund verschiedener Vorkommnisse vergangener Jahre verlangte unsere Botschaft, die Daten der Teilnehmer mit Passnummer zu erfassen. Das war zwar allgemein unüblich und wir mussten die Interessenten aus Sicherheitsgründen bei der Anmeldung um Verständnis bitten. Neben der anfänglichen Anmeldung und Registrierung schriftlich oder per Telefon bereitete ich erweiterte detaillierte Teilnehmerlisten für die Anmeldung vor Ort vor. Diese hatten in Blockerfassung zum Inhalt:

Registrier-Nummer

Name, Vorname

Passnummer

Firma

Technischer Bereich (Hydraulik, Pneumatik, Kombination mit Sensortechnik)

Endprodukte (PKW, LKW, Baumaschinen, Schiffbau, Flugtechnik usw.).

Außerdem unternahmen viele westliche Firmen unglaublich viele Aktionen, um auf dem neuartigen polnischen Markt Fuß zu fassen und sich hier dauerhaft zu profilieren. Es gab Beispiele dafür, wirtschaftliche oder technische Informationen zu missbrauchen. Überdies agierten immer wieder und immer noch zahlreiche Geheimdienstmitarbeiter verschiedener Länder auf Polens Territorium.

Am Veranstaltungsort hatte ich zusammen mit drei Mitarbeitern der Kombinatsleitung eine Woche Zeit, um alles im Detail vorzubereiten. Als ich anreiste, überraschte mich ein Telex im Hotel „Wroclaw" mit der Überschrift „bitte sofort auf den Tisch". Das Fernschreiben enthielt die Nachricht, es seien nach aktuellem Stand 1200 Teilnehmer zu erwarten. Das war heftig, denn wir hatten nur mit 400 bis 500 Personen gerechnet. Noch am Abend ging ich daran, unsere Veranstaltungsstrategie zu überdenken.

Zwei Tage später holte ich mir die aktuellen Teilnehmerzahlen noch einmal ein, um sicher zu gehen und einen reibungslosen Ablauf zu gewährleisten. Die Zahlen hatten sich noch einmal drastisch erhöht und lagen jetzt bei 3250. Das machte mich unruhig und forderte eine völlig andere Herangehensweise. Es gab zwei Möglichkeiten: Den neuesten Interessenten eine Absage zu erteilen oder eine passende Veranstaltungsform in kürzester Zeit funktionierend auf die Beine zu stellen. Fast mit der zehnfachen Personenzahl fertig zu werden, war eine echte Herausforderung. Zudem war unsere Veranstaltung zugleich auch eine wichtige Image-Kampagne. Absagen hätten mit hoher Wahrscheinlichkeit Imageschäden zur Folge gehabt.

Eine Räumlichkeit für über 3000 Personen war nirgends aufzufinden. Also blieb uns nur, die Veranstaltungen in Abhängigkeit von den Raumkapazitäten zu splitten. Der Rektor der TH hatte eine sehr rührige Sekretärin, die mir in organisatorischen Dingen oft eine große Hilfe war. Ich trug ihr meine Sorgen vor, wollte aber am gesamten Symposium festhalten. Sie versuchte mich zu beruhigen und sagte: „Jetzt trinken sie erst mal einen Tee. Dann alles der Reihe nach: …" Was sollte das bedeuten? Dann sprach sie davon, es seien gerade Semesterferien und wir würden schon eine Lösung finden. Am Ende der „Teezeremonie" war die Inanspruchnahme von 7 großen Vorlesungsräumen, 4 Verhandlungsräumen und einem Organisationsbüro angeboten worden. Allerdings waren die Mietkosten für die Räume sechs-

mal höher als geplant. Das war viel und überstieg meine Kompe-
tenzen. Die Sache drohte an den hohen Kosten zu scheitern. Die
Sekrtärin merkte mir offensichtlich meine Besorgnis an und sagte großherzig: „Sie werden doch wohl nicht etwa wegen den paar
lumpigen Zlotys resignieren?" Ich sagte: „Nein. Das möchte ich
ganz und gar nicht, aber diese Kosten übersteigen meine Möglichkeiten."

„Sie sollten mit dem Rektor sprechen", antwortete sie. Das
tat ich in ziemlich selbstsicherer Art und Weise. Er schien irgendwie von meinem Vorhaben begeistert zu sein, noch mehr
von dem Ansturm so vieler Teilnehmer. So eine große Sache
hätte es an der TU jahrelang nicht mehr gegeben, aber an den
Kosten könne er nichts ändern. Dann kam mir eine Idee. Ich
machte ihm das Angebot, das Symposium auch für wissenschaftliche Zwecke seiner Einrichtung zu öffnen und somit Wissenschaftlern seiner Einrichtung vor Ort die Möglichkeit zu eröffnen, unsere neuesten Erzeugnisentwicklungen, das „Know how"
auf dem Gebiet von Hydraulik und Pneumatik, zu studieren und
unter die Lupe zu nehmen. Es sei nicht ausgeschlossen, dass sich
daraus eine bilaterale Zusammenarbeit in Forschung und Entwicklung zwischen TU und Industrie ergeben könnte. Zweitens
war mir die derzeitige Lage der TU Wroclaw bekannt, die um
internationale Anerkennung und um endlich wieder höhere Stu-
dentenzahlen rang. Deshalb schlug ich zweitens vor, Fachartikel
in der Tagespresse und in einer Fachzeitschrift über die erfolg-
reiche kooperative Zusammenarbeit zwischen seiner TH und
einem DDR-Industriekombinat bei der Ausrichtung eines Großsymposiums zu veröffentlichen. Damit könne das nationale und
internationale Bild der wissenschaftlichen Studieneinrichtung
erheblich verbessert werden. Das schien ihn zu beeindrucken.
Dann sagte ich, er solle doch noch einmal über alles nachdenken
und wenn es ihm angenehm wäre, würde ich in zwei Stunden
noch einmal vorsprechen. Ich wollte mich schon verabschieden,
aber er hielt mich zurück und sagte in gebrochenem Deutsch:

„Warten Sie! Am liebsten würde ich sie hier behalten, mit Ihren weitsichtigen Ideen! Aber das wird wohl mein Traum bleiben. Ich will, dass Sie das Symposium zum Wohle Polens durchziehen. Sie haben meine Unterstützung. Ja, und die Kosten – reduzieren wir auf die Hälfte! Zufrieden? Und über die wissenschaftliche Zusammenarbeit reden wir noch. Ich werde einige Wissenschaftler und Technikexperten auf Ihr Symposium schicken." Das brachte Punkte. Aus der misslichen lage mit den Raumkosten, einer negativen Situation, hatte ich eine positive gemacht, weitsichtig und zukunftsorientiert.

Das Raumproblem war geklärt. Nun ging es um die personelle Absicherung. Ich brauchte für jeden Raum zwei kompetente Leute, die für Inhalt und Ablauf verantwortlich waren, Kollegen aus den ORSTA-Betrieben. Dazu jeweils einen Dolmetscher, möglichst mit wissenschaftlich-technischen Kenntnissen. Einen Dolmetscher organisierte ich über das Konsulat und einer wurde mir von der Kombinatsleitung in Leipzig zugesagt. Zwei stellte mir die Universität. Also fehlten noch drei und keine geeignete Person war in Sicht. Ich konnte die Sachlage schon kaum noch erhören und ging erst mal Mittag essen. In der Nähe war eine Imbisseinrichtung mit einfachen polnischen Gerichten. Da stand vor mir in der kleinen Reihe die nette junge Dame wieder, die ich gegenüber der TH bei Energoprojekt schon einmal kennengelernt hatte. Wir kamen beim Imbiss wieder ins Gespräch und schwatzten über polnische Speisen bis sie munter sagte: „Sie können ruhig deutsch sprechen und brauchen sich nicht polnisch herumquälen…" Erst hatte ich angenommen, sie sei Sekretärin, aber dann stellte sich heraus, sie war die rechte Hand ihres Chefs und als Assistentin für Organisation und Kooperation zuständig. Die junge Dame, vielleicht 30, hatte ein ausgesprochenes Gespür dafür, was gerade zu tun war. Beim Essen sprachen wir über dies und das und was wir machen. Dabei stellte sich heraus, dass sie vier Sprachen in Wort und Schrift beherrschte, polnisch, deutsch, englisch und französisch. Das ließ mich aufhorchen und ich wollte sie schon nach einem Dolmetschereinsatz fragen. Aber dann ging ich anders heran und fragte sie, ob sie mir vielleicht mit Kontakten zu Dolmetschern behilflich sein könnte. Sie dachte einen Moment nach und sagte dann: „Wenn ich Ihnen damit helfen kann? Wieviel brauchen Sie denn und wann?" Ich war verwundert über diese Antwort und erklärte: „Mindestens 3, besser 4, für mein Symposium, in drei Tagen. Ich muss das organisieren für über 3000 Teilnehmer." Wir verabredeten uns am Abend im Hotel und tatsächlich kam sie mit positiven Nachrichten. 4 Dolmetscher standen mir in den nächsten Tagen zur Verfügung, die sie mir vermittelt hatte. Im Verlaufe des Gesprächs erklärte sie mir, sie habe selbst schon mehrere Symposien und Arbeitstreffen organisiert und hätte einige Erfahrung dabei. „Haben Sie denn auch ein Organisationsbüro, das alles koordiniert?" „Noch nicht", antwortete ich, „bisher habe ich alles selbst koordinieren müssen."

„Wenn Sie wollen, kann ich Ihnen vielleicht helfen. Ich könnte ein paar Tage Urlaub nehmen und diese Aufgaben für Sie erledigen. Sie können das Beste von mir erwarten. Also machen Sie mir ein Angebot."

Ich empfahl ihr, zuerst mit ihrem Chef zu sprechen, um den Urlaub auch zu bekommen. Ich machte ihr ein gutes Angebot für ihren neuen Job und sie nahm meinen Vorschlag an. Wie diese Frau flink und besonnen mit über 3000 Menschen umzugehen verstand, war ein Traum und alle Bewunderung wert. Alles lief wie am Schnürchen.

Der Tag zur Eröffnung des Symposiums rückte schneller heran als gedacht. Am Vorabend gab ich die letzten Einweisungen und nahm das gesamte Team noch einmal zusammen. Ich erklärte den Ablauf und die Verantwortungspositionen. Jeder bekam eine Mappe mit allen wichtigen Informationen, Namen und Telefonnummern. Das war nötig, weil ich nicht bei jeder Kleinigkeit zur Verfügung stehen konnte. Auch ich konnte nicht überall sein. So musste ich die Verantwortung an sieben fachkompetente Leute delegieren. Manchen gefiel das nicht sonderlich, aber es ging um die Sache, hochgradigen Imagegewinn und nicht zuletzt um langfristige Vertragsabschlüsse in Größenordnungen. Hätte sich einer der Kombinatsleute meinen Anweisungen widersetzt, ich glaube, ich hätte ihn sofort nach Hause geschickt. Wir waren hier nicht in der DDR, sondern im Ausland und dort hattten wir etwas darzustellen und zu repräsentieren. Aber ich musste von einer solchen Maßnahme nicht Gebrauch machen. Alle spielten prächtig mit und ich konnte mich auf mein Team, das jetzt 48 Persönlichkeiten umfasste, absolut verlassen.

Am Tag der Eröffnung stand zunächst die exakte Registrierung und Erfassung der Teilnehmer im Vordergrund. Die damit beauftragten Personen hatten etwas Mühe, den Ansturm der Interessenten zu bewältigen, aber Janinas umsichtiges Eingreifen brachte schnelle Hilfe. Dabei war mir klar, dass die ausführlichen Anwesenheitslisten zugleich eine wertvolle Grundlage für die zukünftige Arbeit am polnischen Markt und für die DDR-Industrie sein würde.

Meine fünfminütige Eröffnungsansprache in polnisch fügte ich in jeden der 7 Eröffnungsvorträge ein. Das klappte gut und es war mir wichtig, die Teilnehmer die weitreichende Bedeutung des Symposiums erkennen zu lassen. Die Eröffnungsvorträge gaben zunächst einen gut strukturierten Überblick über die Leistungsfähigkeit von Hydraulik und Pneumatik, ergänzt um die angebotenen Erzeugnisgruppen und die vielfältigen Systemfunktionen. Für viele der angereisten Spezialisten bedeutete das bereits eine wesentliche Erweiterung ihres technischen Horizonts.

Es folgten Fachvorträge zu den einzelnen Erzeugnisgruppen. Im zweiten Teil des Symposiums empfahl ich die Bildung von speziellen Arbeitsgruppen, um tiefer in technische und konstruktive Einzelheiten vorzudringen, denn die waren letztlich wichtig, ob es zu möglichen Anwendungen unserer Erzeugnisse kam oder nicht. Dabei spielte oft, sehr oft, der Ersatz von Baugruppen aus der BRD und Frankreich eine dominierende Rolle.

Im dritten Teil des Symposiums hatten wir uns zum Ziel gesetzt, den konkreten Bedarf der Abnehmer herauszufiltern. Mir war klar, nicht alle 3000 Teilnehmer würden sich für unsere Erzeugnisse entscheiden. Mir war auch klar, dass viele Teilnehmer gekommen waren, um Informationen über den neuesten Stand in Hydraulik und Pneumatik zu erhalten. So blieb ich bei meiner Prognose, mit etwa 100 potenziellen polnischen Partnern zu Verträgen zu kommen. Am Schluss des Symposiums zeigten fast 760 Unternehmen ein wirkliches Interesse an langfristigen vertraglichen Bindungen. Das Ergebnis konnte sich sehen lassen!

Aber das Riesensymposium brachte noch viel mehr: Das Kombinat konnte zwei bilaterale Spezialistengruppen bilden, die in der Erzeugnisentwicklung über mehrere Jahre zusammenarbeiteten. Dabei entstand eine völlig neue Erzeugnislinie mit bis dahin ungekannter Leistungsfähigkeit und Funktionsbreite. Von besonderem Interesse war für viele Teilnehmer die Kombination von hydraulischen und pneumatischen Erzeugnissen mit moderner Sensortechnik, was eine absolute Neuheit auf dem internationalen Markt darstrellte und die Funktionsbreite bisher bekannter Erzeugnisse wesentlich erweiterte.

Dann ergaben sich mehrere Vereinbarungen zwischen der TH Wroclaw und Technischen Hochschulen und Universitäten in der DDR. Sogar gemeinsame Forschungsprojekte wurden vereinbart. Auch die wissenschaftlich-technische Zusammenarbeit zwischen den Hochschulen und Industriepartnern wurde in der Folgezeit vertieft und führte zu beachtlichen Ergebnissen und Neuerungen auf verschiedenen Gebieten.

Es lohnt sich, zu den Ergebnissen etwas mehr zu sagen. Die zum Symposium erreichten Resultate konnten im Grunde genommen nur erste Schritte in Zusammenhang mit der Wiederbelebung der polnischen Wirtschaft sein. Nun ging es darum, die getroffenen Vereinbarungen und Absichtserklärungen mit konkreten Verträgen zu untersetzen, und zwar schnell. Ich schrieb sofort meinen Abschlussbericht mit allen detaillierten Ergebnisangaben und ließ dazu noch eine komplette Liste aller 3412 Teilnehmer mit ihren Interessenschwerpunkten anfertigen. Die Berichte erhielten Technocommerz als zuständiges Außenhandelsunternehmen, der Generaldirektor des Kombinates ORSTA-Hydraulik, das Ministerium für Außenhandel und die Handelspolitische Abteilung unserer Botschaft. Parallel dazu führte ich eine Menge Telefonate mit den exportverantwortlichen Chefs in Berlin. Aber es war kaum zu glauben, in den nächsten Tagen tat sich einfach - nichts. Die zuständigen leitenden Mitarbeiter des Außenhandels waren offenbar immer noch nicht aufgewacht und hatten die Brisanz und die Dimension des zukünftigen Exportgeschäftes mit Polen immer noch nicht erkannt. Befallen von täglicher Routinearbeit taten sie einfach – NICHTS! So konnte das nicht gehen, wenn die Betriebe noch im gleichen Jahr die ersten Erzeugnisse an Polen liefern sollten. Also rief ich den Länderverantwortlichen Fritz Piepenburg bei TC an und beschwerte mich über die bürokratisch-laxe und unangemessene Arbeitsweise im Außenhandel. Mit seiner Weisheit und seinen langjährigen Erfahrungen war nur er in der Lage, die Sache schnell auf den Weg zu bringen. Ich untersetzte das Ganze mit einem scharf formulierten Telex an den Generaldirektor von TC. Bereits zwei Stunden später bestellte Piepenburg alle zuständigen Leiter zu einem Sonderrapport. Anschließend rief er alle Kontormitarbeiter zu einer außerordentlichen Belegschaftsversammlung und räumte mit alten Gewohnheiten und Vorbehalten mächtig auf. Er setzte eine Frist von einer Woche und verlangte klare Ergebnisse, in Verträgen selbstverständlich. Dagegen hatten die Industriebetriebe ihre Vorbereitungen zu einem großen Teil schon getroffen. Noch vor meinem Sommerurlaub waren etwa 60 % der vorgesehenen Verträge unter Dach und Fach.

Für einige Zeitungen und Fachzeitschriften schrieb ich noch die angekündigten Artikel über das Megasymposium und mögliche Aussichten für die polnische Industrie. Dem Rektor der TH hatte ich versprochen, eine Veröffentlichung über die wissenschaftlich-technische Zusammenarbeit zu schreiben. Das tat ich auch und die Veröffentlichung fand lebhaften Zuspruch und man lud mich im November oder Januar zu einer Gastvorlesung ein. Da es auch um viele ausländische Studenten ging, musste ich die Vorlesung in polnischer und englischer Sprache halten. Wie schon vielfach bewährt, griff ich auf Janina zurück, die mir als Dolmetscherin mit ihrer exzellenten Sprachgewandtheit zur Seite stand. Das war das letzte Mal, dass wir zusammengearbeitet hatten. Inzwischen hatte sie die Liebe ihres Lebens kennengelernt und eine Zeit später erhielt ich eine Karte aus Montreal. Sie war mit ihrem Mann nach Canada gegangen.

Am Rande und trotzdem von nicht zu unterschätzender Wichtigkeit, will ich eine Besonderheit erwähnen: Wir hatten das Symposium landesweit ausgeschrieben, also war die Teilnahme offen, aber unternehmensgebunden. Danach richtete ich die gesamte Einladungspolitik aus. Bei der überaus großen Resonanz auf unsere Offerte ließ es sich nicht vermeiden, auch ausländische Experten, die sich zum Teil längere Zeit in Polen aufhielten, zu akzeptieren. Wie sich im Verlaufe des Symposiums herausstellte, verfügten einige von ihnen über polnische Pässe. In den Einzelgesprächen oder in den Arbeitsgruppen fiel uns sprachlich und an ihrem Verhalten auf, dass es entweder um ausländische Personen ging, die von polnischen Unternehmen in Dienst gestellt wurden oder (in 8 Fällen) waren es Menschen, die als Vertreter ausländischer Firmen in Polen agierten. Es handelte sich um Fachleute aus der BRD, Frankreich, der Schweiz, Schweden und Italien. Was mich auf Grund des undurchsichtigen Verhältnisses Polens zur Sowjetunion in bemerkenswertes Erstaunen versetzte, war die Teilnahme von 8 Spezialisten aus Weißrussland und der Ukraine, die sich bekanntlich unmittelbar an Polens Ostgrenze befanden. Da die Sowjetunion Mitglied des RGW war, gab ich nach Einzelgesprächen das potenzielle Interesse der russischen Spezialisten und Firmen an die zuständige Wirtschaftskommission weiter.

Die Teilnahme von ausländischen Experten war für mich nicht ungefährlich, musste ich mich doch davor schützen, nicht für Industriespionage missbraucht zu werden. Kluge Beobachtung und die Registrierung mit Passnummern halfen mir dabei, bestimmte Absichten zu erkennen. Trotzdem war das gesamte polnische Wirtschaftsfeld zu dieser Zeit sehr undurchsichtig und es war wirklich Vorsicht geboten. Außerdem musste ich das Vorhandensein von etwa 13 Millionen Auslandspolen einkalkulieren, die vielfältige Verbindungen zu ihrem Heimatland unterhielten oder sogar selbst private Firmen in Polen besaßen.

8.11. Die schönsten Urlaubstage

Das Land der Polen ist wunderschön in allen seinen Facetten. Doch war es uns in der ersten Zeit kaum möglich, Land und Leute kennen zu lernen, weil wir Warschau nicht verlassen durften. Also blieb zunächst, die kulturhistorischen Sehenswürdigkeiten der Stadt zu erkunden. Dann entschlossen wir uns im Juni dazu, unseren Sommerurlaub in der Hohen Tatra auf polnischer Seite zu verleben. Das reizte uns, zumal wir die tschechische Seite sehr gut kannten. Einen eigenen PKW hatten wir damals nicht, also versuchte ich, in den endlosen Schlangen auf dem Centralna-Bahnhof Schlafwagenplätze für einen Nachtzug nach Zakopane zu ordern. Ich stand fast 7 Stunden, bis mir das gelang. Nach ungefähr einer Stunde fing ich an, unruhig zu werden und schimpfte so vor mich hin. Ein Herr mit breitem langen Weißbart stand vor mir und bemerkte meine Ungeduld und meine deutsche Sprache. Er sprach mich an, wohin denn meine Reise führen solle. Ich sagte ihm, wir würden gern in Zakopane unseren Urlaub verbringen, zusammen mit meiner Frau und zwei Kindern. Er meinte, das sei eine gute Wahl und wir würden phantastische Tage erleben. Stundenlang standen wir und kamen immer mehr ins Gespräch. Er interessierte sich für mich und woher ich kam. Dann erzählte er aus seinem Leben und dass er im KZ Auschwitz beide Eltern und eine Schwester verloren hatte, was mir sehr nahe ging. Ich entgegnete, dass mir das außerordentlich leid tut und die Grausamkeiten Deutscher durch nichts zu entschuldigen sind. Umso verwunderlicher war seine Haltung zu mir als Deutscher aus der Nachkriegszeit, aber er meinte es sei eine andere Zeit und ich gehörte zu einer neuen Generation. Dieser Mann sah mehr als die Vergangenheit. Dann erzählte er mir mit Leidenschaft von Zakopane und dem Tatragebirge. Jedes Jahr fuhr er mehrere Wochen zu seiner Schwester nach Zakopane, um in Ruhe an wissenschaftlichen Büchern zur Naturheilkunde zu schreiben. Bald stellte sich heraus: Es handelte sich um Prof. Gornicky, der mit seiner Frau eine medizinische Heilpraxis betrieb [8]. Der Professor fragte danach, ob wir schon eine Unterkunft hätten, was ich verneinen musste, denn bei unserer Ankunft wollte ich auf die Suche gehen. Der Herr bot mir darauf hin an, bei seiner Schwester Aleksandra zu wohnen, es sei nicht sehr teuer. Das Haus sei groß genug und genügend Zimmer frei. Er würde sie informieren, dass wir kommen und gab mir die Adresse. Ich konnte kaum glauben, beim Fahrkartenkauf einen solchen Fang gemacht zu haben!

Der Tag unserer Abfahrt war herangerückt und mein Kollege Harry brachte uns mit Gepäck zum Bahnhof. Wir müssen etwas eigenartig ausgesehen haben, Wanderkleidung, Rucksack, 2 Koffer und die beiden Mädchen. Harry hatte wahrscheinlich nicht begriffen, warum das so sein sollte. Wie konnte man ohne Auto in Urlaub fahren? Er bedauerte die Umstände, mit der Bahn zu reisen und hatte fast Mitleid mit uns. Die Hände faltend und kopfschüttelnd verabschiedete er uns auf dem Bahnsteig. Wir sahen die Sache anders, entspannter, urlaubsgemäß, zumal wir wussten, was für einen Bergurlaub wichtig ist. Wir nahmen unsere Schlafplätze ein und noch einen Tee. Am nächsten Morgen kurz nach 8:00 Uhr kamen wir in Zakopane bei herrlichem Sonnenschein und mit Hochgebirgsblick an. Schon auf dem Bahnsteig hätte es genügend Quartierangebote gegeben, aber wir vertrauten dem Professor und seinem Versprechen, mieteten eine Pferdekutsche und fuhren los. Nach wenigen Minuten kamen wir durch ein Wohngebiet mit Einfamilienhäusern mit schlammtiefer „Straße". Nur mit meiner Hilfe konnte der Kutscher das Fuhrwerk noch aus dem Schlamm ziehen. Jetzt stellte sich heraus, er hatte sich geirrt und dirigierte nun sein Pferdchen in die entgegengesetzte Richtung. Wir bestaunten ein Villenviertel mit typischem Hochgebirgscharakter. Jutta wurde unruhig und meinte: „Hier können wir unmöglich wohnen, das ist viel zu teuer. Zuerst fragst Du, was es kostet."

Ich stieg ab und suchte nach unserem Domizil, klingelte… Eine ältere Dame empfing mich freundlich. „Ich habe Sie schon erwartet", sagte Pani Aleksandra, die im Auftrag des Bruders das Haus hütete. Nach dem Preis gefragt, ergaben sich 250 Zloty pro Tag, damals umgerechnet weniger als 20 Mark. Das war überraschend wenig und Jutta konnte sich beruhigen. Alles war in Ordnung.

Pani Aleksandra hatte extra für die Kinder Plätzchen gebacken und am Abend erzählte sie aus ihrem Leben und den Ereignissen während des Krieges. Am nächsten Tag durchwanderten wir Zakopane, um die Stadt kennen zu lernen. In einer der Bäckereien entdeckten wir gebackenen, frischen Erdbeerkuchen, nicht etwa Torte, nein, Kuchen. „Den gibt es nur hier", erklärte uns später Aleksandra. An einem anderen Tag bestiegen wir den 1895 m hohen Giewont mit einer Tagestour, die es in sich hatte. Wir mussten Regenschauer und ein fürchterliches Gewitter über uns ergehen lassen. Noch nicht genug damit, rutschte ich beim Abstieg auch noch aus und flog in den Schlamm… Für die Mädchen waren die Tierbeobachtungen sehr interessant. In den niedrigeren Regionen gab es Hirsche und Rehe. Ein anderes Mal wanderten wir über die Gubalowka, einem niedrigen Höhenzug gegenüber dem Hochgebirgsmassiv. Von dort aus hatte man einen wunderbaren Blick auf das Tatragebirge, einmalig schön.

Am Schluss unseres Urlaubs auf der polnischen Seite sollte es noch ein besonders schönes Erlebnis geben. Mit dem Bus fuhren wir bis zum Morskie Oko, dem Meeresauge, einem hoch gelegenen Bergsee, umrahmt von einem wildromantischen Gebirgspanorama. Dann ging es weiter nach Lysa Polana, dem Grenzübergang zur CSSR. Unsere Erscheinung muss den Grenzposten besonders aufgefallen sein. Sie fragten uns nach unserem Auto, das wir nicht hatten, nur die Koffer und zwei Kinder. Die Grenzer schüttelten mit den Köpfen und wunderten sich sehr, wie man so was unternehmen kann. Die Abfertigung dauerte ziemlich lange, denn die Grenzkontrolle ließ unsere Pässe erst von Warschau kontrollieren. Dann war alles klar und wir passierten die Grenzbrücke. Schon betraten wir tschechisches Gebiet. Unmittelbar an der Grenze befand sich eine Haltestelle für den Bus nach Tatranska Kotlina, unserem nächsten Ziel. Irgendwie fühlten wir uns freimütiger, endlich weg von gedrückter Stimmung und Krisenwehen in Polen. Jutta ging in eine Gastwirtschaft neben der Haltestelle und besorgte Schokolade und andere Süßigkeiten für die Mädchen, denn davon hatten sie lange nichts gesehen. Im Gasthaus war eine fröhliche Stimmung, Musik spielte und es wurde kräftig gesungen – eine völlig andere Welt in der damaligen CSSR.

Doch auch   Polen hat an landschaftlichen und kulturhistorischen Schönheiten unglaublich viel zu bieten. Warschau selbst ist „nur" ein kleiner, aber bedeutender Teil davon. Von der Ostseeküste bis zur Hohen Tatra im Süden ist praktisch alles zu erleben, was an Naturschönheiten denkbar ist.

Wir hatten anfangs das Pech, durch die innenpolitischen Ereignisse nicht all zu viel von dem schönen Land erleben zu können, bis auf einige notwendige Dienstreisen. Warschau durften wir aus Sicherheitsgründen nur mit Genehmigung der Botschaft verlassen. Also richteten wir zunächst unser Augenmerk auf

Warschaus Sehenswürdigkeiten. Da war die Altstadt mit dem imposanten Altmarkt und seinen dominierenden Fassaden, den vielen verwinkelten Gassen, die es sich lohnt, alle einzeln zu erkunden. Da war der Kunstmarkt, auf dem die Künstler ihre Werke zum Verkauf anboten, das historische Museum und die vielen Gastwirtschaften, die altpolnische Köstlichkeiten boten. Und nicht zu vergessen – die „Spaghetti-Bar", in der es internationale Nudelgerichte mit den verschiedensten Soßen und Zutaten gab. „Hot Dogs" nach Warschauer Art waren eine besondere Delikatesse: Gebackene Hörnchen mit einer Füllung aus gebratenen Waldpilzen. Einfach wunderbar.

Vom Kulturpalast mit einer Höhe von 234 m hatte man einen ausgezeichneten Blick auf das Stadtpanorama. Einige Male verbrachten wir auch mal eine Nachmittagsstunde im Cafe des Intraco-Hochhauses im 47. Stock. Auch von dort kann man herrliche Ausblicke genießen. Natürlich durfte das Stadtschloss nicht fehlen, das durch deutsche Truppen völlig zerstört worden war und über viele Jahre in aufwändiger Arbeit wieder aufgebaut wurde. Auch Schloss Wilanow mit seinem berühmten Schlossgarten ist immer eine Besichtigung wert. Entspannung fand man jederzeit im Lazenkipark, dem größten der Stadt, wo im Sommer sonntags Klavierkonzerte stattfinden. Auch die vielen Märkte haben uns inspiriert, wobei während des Kriegszustandes der Schwarzmarkt in unvorstellbaren Dimensionen blühte. Ich kann mich erinnern, dass die Kinder gern mal eine Banane essen wollten. Auf dem Polna-Markt hätten wir welche bekommen können – das Kilo für 60 harte DM…, die wir natürlich nicht hatten… Auch nutzten wir die Zeit unseres räumlich eingeschränkten Aufenthaltes dazu, Land und Leute besser kennen zu lernen, studierten die polnische Geschichte, besuchten Gedenkstätten, Museen und Galerien.

Im Herbst 82 erlebten wir noch etwas ganz Besonderes: Der Betrieb FUD Minsk, mit dem mich inzwischen viel verband, bot mir an, für meine Familie kostenlos einen Bungalow an einem

See in Olsztynek, 200 km nördlich von Warschau, an. Wir nahmen das Angebot an und verbrachten eine Woche in unberührter Natur am Rande der Masuren. Hier war ein Paradies für Angler, Wassersportler, Badefreudige, Pilzsammler… Die Kinder konnten sich frei und ungezwungen bewegen und ihren Spielen nachgehen. Kaum waren wir angekommen, hatte Beate auch schon zwei frisch gefangene Aale in den Händen. Der ökonomische Direktor des Betriebes war auch vor Ort und hatte die Kinder sofort ins Herz geschlossen und die beiden Aale zur Begrüßung überreicht. Unsere Freude war groß. Wann bekommt man schon mal zwei Aale geschenkt? Das Problem war nur, wie sollten wir sie zubereiten? Es gab weder Öl, noch Mehl, noch Salz, einfach nichts! Wir fuhren die umliegenden Dörfer ab, aber außer Brot und Salz war nichts aufzutreiben. Jutta blieb nur, die Aale „grün" zuzubereiten… - ein seltsames Rezept, aber absolut einmalig! Für uns war es vorstellbar, dass Aal auch besser schmecken konnte.

Für das Wohl der Familie zu sorgen und sie zu ernähren, war zu dieser Zeit eine andere Herausforderung. Da wir unser Wohngebiet ausgiebig erkundet hatten, war uns der „Bielany-Markt" – 10 Minuten von unserer Wohnung – nicht entgangen. Bald kamen wir auf den Trick, wenn wir sehr zeitig, d.h. um 5:30 Uhr dort waren, als die Bauern vom Lande gerade ihre Stände aufbauten, dann konnten wir Obst und Gemüse zu extrem günstigen Preisen kaufen. Zwei große Eimer voller Obst und Gemüse für 3 bis 5 Mark waren keine Seltenheit. Mit der Zeit lernte ich auch, über diese Preise zu verhandeln.

Im Herbst durchstreiften wir auch die Kampinosheide mit ihren wunderschönen altpolnischen Dörfern und einer Farbenpracht, wie man sie nur hier vorfindet. Nicht weit von der Hauptstadt liegend, konnte man auch an Wochenenden bequem einen Halbtagsausflug dorthin unternehmen.

Die Advents- und Weihnachtszeit in Polen zu erleben, ist schon etwas Besonderes. Geprägt von den Ritualen der katholischen Kirche, der – so die Statistik – über 90 % der Polen angehörten, unternahmen die Menschen hier überdimensional viel, um die „Ankunft Jesus Christus" würdig vorzubereiten, und das in guten wie in schlechten Zeiten. Die Kirchen erstrahlten in festlichem Glanz. Reich geschmückte Tannenbäume weit und breit. Viele Kirchen gestalteten Ausstellungen zur Weihnachtsgeschichte, einige sogar mit beweglichen Figuren. Die Marszalkowska, die Hauptmagistrale Warschaus, erstrahlte im Lichterglanz. Unzählige Stände mit einer außerordentlichen Vielfalt von Weihnachtsartikeln und Baumschmuck aller Art säumten Straßen und Plätze. Beeindruckend, dieses Phänomen zu erleben.

Der polnische Winter hatte es in sich und erinnerte mich an Erzählungen von Verwandten aus durchlebten Kriegstagen in Polen und der Sowjetunion. Eisige Kälte, Schneestürme, Hungersnot und fehlendes Heizmaterial machten vielen Menschen zu schaffen oder kosteten ihnen gar das Leben. Zu den Winterzeiten, die wir in Polen durchlebten, waren minus 25 Grad keine Seltenheit, zwar nicht mit sehr viel Schnee, aber mit Schneestürmen und eisiger Kälte über viele Tage. Oft hatten wir Mühe, morgens unsere Dienstwagen in Gang zu bringen. Eines Tages fiel mir ein, dass man im fernen Sibirien bei starker Kälte einen alten Trick anwandte, nämlich die Zündkerzen herausschraubte und eine kleine Menge hochprozentigen Alkohol in die Zylinderöffnung gab. Immer, wenn nichts mehr ging, dieser Trick half, Skoda, Lada oder Wartburg zum Laufen zu bringen.

Im Herbst 1983 planten wir gemeinsam mit Familie Riefling eine Woche Urlaub in der polnischen Tatra, diesmal mit Unterkunft in einem sehr schönen Blockhaus in Zakopane. Von hier aus unternahmen wir zahlreiche Ausflüge zu Fuß oder mit unseren Autos. Familie Riefling hatte noch einmal Zuwachs bekommen und so war auch die kleine Linda mit nur ein paar Monaten Lebenszeit mit von der Partie. Mit dem kleinen Baby auf dem Arm oder auf dem Rücken war die Reise für die Familie aufregend und anstrengend zugleich. Also mussten wir alles durch fantastische Erlebnisse ausgleichen.

Eines Tages unternahmen wir eine Tour zum Morskie Oko, dem Meeresauge, dem wohl schönsten See in der polnischen Tatra, umrahmt von majestätischen Hochgebirgsgipfeln. Zauberhafte Spiegelungen sind immer wieder bevorzugte Motive für Fotografen und Touristen. Es war interessant zu beobachten, wie die Kinder mit ihren großen Augen das Geschehen um den See verfolgten. Aber wir wollten noch mehr erleben und begaben uns nach einer Wanderung um den See auf eine kleine Bergtour zu einem höher gelegenen See, dem Czarny Staw, dem Schwarzen See. Wir hatten die Tour gut vorbereitet und schleppten alles mit, was wir brauchten. Ein Problem war, unterwegs die kleine Linda mit warmer Milch zu versorgen. So kamen wir auf die Idee, oben am See ein kleines Lagerfeuer zu entfachen, das uns zugleich genügend Wärme für die Milch bringen sollte. Also packten wir neben Geschirr und Lebensmitteln auch Brennholz und eine Flasche Spiritus mit in unseren großen Bergrucksack. Wir brauchten reichlich eine Stunde, bis wir den Aufstieg geschafft hatten. Mitten in einem herrlichen Hochgebirgspanorama empfing uns der See. Von einigen Stellen hat man einen fantastischen Blick auf das darunter liegende Meeresauge.

Als wir gerade dabei waren, unsere Feuerstelle zu errichten, wurden wir von polnischen Grenzpolizisten entdeckt, die unsere Pässe verlangten und ein Feuer untersagten. Auch der Verweis auf das Kleinkind, das seine warme Mahlzeit brauchte, nutzte nichts. Unser Plan ging nicht auf. Brennholz hatten wir umsonst geschleppt. Wir vergruben es unter einigen Felsbrocken, um den Rückweg etwas leichter zu haben… Schade, ein romantisches Abenteuer war uns entgangen. Unten am Meeresauge gab es aber glücklicherweise eine bewirtschaftete Hütte. Wir baten um heißes Wasser, um die Milch zu erwärmen. Linda war gerettet!

8.12. Eine Nacht im „Polonia“

Eine Nacht in Polens Metrepole zu erleben, muss man wohl als einzigartig kennzeichnen. Oft und viel wird von Warschau als das „Paris des Ostens“ gesprochen und dargestellt. Warschau ist im wahrsten Sinne des Wortes einzigartig in jeder Hinsicht. Wer aber die Stadt wirklich mal life bei Nacht erleben will, der muss sich mehrere Stunden oder eine ganze Nacht dafür vornehmen.

So ging es mir 1984. Noch immer war die Phase des Kriegszustandes als Krisenphase noch nicht überstanden, da gab es schon erste Anzeichen für einen wirtschaftlichen Aufschwung. Ich hatte viel dafür getan, dem Kranbaubetrieb FUD Minsk zu helfen, die schwierige wirtschaftliche Lage schnell zu überwinden. Die DDR importierte von diesem Betrieb Zahnkupplungen in ziemlichen Größenordnungen, aber unser Bedarf überstieg bei weitem die Kapazitätsgrenzen des Betriebes. Mit der Zeit war ich in der Lage, mir ein breites strukturelles Bild von dem Unternehmen zu machen. Direktor Kuzniewski schätzte meine objektiven Einschätzungen zu Effektivität und Exportrentabilität sehr. Es mag sonderbar erscheinen mögen, dass ein „Ausländer“ wie ich sich für die Rentabilität eines polnischen Unternehmens engagierte. Kuzniewski aber war auch ein schlauer Fuchs, und ich musste damit rechnen, dass er mich irgendwann auf die „Probe“ stellen würde. Doch kam ich ihm vielleicht zuvor, mit dem Vorschlag, eine numerisch gesteuerte Fräsmaschine aus WMW-Produktion der DDR einzusetzen, um die Kapazitätsprobleme für die Fertigung von Zahnkupplungen zu überwinden. Nach vielen Schwierigkeiten und bürokratischen Hemmnissen war es mir nach Monaten gelungen, einen Fräsautomaten von WMW für FUD Minsk frei zu bekommen. Nun war der Weg frei, für größere Importe aus Polen. Es liefen über Wochen im Außenhandel straffe Vertragsverhandlungen, aber am Ende, mit massiver Unterstützung von Fritz Piepenburg von Technocommerz Berlin, hatte ich gewonnen, denn es kam zu einem riesigen Importvertrag mit FUD Minsk im Werte von über 42 Millionen Rubel. Das war ein Paukenschlag erster Ordnung und durchaus nicht alltäglich!

Zur Unterzeichnung des Vertrages hatte Direktor Kuzniewski eine Delegation aus Dresden und Magdeburg eingeladen und auch mich. Dazu sprach er eine Einladung für mich in das Hotel Polonia zu einem Festessen am Abend aus. Ich nahm dankend an, ohne genau zu wissen, was da eigentlich auf mich zukam. Die beiden Delegationen der polnischen Seite und der DDR hatten an einer toll gedeckten Festtafel im Hotel Polonia Platz genommen. Kuzniewski eröffnete mit einer kurzen Begrüßungsansprache und würdigte dabei mein persönliches Engagement, ohne dass es keinen so großen Vertragsabschluss gegeben hätte. Mir war das ganze schon etwas peinlich, obwohl ich viele Stunden und sogar Nächte mit der ungewöhnlichen Außenhandelsstrategie zugebracht hatte. Aber – wie immer – hatte ich mich auch auf diesen Höhepunkt vorbereitet und hatte für alle Fälle einen Zettel in meiner Jackettasche. Mit Dank begrüßte ich die Delegationen und gab der Hoffnung Ausdruck, dass man aus der entstandenen neuen Lage für höhere Produktivität im Unternehmen FUD Minsk noch viel mehr machen könnte. Dabei hatte ich einen neuen Gedanken in meiner Westentasche, der weit über die bisherigen Vorstellungen hinausging: Ich präsentierte ihn gewissermaßen als „Überraschung". Er besagte, den neuen Fräsautomaten für zusätzliche Kapazitäten auch an den Wochenenden zu nutzen, etwa für zwei oder drei „Sonderschichten" am Tag, um den wertvollen Automaten maximal auszulasten. Dies würde zunächst die Anschaffung eines weiteren Automaten ersparen. Die Delegation von FUD war sichtlich erstaunt von dem kühnen Vorschlag, nahm ihn aber zur Prüfung an.
Neben dem kulinarischen Abendessen mit altpolnischer Küche zog sich das Ganze nach polnischer Sitte sehr, sehr lange in die Länge, bis sich herum sprach, als Extrazugabe gäbe es noch ein

„Nachtprogramm" des hoteleigenen Nachtclubs, das sollte ich mir keinesfalls entgehen lassen. Das Polonia-Nachtleben war sprichwörtlich und für seine aufgeführten Programme berühmt. Neben erotischen Tänzen leicht bekleideter Damen und Zaubereien der Extraklasse war gewissermaßen fast alles zu erleben. Ich wurde immer unruhiger, denn Jutta wartete zu Hause bestimmt mit Spannung, dass ich endlich nach Hause kam. Aber es wurde zwischenzeitlich bis kurz vor Vier am frühen Morgen. Ich bedankte mich und musste mich verabschieden. Ein Taxi brachte mich nach Hause nach Bielany. Jutta war sauer wegen meines späten Nachhausekommens. Ich hätte trotz aller Bedingungen anrufen können…

9. Tatort Familie

9.1. Tod auf dem Hühnerhof

Auf unserem Hühnerhof gackerten mindestens 20 Hühner und ein total verrückter Hahn, der mir gegenüber mächtig aggressiv war und zu jeder passenden und unpassenden Minute lautstark krähte. Selbst wenn ich dem Geflügel Futter brachte, sprang mich das Vieh an und ich konnte mir nicht erklären, warum und weshalb. Nichts hatte ich dem Tier zu Leide getan.

Tage zuvor spielten wir Kinder auf unserer Straße, machten Ballspiele, Kreisel-Wettbewerbe oder was anderes. Dabei gab es mancherlei Gespräche, angenehme und unangenehme, wie zwischen Kindern eben. Günter und Dietmar, auf Bauernhöfen groß geworden, waren etwas älter als die meisten von uns und hatten reichlich „Erfahrungen" mit den tollsten Streichen. Dann erzählte ich in der Meute von unserem Hahn und seinen täglichen Eskarpaden. Da meinten Günter und Dietmar, die ich als meine Freunde und Spielgefährten ansah, mit einem kleinen Trick könnte man der ganzen Sache ein Ende machen. Ich fragte, was man da machen müsste und wie das denn ginge. Sie waren unter den rauen bäuerlichen Bedingungen zu Hause aufgewachsen, also mussten sie ja Bescheid wissen – dachte ich. Keinen Gedanken daran, sie könnten mir etwas Böses antun oder mir einen schlechten Rat geben.

„Als Erstes", meinte Günter, „musst Du in die Drogerie gehen und ein Fläschchen Baldrian kaufen. Wenn Dich der Verkäufer fragt, wofür Du das brauchst, sagst Du einfach, Dein Vater könnte schlecht schlafen. Für ein paar Groschen kriegst Du die Flasche."

Noch am späten Nachmittag des gleichen Tages fuhr ich mit dem Rad in die Drogerie am Markt. Wie vorausgesagt, fragte mich der Drogist: „Baldriantropfen? Wer braucht die denn?" Ich sagte wie auf Kommando: „Vater schickt mich. Der kann schlecht schlafen." Darauf der Drogist: „Naja, aber bist Du nicht der Sohn vom „Milch-Lohse", von Kurt?" „Ja, klar", antwortete ich. Endlich hatte die Fragerei ein Ende – und tatsächlich hatte ich ein kleines Fläschchen von dem Wundermittel erstanden. Das schmälerte zwar mein Taschengeld, aber für eine „gute Sache" opferte ich schon mal ein paar Groschen.

Die Jungs erklärten mir auch, was ich mit den Tropfen zu tun hätte. Ich sollte einige Scheiben altbackenes Brot besorgen, in kleine Stücke schneiden, Baldriantropfen hinzugeben und alles gut vermischen, bis das Brot alles aufgesaugt hätte. Am folgenden Vormittag begann ich mit der Aktion. Vater und Mutter waren im Garten beschäftigt und ich nahm meine Schüssel mit den getränkten Brotstückchen, ging auf den Hühnerhof und fütterte den Hahn. Weil die Hühner wahrscheinlich Hunger hatten, musste ich auch noch die mit der leckeren Speise versorgen. Mit Begierde gaben sie sich alle den Brotstückchen hin. Es dauerte eine Weile, bis munteres Gegacker einsetzte und die Hühner wie wild durch die Gegend rasten oder flatterten. Auch der Hahn machte bereitwillig mit. Es war ein ohrenbetäubender Lärm. Aber Vater und Mutter die ganz oben im Garten waren, ließen sich nicht weiter stören, doch ich, ich bekam es mit der Angst zu tun, versteckte mich hinter einem Holzhaufen und wartete ab, was passierte. Auf einmal wurde es leiser, immer leiser, ganz still… Die Hühner tobten nicht mehr, wurden ruhiger und fielen um, wie die Fliegen! Mir wurde fast schlecht vom Hinsehen durch einen Holzspalt. Da hatte ich wohl etwas zu viel von dem Wundermittel genommen! Und nun waren alle tot! Tod auf dem Hühnerhof! Alle Viecher hin! Mir schwirrten die gefährlichsten Gedanken durch den Kopf. Mein Herz schlug auf Hochtouren. War das Mord?

Dann kam Vater aus dem Garten zurück und entdeckte sofort das ganze Theater. Er fasste ein paar Hühner an, aber die waren reglos. Den Vorfall konnte er sich so schnell nicht erklären und er rief nach meiner Mutter. Die aber wusste auch keinen Rat. Dann übersah Vater auch die paar Brotkrümel auf dem Boden nicht und wunderte sich sehr, woher die kamen, denn er hatte morgens Getreide gefüttert und kein Brot! Nachdem er zwei Krümel beschnuppert hatte, war ihm klar, was passiert war! Nur einer konnte der Täter gewesen sein – und ich hatte den Rest des Tages schwer zu leiden... Nach einer Weile aber wurde es wieder lebendig auf dem Hühnerhof. Die Hühnchen waren nach ihrem Rausch wieder auferstanden. Welch ein Glück für mich, alles lebte!

Resümee: Prüfe die Ratschläge anderer, auch die deiner „besten Freunde" [9].

9.2. Kopf ab

Neben den Hühnern auf unserem Hühnerhof gab es auch einen „stolzen" Hahn, der ziemlich rebellisch sein konnte. Insbesondere war ich eine Person, die er immer wieder attackierte. Selbst wenn ich den Hühnern morgens das Futter brachte, fiel er mich aggressiv an und versuchte mit mir irgendwelche Kämpfe auszutragen. Die Situation mit dem Vieh wurde immer dramatischer und auch gefährlicher.

Eines Tages hatte mein Vater die Nase voll von den Eskapaden des verrückten Hahnes und sprach so für sich hin: „Jetzt reicht es. Du bist reif für die Pfanne. ..."

Ich glaube, ich war damals 14 oder 15 Jahre. Nun hielt es Vater für die richtige Zeit, zu der ich selbst dem Hahn den Kopf abschlagen könnte. Er gab mir genügend Ratschläge und Hinweise, wie ich das machen sollte. Vor allem sagte er mir immer wieder, ich sollte das Tier richtig festhalten, richtig fest.

Ich nahm mir einen Hackstock vor. Das ist der Teil eines Baumstammes, ungefähr 80 cm hoch, auf dem man Holzhacken konnte. Diesmal aber war er dafür da, dem rebellischen Hahn den Kopf zu liefern. Ich schärfte noch einmal das Beil und versuchte einige Hiebe ohne Hahn, nur auf einem Stück Holz, weil ich sicher sein wollte, mit dem Beil genau die Mitte des Hackstocks zu treffen.

Dann brachte Vater das Federvieh und gab es mir in die linke Hand, so dass ich mit der rechten ordentlich zuschlagen konnte. Nochmals betonte er, das Tier sehr fest zu halten und nicht los zu lassen…

Ich schlug zu – und mit einem Schlag war der Kopf ab… Ich war erstaunt, das geschafft zu haben, vergaß aber in diesem Moment, das Tier fest zu halten. Auch ohne Kopf schwirrte das rebellische Vieh durch die Lüfte und verschwand, eine Blutspur hinter sich herziehend… Erst am Ende der Siedlung fand ich den Hahn wieder. Bestimmt war das Tier ohne Kopf etwa 200 m weit geflogen!

Vater war sauer, weil ich das Vieh los gelassen hatte: „Ich hab dir doch paar mal gesagt, du sollst das Tier festhalten! Und nun haben wir die Pleite". Ich musste mich bei den Nachbarn entschuldigen und die Blutspuren beseitigen… Nun kam der verrückte Hahn endlich in die Pfanne und ich hatte endlich meine Ruhe und wurde nicht mehr bedroht.

9.3. Schüsse vor dem Haus

Juttas Cousin Klaus bewohnte die Doppelhaushälfte nebenan. Eigentlich hieß er Wolfgang, aber alle nannten ihn Klaus, warum auch immer. Seit etlichen Jahren war er geschieden, lebte nun so vor sich hin. An dem Scheitern seiner Ehe hatte er gewiss einen hohen Anteil, denn er trank oft und in alkoholisiertem Zustand wurde er völlig unbegründet zornig und unberechenbar. Seine Mutter Edith wohnte in Meissen und wurde so recht und schlecht mit ihrem Sohn fertig. Sie tolerierte sein abfälliges Verhalten immer wieder und konnte sich ihm gegenüber nicht wirklich durchsetzen. Um über ihn eine bessere Kontrolle zu haben, holte sie ihn ab und zu nach Meissen, wo er in ihrem Haus noch eine Zweitwohnung hatte.

Seine Zeit in Freiberg aber war von Unsicherheit und wechselhaftem Verhalten geprägt. Hier war er auf sich allein gestellt, die hochprozentigen Flaschen stets griffbereit. Auf die Erhaltung und Sauberhaltung seines Hauses legte er keinen Wert. Zwar hatte er inzwischen Ursula kennengelernt, die in der Innenstadt wohnte. So lebte er zeitweise bei ihr und dann wieder zu Hause oder im elterlichen Haus in Meissen. Man musste zu dem Eindruck kommen, dass er weder hier noch dort richtigen Halt fand. Ursulas Bemühungen darum, seine Lebenshaltung endlich zu verbessern und zu verändern, verliefen oft im Sand und blieben vielfach ohne Ergebnis. Aus dieser Situation heraus richtete Klausens Mutter die Bitte an uns, uns doch in Freiberg um ihn zu kümmern und wenn er zu Hause war, nach dem Rechten zu sehen, ob alles in Ordnung war. Das taten wir fast täglich, obwohl er diese Art „Beaufsichtigung" ablehnte und sich in seine Angelegenheiten nicht hineinreden lassen wollte. Dennoch nahmen wir die Sache ernst und sahen es anfangs als Hilfe und Verpflichtung an, ihm unter die Arme zu greifen. Wie wir aber bald feststellen mussten, führten unsere Bemühungen, Klaus zu einer geordneten Lebensführung zu bewegen, ins Leere, um nicht zu sagen zum Missbrauch unserer Hilfeleistungen. Weder gab es eine Anerkennung in irgendeiner Form durch ihn oder seine Mutter, noch ein Dankeschön.

Es gab Zeiträume, in denen Klaus in Ausweglosigkeit und Stumpfsinnigkeit verfiel. Hinzu kamen dann meist noch Wut und Zorn in völlig unangemessener Weise, so dass er seine Selbstbeherrschung verlor. Durchaus hatte er auch seine guten Seiten, konnte nach seinen Möglichkeiten und seiner augenblicklichen Verfassung auch mal hilfsbereit sein, aber sein instabiles Verhalten brachte ihn immer mehr auf Abwege, weit entfernt vom normalen Leben.

An einem Junimittag – wir hatten gerade Mittag gegessen – vernahmen wir vor dem Haus Knallgeräusche, die sich wie Schüsse anhörten. Vom Fenster her konnten wir nicht feststellen, worum es ging. Wir befürchteten das Schlimmste und ich fasste Mut, nachzusehen, was geschehen war und rannte zum Nachbargrundstück. Dort fand ich Klaus, völlig aufgeregt und zerfahren, mit einer Pistole bewaffnet, mit der er wild um sich schoss. Ich fragte ihn, was los sei und er antwortete, „er werde von Einbrechern verfolgt, die ihm alles wegnehmen wollten". Ich versuchte, ihn zu beruhigen, aber sein Verhalten wurde immer aggressiver. Schließlich gelang es mir doch, ihm die Waffe abzunehmen. Dann entdeckte ich Blutspuren in seiner Küche und auf der Terrasse am Haus, doch waren sie offenbar durch einen Sturz bei seinen wilden Laufbewegungen entstanden, nicht aber durch Schüsse. So viel konnte ich erkennen. Wir riefen den medizinischen Nothilfedienst, dem wir erklären mussten, was passiert war. Die Ärzte stellten ihn ruhig und lieferten ihn ins Krankenhaus ein.

Was war wirklich geschehen?

Klaus hatte die Nerven verloren und sich seinen Wahnvorstellungen hingegeben. Niemals gab es Einbrecher oder eine andere Bedrohung. Alles hatte er sich nur eingebildet und infolgedessen wild um sich geschossen. Wir fanden nach dem Vorfall vier Patronenhülsen auf dem Grundstück. Wie er zu der Waffe gekommen war, haben wir nie herausgefunden. Es ist anzunehmen, dass er sich die Pistole bei einem Besuch seiner Tochter in Schwandorf oder Burghausen besorgt hatte.

Übrigens informierten wir telefonisch seine Tochter Heike über den Zwischenfall. Jegliche Reaktionen blieben aus. Nicht einmal einen Krankenhausbesuch beim Vater gab es, was die zerrüttete Beziehung der Kinder zu den Eltern noch mehr verdeutlichte.

9.4. Süßes Geheimnis

„For Eyes only" – Streng geheim!

Die Vorgeschichte, damit man sich den nach einer wilden Verbrecherjagd begangenen hinterhältigen Mord und die damit verbundene kriminelle Szene wirklich und glaubhaft vorstellen kann:

Im Rahmen unserer Umbaumaßnahmen am Haus kamen wir auf den Gedanken, den Spitzboden direkt unter dem Steildach auszubauen und den Raum entweder für die Kinder oder später einer Gästeübernachtung nutzbar zu machen. Ausgangspunkt der Überlegungen war unter anderem Beates „Wutanfall", als sich unser drittes Kind, also Sven, ankündigte. Aufgeregt und sofort mögliche Konsequenzen überblickend, schrie sie empört: „Dann ziehe ich sofort auf den Boden!" So war die Bodenrekonstruktion „Befehl" und Auftrag zugleich. Es war eine Art „Trotzreaktion" unseres Mädchens, reagierend auf das, was sie auf sich zukommen sah. Und das war nicht wenig! Aber im Nachhinein sind die Geschwisterkinder die Unzertrennlichsten, die man sich nur vorstellen kann.

Der Schornstein musste sowieso im oberen Gebäudeteil erneuert werden. Das Dach war mit einer Dämmung versehen worden und ein Heizkörper konnte auch problemlos ganz oben installiert werden. Die Schrägwände wurden mit Trockenbauplatten verkleidet und tapeziert. Da sich unsere Tochter Beate ein Domizil unter den Wolken gewünscht hatte, gaben wir den schrägen Wänden eine schöne himmelblaue Farbe und spritzten weiße Wölkchen darauf. Es war ein kleines Kinderparadies entstanden und sie konnte sich ganz oben unter dem Himmel wirklich wohl fühlen. Außerdem konnte sie sich zurückziehen und in Ruhe ihre Schulaufgaben oder später ihre Studienaufgaben erledigen. So hatten wir praktisch ein zusätzliches Kinder- und Jugendzimmer gewonnen.

Eines Tages – Beate machte sich gerade an schwierigen Aufgaben zu schaffen – ließ sie einen Wutanfall starten, Wut, dass die Fetzen und die Bücher durch das Zimmer flogen und das ganze Haus erzitterte. Es drang vom Boden, wurde immer intensiver und keiner hätte es überhören können. Die exklusive, lautstarke Tonlage ließ unschwer erkennen, es musste sich um eine sehr gefährliche und ernste Lage handeln. Schwester Grit war zu dieser Zeit in Meissen und somit an diesem Tage nicht unmittelbar an dem Zwischenfall beteiligt. Deshalb kann sie sich die Tragik, die sich augenscheinlich und ohrenbetäubend an jenem schicksalhaften Tage zugetragen hatte, bis heute weder richtig begreifen noch nachvollziehen. Bis heute stellt sich Grit in diesem Kriminalfall absolut schuldlos und frei von jeglichen „Absichten" dar... Was war geschehen?

Historisch gesehen, hatte es in der Vergangenheit beider Mädchen so manchen Zwist gegeben. Überliefert und inzwischen hinreichend aufgeklärt sind Zwischenfälle, die raffinierten „Diebstählen" glichen. Von den Süßigkeiten, die Beate sorgfältig gehütet hatte, fehlten ab und zu so einige. Auch die kleinen Zuckertüten von Beates Schulanfang waren zu einem großen Teil plötzlich - leer! Das war der Gipfel! Diebstahl! Das Hin und Her zwischen den beiden Schwestern nahm und nahm kein Ende. Nach einer Weile wurde es wieder ruhig zwischen den beiden Geschwisterchen und wir glaubten, es sei Gras über die Sache gewachsen. Und dann dieser „Wutanfall" der Extraklasse!

Eben auf Grund dieser historischen Vorfälle hatte Beate inzwischen eine Reihe von Sicherheitsmaßnahmen ergriffen. Eine davon war ein besonders raffiniertes Versteck in der Lehne ihres Sessels, in das sie eine Pralinenschachtel mit Weinbrandbohnen deponiert hatte. So sollte Schwester Grit, wenn sie von Meissen nach Hause kam, der Zugang zu den Süßigkeiten geschickt verwehrt werden. Die Schachtel muss schon geraume Zeit in dem geheimen Versteck gelegen haben und offenbar hatte Beate selbst nicht mehr daran gedacht. In einer Pause zwischen den Schulaufgaben, man muss ja auch mal Luft holen, besann sie sich auf die Schachtel und kramte sie aus ihrem Geheimversteck hervor. Die Wiederentdeckung der Pralinenschachtel war niederschmetternd! Schon wieder war die

Schachtel fast leer. Nur noch eine einsame Praline fristete ihr kümmerliches Dasein. Der Übeltäter war ihr klar: Das konnte nur Schwester Grit gewesen sein, wer sonst?! Die schreckliche Tatsache war der Auslöser für Beates erneuten Wutanfall, der geraume Zeit anhielt, bis sie sich wieder einigermaßen beruhigte. Dann wurde es still, ganz still…

Aber Minuten später ging ein weiteres Geschrei durch das Haus, dass man das Schlimmste vermuten musste: „So eine Schwester! So eine Sauerei! Die frisst nicht nur meine Kaugummis weg, jetzt auch noch meine Pralinen! Das ist der größte Diebstahl des Jahrhunderts! Das wird sie teuer bezahlen!" So schallte es wutentbrannt über Beates Lippen. Dann rief Mutter Jutta, Beate solle doch mal die kaputte Schachtel bringen, sie möchte sich das Kriminalobjekt doch mal selbst ansehen. Ja, das Sonderbare war, die beschädigte Ecke war nicht nur aufgerissen, sondern mehrfach zerfetzt und zerkratzt. In der Polsterung des Sessels mussten also noch Reste der Schachtel vorhanden sein. Beate sollte noch einmal nachsehen – und tatsächlich kam sie mit einigen Pappstückchen zurück. Also, kein Mensch konnte diesen Diebstahl begangen haben! Wer sonst? Wenn also kein Mensch den Diebstahl begangen hatte, dann konnte es logischer Weise auch Schwester Grit nicht gewesen sein! Somit wurde sie von Beate verdächtigt, obwhl sie es gar nicht gewesen sein konnte.

Nun schickte Mutter Jutta ihre Beate in ihr Himmelsparadies zurück auf Spurensuche. Nichts war zu finden. Wenn also kein Mensch, dann ein Tier! Ein Eichhörnchen? Möglich, aber in unserer Umgebung haben wir nie eins gesehen. Bleibt eine Maus. Wenn sie schlau ist und sich nicht so dumm anstellte, könnte sie das Versteck mit Inhalt aufgespürt haben. Aber keine Spur von einer Maus. Beate suchte still und systematisch ihren ganzen Raum ab, alle Schränke, Bücherregale, alle Ecken und Winkel – nichts.

Plötzlich gab es eigenartige Geräusche in dem Domizil unter den Wolken. Es raschelte mal hier und mal da, mal in dieser Ecke, mal in jener. Beate konnte sich das nicht erklären. Dann wurde es wieder still. Nichts war mehr zu hören. Dann raschelte es wieder – und kaum zu glauben – eine Maus huschte frech über den Fußboden und löste ein fürchterliches Geschrei um Hilfe aus! Eine Maus! Eine kleine niedliche Maus! Wie kam das Nagetier so hoch auf den Boden? Wir konnten uns das nur mit dem Transport von Ziegeln für den Schornsteinbau erklären. Beate schrie aus voller Kehle, immer wieder und wir mussten das Schlimmste befürchten. In Windeseile kam ich zur Hilfe, wusste erst gar nicht was überhaupt los war, bis Beate Luft schnappend endlich sagte, eine Maus wäre da. Es war aber keine zu sehen. Ich schnappte einen meiner Pantoffel und ging auf die Jagd. Nichts. Die Jagdaktion wiederholte ich ein paar mal, aber ohne Erfolg. „Was sich Beate nur eingebildet hatte", dachte ich. Ohne Beute stieg ich wieder hinunter. Dann wieder ein Mordsgeschrei: „Die Maus, die Maus…" Wieder spurtete ich nach oben, diesmal schwer bewaffnet mit einer Kehrschaufel, die für Treffsicherheit sorgen sollte. Als ich die Bodentreppe hinaufsteigen wollte, machte es plötzlich „plumps" und die Maus fiel vom Dachboden eine Etage tiefer… Jetzt ging die Jagd durch das ganze Haus weiter. Dann endlich konnte ich sie mit meiner Wunderwaffe erwischen…

Die Verfolgung endete mit dem grausamen Mord einer alkoholisierten Maus, die Beates Pralinenschachtel Stück für Stück leer gefressen hatte… Also hatte Schwesterchen Grit absolut keine Schuld. Beates Verdacht erwies sich als völlig unbegründet. - So kann es gehen, wenn man Menschen ohne genauen Grund verdächtigt. Dabei ging es hier nur um Süßigkeiten; im wahren Leben aber geht es oft um viel größere und wertvollere Dinge.

9.5. Die zerbrochene Tür

1983: Unsere beiden Mädchen Grit und Beate waren wieder einmal allein zu Hause in unserer Warschauer Dienstwohnung im Stadtteil Bielany. Wir hatten viel Vertrauen zu den Mädchen und konnten uns bisher absolut auf sie verlassen. An diesem Tage aber gab es wieder mal mächtigen Zoff zwischen den beiden, warum auch immer. Jedenfalls führten die Auseinandersetzungen zu heftigen „Türkämpfen" an der Küchentür, Grit in der Küche und Beate im Flur davor. Das Gezerre mit der Tür ging hin und her, keiner von beiden wollte nachgeben. Irgendwann gab es einen fürchterlichen Knall und die große Glasscheibe von der Tür flog davon. Splitter erwischten zum großen Teil Beate. Grit hatte noch ein wenig Glück und hatte nicht sehr viel abbekommen. Ja, was nun? Grit wusste sich keinen anderen Rat, als das Telefon und rief in der Botschaftsschule an, in der Jutta arbeitete:

„Es ist was Schlimmes passiert. Die Scheibe von der Küchentür ist kaputt und Beate ist am ganzen Körper voller Blut. Es muss jemand helfen kommen…"

Das hörte sich gefährlich an und Jutta bat den Direktor, ob er sie nach Hause bringen könne, um zu sehen was los ist und zu helfen. Der Direktor fuhr Jutta in die Wohnung. Beide besahen sich den Scherbenhaufen, der aus einem blödsinnigen Streit entstanden war. Beate wurde versorgt, meist jedoch waren Kratzer auf der Haut verteilt über den ganzen Körper die Ursache für blutende Wunden.

Die zerbrochene Glasscheibe an sich war nicht das große Problem. Als ich die Rechnung vom Glaser in der Hand hielt, war das Problem schon etwas größer, denn das Ornamentglas mit Montage kostete uns fast einen halben „polnischen" Monatslohn! Teure Töchter!

Das war nicht der einzige Zwischenfall. Ein anderes Mal waren die Kinder wieder allein und Grit sollte das Wohnzimmer saugen. Das tat sie auch, wie immer sehr gründlich. Beate spielte mit ihrem Baukasten, was die Schwester wegen herumliegender Teile immer wieder störte. Kurz entschlossen sperrte Grit ihr kleines Schwesterchen auf den kleinen Balkon am Wohnzimmer. Der Balkon war nur ungefähr einen Quadratmeter groß und gefährlich im 2. Stock. Wohl war sich Grit über die Gefahrenlage nicht bewusst, denn Beate hätte sich nicht selbst befreien können, weil die Balkontür nur von innen zu öffnen war und nicht von außen … Noch mal Glück gehabt und gut gegangen. …

9.6. Princess of ice

Nein, es geht hier nicht um Kati Witt, die Eis-Prinzessin der DDR. Nein, es geht um einen spektakulären Vorfall unserer beiden Mädchen im Winter 1982. Die beiden Geschwister waren über lange Zeit so verschwiegen, dass wir die wahren Hintergründe des Vorfalls erst nach der Jahrtausendwende, also über 20 Jahre später, in Erfahrung bringen und aufklären konnten…

Liebe Leser, natürlich wissen Sie nur zu gut, was Geheimnisse sind. Es sind Tatsachen, die nur einer Person oder einer beschränkten Anzahl von Personen bekannt sind oder bekannt sein dürfen. Die betreffenden Informationen sollen also einer anderen Person oder einer Personengruppe, in diesem Falle unserer Familie, nicht bekannt werden. Die Informationen werden meist in einem kleinen Kreis Eingeweihter festgehalten. Durch äußere Umstände können sie durchaus auch verloren gehen, z.B. durch einen Unfall oder plötzlichen Tod. Oft ist ein Ereignis mit Vorgängen verbunden, die für außenstehende Personen nicht sofort oder überhaupt nicht erklärbar sind.

Der vorliegende Fall trug sich im Winter 1982 zu, gerade während einer zeitlichen Periode nach der Evakuierung von Frauen und Kindern aus Polen infolge des Kriegszustandes dort.

Jutta war also mit den beiden Mädchen Grit und Beate zurück in die DDR gebracht worden. Es gab zu dieser Zeit keine Kommunikationsmöglichkeiten von Polen in die DDR und umgekehrt. Von zu Hause aus konnte man in dringenden Fällen lediglich ein Telegramm an die DDR-Botschaft in Warschau aufgeben. Ein solches erhielt ich über die Botschaft an einem Februartag mit folgendem Inhalt: „Beate erkrankt. Lebensbedrohlich. Bitte komme nach Hause…“ Also musste etwas Ungewöhnliches passiert sein. Ich musste handeln. Glücklicherweise gelang es mir, bei der polnischen Staatsbahn eine Fahrkarte für den Nachtzug nach Dresden zu bekommen… Was war passiert?

An einem Winternachmittag waren die beiden Mädchen Grit und Beate auf den Spielplätzen im Wohngebiet unterwegs und vergnügten sich mit allerlei Spielereien auf Schnee und Eis. Es gab gerade wenig Schnee, aber eisige Kälte, die die Kinder zu Rutschpartien jeglicher Art herausforderten. Am späten Nachmittag gingen die Lichter in den Neubauwohnungen an und die Neugier der Kinder stieg, wie es wohl hinter den Gardinen aussehen könnte… Also entschlossen sie sich dazu, die jüngere Schwester anzuheben und damit eine bessere Aussichtsposition zu erreichen. Das gelang auch zunächst – aber dann verloren sie beide das Gleichgewicht und Beate kam zum Sturz auf einer Betonkannte, die mit hartem Eis überzogen war. Grit brachte das Schwesterchen sofort nach Hause und Beate wurde es immer unruhiger und schlechter, so dass Mutter Jutta sofort die Poliklinik aufsuchen musste. Hier war Dr. Hohlfeld zuständig, der sofort eine gefährliche Verletzung mit Gehirnerschütterung feststellte. Beates Zustand wurde immer schlechter, so dass der Arzt sofort eine Einweisung in das Krankenhaus anordnete. Glücklicherweise verbesserte sich Beates Zustand nach einigen Tagen.

Juttas Befragung an Grit, wie denn das Ganze passiert sei, wahr ziemlich widersprüchlich. Grit behauptete, Beate sei auf das Eis gestürzt und sei mit dem Kopf auf eine Betonkante gefallen. Von der Vorgeschichte keine Spur. Die Wahrheit von der Wohnungs-Neugier durften wir erst im neuen Jahrtausend erfahren… Erst viel, viel später gab Grit das „Geschwister-Geheimnis" preis, denn alles hatte sich ganz anders zugetragen. Die beiden Mädchen träumten gern von einer schön eingerichteten und behaglichen Wohnung und waren neugierig, wie es wohl in anderen Neubauwohnungen aussehen könnte. Also unternahmen sie an geeigneten Stellen, an Wäschestangen, Mauern und Klettergerüsten zu zweit Versuche, in eine höhere Blickposition zu gelangen. Dann sollte die größere Schwester die Kleine hochheben, um eine bessere Aussicht zu haben. Dabei war Beate ausgerutscht und mit dem Kopf auf das Eis gefallen.

Beide Mädchen schworen sich, nichts zu verraten und den Vorfall als ihr Geheimnis zu bewahren.… Nach Jahren kam der Schwindel doch ans Tageslicht. Erst nach der Jahrtausendwende gab Grit schließlich ihr Geheimnis preis. So konnte der Fall endlich nach über 20 Jahren aufgklärt werden! Bedenkt man Beates lebensbedrohliche Lage, muss man sich die Frage der Verschwiegenheit des Geschwistergeheimnisses erneut stellen, denn trotz kindlicher Gedanken und altersgemäßer „Waghalsigkeit" hätte ihr kleines Schwesterchen dem Tode nahe sein können. Dank der schnellen ärztlichen Hilfe war alles noch einmal gut gegangen.

Dann im Sommer schon wieder ein neuer Fall, und schon wieder war Eis im Spiel! Ein paar Monate später in Warschau. Beate war nach großen Befürchtungen endlich wieder gesund und munter. Wir genossen als Familie den schönen Sommer und machten eines Tages einen schönen Spaziergang durch den nahe gelegenen Bielany-Wald. Dabei entdeckten die Kinder eine tolle Eisbar mit vielen leckeren Sorten. Die Kinder durften sich ihr Wunscheis aussuchen und wir auch. So genossen wir nun ausgiebig den Sonntagnachmittag…

Am Abend aber wurde es Beate zunehmend übel. Ihr Zustand wurde immer schlimmer und war von uns nicht mehr beherrschbar. So mussten wir sie in die Warschauer Kinderklinik bringen. Die Untersuchungen dort ergaben eine eigenartige Diagnose: Es sollte sich um eine Blinddarmentzündung handeln und eine Operation war in Aussicht gestellt, jedoch sollte Beate erst noch einige Zeit unter Beobachtung bleiben, weil sich die Ärzte nicht hundertprozentg sicher mit ihrer Diagnose waren. Es folgten weitere Untersuchungen und Prüfungen der Laborwerte. Wir zogen wegen Verständigungsschwierigkeiten noch eine Dolmetscherin hinzu, um einigermaßen Klarheit zu erreichen und mussten um Beates Leben bangen. Am Ende zeigte sich keine Blinddarmentzündung, sondern eine Lebensmittel-vergiftung, wie die Laborwerte zeigten. Offenbar war die Ursache ihr Eisgenuss, obwohl wir alle diese Eissorten gegessen hatten. Das war eine ernst zu nehmende Warnung für uns alle. Die Eisprinzessin Beate rührt seit dem keine Eiskugel mehr an…

Nebenbei bemerkt: Wir waren sehr beunruhigt von den Zuständen in der Warschauer Kinderklinik, die extra für die Behandlung ausländischer Kinder, deren Eltern an den Botschaften beschäftigt waren, zuständig war. Schon die ungenügenden Zustände, die klinische Sauberkeit betreffend, waren besorgniserregend und mit dem Niveau in den DDR-Kliniken nicht vergleichbar. Nicht einmal auf den Kinderstationen gab es ein Rauchverbot. Selbst während der Betreuung oder der Behandlung hatten Schwestern und Ärzte eine Zigarette zwischen den Lippen. Wir fanden das unzumutbar und beschwerten uns im Interesse der Kinder. Trotz starker Nikotinbelastung der Innenluft änderte sich nichts.

9.7. Wenn der Nachbar seine Frau mit dem Stuhlbein frisiert

Mauern haben ein gutes Gehör, sagt man. Wir sagten manchmal, „eine doppelte Mauer bringt doppeltes Gehör“…

Denn eine doppelte Mauer trennte uns von der Doppelhaushälfte unserer Nachbarn nebenan. Die wurde von Juttas Cousin mit seiner Familie bewohnt. Es war nicht neu, dass Klaus schnell und meist völlig unbegründet zu Wut- und Tobsuchtsanfällen und natürlich Streit neigte. Meistens war auch noch Alkohol im Spiel und seine unberechenbaren Wutausbrüche steigerten sich rapide ins Unermessliche.

Unsere Küche und die Küche der Nachbarn lagen also unmittelbar aneinander und sehr lautstarke Gespräche konnte man bei gutem Hörvermögen mitbekommen. Oftmals kam es vor, dass sich die Auseinandersetzungen mit seiner Frau in unkontrolliertes Geschrei und Streit steigerten oder sich beide mit Möbelstücken schlugen. Manchmal war es uns schon unheimlich dabei zumute, weil wir nicht erahnen konnten, was die Ursache war und wie alles ausgehen würde. Oft kamen wir auf den Gedanken, die Polizei zu rufen. Dann aber wurde es wieder ruhig und wir glaubten, alles hätte sich erledigt. Aber fast jedes Mal vergingen 10 oder 15 Minuten, dann brachen die Auseinandersetzungen erneut aus und Klaus „frisierte seine Frau wieder mit dem Stuhlbein" (im wahrsten Sinne des Wortes). Es flogen Stühle und andere Möbelstücke durch die Küche und es klirrte eine Fensterscheibe, weil ein Stuhlbein offensichtlich das Glas getroffen hatte. Auch Glasflaschen müssen herumgeflogen sein, wie sich bei der Besichtigung des „Tatortes" nach dem eingetretenen Ruhezustand zeigte. Uns war ärgerlich und bewunruhigend zumute. Wir fassten uns Mut, um nach dem Rechten zu sehen. Aber außer kleinen Verletzungen und einer verwüsteten Wohnung konnten wir keine Gefärlichkeit hohen Grades vorfinden. So verzichteten wir letztlich auf einen Polizeiruf.

Furchterregende Zwischenfälle, die wir in einer solchen Dimension nicht nachvollziehen konnten. Mit einem harmonischen Familienleben hatte das wohl nichts zu tun. Monate später schließlich ließen sie sich scheiden. Die beiden

Kinder wurden ihrer Mutter zu gesprochen. Sie hatten ein gespaltenes Verhältnis zu ihrem Vater und hielten eher zu ihrer Mutter, wenn auch mit auffallend großem Abstand.   Für uns beide waren das schier unbegreifbare Lebensverhältnisse, die mit unseren Vorstellungen von einer harmonischen Familie in keiner Weise vergleichbar waren.

9.8. Attacke gegen ein Paar

Zu unserem Politikstudium über ein Jahr waren wir als Paar eine wirkliche Ausnahme: Wir waren das einzige Ehepaar im Seminar und bekamen auch ein 2-Bett-Zimmer zugewiesen. Es gab von den „teuren Genossen" über uns immer mal spitzfindige Bemerkungen über unsere Teilnahme als Ehepaar. Die pfiffigste Antwort von uns darauf war: „Warum habt Ihr als Ehepaar diese Möglichkeit nicht auch genutzt? Jeder hatte die Gelegenheit dazu!" - Dann war „Funkstille", denn über einen gemeinsamen Besuch der Parteischule war entweder nie gesprochen worden oder der Ehepartner hatte dazu eine ablehnende Haltung. Doch trotz aller Sticheleien zogen wir beide das Politikstudium durch.

Immer noch waren wir das einzige Ehepaar im Seminar. Dann mussten wir den vorletzten Lehrabschnitt „Politische Ökonomie des Kapitalismus" über uns ergehen lassen und diesen mit einer Klausur abschließen. Wir erhielten beide die Note „2" auf unsere Arbeit, die insgesamt nur mittelmäßig ausgefallen war. Einige Seminarteilnehmer stellten die Behauptung auf, bei uns als Ehepaar sei es ja auch kein Wunder, denn wir hätten ja beide von einander abgeschrieben. Dabei wusste jeder, dass ich bei allem Willen niemals von meinem Banknachbar abschreiben konnte, weil ich dessen Schrift nicht einmal aus 30 cm Entfernung hätte lesen können.

Also war das „Attentat" von Böswilligkeit getragen. Die Beschuldigung stand im Raum und wurde dem Dozenten

Manfred M. vorgetragen. Der legte beide schriftliche Arbeiten nebeneinander und verglich sie abschnittsweise. Beide Arbeiten enthielten völlig unterschiedliche Formulierungen. Abschriften von einander waren somit unmöglich. Also hatte sich der Betrugsverdacht zerschlagen. Die Beweisführung des Dozenten war exakt und stichhaltig. Aus dem Verdachtsverhalten einiger Genossen unseres Seminars mussten wir hinreichende Schlussfolgerungen ziehen, insbesondere zu Neid und Missgunst, aber auch zu Vetrauen und Kameradschaftlichkeit.

9.9. Einbrecher im Kühlschrank gefasst

Wieder einmal war Kellerreinigung angesagt. Dabei bemerkte meine Frau Jutta plötzlich eigenartige Geräusche, konnte ihre Herkunft zunächst jedoch nicht identifizieren. Dann wurde es still, ganz still… - Nach einer Zeit wiederholte sich das Geräusch, intensiv und kratzend. Jutta stellte die Ursache fest: Das Geräusch kam offenbar aus dem Kühlschrank. Wir hatten ein älteres Modell als Reserve im Keller stehen, um bei Festlichkeiten eine zusätzliche Kühlmöglichkeit nutzen zu können. Und nun dieses komische Geräusch!

Jutta inspizierte den Kühlschrank – und siehe da: Eine klitzekleine Maus versuchte aus dem Kühlschrank zu entkommen! Sie war offensichtlich durch den Spalt eines angekippten Fensters in den Kellerraum gelangt und dann durch die leicht geöffnete Kühlschranktür in das untere Gemüsefach gefallen. Nun versuchte sie vergebens, aus dem Plastikfach zu entkommen. Daher das kratzende Geräusch. - Jutta erlegte den Einbrecher schließlich mit Besen und Kehrschaufel… Also Tod im Kühlschrank…

9.10. Polizeiruf 110

Im Juni 2011. Wir hatten mit den Kindern der Grundschulklasse 4 zusammen wunderschöne Tage in der Schrödermühle in Oberschöna bei Freiberg verbracht. Nach einem überaus gelungenen Abschlussabend mit vielen Überraschungen am laufenden Band brach nun der letzte Tag an. Leider, denn viele der Kinder wären nur zu gern noch eine Woche voller Abenteuer geblieben. Sie alle waren voller Freude und Begeisterung.

Nun sollte es ein tolles Abschlussfrühstück geben, bevor die Eltern ihre Kinder nach Hause abholten. Schon um 6:30 Uhr hatten wir vereinbart, dass die Bäckerei Selbmann aus Brand-Erbisdorf knusprige frische Brötchen, Brot, Hörnchen, Brezeln und andere Backwaren anliefern sollte. So geschah es auch und ich nahm die „Großlieferung" pünktlich in Empfang. Der Duft frischer Backwaren stieg mir in die Nase und ließ mir eine Vorahnung auf ein phantastisches Frühstück voraus denken…

Dann gingen die jungen Damen und auch ich an die Vorbereitung des Frühstücksmahls. Noch zu später Stunde, etwa um 1:30 Uhr nachts, nach dem Abschlussabend und einer einzigartigen Nachtwanderung stellten wir alle Speisen für das Frühstücksbuffet zusammen und stellten sie ab, so dass sie am Morgen schnell verfügbar waren. Die Speisen stellten wir in der Küche der Mühle ab. Nun aber – man sollte es kaum glauben - war das gesamte Sortiment für das Kinderfrühstück nicht mehr auffindbar. … Was war geschehen?

Zunächst konnten wir uns den Verlust der Speisen nicht erklären, fanden aber in der Küche einen Zigarettenstummel! Wie sollte der hier her gekommen sein, wo doch keiner der Anwesenden am Vorabend geraucht hatte? Das war schon merkwürdig! Hinzu kam auch die Tatsache, dass nicht nur die Speisen verschwunden waren, sondern sogar unsere Gourmet-Töpfe, Geschirr, Transportkisten und Dekorationsmaterial. Erstaunlicherweise waren unsere Technikausrüstungen für Musik und Ton noch vorhanden. Also: Es war eindeutig ein Fall von Diebstahl.

Wer konnte wohl mit dreister Frechheit das Frühstück der Kinder stehlen? Unsere Vermutung war, es konnten sich Gastbewohner, die sich zeitweilig wegen Bauarbeiten in der Mühle aufhielten, der Speisen bemächtigt haben. Also wählten wir 110, riefen die Polizei und baten um Unterstützung und Aufklärung. Nach Juttas Schilderung des Vorfalls am Telefon dauerte es lange, bis die Polizisten endlich eintrafen.

In der Zwischenzeit hatten die Kinder „Frühstückshunger" und Appetit auf frische Brötchen… Wir taten alles Mögliche, um den Kindern ein geschmackvolles Frühstück zu bereiten. Jutta hatte schnell genügend Ideen, um die fehlenden Speisen und Zutaten zu ersetzen, damit die Kinder von dem Vorfall nichts bemerken sollten. Die kleinen Großen konnten nun ausgiebig ihren Morgenhunger stillen und die frischen Brötchen genießen.

Nachdem die Eltern ihre Kinder abgeholt hatten, traf endlich die Polizei ein und nahm die Ermittlungen auf. Diese blieben letztlich ergebnislos. Eine Befragung der handwerklichen Bauarbeiter als Mitbewohner des Objektes erfolgte nicht. So blieben uns ziemliche Verluste. Auch das Verpackungsmaterial mit Geschirr und Transportkisten mussten wir der Cateringfirma, die uns die Speisen geliefert hatte, ersetzen.

Von dem Vorfall haben wir weder die Eltern noch die Schule informiert. Alles in allem: Es waren wunderschöne Tage und ein tolles Fest für die Kinder.

9.11. Vermisst

Während der Zeit der EDV-Einsatzvorbereitung gab es eine Vereinbarung mit dem Wissenschaftlich-Technischen Zentrum Dresden und den Press- und Schmiedewerken Brand-Erbisdorf zur Erbringung von Projektierungsleistungen für die Einführung der EDV. Verantwortlicher Chef der Projektierungsgruoppe war

Georg Grieshammer, der die gesamte Projektierungsgruppe leitete, parallel zur Abteilung Organisation und Datenverarbeitung, der Martin L. vorstand. Oft hatte ich das Gefühl von „Zweigleisigkeit" zwischen Projektgruppe und verantwortlicher Hauptabteilung, wobei Schorsch eher den Weg zum Betriebsdirektor suchte als zum Leiter der Organisationsabteilung. Das persönliche Verhältnis zwischen beiden Leitern schien ein gespanntes zu sein und man sprach nur über Dringendes, aber leider zu wenig über Fakten, die uns hätten schneller voranbringen können.

Dennoch waren wir ein vortreffliches Team und jeder gab sein Bestes – von „Ausnahmen" abgesehen. Schorsch konnte sehr gut und schnell schriftlich etwas zu Papier bringen, wozu andere Tage gebraucht hätten. Deshalb kam es oft sehr schnell zu verwertbaren Arbeitsanweisungen für uns und die Fachabteilungen, allerdings auch oft zu unabgestimmten Schriftsätzen, die zu allererst beim Betriebsdirektor auf dem Tisch landeten.

Schorsch hatte auch ein gutes Gefühl dafür, wenn es an der Zeit war, in einer Arbeitstagung außerhalb des Betriebes, also weg von den üblichen Tagesaufgaben, zusätzliche Arbeitsfortschritte zu organisieren. Er hatte schnell erkannt, wenn wir alle den Kopf für einige Tage frei hätten, dann gäbe es gute Voraussetzungen für mehr Kreativität und Einfallsreichtum, für neue Projektideen und ihre Umsetzung. Mit Eifer arbeiteten wir während der Arbeitstagungen ohne Zeitbegrenzung, manchmal bis nach Mitternacht, dafür am nächsten Tag mit einigen Stunden mehr an entspannender Freizeit. Für mich und die anderen waren die Tage immer ein echter Zugewinn an Erkenntnissen und Projektfortschritten.

Einmal im Jahr fanden wir uns auch mal zu einer geselligen „Jahresabschlussfeier" zusammen, eine davon im Herbst 1975 im „Brander Hof". Es wurde gewitzelt, gegessen und getrunken. Ein Spaß folgte dem anderen. Dann fiel es Klaus E. ein, dass bald sein Zug nach Großhartmannsdorf fuhr und er wegen

Baumaßnahmen dringend nach Hause müsste. So spendierte er eine Runde Kognak („Urahn") für alle. Dann aber zeigten sich auch die anderen Kollegen von ihrer spendablen Seite und taten Gleiches. Runde folgte auf Runde. Die Mannschaft wurde immer lustiger. Nun störte auch die „Dienstmaus" niemanden mehr, die vergnügt über den Fußboden und später über die Heizkörper lief. Ich hatte vereinbart, dass mich Jutta mit dem Auto am Abend abholen sollte. Das tat sie auch, stark beeindruckt von der lustigen Mannschaft. Wir nahmen Schorsch mit und brachten ihn in Freiberg zum Zug nach Dresden. Ich hatte alle Mühe, ihn in den Zug setzen zu können … Das war 20:40 Uhr auf dem Bahnhof Freiberg.

Trotz unseres Katers waren wir am nächsten Morgen alle wieder pünktlich an unserem Arbeitsplatz – nur Schorsch nicht! Keiner konnte sich das erklären. Sonst war Schorsch immer pünktlich zur Stelle. Am späten Vormittag war er immer noch nicht da. Ich hatte ein unruhiges Gefühl, weil ich ihn am Abend zum Zug gebracht hatte – und nun war er nicht zu finden. Ich setzte mich ans Telefon und rief seine Frau Brigitte im WTZ Dresden an. Ich fragte nach, ob mit Schorsch alles in Ordnung sei, weil er in Brand-Erbisdorf noch nicht angekommen sei. Brigitte meinte, sie wisse nichts weiter und er sei sicher noch unterwegs. Das machte mich unsicher und ich rief dann doch die Polizei an, und gab eine Vermisstenmeldung auf. Man fragte mich, wer ihn zuletzt gesehen hätte. Ich berichtete, dass ich ihn in Freiberg am vergangenen Abend zum Zug gebracht hätte und er am folgenden Tag im PSW nicht zur Arbeit erschienen sei.

Am Nachmittag endlich traf er erschöpft im Betrieb ein. Er hatte eine „Rundfahrt" mit verschiedenen Zügen quer durch Sachsen gemacht und war – ohne zu Hause gewesen zu sein – wieder in Brand-Erbisdorf eingetroffen. Auf zwei Fahrkarten lasen wir Kamenz und Zwickau, auf zwei weiteren Bad Schandau und Riesa …Ob er seine Frau Brigitte zwischenzeitlich angerufen hatte, ist uns nicht bekannt gewesen. … Nun hatte sich alles geklärt. Ich rief bei der Polizei wiederholt an und meldete, dass der verschwundene Kollege wieder aufgetaucht sei. Die Vermisstenmeldung hatte sich damit erledigt.

Ich muss hinzufügen, dass für die Dresdener Kollegen eine Arbeitswoche von Monatag bis Freitag galt, wobei sie täglich per Zug zwischen Dresden und Brand-Erbisdorf pendeln mussten, gewiss zeitweise recht beschwerlich, aber auch von gewissen Vorteilen gespickt, was die effektve Arbeitszeit betraf... Grieshammer war ein „Fuchs"! Er traf nie eine Vereinbarung, ohne dass seine unmittelbaren Mitarbeiter auch nutzbare Vorteile haben würden. Bei uns als Beschäftigte des PSW sah die Vorteilslage eher gegenteilig aus, obwohl wir im Interesse des Betriebes Bestandteil der Projektierungsgruppe waren. Es mangelte leider an Vorschlägen und Ideen zur Stimulierung unserer Arbeit, um schneller unsere Ziele zu erreichen.

Dennoch will ich bemerken, dass Grieshammers außerbetriebliche Arbeitstagungen immer bedeutende Arbeitsfortschritte erbracht haben, die uns dem geplanten Ziel wesentlich näher brachten.

9.12. Geheimnisvolle Pakete

1978: Wie jedes Jahr, so machten wir uns Ende November Gedanken darüber, anderen Menschen mit einem Advents- oder Weihnachtspäckchen eine willkommene Freude zu bereiten oder eine gut gestaltete Weihnachtskarte mit ausführlichem Bericht von unserer Familie. Uns war es immer eine besondere Freude, auch anderen Menschen eine Freude um den Jahreswechsel zu bereiten. Oft war die ganze Aktion um die Weihnachtszeit mit viel Aufwand und Zeit an den Winterabenden verbunden. Aber wir haben es gern und mit Eifer getan. Doch muss man, um das Nachfolgende zu verstehen, genau wissen, wie es um die „Beziehungen", um die „Verwandtschaftsbeziehungen" stand. Wir schrieben „DDR-Zeiten", was für uns bedeutete, „keine persönlichen Kontakte zu Personen im kapitalistischen Ausland" haben zu dürfen. Das betraf auch Juttas Tante in Rinteln an der Weser. Wohl oder übel fanden wir uns damit ab, aber da war zum Glück noch Schwiegermutter Ida, die schon Rentnerin war, und deshalb gab es nur zwischen ihr und Tante Olga gelegentlich den ein oder anderen Briefkontakt, oder zu Weihnachten mal ein Paket von HIER nach DA und eins von DA nach HIER.

Es war die Zeit herangereift, einen erzgebirgischen Weihnachtsstollen, natürlich nach Schwiegermutters Hausrezept extra separat vom Bäcker gebacken, eine Flasche Kräuterlikör „Freiberger Magenwürze" (den Tante Olga besonders liebte) und einen wertvollen geklöppelten Tischläufer aus dem Erzgebirge auf die Reise zu schicken.

Einige Monate vorher war Juttas Freundin und Arbeitskollegin Jutta K. mit ihrer Familie von Freiberg nach Cottbus verzogen, weil ihr Mann dort eine neue Aufgabe in der Forschung übertragen bekam. Wochen vergingen; zunächst hörten wir wenig voneinander. Doch eines Tages erhielten wir von Jutta aus Cottbus einen kurzen Brief mit der Bitte, ihr doch die noch an ihrer ehemaligen Schule verbliebenen Sachen zu schicken, ein paar Hausschuhe, ein Arbeitskittel und noch verschiedene Kleinigkeiten, die sie bei dem ganzen Stress offenbar vergessen hatte. Wir schrieben eine Karte zurück, dass wir ihre Bitte demnächst erfüllen würden. Versprochen!

Da wir so wie so dabei waren, ein Weihnachtspaket für Tante Olga zu packen, war es kein Problem für uns, ein weiteres auch nach Cottbus zu schicken. Ich organisierte zwei leere Lochkartenkartons aus der Datenerfassungsstation meiner EDV-Abteilung, mit einer idealen Größe, bestens geeignet für den Inhalt an beide Empfänger. Auch verfügte ich noch über einige Bogen hochwertigen blauen Packpapiers aus der Papierfabrik Weissenborn.

Tante Olgas Paket wurde hübsch mit Weihnachtspapier ausgelegt und schön verpackt. Für Jutta in Cottbus war es uns eine lustige Freude, ihre alten Klamotten ebenso in schönes Weihnachtspapier zu wickeln und traditionelles aus Freibergs Weihnachtsbäckereien hinzu zu fügen. Auch Naschereien für die Kinder waren dabei. Die Pakete wurden beide exakt verpackt, in schönem Blau. Jedes Paket erhielt die erforderliche Anschrift und auch den Absender. Bis dahin war noch alles in bester Ordnung. Beide Pakete wurden von mir zur Post gebracht und aufgegeben…

Etwa eine Woche später erhielten wir von Jutta aus Cottbus einen ziemlich eigenartigen Brief, sie habe zwar das versprochene Paket erhalten, aber ihre gewünschten Sachen wären darin nicht zu finden gewesen. Nach der inliegenden Anschrift und einer Weihnachtskarte, vermute sie, dass es sich wohl um eine Verwechslung handelte. Deshalb habe sie das Paket mit ein paar Zeilen neu verpackt und an den vorgesehenen Empfänger (an Tante Olga) geschickt. Wie unschwer zu erkennen war, hatte ich beim Verpacken sehr wahrscheinlich die Anschriften verwechselt, da beide Pakete das gleiche Aussehen hatten.

Jetzt war „Stimmung" in der Familie und Schwiegermutter Ida war außer sich, wie ich mir einen solchen Skandal wohl leisten könnte! Ich versprach, an Tante Olga einen Brief zu schreiben, um die Verwechslung zu erklären.

Aber es kam noch schlimmer. Ungefähr zur gleichen Zeit hatte auch Tante Olga in Rinteln „ihr Paket" erhalten und war bitter enttäuscht, als sie es öffnete. Was sollte sie mit diesen alten Klamotten anfangen? Erst als sie das „richtige Paket" aus Cottbus in Empfang nahm und mein Entschuldigungsbrief eintraf, musste sie wohl begreifen, dass wirklich eine blöde Verwechslung vorlag.

Diese Misere konnte ich nie mehr reparieren. Zu Weihnachten erhielt Schwiegermutter Ida nur einen kurzen Kartengruß mit dem Nachsatz, dass sie tief enttäuscht sei. Die Verwechslung war als eine offene Beleidigung mit Spätfolgen gewertet worden. ... Schade. Auch kurze Briefe meiner Schwiegermutter oder gelegentliche Kartengrüße brachten es nicht fertig, die Situation jemals wieder um zu kehren. Unsere Einladungen, uns in der DDR zu besuchen, lehnte Tante Olga mehrfach ab. Hinzu kam, dass wir später für einen beruflichen Auslandseinsatz vorgesehen waren und damit die zwingende Verpflichtung verbunden war, „jegliche Kontakte zu Personen im kapitalistischen Ausland" abzubrechen. So reduzierte sich das Ganze auf gelegentliche Kartengrüße zwischen Schwiegermutter Ida und Tante Olga.

Das Kontaktverbot für uns zu Tante Olga berührte uns sehr, wo wir ihr doch sehr viel zu verdanken hatten. Auch nach unserem Auslandseinsatz in Polen gab es auf unsere Briefpost keinerlei Reaktionen von ihr (wobei wir nicht sicher sind, ob sie unsere Briefe überhaupt jemals erhalten hat).

Die Lehre aus dieser peinlichen Geschichte: Postsendungen sollten am besten keine gleiche Verpackung erhalten, um Verwechslungen zu vermeiden. Die Anschrift, passend zum betreffenden Inhalt, sollte lieber mehrfach geprüft werden. Beleidigungen, wenn auch durch Verwechslungen hervorgerufen, sind schwer oder gar nicht zu reparieren.

Zwar war ich mir meiner Schuld bewusst und doch konnte ich der Lawine von Vorwürfen nichts entgegensetzen. Meine mehrfachen Entschuldigungen in den Briefen an Juttas Tante Olga blieben ohne Wirkung. Im Hause selbst nahmen die Vorwürfe meiner Schwiegermutter dramatische Formen an, über sehr lange Zeit anhaltend, was das Familienklima überaus stark belastete. Schwiegermutter Ida zeigte weder Verständnis für meine Fehlhandlung in Form der Verwechslung, noch ging sie in geeigneter Weise auf meine Entschuldigungen ein. Was hätte ich sonst noch tun können, um die Lage zu verbessern?

Dann schrieben wir das Jahr 1991. Nach der friedlichen Revolution in der DDR wurde die Einheit Deutschlands Wirklichkeit. Die ganze Zeit lang waren uns Besuche zu

Verwandten in der Bundesrepublik nicht erlaubt. Offentsichlich hatte der Arbeiter-und-Bauern-Staat kein Vertrauen in uns und befürchtete, dass wir nicht wieder in die DDR zurückkehren würden. Dies aber war niemals unsere Absicht und unser Lebensziel. Vielmehr sahen wir Sachsen und das Erzgebirge und die Lausitz nach Familientraditionen als unsere Heimat an. Hier hatten wir unsere Verwandtschaft, viele Freunde und Bekannte, die uns lieb und teuer waren.

Nun aber ergab sich mit der Einheit Deutschlands endlich die Möglichkeit, eine Besuchsreise nach Rinteln zu unternehmen. Meine Schuld für die peinliche Verwechslung der beiden Pakete belastete mich immer noch. Zusammen mit Jutta wollte ich den Versuch einer Konsolidierung unternehmen, indem wir die Tante persönlich aufsuchten und mündlich alles aufklären wollten. Als wir in Rinteln eintrafen, fanden wir nur die Vermieterin vor, die uns mitteilte, dass Tante Olga vor drei Jahren verstorben sei. Hinterlassenschaften irgendwelcher Art gäbe es nicht. Wir besuchten auf dem Friedhof noch die Grabstätte und legten ein Blumengebinde nieder... Nun war auch unsere letzte Möglichkeit, die unbeabsichtigte Verwechslung in guter Hoffnung beizulegen, – „wie vom Winde verweht ...“

9.13. Gestohlene Kunstwerke

Einige Zeit nach unserer Hochzeit begann ich, mich Stück für Stück mit Kunstforschung zu befassen. Malerei, Grafik und plastische Kunst hatten mich schon immer fasziniert und mein Zeichenlehrer Fritz St. hatte die Gabe, uns dafür zu begeistern. Nach und nach erzählte meine Schwiegermutter aus ihrem Leben und auch von ihrer ersten Ehe mit Gottfried Möller. Beide betrieben die Ausflugsgaststätte „Schrödermühle“ in Oberschöna bei Freiberg mit Herz und Leidenschaft für ausgezeichnete Gastlichkeit. Ihr Schwiegervater, Prof. Heinrich Möller (1835 –

1929) war ein bekannter Bildhauer aus der Schule Johannes Schillings an der Dresdener Kunstakademie.

Mich interessierte das Schaffen des Künstlers brennend und ich begann damit, seine Werke aufzufinden und mich mit ihnen auseinanderzusetzen. Nur zwei Exemplare seiner geschaffenen plastischen Figuren befanden sich noch im Besitz der Familie und mussten dringend restauriert werden. Die meisten übrigen Werke waren entweder durch die Kriegsereignisse zerstört worden oder befanden sich größtenteils in Städten der Bundesrepublik, zu denen wir aus der DDR bekannterweise keinen Zugang hatten. Zwei Briefe mit Anfragen an die Kulturbehörden in Hamburg und Bad Neuenahr kamen mit dem Vermerk „Unzustellbar" zurück. Man hatte die Briefe durch die Postkontrolle durch die Grenzbehörden der DDR aufgegriffen und zurückgeschickt…

In den 50er Jahren hatten die Schwiegereltern die Mühle aus wirtschaftlichen Gründen an die HO Gaststätten (HO für Handelsorganisation, die auch eine Gesellschaft zum Betrieb von Gaststätten unterhielt) verpachtet. Sie führten jedoch als Angestellte die Gaststätte weiter. In den Jahren nach dem Krieg wuchs das Bedürfnis der Menschen nach Geselligkeit und Entspannung immer mehr und die Mühle war weit und breit als begehrtes Ausflugs- und Vergnügungslokal bekannt. Von Frühjahr bis Herbst war es Anziehungspunkt für Gäste aus Nah und Fern. Bei schönem Wetter waren die Außenanlagen im Grünen besonders beliebt.

Zu dieser Zeit befanden sich zwei weitere Kunstwerke im Besitz der Familie: Bei einem handelte es sich um eine „Venusstatue", etwa 60 bis 70 cm groß aus weißem Carrara-Marmor, die eigens Bildhauer Prof. Möller um 1880 geschaffen hatte. Schwiegermutter hatte die Figur während des turbulenten Pfingstbetriebes im Barbereich der Gaststätte zur Dekoration aufgestellt, sicher ohne groß über den Wert der Plastik nachzudenken. Dann war die Figur über Nacht plötzlich gestohlen worden. Das muss zu Pfingsten 1955 oder 1956 gewesen sein. Der Diebstahl war zwar sofort bemerkt und angezeigt worden, aber eine Aufklärung gab es nie. Wert nach Vorkriegs-Expertise: ca. 9850 Reichsmark.

Ähnlich verhielt es sich mit einem Ölgemälde von Adolf von Menzel (1815 – 1905), der ein guter Freund von Prof. Heinrich Möller gewesen war. Menzel war ein deutscher Maler, Zeichner und Illustrator. Er galt schon damals als der bedeutendste deutsche Realist des 19. Jahrhunderts. Seine Werke waren außerordentlich vielfältig. Er wurde bereits zu Lebzeiten hoch geehrt und vor allem durch seine Darstellungen aus dem Leben Friedrich des Großen bekannt und berühmt. Im Jahre 1856 wurde Menzel Professor. Er zog es jedoch vor, nicht zu unterrichten, sondern eröffnete für sich freien Raum für Darstellungen des Bürgertums und der stürmischen gesellschaftlichen und wirtschaftlichen Entwicklung. Seine Zeichnungen und Skizzen galten damals wie heute als Vorbild beispielgebend.

Zum 60. Geburtstag Heinrich Möllers schenkte ihm sein Freund Menzel ein Öl-Gemälde. Es handelte sich um ein Selbsbildnis des Malers mit einem vergoldeten Dreifachrahmen und Signierung. Auch das Gemälde hatte Schwiegermutter in einem der öffentlichen Gasträume plaziert und fand einen interessierten Liebhaber, der es gestohlen hatte. Auch dieses Werk wurde 1957 zur Anzeige gebracht aber nie wieder aufgefunden. Geschätzter Wert auf Grundlage einer Expertise aus den 30er Jahren ca. 16500 Reichsmark.

9.14. Betrogen wie am jüngsten Tag

Wieder einmal hatten wir aufregende Tage zu durchleben. Juttas Cousin Klaus musste wiederholt ins Krankenhaus eingewiesen werden, denn sein körperlicher und psychischer Zustand verschlechterte sich zusehends. Auch seine Lebensgefährtin Ursula wusste keinen Rat mehr, also blieb nur das Krankenhaus mit ärztlicher Betreuung. Unsere Hilfen zur Betreuung nahm er nicht mehr an und kehrte unsere Bemühungen in das Gegenteil um, reagierte auf alles misstrauisch und zornig. Dennoch taten wir alles, was nötig war, um ihn auch als Nachbar bestmöglich zu versorgen, weil seine Lebensgefährtin Ursula selbst nicht mehr weiter wusste und sich auch sonst niemand um ihn kümmerte. Seine beiden Kinder Heike und Uwe hatten sich ohnehin von ihm entfernt und wollten von ihrem „Vater" so zu sagen „nichts wissen". So gab es kaum noch irgendwelche Kontakte. Mutter Edith war im Vorjahr 1996 bereits verstorben.

Die Lage war äußerst ernst. Die Ärzte im Krankenhaus erklärten uns, die   lebensbedrohlichen Zustände von Klaus häuften sich. Jutta fasste sich ein Herz und rief Tochter Heike in Burghausen an. Sie berichtete, dass sich Vater Klaus im Krankenhaus befände und sein Zustand sehr ernst sei. Deshalb wolle sie darüber informieren. Heike wollte das Telefonat schon in distanzierter Art beenden, als Jutta in entsetztem Zustand es gerade noch verhindern konnte: „Ich glaube, Du hast nicht ganz verstanden, worum es hier geht! Deinem Vater geht es extrem schlecht und es ist das Schlimmste zu befürchten! Hast Du das jetzt begriffen?! Du bist seine Tochter und Ihr habt als Kinder die verdammte Pflicht, Euch um Euren Vater zu kümmern…" Eine Weile Schweigen am anderen Ende der Leitung, dann die zaghafte Antwort: „Ja, wir kommen nach Freiberg". Mit anderen Worten: Wir mussten förmlich darum „betteln", die Tochter dazu zu bewegen, sich in den letzten Stunden ihres Vaters um ihn zu kümmern.

Offensichtlich hatte Tochter Heike nach dem Telefonat ihren Bruder Uwe über den Zustand des Vaters telefonisch informiert. Infolge dessen fuhr Uwe am Nachmittag nach seiner Benachrichtigung sofort ins Krankenhaus zu seinem Vater, wovon wir jedoch erst später erfuhren.

Inzwischen waren auch Tochter Heike und ihr Mann Norbert endlich eingetroffen und hatten sich im Haus der Großeltern in Meissen einquartiert, weil sie zum Haus des Vaters keinen Zugang hatten. Wir hatten das schon vermutet. Dennoch war Heike noch immer nicht im Freiberger Krankenhaus bei ihrem Vater gewesen.

Am nächsten Morgen erhielten wir kurz vor 7:00 Uhr die Nachricht aus dem Krankenhaus, Klaus sei letzte Nacht verstorben und ob wir nicht seine Tochter benachrichtigen könnten. Jutta rief sofort in Meissen beim Großvater an, wo Heike sein musste. Minutenlang klingelte das Telefon. Niemand ging an den Apparat. Wir versuchten es immer wieder. Endlich nach fast einer Stunde bequemte sich Tochter Heike, den Hörer abzunehmen. Empört über das unverantwortliche Verhalten der Tochter, beschwerte sich Jutta zunächst darüber, warum sie nicht ans Telefon gegangen sei. Die Ausrede: Sie hätten es nicht gehört. Verschlafen und unentschlossen nahm sie die Todesnachricht entgegen und versprach, sofort ins Krankenhaus zu fahren.

Im Krankenhaus selbst wurden die persönlichen Sachen des Vaters an Tochter Heike übergeben und nun wollte sie „im Hause des Vaters übernachten“, und „um alles vor Ort zu regeln“. Vater Klaus hatte seinen Schlüsselbund stets bei sich, aber der war im Krankenhaus bei den übergebenen Privatsachen nicht zu finden. So blieb Heike nur der Ausweg, uns zu fragen, ob wir den Schlüsselbund hätten. Jutta sagte klipp und klar, Klaus hätte seinen Schlüsselbund immer bei sich gehabt und der müsse da sein. Der Bund fand sich aber nicht und die Tochter rief erneut bei uns an, ob wir Rat wüssten, „sie müssten dringend in das Haus, um nach Dokumenten zu suchen“. Wir hatten eine ziemlich genaue Vorahnung, was passieren würde.

Jutta sagte: „Wir könnten Euch schon helfen, aber warum sollten wir das tun? Ich weiß genau, dass Klaus seinen Schlüssel bei sich hatte, auch im Krankenhaus. Also muss er vorhanden sein. Wir selbst brauchten den Schlüssel nicht, weil uns Klaus bei Abwesenheit immer einen Notschlüssel im verschlossenen Briefumschlag überließ". Nach langem Hin und Her willigten wir schließlich ein und gaben den Notschlüssel gegen Unterschrift heraus. Wo, zum Teufel, war aber der Schlüsselbund abgeblieben?

Als Tochter Heike und Mann Norbert eintrafen, ging ich mit dem Notschlüssel mit in das Vaterhaus, öffnete die Türen und machte sie hinter mir wieder zu. Dann gingen wir gemeinsam durch die Räume, um zu sehen, ob alles in Ordnung war, denn, nach allem was geschehen war, konnten wir uns nicht genug gegen fadenscheinige Behauptungen und Beschuldigungen absichern. Ich hatte immer wieder das Gefühl, dass irgendwas nicht stimmte und im Hinterkopf den Gedanken, vielleicht war der Schlüsselbund von Klaus einfach liegen geblieben, achtete beim Zimmerdurchgang auf eben diese Schlüssel, obgleich die Sache vom Verlauf her unlogisch gewesen war. Als Klaus ins Krankenhaus gebracht wurde, muss er das Haus mit seinem Schlüssel verschlossen haben. Wir selbst hatten zwar einen Notschlüssel, der immer noch unbenutzt im verschlossenen Briefumschlag lag, also hatten wir sein Haus nicht abschließen können. Es fand sich beim Betreten des Hauses also kein Schlüsselbund von Klaus.

Plötzlich vernahm ich ein knarrendes Türgeräusch hinter mir und - - - man sollte es kaum glauben, Sohn Uwe stand vor uns! Ich fragte ihn sofort: „Wie bist Du denn hier herein gekommen?" Seine dummdreiste Antwort: „Durch die Tür." Schon das war Ausdruck perfekter Frechheit und Unverfrorenheit. Ich begriff blitzschnell, wie das nur passiert sein konnte und klärte den Fall auf der Stelle auf: Es war eine Außentür mit normalem Schloss vorhanden, innen und außen mit Klinke und mit ganz normalem Bartschlüssel zu öffnen. Als wir das Haus betreten hatten, machte ich die Tür hinter mir zu, verschloss sie aber nicht, weil wir vor Ort waren. Dann gab es eine weitere Zwischentür. Die war mit einem Sicherheitsschloss versehen, hatte an der Außenseite einen fest verschraubten Kugelknauf und nur innen eine Klinke. Das bedeutete, man konnte durch diese Tür nur in das Innere des Hauses gelangen, indem man die Tür mit dem passenden Sicherheitsschlüssel öffnete, auch dann, wenn sie nicht verschlossen war. Ich hatte diese Tür nur hinter mir zugezogen, nichts weiter.

Wie also war es möglich, dass Sohn Uwe durch diese Tür in das Haus gelangen konnte? Es gab nur die eine eindeutige Erklärung dafür: Er musste selbst einen Sicherheitsschlüssel haben. Es gab nur zwei davon: Einen Notschlüssel besaßen wir, womit ich das Haus soeben geöffnet hatte und einen hatte Vater Klaus an seinem Schlüsselbund! Genau den hatte Sohn Uwe im Krankenhaus von seinem eigenen Vater gestohlen, um sich eigenmächtig Zugang zum Haus und zu Wertsachen zu verschaffen! Ich löste den Kriminalfall sofort auf, beschuldigte ihn nachweisbar des Diebstahls. Er wurde nicht mal rot und tat das Ganze achselzuckend als „nicht so schlimm" ab, der Schlüsselbund sei ja jetzt wieder da. Genauso nachweisbar wies ich die Beschuldigungen von Tochter Heike und Mann Norbert zurück, wir hätten uns des Schlüsselbundes bemächtigt.
Wir nahmen Tage später an der Beisetzung von Klaus auf dem Freiberger Friedhof teil, lehnten es aber ab, zur anschließenden Trauerfeier uns mit „Verbrechern und Lügnern" an einen Tisch zu setzen. So viel Ehrgefühl mussten wir uns zugestehen. Ein Dankeschön für all unsere Unterstützung gab es nie, was uns dazu brachte, über verschiedene Hilfearten ernsthaft nachzudenken.
Die Folgezeit war mit Erbauseinandersetzungen zwischen Sohn und Tochter angefüllt. Letztlich wurde das Haus zum Verkauf ausgeschrieben. Der Erlös, der beiden verblieben war, wurde im Nu „großspurig" aufgebraucht, wie wir eines Tages zufällig erfuhren.

10. Was sonst noch passierte …

10.1. Badetag

Während meiner Kindheit 1945-1960 gab es zu DDR-Zeiten ein weit verbreitetes Ritual, nach dem humorvollen Buch des Eulenspiegel-Verlages [10], denn „freitags wurde gebadet". Es war eine Zeit, in der die meisten Familien in der DDR noch keine eigenen Badezimmer zur Verfügung hatten. Meist aus finanziellen Gründen konnten sich die Wohnungsbesitzer oder Hauseigentümer den Einbau von Bädern nicht leisten. In unserer Verwandtschaft gab es nur in Dresdener oder Berliner Mietwohnungen oder in Einfamilienhäusern eingebaute Bäder mit kohlebeheizten Badeöfen, die bei Bedarf angeheizt wurden und dann Warmwasser spendeten.

Für unsere Familie bedeutete das, eine 2 ½ Meter lange Zinkbadewanne in den verfügbaren Räumen zur Badezeit unterzubringen. Und zwar meist freitags, nach den sprichwörtlichen Ritualen nach DDR-Gewohnheiten. Also hieß es, die große Wanne in Küche oder Wohnstube aufzustellen und Stunden vorher das Badewasser in großen Töpfen auf dem Küchenherd zuzubereiten. Manche Einfamilienhäuser hatten auch eingebaute Waschküchen. Dann wurden diese zum Aufstellen der Zinkbadewannen und zum Baden genutzt.

Vater hatte in den 50er Jahren die Idee, außerhalb des Wohngebäudes noch ein Waschhaus zu errichten. Das Badewasser wurde jetzt in einem großen Waschkessel mit Kohlefeuerung zubereitet. Die Zinkbadewanne wurde jetzt im Waschhaus aufgestellt, so ging alles wesentlich sauberer zu als sonst.

Erst in den 70er Jahren wurden Bäder als massive Anbauten in den ersten Siedlungshäusern angefügt. Die inzwischen in Eigenleistung der Anwohner angelegte Abwasserentsorgungsleitung erlaubte jetzt die Nutzung von WC mit Wasserspülung und auch Bäder.

Sparsam mit Wasser umzugehen, war höchstes Gebot. Deshalb wurde das Badewasser recht oft von mehreren Familienmitgliedern genutzt bzw. gebrauchtes Wasser wurde durch heißes Wasser ergänzt. „Spare mit Wasser – du musst es bezahlen" - schrieben die Tageszeitungen "Volksstimme" oder „Freie Presse" oder die „Sächsische Zeitung".

Als wir verheiratet waren, mussten wir zunächst Bad und WC mit den Schwiegereltern teilen. Der kohlebeheizte Badeofen musste erst angefeuert werden, um Warmwasser zu gewinnen. Erst als wir mit 2 Kindern eine Neubauwohnung in Brand-Erbisdorf zugewiesen bekamen, konnten wir die Vorzüge eines eigenen Bades genießen. Mit der Rekonstruktion unseres Einfamilienhauses modernisierten wir Bad und Heizungsanlage, bauten im Erdgeschoss (altersgerecht) ein 2. WC ein und im Keller eine zusätzliche Dusche.

10.2. Stinkender Skandal

Ein Skandal und andere spannende Kinderabenteuer – aber nicht von mir – und trotzdem erlebt!

Kinder haben den Drang, sich schnell zu bewegen, zu spielen, Sport zu treiben und wenn es ihnen in den Sinn kommt, auch irgendwelchen Blödsinn anzustellen, egal wo, egal wie, egal wann… Dabei konnte die Skala der Gefährlichkeit durchaus hohe Werte erreichen, also nahe 100 %! Hierzu einige Vorkommnisse, die mir bis heute nicht aus dem Kopf gehen…

Inge und Johann Schmidt waren jung verheiratet und waren vom Dorf Zug nach Brand-Erbisdorf umgezogen, zusammen mit Söhnchen Hubert, der den ganzen Umzug mit seiner kindlichen Quirligkeit begleitete. Sie bezogen in Vaters Haus Schillerplatz 3 die neu errichtete Erdgeschosswohnung. Und es dauerte nicht lange, da hatte Hubert schon „Freundschaften" mit einigen wilden Spielkameraden rund um den Schillerplatz geschlossen. So verging kaum ein Tag, an dem nicht irgendwelche Vorkommnisse oder Streiche eine dominierende Rolle spielten. Deutlich war dabei, dass meistens die anderen Kinder Anstifter zu bestimmten Handlungen waren. Hubert war eher mit voller Begeisterung dabei – und wenn es um den entscheidenden Augenblick für die Auslösung eines Experimentes ging – dann war er als Ausführender, motiviert durch die johlende Meute, sofort zur Stelle und in Aktion. So auch an diesem Tage …

Bei uns klingelte es mehrfach und unüberhörbar. Eine Nachbarin von Schillerplatz 3 war ganz aufgeregt mit dem Fahrrad gekommen und alarmierte uns, es sei eine schlimme Angelegenheit eingetreten und Vater solle schnell auf sein Grundstück kommen. Was war passiert?

Wieder einmal hatten sich drei Jungen um Hubert versammelt mit dem Ziel, dieses Mal eine große Aktion zu starten. Dazu war ein doppeltes Jauchefass mit Wagen von Bauer Dozegal auf dem Schillerplatz abgestellt worden. Die wilden Jungen beschäftigten sich mit dem Wagen und überlegten, was man damit wohl anstellen könnte. Einer von ihnen hatte die „zündende“ Idee: Man müsste ganz einfach den Sicherheitssplint am Abfluss der Fässer lockern oder lösen – und schon würde die stinkende Brühe mit großem Druck das Weite suchen …

Bisher müssen es wohl nur Gedanken gewesen sein aber dann heizte einer der Jungen die Situation dermaßen an, dass alle begeistert von dieser Idee waren. Und besonders begeistert war natürlich Hubert, der sich als „Ausführender“ sofort anbot. Er löste den Splint am Fäkalienfass - - - und das Ungeheuerliche begann. … In Sekundenschnelle entleerten sich die Fäkalienfässer. Mit atemberaubender Geschwindigkeit verbreitete sich die stinkende Brühe nicht nur über den Schillerplatz, sondern schnell auch über das ganze Stadtzentrum von Brand-Erbisdorf. Marktbereich, Bahnhofstraße, Freiwillige Feuerwehr, Postamt und viele Nachbargrundstücke waren betroffen. Auch die angrenzende Goethestraße war in Mitleidenschft gezogen worden, und natürlich das eigene Grundstück mit einer Niedriglage, so dass die stinkende Brühe bis in die Keller lief.

Alles in allem: Es war sofortiger Ausnahmezustand angesagt. Ringsum Gestank, wie man es sich kaum vorstellen konnte. Selbst die Freiwillige Feuerwehr musste zum Einsatz kommen, um Keller leer zu pumpen oder Schadstellen mit Wasser zu spülen. Vater hatte alle Mühe, mit eigenen Hilfsmitteln das eigene Grundstück einigermaßen sauber zu halten. Mit den anliegenden Nachbarn gab es wegen der Schädigung ihrer Grundstücke wochenlang viel Ärger.

Hubert, der Verursacher des Unheils, war vom Druck der Jauchefässer völlig verschmiert und musste sich von Oma Rosel einer intensiven Reinigungskur unterziehen. Jedoch war der intensive stechende Geruch noch tagelang zu spüren. Außerdem durfte er sich mehrere Schläge mit dem Ochsenziemer von Vater Johann „abholen", damit er seine schlimme Tat nie vergessen sollte.

An anderen Tagen – und das recht oft – zog es Hubert zu rasanten Spielen mit dem Fußball. Das runde Leder faszinierte ihn bis zum Wahnsinn. Vater Johann hatte ihm Ballspiel auf dem Hof am Hause verboten, weil die Sache zu gefährlich war und schnell mal Fensterscheiben zu Bruch gehen konnten. Aber als Vater zur Arbeit war, konnte man schnell mal ein Spielchen wagen. Und Schuss – Tor! – Die nächste Fensterscheibe am Lagerhaus, das an die Firma Murrar vermietet war, musste ihr Leben lassen… Natürlich war keiner von den Jungen – und auch Hubert nicht – daran schuld! Was blieb, und das war jedes Mal so, war die Scheiben zu erneuern. Und diese Aufgabe musste immer mein Vater Kurt erfüllen… Immer! Entschuldigungen gab es nie.

Nebenbei bemerkt: Hubert liebte nicht nur das Fußballspiel an sich. Auch begeisterte er sich an den vielen Radio-Reportagen von Reportern, die er gerne nachstellte und mit eigenen Worten spannend wieder gab. Das war schon manchmal ein lautstarkes

Schauspiel der besonderen Art, wobei die Redewendungen der Erwachsenen durchaus in den Hintergrund traten, soll heißen, dass sie nicht mehr zu verstehen waren…

Ähnlich verhielt sich Hubert dabei, wenn es um Vaters Beschäftigung als Traktorist oder Kraftfahrer ging, um Vaters Tätigkeit lautstark nach zu ahmen. Dabei war Hubert ein starker Meister bei jeder passenden Gelegenheit, abends im Bett, im Garten oder zu Besuch bei Verwandten. Irgendwo „brummte" es immer. Aber das Ganze war immer noch ein nachvollzogenes Spiel.

Doch eines Tages, Vater Johann hatte gerade mit seinem Traktor und Anhänger einen dringenden Fahrauftrag seiner Firma. Hubert bettelte förmlich darum, ihn mitnehmen zu dürfen. Weil wir sehr viel zusammen waren, durfte auch ich auf dem Traktor mitfahren. Dann musste Vater Johann an der Tankstelle am Berg der Hauptstraße tanken, weil der Diesel fast alle war. Johann hielt das Fahrzeug an, füllte den Tank und ging bezahlen. In der Zwischenzeit blieben Hubert und ich auf dem Traktor. Es dauerte nicht lange, da wurde es Hubert zu langweilig und er fing an, an den Hebeln des Traktors herumzuspielen! Obwohl ich ihm riet, das sein zu lassen, machte er munter weiter… Er betätigte auch den Bremshebel – und das Fahrzeug rollte mit beladenem Anhänger rückwärts bergab… Johann hatte den Vorfall bemerkt und sprang blitzschnell auf die Maschine und konnte sie gerade noch rechtzeitig stoppen… Die Sache war gerade noch mal gut gegangen. Die Angelegenheit war höchst gefährlich und hätte ernste tödliche Folgen haben können.

10.3. Schweizer Träume

Während der Vorbereitungen auf unsere Silberhochzeit waren wir – das soll ja vorkommen – nicht ganz einer Meinung: Jutta wollte eine tolle Feier und ein großes Fest, und ich wollte eine „Silberhochzeits-Superreise". So trafen wir ein „Abkommen" und setzten beides um.

Für fast 3 Wochen „kauften" wir die Schweiz mit all ihren landschaftlichen Schönheiten. Wir entschieden uns für eine Busreise der höheren Kategorie und buchten diese gemeinsam mit unseren Freunden und Geschäftspartnern Renate und Erhard. Die Reise führte uns über das Berner Oberland bis nach Crans Montana im Wallis. In Crans Montana, das auf einem Hochplateau in 1700 m Höhe liegt, befand sich unser Stammhotel. Von hier aus unternahmen wir mit dem Bus jeden Tag Ausflüge in die schönsten Regionen der Schweiz. Während der Reisevorbereitungen schrieb ich an das Hotel und bat darum, ein Appartement für uns zu reservieren, da es sich um unsere Silberhochzeitsreise handelte. Mit Schweizer Gastfreundlichkeit wurde meinem Wunsch entsprochen und wir waren alle gespannt, wie das sein würde.

Als wir ankamen, war die Überraschung tatsächlich groß: Die Familie hatte bekommen, was das Herz begehrt. Auch Sven, der damals 10 Jahre alt war, hatte sein eigenes Reich und konnte sich voll entfalten. Auf der Anfahrt zum Hotel hatte er offenbar ein kleines Problem. Der Bus musste von Sion im Rhonetal viele hundert Höhenmeter überwinden, um uns nach Crans Montana zu bringen. Es ging über eine halbe Stunde lang nur über steile Serpentinen bergauf. Das konnte Sven nicht so richtig ertragen und am liebsten wollte er wieder nach Hause. Als er aber sein Urlaubsreich im Hotel betreten konnte, waren alle Ängste schnell vergessen. Schon am nächsten Tag war er mit Begeisterung bei den Hochgebirgsausflügen dabei.

Wir erkundeten das Schwyzer Land vom Genfer See bis in das höchste Wallis mit dem Matterhorn. Das Land war voll von Naturschönheiten, die man fast nicht beschreiben kann und die man erlebt haben muss. Der wohl schönste Ausflug führte uns in der autofreien Zone mit der Bahn von Täsch nach Zermatt, am Fuße des Matterhorns. Von hier aus benutzten wir die Gornergrat-Bahn, um auf den riesigen Gornergratgletscher (3135 m) zu gelangen. Die Bergfahrt war einfach atemberaubend und wir genossen die fantastischen Aussichten auf die Bergwelt. Den Abstieg nahmen wir zum Teil zu Fuß in engem Kontakt zur Natur im Hochgebirge. Der Gornergrat war übrigens unser erster „Dreitausender", den wir „bezwingen" konnten. - Die Abende verbrachten wir meist gemeinsam mit Renate und Erhard und erfreuten uns an den Erlebnissen des Tages. Der 1. August war davon ein ganz besonderer Tag, der Schweizer Nationalfeiertag. Und der wird jedes Jahr festlich und mit groß angelegten Feuerwerken begangen. Auf einem abendlichen Spaziergang am Vortag entdeckten wir schon Vorbereitungen dafür, konnten uns aber noch nicht vorstellen, wie so ein Hochgebirgsfeuerwerk stattfinden würde. Am nächsten Tag dann erlebten wir ein Feuerwerksschauspiel der Extraklasse, so riesig und groß angelegt, dass man nur staunen konnte. Dazu spiegelten sich die gezündeten Feuerwerksfontänen in den Bergseen. Auf den Seen selbst wurden von Booten Feuerwerkskörper gezündet und Schaufeuer geboten. Es war einzig artig, das erleben zu können.

Unvergesslich war auch die Reise über den St. Bernhard-Pass bis in das Aostatal in Italien. Die Pass-Station war für Sven mit seinen 10 Jahren besonders interessant, denn hier investierte er einen Teil seines Taschengeldes in einen „echten" Bernhardiner, denn bekanntlich werden die Berghunde hier gezüchtet. Das Plüschtier war jahrelang sein treuer Begleiter. Von Aosta aus ging es in das Montblanc-Gebiet, das „Dach Europas" sagen die Leute dort. Wir passierten den legendären Montblanc-Tunnel mit

11 km Länge. Auf der anderen Seite des Tunnels erreichten wir Chamonix, das schon zu Frankreich gehört. Hier benutzten wir die Seilbahn zum höchsten Gipfel des Ortes, genau gegenüber der Spitze des Montblanc. Der Gipfel war ständig von Wolken umzogen, dann wieder frei, offenbar von kräftigen Stürmen umweht. Phantastisch, dieser Anblick.

Noch während der Rückreise schrieb ich damals im Bus voller Begeisterung ein Gedicht, das dieses einzigartige Reiseerlebnis treffend charakterisierte.

10.4. Kurschatten

Meine Frau Jutta bekam eine Kur verordnet, weil sich wegen Bandscheibenvorfällen ihre Schmerzen immer mehr verschlimmerten. Aber der Kurtermin lag im Winter, nämlich im Februar 2006. Die Einrichtung in Masserberg/Thüringen machte einen modernen, angenehmen Eindruck mit allen erforderlichen Behandlungssystemen. Da ich mich auch etwas erholen wollte, buchte ich auch einen Platz für mich. So bekamen wir ein attraktives Zweibettzimmer mit fantastischem Blick auf die verschneite Stadtlandschaft. Wir wurden bei herrlichem Winterwetter begrüßt.

Ein wunderbarer Speisesaal eröffnete uns herrliche Blicke zur Frühstückszeit bei Sonnenaufgang über den Thüringer Wald. Als wir das erste Mal den Frühstücksraum betraten, waren schon fast alle Tische besetzt, doch entdeckten wir ein älteres Pärchen, das an ihrem Tisch noch 2 Plätze frei hatte. Wir fragten, ob es ihnen angenehm sei, wenn auch wir Platz nehmen würden. Sie luden uns ein, gemeinsam zu essen und den Tisch zu teilen. Wir machten uns bekannt. Sie kamen aus dem Knüllwald bei Kassel, wir aus der Silberstadt Freiberg. Noch ahnten wir nicht, dass daraus eine lange Freundschaft entstehen würde. Also hatten wir zwei „Kurschatten" kennengelernt, gleich zwei auf einmal!

So verbrachten wir viele frohe Stunden in unserer anwendungsfreien Zeit bei Spaß und Wein oder bei köstlichem Bier. Es war schon sonderbar, die vielen gemeinsamen Interessen und Erlebnisse zu ergründen. So tauschten wir nur zu gern unsere Lebenserfahrungen aus. Dabei kam zu Tage, dass das Paar drei Kinder hatte und wir auch. In früheren Jahren waren beide selbstständig gewesen und betrieben ein großes Drogeriegeschäft. Jetzt war Jochen ein begeisterter Jäger und seine Frau Ilse kümmerte sich um Haus und Garten. Sie bewohnten eine sehr schöne Villa im Knüllwald, umgeben von einem wunderschönen Waldgrundstück. Auch wir erzählten von unserem Zuhause und wie es im Laufe der Jahre entstanden war.

10.5. Royales Leben

Es war eine der bedeutendsten Entdeckungen, als ich meine Frau Jutta kennenlernte: Ihre Neigungen und Interessen an Schlössern und Königshäusern. Zu DDR-Zeiten gab es nur wenige Veröffentlichungen in Presse, Funk und Fernsehen, bestenfalls Buchwerke in gut ausgestatteten Bibliotheken. Aber trotzdem hatte Jutta ein Auge dafür, aus den knappen Informationen das Wichtigste zu erfahren.

Nach der Wende aber berichteten die großen Fernsehanstalten mit ausführlichen Kommentaren über das Leben an den Königshäusern und ihre Persönlichkeiten. Eine große Rolle spielte dabei August der Starke, Kurfürst von Sachsen und König von Polen. Wir beschäftigten uns vielfach mit seinem Leben und natürlich auch mit seinen Intrigen. Nun lebten wir in der Neuzeit, in der Gegenwart. Uns liegt nahe, mehr über die Persönlichkeiten in den heutigen Königshäusern zu erfahren. Besonders begeistert sind wir immer wieder von den königlichen Festlichkeiten und deren Vorbereitung, Hochzeiten natürlich in erster Linie. Jutta betrachtet aus ihrer Sicht immer die neuesten Modetrends dabei. Mich interessieren wieder mehr die Ausrichtung der Feste, ihr Ablauf und das königliche Protokoll mit all seinen Feinheiten und hintergründlichen Festmachungen und natürlich die kulinarisache Seite des Ganzen, denn die ist besonders interessant und einzigartig. Wir ziehen diesbezüglich immer wieder Parallelen zu den vielfältigen Einsätzen des Serviermeisters Ernst, Juttas Vater.

1972, ich hatte meine Frau Jutta gerade vor einem Jahr kennengelernt, trat ein junges, hübsches Mädchen in die Öffentlichkeit. Deutschland hatte die Olympischen Spiele in München auszurichten. Sprachlich begabte junge Mädchen konnten sich als Hostess für die Betreuung prominenter Teilnehmer bewerben, darunter auch Silvia Sommerlatt aus der Universitätsstadt Heidelberg. Sie war jung und überaus hübsch anzusehen. In München lernte sie Prinz Karl Gustav aus Schweden bei Veranstaltungen kennen und schätzen. Wie wir alle wissen, wurde aus diesem liebevollen Zusammentreffen, eines der berühmtesten Königspaare Europas. König Carl XVI. Gustav und Königin Silvia von Schweden sind mit ihren Familien einfach einzigartig. Silvia leistet einen hohen eigenen Anteil an internationalen Sozialobjekten und bringt immer wieder neue Ideen ein, um den Menschen der Welt eine bessere Zukunft vorzubereiten. Ich spreche gerne mit außerordentlicher Hochachtung von ihr. Und ich sage in diesem Zusammenhang auch oft und gern „unsere deutsche Königin“, womit ich meine Wertschätzung für ihre bedeutsame internationale Arbeit ausdrücken möchte [11] .

10.6. Der Berggeist spukt im Striegistal

Vor ungefähr 500 Jahren entstanden viele Sagen, die mit dem bergmännischen Leben im Erzgebirge zusammenhingen. Im Raum Freiberg und Brand-Erbisdorf blühte der Silbererzbergbau zu wirtschaftlicher Grundlage auf. Die Menschen damals glaubten gottesfürchtig an viele Geschehnisse im alltäglichen Leben, ohne jemals die Ursachen dafür zu ergründen. Viele Naturerscheinungen konnten sie sich nicht erklären, glaubten fest an Wunder, an Schicksale, die irgendwelche Gestalten hervorbrachten, an Hexen, Teufel und auch an unsichtbare Geister. In und unter den Bergen des Erzgebirges soll ein ungewöhnlicher Berggeist residiert haben. Ging es um Böses, begegnete er den Schuldigen mit Strafen und Prophezeiungen, die bis zu unheilbaren Krankheiten oder sogar zum Tod führen konnten. Andererseits soll der Berggeist Gutes belohnt, Wunder oder ähnliches vorausgesagt haben. Auch sind Geschehnisse bekannt, bei denen der Berggeist den einen oder anderen Schabernack trieb. Manchmal kam es auch vor, dass Menschen im Sinne des Berggeistes „nachhalfen“ und sich Verstecke unter Tage oder eine List ausdachten. Überliefert sind Geschehnisse in der Vorweihnachtszeit, bei denen Kleinigkeiten, wie Pfefferkuchen oder Kekse oder auch kleine Schnitzereien von den Wichteln im Bergwerk hinterlassen und versteckt wurden. Zur Mettenschicht unter Tage soll der Berggeist reichlich Bergmannsschnaps als Anerkennung für die schwere Arbeit der Bergmänner spendiert haben. Es kam auch vor, dass der Berggeist oder seine Wichtel Figuren hinterließen, die auf Krankheit oder Tod verwießen oder auf Unfälle…

Das alles ist auch aus dem Striegistal, benannt nach dem Flüsschen Striegis, westlich der Bergstadt Freiberg, überliefert. Die Striegisquelle befindet sich in Langenau, ein Ortsteil von Brand-Erbisdorf. Das Tal ist außergewöhnlich reizvoll, sehr idyllisch gelegen und voll von Naturschönheiten und historischen Bauten aus der Zeit des Silberbergbaus. Immer wieder neu kann man Unbekanntes entdecken und über die Leistungen der Bergleute damals nur so staunen.

Nun schrieben wir das Jahr 2011. Für meine Frau Jutta, die über 41 Jahre als Lehrerin gewirkt hatte, das Jahr des Abschieds vom Schuldienst. Die vielen Jahre angestrengter und aufopferungsvoller Arbeit hatten deutliche gesundheitliche Spuren hinterlassen. Es war höchste Zeit, den Schuldienst zu beenden. Die Grenzen ihrer Leistungsfähigkeit waren längst überschritten. Doch war es ihr brennender Wunsch, ihre 4. Klasse noch zu Ende zu führen und ihre Schüler in würdiger Form zum Gymnasium oder zur Mittelschule zu entlassen. Es sollte ein ganz besonderer Abschied werden, den die quirligen Kinder nicht vermuteten. Zudem hatten wir beide immer ein Herz für Kinder. Weil das so war, kamen wir oft auf neue Ideen, „verrückte“ Einfälle und allerlei Späße. So war es auch diesmal. Wir hatten vor, eine Schulwanderung mit Abschlussfest kurz vor Ende des Schuljahres zu organisieren. Nach vielen Überlegungen schien das Striegistal mit der Schrödermühle am geeignetsten. Das Gelände hier war einfach ideal für die Kinder, die Räumlichkeiten dazu ebenso, die uns auch bei schlechtem Wetter genügend Möglichkeiten boten. Ringsum Wald, weit und breit. Wir nahmen für die Kinder die möglichen Wandertage in Anspruch, legten sie zusammen und gingen an die Vorbereitung von drei tollen Tagen im Reich des Berggeistes… Und der sollte eine bedeutende Rolle spielen.

Uns war klar, es würde ein umfangreiches, abenteuerliches Unternehmen werden. Die Ziele dafür waren hoch gesteckt, sehr hoch. Wir brauchten einen Plan A für gutes Wetter und wir brauchten einen Plan B für schlechtes. Zudem sollten die Kinder ein wertvolles Stück ihrer Heimat kennen und schätzen lernen und einmal drei Tage ohne die Fürsorge der Eltern allein auskommen, mit sich selbst fertig werden, sich selbst organisieren, in und mit der Gemeinschaft leben. Außerdem wollten wir der Abenteuerlust und dem Wunsch nach umfangreicher sportlicher Betätigung entsprechen. Und wir wollten etwas, was die Kinder noch nie erlebt hatten, vielleicht sogar nie wieder erleben werden, eine Erlebnisphase, die den Kindern ewig in Erinnerung bleibt.

Es war nicht zu übersehen, dass wir so etwas nie allein schaffen konnten, doch wollten wir es unbedingt für die Kinder tun. Wir hielten Familienrat und unsere beiden Töchter Grit und Beate erklärten sich mit ihren Männern für Vorbereitungen und die drei tollen Tage bereit uns zu unterstützen. Hinzu kamen noch ein Vater und eine Mutter, die unmittelbar vor Ort in der Mühle tatkräftig zur Verfügung standen – Tag und Nacht. Für eine vorgesehene Nachtwanderung hatten vier weitere Elternteile ihre Mitwirkung zugesagt.

Das ganze Vorhaben begann am frühen Morgen mit dem Verladen des Gepäcks an der Freiberger Silbermannschule. Anschließend gingen wir auf Tour durch die Stadt bis in den Freiberger Stadtwald. Durch diesen ging unsere Wanderung zwar bei Nieselregen, aber fröhlich und bestimmt Richtung Schrödermühle. Unterwegs gab es im Wald „Wanderfrühstück" und dabei die Beobachtung eines Fuchses. Die Wanderung selbst erwies sich ideal dafür, dass die Kinder ihre erwachsenen Begleiter näher kennenlernen konnten. Schnell fanden beide zueinander und es schien von Anfang an eine herzliche, aber bestimmte Harmonie zwischen Kindern und Erwachsenen zu geben. Sie kamen ins Gespräch über die vielfältigsten Dinge aus Freizeit, Sport, Natur, Schule und, und, und… Das Eis war gebrochen, die Kinder akzeptierten die Erwachsenen und diese die Kinder. So gesehen, war es ein wunderbarer Nieselregen… Kurz vor Ende der Wanderung konnte unsere große Tochter Grit einige Mädchen für das Suchen von Pflanzen und Blüten begeistern, die später zum Tischschmuck arrangiert werden sollten. Ehrgeizig gingen die jungen Damen ans Werk. Das Ergebnis war verblüffend schön!

Dann in der Mühle – endlich ein Zimmer für die Kinder. Zwei- und Drei-Bett-Zimmer waren reserviert. Zurechtkommen mussten die Kinder meist ohne Hilfe, mal allein, ganz allein für sich selbst verantwortlich, ohne Mutti und Vati. Melina hatte wohl 7 Kuscheltiere mitgebracht; man muss ja schließlich nicht auf alles verzichten… Doch Jutta hatte alles gut vorbereitet. Alles lief bestens.

Inzwischen wurde der Regen stärker und Plan B war gefragt, nachdem die Kinder sich selbst mit eigenen Spielen beschäftigt hatten. So war der Vormittag dennoch überaus lustig und fidel. Dann ging es wieder auf Wanderschaft, jetzt zur benachbarten Ölmühle zum Mittagessen. Entgegen unserer Vorstellung hatte sich die Mehrzahl der Kinder für Makkaroni bzw. Spaghetti entschieden, etwas verwunderlich, aber wir akzeptierten ihre Wünsche. Dazu ein Getränk (alkoholfrei), nach freier Auswahl. Hm, hat das geschmeckt. Die kleinen Großen waren zufrieden und begeistert. Nebenbei wurden im Aquarium die dort beheimateten Fischarten „fachmännisch" erklärt, beobachtet und im wahrsten Sinne des Wortes „auseinandergenommen". Die Evolution von der Urzeit bis heute war allgegenwärtig und wurde an Hand eigener fossiler Beweisstücke sachkundig vor Augen geführt, was mir den doch sehr hohen Bildungsstand der Klasse eindrucksvoll dokumentierte. Ich musste still sein, hatte ich doch dieses Detailwissen nicht.

Im Gänsemarsch zurück zur Schrödermühle. Das Wetter wurde zusehends besser. So gestaltete sich der Nachmittag mit allerlei Sportspielen abwechslungsreich und abenteuerlich. Nebenbei begann das Lagerfeuer zu fackeln, aber die Vorräte, die wir in Säcken angeschleppt hatten, waren schnell verbraucht. Dann aber ergriff Frau K. die Initiative, rief per Handy ihren Mann an. Der brachte mit einem Kombifahrzeug einen riesigen Haufen Brennholz für uns. So war die Situation gerettet und die Kinder vor Freude außer sich.

Inzwischen war Kaffeezeit. Kaffee, Kakao, Tee oder Milch und frischer Schokoladenkuchen standen in der Veranda der Mühle bereit. Glückliche Zeit voller Begeisterung, begehrter Nachschlag eingeschlossen.

Herr Graf hatte inzwischen den Grill angeheizt. Es brauchte eine Weile, bis die Grillkohle die richtige Temperatur erreicht hatte. So wurde die Wartezeit mit Basketballspielen und Spielen in der Grillhütte oder durch Tischtennis (chinesisch natürlich…) überbrückt. Währenddessen hatten unsere fleißigen Helfer zusammen mit einigen Kindern das „Abendmahl" vorbereitet und in ansprechender Form in der Grillhütte, die inzwischen mit Lampions dekoriert worden war, serviert. Dazu Würstchen frisch vom Grill des Grillmeisters, jedem nach seinem Geschmack, mit Ketchup, mit Senf, mit Früchten – oder nur mit Luft… Es war köstlich, das ganze kulinarische Treiben und die Reaktionen der Kinder zu beobachten. Gab es da auch mal ein Projekt über gesunde Ernährung?

Den Abend verbrachten wir am Lagerfeuer mit vielen Späßen – und einem außergewöhnlichen Kinderwunsch: Wenn
schon ein Lagerfeuer, dann wäre es gut, auch Marsh-Mellows
grillen zu können. Wir hatten den Wunsch rechtzeitig erkannt,
aber es fehlten dazu dünne Holzstäbe, um die Mellows zu rösten.
Auch hier halfen Eltern schnell und unproblematisch. Sie kannten jemanden, der eine größere Sammlung an Stäben vorrätig
hatte. Ein Teil davon gehörte uns wenige Minuten später. Jetzt
gerieten Geschicklichkeit und Begeisterung in Höchstform, wurde doch den Kindern ein langersehnter Wunsch endlich erfüllt –
und das sogar ohne Mutti und Vati. Herrlich, das zu erleben!

21:30 Uhr wurde zur Nachtruhe geblasen. Die Kinder hatten
am 1. Tag sehr viel erlebt, aber so richtige Müdigkeit war nur bei
einigen zu spüren. So beendeten wir den offiziellen Tagesablauf.
„Zur Enttäuschung" der Kinder sammelte Jutta aber alle Taschenlampen ein, damit Nachtruhe einziehe, sagte sie. Das aber
war nur ein Vorwand zur Begründung, wie man gleich sehen
wird.

22:45 Uhr wurde nämlich Alarm ausgelöst, die Kinder „ge-
weckt" und nur mit Kleidung und Schuhen aus dem Gebäude
geführt. Erst ein paar Minuten später bekamen sie mit, dass es
jetzt um eine Nachtwanderung durch den Wald gehen musste.
Die Aufregung war groß. Licht gab es nur auf dem Hof, nicht
aber im Walde. „Wenn man jetzt bloß eine Taschenlampe hätte",
mögen die meisten gedacht haben. Aber jammern half nicht,
nicht Jungen und nicht Mädchen. Dann ging es darum, welche
der Dreiergruppen den markierten Pfad als erste durchstreifen
sollte. Die meisten Jungen hielten sich ziemlich feig zurück, bis
sich schließlich Maria, Younes und Kassandra als erste auf den
Kurs begaben. Dieser führte vom Waldrand bergauf mit Hinder-
nissen bis zum Hochwald am Schrödermühlenweg. Mit unseren
Helfern hatten wir verschiedene Stationen eingerichtet, um die
Kinder mit plötzlichen Ereignissen zu überraschen. Als erstes
waren die Geräusche von Tieren zu hören, dann prasselten weiße

Flocken vom Baum, Luftballons knallten, Rasseln störten die Waldruhe, Gespenster tauchten auf – und plötzlich war alles still, ganz still… Ende, und kein Licht!   Was mögen die Kinder wohl in diesem Moment empfunden haben?

Als die letzte Gruppe den Pfad passiert hatte, sammelten wir die aufgeregte Mannschaft, zündeten einige Fackeln an und setzten unsere Nachtwanderung zum Erstaunen der Kinder fort. Jetzt bekamen sie auch ihre Taschenlampen zurück, denn wir mussten mit größter Vorsicht ein Stück auf öffentlicher Straße gehen. Im Fackelschein, mit Gänsemarsch und Warnwesten erreichten wir nach einer Viertelstunde die Teufelsschlucht in tiefdunkler Nacht.

Um in die Schlucht hinabzusteigen, musste eine steinerne Treppe passiert werden, die war beidseitig mit Kerzen geschmückt, „königlich", wie eines der Mädchen hinter mir bemerkte. Weiter unten, an einem wettergeschützten Unterstand, erwarteten uns Jutta und Frau Kunoth, die alles mit Kerzen, Laternen und Lampions fein dekoriert hatten. So kam es noch kurz vor Mitternacht zu einem lohnenden „Gummibärchen-Empfang" für die Kinder.

An gleicher Stelle residierte auch der Berggeist und ich erklärte in stockdunkler Nacht und in gespenstiger Atmosphäre den Schülern am Mundloch zum Thelersberger Stollen, was sich früher hier zugetragen hatte und woran die Menschen damals glaubten.

Kurz nach Mitternacht trafen wir wieder in der Schrödermühle ein, manche Kinder etwas müde, andere aufgeweckt und beeindruckt, aber alle begeistert von diesem einzigartigen Erlebnis.

Hinzufügen möchte ich noch, dass die Sicherheit der Kinder höchste Priorität haben musste. Deshalb hatten wir die Strecke für die Nachtwanderung präpariert und mögliche Gefahrenquellen beseitigt. Während der Vorbereitungen sind wir die Strecke sechsmal am Tage abgelaufen und einmal bei Dunkelheit, um das Gefühl und die Bestätigung zu bekommen, alles Notwendige beachtet zu haben. Zur Markierung der Route nutzten wir rot-weißes Absperrband, das man auch noch bei Dunkelheit erkennen konnte. Zudem hatten wir so viele Helfer eingeteilt, dass ein Erwachsener auf zwei Kinder kam. Jeder von den helfenden Eltern hätte zu jeder Zeit in das Geschehen eingreifen und den Kindern im Notfall Hilfe leisten können. Im zweiten Teil der Wanderung, zu der wir teilweise eine öffentliche Straße benutzen mussten, war Disziplin und höchste Vorsicht wegen des Fahrzeugverkehrs geboten. Hier sicherten wir die Mannschaft mit Fackeln und Warnwesten ab.

Der nächste Tag begann mit einem schrillen Pfiff. Morgensport war auf der großen Sportwiese angesagt. Nach anschließendem Duschen gab es ein köstliches „Wunschfrühstück" mit frischen Bäckerbrötchen und Zutaten in freier Auswahl. Der folgende Vormittag war Sport und Spiel vorbehalten. Einige Mädchen waren unter Grits Regie in die dekorativen Vorbereitungen für die Abschlussfeier am Abend einbezogen worden. Sie sammelten Blumen, Gräser und andere Pflanzen und gestalteten eine phantastische Festtafel für ihre Eltern und Lehrer. Andere versuchten ihr Glück mit Gummistiefeln im Striegisfluss, um geheimnisvolle Entdeckungen zu machen. Nach dem Mittagessen begannen die unmittelbaren Vorbereitungen auf die Abschlussfeier am Abend mit einigen Teilproben für das Programm der Kinder.

Um 18:00 Uhr wurden Lehrer und Eltern von den Kindern an einem Treppenspalier mit Luftballons begrüßt. Zum Abendessen war ein kalt-warmes Buffet für die Erwachsenen und ein einzigartiges Kinderbuffet vorbereitet worden. Jeder konnte nach Herzenslust und Hunger seinen Appetit stillen.

Das Programm der Kinder hat den Eltern wohl gezeigt, was sonst noch in ihren kleinen Künstlern steckt. Mehrere Theaterstücke wurden aufgeführt, auf Wunsch vieler Eltern auch noch einmal „Rotkäppchen – einmal anders". Schon zu später Stunde ging es uns darum, auch die Eltern aktiv in das Geschehen einzubeziehen. Wenn schon die Kinder so gute Schauspieler waren, mussten sich jetzt auch die Eltern beweisen. Deshalb führte ich das Spiel „Die alte Eiche knarrt im Mondschein…" durch, wobei ohne Vorbereitung jeder Person eine bestimmte Rolle zugedacht war. Ich las die Geschichte und immer dann, wenn die Person genannt wurde, war entsprechend zu reagieren oder eine Aufgabe zu erfüllen. Das Ganze wurde zu einem unglaublichen Spaß und die Kinder hatten riesige Freude daran, sich endlich mal über ihre Eltern so richtig lustig zu machen. Aber das war noch nicht alles. Mir kamen selbst vor Lachen die Tränen aus den Augen und ich hatte Mühe, das Spaßtheater zu Ende zu bringen. Dann brachen Beifallsstürme aus. Die Kinder jubelten und tobten vor Freude und verlangten, das Stück noch einmal zu spielen, diesmal aber von den Kindern selbst – ohne jegliche Vorbereitung! Letztlich mussten wir zustimmen und auch die zweite Aufführung wurde ein Riesenspaß. Eine Mutti musste das Lesen der Passagen übernehmen, weil ich vor Lachen nicht weitermachen konnte.

Draußen war inzwischen ein Hagelschauer niedergegangen, der unsere weiteren Vorhaben zeitlich bis kurz vor Mitternacht verschieben ließ, denn wir hatten noch ein kleines Feuerwerk geplant, das den krönenden Abschluss bilden sollte. Es gestaltete sich unglaublich schön und jeder hatte auf der Terrasse eine gute Sichtposition.

Der dritte Tag schließlich begann mit einem gemeinsamen Frühstück. Die Kinder erhielten für ihre Nachtwanderung noch eine Mut-Urkunde. Dann hieß es Sachen packen und mit den Eltern ab nach Hause. Tage mit wunderschönen Erlebnissen gingen zu Ende. Einige Kinder wären zu gern noch eine Woche geblieben.

Jetzt werden Sie vielleicht fragen, warum wir das alles auf uns genommen haben. Das hatte viele Gründe. Wie schon gesagt, wir hatten immer ein Herz für Kinder und haben das nicht nur so

„daher gesagt“, sondern stets was Konkretes dafür getan. Dann wollten wir gemeinsam mit den Kindern für sie unvergessliche Tage verbringen, an einer Stelle, an der die Kleinen ihren Bedürfnissen freien Lauf lassen und auch etwas Besonderes erleben konnten. Auch wollten wir ihren Drang nach Unabhängigkeit und Selbstständigkeit altersgemäß fördern. Es war uns wichtig, den Kindern zu helfen, sich selbst zu organisieren und einige Tage ohne Eltern zurechtzu-kommen. Bei der Nachtwanderung ging es uns darum, den Kindern das eigenartige Gefühl zu vermitteln, sich allein in völliger Dunkelheit auf unbekanntem Gelände zu orientieren und zu bewegen. Wir hatten Dreiergruppen festgelegt, damit auch jeder bei Angst oder Not sich bei jemandem festhalten konnte, was wichtig sein kann, um eine schlimme Situation zu überstehen. Es war wichtig, zu begreifen, welchen Wert ein kleines oder großes Team hat, um auf unbekanntem Gelände vorwärts zu kommen. Wir wollten vor allem auch praktisch zeigen, wie wichtig Feuer und Wasser sein können, deshalb auch bewusst der Umgang mit Fackeln. Vielen der Kinder dürfte auch klar geworden sein, wie notwendig und wichtig Licht in der Dunkelheit ist. Nicht umsonst hatten wir ihnen zeitweise die Taschenlampen entzogen, damit sie das erkennen konnten. Es gibt viele Gründe mehr – und ein bisschen Abenteuerlust war natürlich auch dabei.

10.7. Die blaue Maus

Unsere Heimatstadt Freiberg, die Silberstadt, soll in alten Zeiten über 180 Gaststätten und Kneipen verfügt haben. Eine davon war „Die blaue Maus“, eine lustige Bezeichnung für eine ehemalige Gaststätte in Mitten von Kleingartenanlagen am Rande der Stadt, mit ausgezeichneter sächsischer Küche. Im Folgenden aber geht es nicht um eine Kneipe, sondern um eine ganz andere Geschichte mit dem kleinen Nagetier…

Unser Enkeltöchterchen Carlotta war etwa drei Jahre alt. Nur zu gern war sie bei Oma und Opa zu Besuch und konnte nach Herzenslust im Garten spielen. Opa hatte extra noch einen Sandkasten mit Dach gebaut, stabil und für ein Kleinkind ideal geeignet, denn das Dach spendete immer ausreichend Schatten in der prallen Sonne. So fühlte sich Carlotta pudelwohl in Omas Garten.

Zudem gab es immer was Neues zu entdecken. Besondere Anziehungskraft auf das kleine Mädchen war natürlich Wasser – Wasser in allen denkbaren Variationen und Gefäßen, die ein Kind in den Sinn bekam. Besonders magische Anziehungs-kraft ging von unseren Wasserfässern aus, die das Regenwasser für Blumen und andere Pflanzen speicherten. Es war ein wahres Vergnügen, wie Carlotta in dem Wasser herumplanschen konnte. Natürlich war auch Blumengießen im Garten angesagt, was sie jeden Tag mit großer Freude tun konnte. Wasser war auch beim „Kuchenbacken" im Sandkasten wichtig, und das mit großer Begeisterung.

Dann hatte Opa ihr die Geschichte von der blauen Maus er-zählt, die er am Vorabend am Sandkasten gesehen haben wollte. Carlotta glaubte es natürlich nicht, denn für sie sah eine Maus immer grau aus. Opa aber erklärte immer wieder, er habe die blaue Maus wirklich gesehen und er meinte, wenn es wieder Abend würde und die Sonne unterginge, dann könnten wir viel-leicht Glück haben, die blaue Maus noch einmal zu sehen… Trotzdem war sich Carlotta nicht im Klaren, ob Opa vielleicht doch geschummelt hatte…

Am Abend des nächsten Tages war die blaue Maus wieder am Sandkasten zu sehen. Auch Tante Grit und Onkel Uwe waren zu Besuch und hatten das kleine Tier auch beobachtet. Carlotta wollte die blaue Maus fangen, aber immer wieder war sie er-staunlicherweise viel schneller als das Kind. In einem günstigen Moment war die blaue Maus nur noch wenige Zentimenter von Carlotta entfernt – und schon wollte sie mit einem Besen zuschlagen… Und Schwupp die Wupp war die Maus schon wieder weg…

Was war passiert? Opa hatte eine Spielzeugmaus mit blauer Farbe behandelt und sie an eine durchsichtige Angelschnur gebunden. So konnten wir das Tier unbemerkt um den Sandkasten herum und durch den Garten bewegen… Ein aufregendes und köstliches Kindheitserlebnis mit märchenhaftem und zuweilen zauberhaftem Inhalt. Die blaue Maus war immer schneller als Carlotta und wurde nie gefangen…

10.8. Sonderbare Träume

Damals war ujnsere Enkelin Carlotta etwa vier Jahre alt. Eines Tages, nach dem Mittagessen, beschäftigte sie sich mit ihrem Spielzeug und hatte bemerkt, dass sich Opa zu einem entspannten Mittagsschläfchen zurückgezogen hatte. Er hatte es sich im Wohnzimmer auf dem Sofa bequem gemacht. In einem passenden Moment schlich sich Carlotta in das Wohnzimmer. Behutsam ging sie leise um die Couch herum, beurteilte Opas Ohren und Gesicht, dann andere Teile von Opas Körper, aber offenbar schlief Opa so fest, dass er es nicht bemerkte. Die Situation kam dem kleinen Mädchen sehr sonderbar vor. …

Es vergingen ein paar Minuten. Dann unternahm Carlotta einen neuen Versuch, um die Sachlage aufzuklären. Sie rüttelte den Opa jetzt noch energischer, solange, bis er endlich wach wurde. Nun machte Carlotta ihrer Neugier endlich Luft mit der spannenden Frage: „Aber Opa, warum hast du denn eine Brille auf, wenn du doch schläfst?"

Darauf Opas Antwort: "Ja, ja, mein Kind, das hat schon seine Richtigkeit. Ich brauche die Brille, damit ich meine Träume besser erkennen kann. ..."

Carlotta war etwas verwundert über diese Antwort, hatte sie doch selbst schon vieles geträumt, Märchen, schöne Erlebnisse, mit Tieren im Zoo oder vom Kindergarten, aber sie hatte noch nie versucht, ihre Traumfiguren genauer mit ihrer Brille zu untersuchen. Und nun dieser Vorfall mit Opa! Die Sache ließ und ließ ihr keine Ruhe. „Wie konnte Opa seine Traumfiguren mit seiner Brille erkennen und ich nicht," so muss sie wohl gedacht haben.Also ging die ganze Sache nicht mit rechten Dingen zu? Noch lange sprachen wir verwundert über die eigenartige Frage, die Carlotta dem Großvater stellte und noch mehr über seine schlagfertige humorvolle Antwort. Als Carlotta im Schulalter war, erklärten wir ihr, dass die Antwort eine Scherzantwort gewesen war. Denn wie sollte das denn gehen, meine Traumfiguren während eines Traumes mit einer Brille besser erkennen zu können? Das grenzte schon an "Zauberei". Trotzdem war dieses Erlebnis mit der kleinen Enkeltochter mit kindlicher Logik amüsant und herzerfrischend. Was mag in diesem kleinen Köpfchen vorgegangen sein, als die prompte Antwort des Großvaters wirkte? Carlotta verließ das Wohnzimmer und ging ihrer Wege. - Ein Spaß war eben ein Spaß mit zauberhaftem Inhalt. - Neben der blauen Maus gab es für Carlotta noch viele andere schöne Erlebnisse, so mit Nachbars Kater Lucky. Der hatte ein tiefschwarzes Fell und bei Dunkelheit leuchteten seine grünen Augen. Carlotta spielte gern mit ihm und machte allerlei Kunststückchen. So wurden Carlotta und Lucky gute Freunde. Inzwischen gibt es den Kater nicht mehr, aber eine neue Katze, die man Pepper nennt, weil sie ein Fell hat, schwarz, braun und weiß gefleckt, wie Pfeffer eben…

Nachwort

Lichtblicke im Leben sind schon etwas ganz Besonderes, eröffnen sie uns doch freudige Hoffnungen und Aussichten für unsere Lebensgestaltung. Zugleich erweitern sie unseren Horizont für ein erfülltes und positives Leben.

Wenn Sie dieses Büchlein aufmerksam gelesen haben, konnten Sie bemerken, dass man Lichtblicke auch selbst erzeugen kann, indem man beispielsweise versucht, eine negative oder unangenehme Situation in eine positive umzulenken. Dadurch ergeben sich nur zu oft neue Möglichkeiten und Aussichten, um ihre Ziele und Wünsche Wirklichkeit werden zu lassen. Auch unseren Kindern diese Zusammenhänge deutlich zu machen, bleibt eine unserer wichtigsten Aufgaben in Bildung und Erziehung, wie die Kindheitsdarstellungen in diesem Buch beelegen.

Als ich dieses neue Buchprojekt im Auge hatte, fiel es mir schwer, mich einer solchen Aufgabe zu stellen. Doch wer sonst hätte die vielen Geschehnisse aufschreiben können? Wer, wenn nicht ich? Dabei half mir das Projekt, Krankheitsgedanken in Gesundheitsgedanken umzuwandeln, was mir Kraft und Zuversicht bescherte.

Ich wünsche Ihnen viele tolle Lichtblicke und ein glückliches und erfülltes Leben.

Verwendete Literatur

[1]   Reiner Lohse: 1/8 Licht, Aus dem Leben und daneben, Verlag BoD – Books on Demand, Norderstedt, 2015

[2]   Dissertation Universität Hannover: U.a. zur damaligen Baugewerbeschule Nienburg und ihre Bedeutung, 2006

[3]   Dr. Susanne Hegele: Dissertation LMU München zu Anselm Sickinger (1807-1873) . Ein Beitrag zur „Münchener Gotik" im 19. Jahrhundert. München 2010/2013

[4]   Reiner Lohse: Prof. Heinrich Möller. Ein Meister der plastischen Kunst. Leben und Werk. Verlag Books on Demand GmbH, Norderstedt, 2016

[5]   Erich Feuereissen: Mein kleines Fotolehrbuch, Wilhelm Knapp Verlag Halle (Saale), 1954

[6]   Staatliche Studienakademie Riesa: Die höhere technische und betriebswirtschaftliche Bildung in Riesa, Band II, Die Ingenieurschule Riesa 1952-1994; 2010

[7]   Barbara Zielinska: Altpolnische Küche und polnische Tischsitten, Verlag INTERPRESS, Warszawa, 1979

[8]   Jadwiga Górnicka: APTEKA NATURY (Apotheke Natur), Band 1-4, Agencja Wydawnicza COMES, Warszawa, 1991-1992

[9]   Dietrich Bauer: Da lachen ja die Hühner, Cartoons, Kinderbuchverlag Berlin, 1. Auflage, 1989

[10]   Kurt David: Freitags wird gebadet, Eulenspiegelverlag Berlin 1982 (1964)

[11]   Norbert Loh: Silvia von Schweden. Eine deutsche Königin. Droemer Verlag München, 2003